U0920458

2017年度浙江省社科联省级社会科学学术著作出版资金资助出版（编号：2017CBZ08）

国家自然科学基金青年项目（编号：71402044）
浙江省自然科学基金一般项目（编号：LY17G020022）

当代浙江学术文库
DANGDAI ZHEJIANG XUESHU WENKU

企业慈善捐赠的形成机制及其价值机理研究

潘奇 著

中国社会科学出版社

图书在版编目（CIP）数据

企业慈善捐赠的形成机制及其价值机理研究／潘奇著．—北京：中国社会科学出版社，2018.6

（当代浙江学术文库）

ISBN 978－7－5203－2702－2

Ⅰ.①企…　Ⅱ.①潘…　Ⅲ.①企业—慈善事业—研究—中国　Ⅳ.①D632.1

中国版本图书馆CIP数据核字(2018)第132152号

出 版 人　赵剑英
责任编辑　田　文
特约编辑　陈　琳
责任校对　张爱华
责任印制　王　超

出　　版　中国社会科学出版社
社　　址　北京鼓楼西大街甲158号
邮　　编　100720
网　　址　http://www.csspw.cn
发 行 部　010－84083685
门 市 部　010－84029450
经　　销　新华书店及其他书店

印　　刷　北京君升印刷有限公司
装　　订　廊坊市广阳区广增装订厂
版　　次　2018年6月第1版
印　　次　2018年6月第1次印刷

开　　本　710×1000　1/16
印　　张　19.75
插　　页　2
字　　数　314千字
定　　价　86.00元

目　　录

第一章　导论 ……………………………………………………（1）

第一节　问题的提出 ……………………………………………（1）

一　现实背景 ……………………………………………………（1）

二　理论背景 ……………………………………………………（7）

三　研究问题 ……………………………………………………（9）

第二节　研究意义 ………………………………………………（11）

一　理论意义 ……………………………………………………（11）

二　实践意义 ……………………………………………………（15）

第三节　基本概念界定 …………………………………………（16）

一　企业慈善捐赠 ………………………………………………（16）

二　企业慈善捐赠与其他相关概念 ……………………………（19）

三　利益相关者及其压力 ………………………………………（22）

四　企业价值 ……………………………………………………（29）

第四节　研究方法与资料来源 …………………………………（32）

一　研究方法 ……………………………………………………（32）

二　资料来源 ……………………………………………………（33）

第五节　研究思路与内容安排 …………………………………（34）

第二章　文献综述 ………………………………………………（37）

第一节　企业慈善捐赠的理论解释 ……………………………（37）

一　经济性视角 …………………………………………………（38）

二　管理性视角 …………………………………………………（41）

三　社会性视角 …………………………………………………（46）

四 伦理性视角 …………………………………………………………… (51)
五 综合性视角 …………………………………………………………… (53)
六 总评 ……………………………………………………………………… (55)
第二节 企业慈善捐赠的影响因素 ……………………………………… (56)
一 个体层面因素 ………………………………………………………… (56)
二 企业层面因素:企业特征 ……………………………………………… (57)
三 企业层面因素:公司治理 ……………………………………………… (63)
四 环境层面因素 ………………………………………………………… (66)
五 总评 ……………………………………………………………………… (69)
第三节 企业社会责任的经济效果 ……………………………………… (71)
一 企业社会责任对财务绩效的影响 …………………………………… (72)
二 企业社会责任异质性财务绩效解析 ………………………………… (74)
三 企业社会责任财务绩效研究的启示 ………………………………… (76)
第四节 利益相关者压力研究进展 ……………………………………… (77)
一 利益相关者压力的理论基础 ………………………………………… (77)
二 利益相关者压力相关研究 …………………………………………… (78)
三 简评 ……………………………………………………………………… (79)
第五节 本章小结 …………………………………………………………… (80)

第三章 理论分析与研究假设 …………………………………………… (81)
第一节 引言 ………………………………………………………………… (81)
第二节 利益相关者压力对企业慈善捐赠研究的突破 ………………… (82)
一 现实意义 ……………………………………………………………… (82)
二 理论意义 ……………………………………………………………… (85)
第三节 企业慈善捐赠的形成机制 ……………………………………… (88)
一 利益相关者压力对慈善捐赠的作用机制 …………………………… (88)
二 利益相关者压力与慈善捐赠 ………………………………………… (93)
三 企业特征、利益相关者压力与慈善捐赠 …………………………… (102)
四 公司治理、利益相关者压力与慈善捐赠 …………………………… (107)
五 市场化水平、利益相关者压力与慈善捐赠 ………………………… (111)
第四节 企业慈善捐赠的价值机理 ……………………………………… (113)

一　企业慈善捐赠的价值机理分析 …………………………… (113)
二　利益相关者压力、慈善捐赠与企业价值 ………………… (118)
三　利益相关者压力、慈善捐赠与企业价值：
企业特征的差异 …………………………………………… (126)
四　利益相关者压力、慈善捐赠与企业价值：
公司治理的差异 …………………………………………… (131)
五　利益相关者压力、慈善捐赠与企业价值：
市场化水平的差异 ………………………………………… (133)
第五节　本章小结 ……………………………………………… (135)

第四章　企业慈善捐赠的形成机制：实证结果 ………………… (136)
第一节　数据来源与样本选择 ………………………………… (136)
一　数据来源 ………………………………………………… (136)
二　样本选择 ………………………………………………… (137)
第二节　变量与模型设定 ……………………………………… (138)
一　变量定义 ………………………………………………… (138)
二　模型设定 ………………………………………………… (148)
第三节　估计方法 ……………………………………………… (148)
一　面板数据模型估计 ……………………………………… (148)
二　共线性、异方差以及相关性问题的处理 ……………… (150)
三　选择性偏差、内生性以及遗漏变量的处理 …………… (152)
第四节　利益相关者压力对慈善捐赠影响的回归结果 ……… (155)
一　描述性统计及简单回归分析 …………………………… (155)
二　固定效应模型回归结果及分析 ………………………… (162)
三　小结 ……………………………………………………… (169)
四　稳健性检验 ……………………………………………… (170)
第五节　企业特征、利益相关者压力与慈善捐赠关系的
回归结果 ……………………………………………… (174)
一　产权特征差异 …………………………………………… (174)
二　企业资源差异 …………………………………………… (179)
三　生命周期差异 …………………………………………… (181)

第六节 公司治理、利益相关者压力与慈善捐赠关系的回归结果 …………(183)
一 董事会治理水平差异 …………(184)
二 大股东代理成本差异 …………(186)
第七节 市场化水平、利益相关者压力与慈善捐赠关系的回归结果 …………(188)
第八节 本章小结 …………(190)

第五章 企业慈善捐赠的价值机理:实证结果 …………(192)
第一节 数据来源与样本选择 …………(192)
一 数据来源 …………(192)
二 样本选择 …………(192)
第二节 变量与模型设定 …………(193)
一 变量定义 …………(193)
二 模型设定 …………(196)
第三节 估计方法 …………(197)
一 面板数据模型及回归中三大基本问题的处理 …………(197)
二 样本选择性偏差与内生性的处理 …………(197)
第四节 利益相关者压力、慈善捐赠与企业价值关系的回归结果 …………(199)
一 描述性统计及相关分析 …………(199)
二 回归结果及分析 …………(201)
三 小结 …………(219)
四 稳健性检验 …………(220)
第五节 利益相关者压力、慈善捐赠与企业价值关系的回归结果:企业特征 …………(230)
一 产权特征差异 …………(230)
二 企业资源差异 …………(233)
三 生命周期差异 …………(236)
第六节 利益相关者压力、慈善捐赠与企业价值关系的回归结果:公司治理 …………(239)

一 董事会治理水平差异 …………………………………………… (239)
二 大股东代理成本差异 …………………………………………… (242)
第七节 利益相关者压力、慈善捐赠与企业价值关系的
回归结果:市场化水平 ……………………………………… (245)
第八节 本章小结 …………………………………………………… (248)

第六章 研究结论、启示及展望 ………………………………………… (249)
第一节 研究结论 …………………………………………………… (249)
一 企业慈善捐赠形成机制的研究结论 ………………………… (249)
二 企业慈善捐赠价值机理的研究结论 ………………………… (250)
第二节 研究启示 …………………………………………………… (251)
一 理论进展 ……………………………………………………… (251)
二 经验启示 ……………………………………………………… (254)
第三节 研究局限与展望 …………………………………………… (258)
一 研究局限 ……………………………………………………… (258)
二 研究展望 ……………………………………………………… (258)

参考文献 ……………………………………………………………… (262)

第一章

导　论

本章阐述本研究的现实与理论背景，并在其基础上提出研究问题，之后阐明研究意义，接着对本书涉及的主要概念进行界定，最后是研究方法、资料来源及内容安排。

第一节　问题的提出

一　现实背景

（一）社会对企业的生存与发展提出新要求

传统经济理论将企业定位于纯粹的经济组织，并认为，企业存在的目的就是实现股东利润最大化（Friedman，1970）。在这种理念指导下，公司迅猛成为最强劲的社会实体（Phillips，2003）和最主要的经济体（Bakan，2000），至少目前，“世界上100个最大的经济实体中51个是大公司；最大的200个公司的经济总量在全球经济活动总量中占1/4，且其销售额是生活在严重贫困地区的12亿人全年所得的18倍”（张瑞萍，2003）。

可以说，随着经济的快速发展，建立在这种自由体系之上的经济体及其运行机制，创造了巨大的物质文明，但同时也日益暴露出明显的局限性。由于企业片面追求自身经济利益，各种不正当的竞争手段纷呈迭出；因企业商业贿赂、非法避税逃税、涉嫌垄断以及环境污染等而带来的各种社会问题层出不穷（周祖城，2009）。无休止的掠夺性开发造成生态环境严重破坏，使得人类面临毁灭性的灾难；滞胀以及经济危机的频发，凸显并加重了由此而带来的各种问题。

这不仅使人们不满情绪日益高涨，同时也带来了劳工运动、消费者保护运动、环境保护运动以及企业社会责任运动，更让人深刻反思单一利润主导下的自由经济发展模式的严重不足。对“公司是否应该积极承担社会责任”顺应成为人们关注的焦点。根据商业伦理机构的调查数据，80%的被调查者认为，公司应对社会福利的改善贡献自己的力量（Thatcher，2003），以致“利益相关者资本主义”的呼吁一度盛行（Badaracco，1996）。对“公司是解决各种环境以及社会问题的一把钥匙”（Hawken & Lovins，1999；Trosten，Cooperrider & Zhexembayeva et al.，2003），业已成广泛共识。

随着20世纪30年代Berle与Dodd之间以及20世纪60年代Berle与Mannne之间关于企业是否要履行社会责任的著名辩论的结束（沈洪涛和沈艺峰，2007），以及对“企业唯一的社会责任就是为股东赚取利润（Friedman，1970）”诘责的日趋增多，虽理论上关于企业是否要履行社会责任的讨论仍在继续（Friedman，1962；Henderson，2002），但正如Smith（2003）所言，现在的焦点并不是企业是否履行社会责任，而是应如何做的问题。亦即，对各种环境问题以及社会苦难，以自身资源惠及社会，公司负有义不容辞的责任（Bakan，2004；Thatcher，2003；Korten，1995）。

为此，各国政府还通过完善立法、强化执法以及加强国际合作等方式推动企业承担社会责任。在经济全球化趋势不断增强的背景下，承担社会责任已然成为全世界企业的发展潮流（Bakan，2004）。相比于单纯经济利益追求，为更好地适应社会要求，企业无疑需要重新规划并突出其社会责任表现（Carroll & Burchholtz，2000）。

对我国企业而言，经过三十多年改革开放，社会生产力快速发展，人们生活水平极大提高。一方面，企业给社会带来的负面效应明显增多：震惊全国的苏丹红、红心蛋、多宝鱼、福寿螺、瘦肉精、劣质奶粉、霉月饼、毒大米、毒面粉、假药、假疫苗、人造鸡蛋等事件让消费者心有余悸；“齐二药”“欣弗”等案件更让患者雪上加霜。另外，矿难事故频发、拖欠民工工资及各种严重的环境污染屡见不鲜；广告虚假、经营违规以及利益侵占等现象频发（郑海东，2007）。另一方面，物质生活水平的不断提高使低层次需要基本得到满足，高层次的需要逐渐占主导性地位，人们希望企业向社会推出更多更好的产品和服务，同时为人类更好的生存做出贡献（辛杰，2010）。两方面的张力，促使企业应着力解决经济利益与社会要求的内在冲突，否则由于忽略不同相关者的利益要求而影响企业的发展得不偿失。

事实上，我国新《公司法》第5条就对企业应履行社会责任做了明确规定："公司从事经营活动，必须遵守法律、行政法规，遵守社会公德、商业道德，诚实守信，接受政府和社会公众的监督，承担社会责任。"此外，2002年由中国证监会发布的《上市公司治理准则》还首次提到利益相关者和公司社会责任，并要求上市公司"应尊重银行及其他债权人、职工、消费者、供应商、社区等利益相关者的合法权利"（第81条规定）；"应与利益相关者积极合作，共同推动公司持续、健康地发展"（第82条规定）。"在保持公司持续发展、实现股东利益最大化的同时，应关注所在社区的福利、环境保护、公益事业等问题，重视公司的社会责任"（第86条规定）。

（二）以慈善捐赠彰显企业社会责任成为新趋势

鉴于企业承担社会责任的重要性，许多公司，特别是一些大的跨国公司，开始着手开发各种工具，以承诺履行社会责任（White & Montgomery，1980；Conference Board，1992；Webley & Le Jeune，2005；Mele，Debeljuh & Arruda，2003；Bondy，Matten & Moon，2004）。其中，财富500强近95%的公司（Bondy，Matten & Moon，2008）、富时指数85%的公司（Institute for Business Ethics，2008）、英国、德国以及加拿大83%的高收益公司（Bondy，Matten & Moon，2008）、阿根廷70%的高收益公司、巴西49%的高收益公司以及西班牙65%的高收益公司等（Mele，Debeljuh & Arruda，2003），在公司守则中都明示了社会责任行动对公司发展的意义以及将来进一步采取的行动。

公司社会责任一开始就是以慈善捐赠形式出现的（李领臣，2007）。由此，作为最古老的企业社会表现形式（Mescon & Tilson，1987），企业慈善捐赠无疑最受关注。虽然可持续发展准则并没有专门列示企业慈善捐赠，但公司慈善捐赠却是公司社会责任报告中提到的最多的字眼（Erusalimsky，Gray & Spence，2006）。如何以慈善捐赠彰显企业的社会表现（Wokutch & Spencer，1987），可以说是众多公司最为用心之处。

在我国，伴随资本市场的快速发展以及企业经济实力的逐步增强，越来越多的企业开始选择各种方式回报社会，以履行社会责任。作为结果，公开发布社会责任报告的企业日益增多，同时，企业社会责任的制度创新也在酝酿之中，譬如：构建企业社会责任管理体系、培育企业社会责任文化以及制定企业社会责任战略等。

不过，捐赠公益事业、创办基金会及参加各种类型的公益活动等仍为企业履行社会责任的主要方式（杜兴强和杜颖洁，2010）。这是因为，一方面，我国企业社会责任还处于起步发展阶段，对如何更好地履行社会责任仍在探索之中，慈善捐赠相对更直接且更容易地为企业接受；另一方面，相比于其他社会责任，慈善捐赠更容易为外界所知悉（Last In First Out）（Wood，1991）。中国企业家调查系统（2007）公布的《中国企业经营者成长与发展专题调查报告》显示，90%以上的中国企业都不同程度参与了公益性捐赠。同样，中国社会科学院社会学所“公司与社会公益”课题组（2000—2007）也发现，92.4%的企业自成立以来有过捐赠行为（卢汉龙，2002）。中国社会科学院正式发布的《中国慈善发展报告（2009）》称，与欧美国家不同，企业已成为我国民间慈善捐赠最重要的主体。

特别地，在企业社会责任越来越受关注，并成为各种评价的重要参考指标时，慈善捐赠已然成为关注的焦点。一方面，这从网络媒体对企业慈善捐赠以及企业社会责任的报道可得到反映。以百度搜索同时含“企业（慈善）捐赠”以及“企业社会责任”完整词的新闻，可以发现：相关新闻报道的数量稳步提升，从2003年的仅2篇增长到2010年611篇（如图1-1所示）。

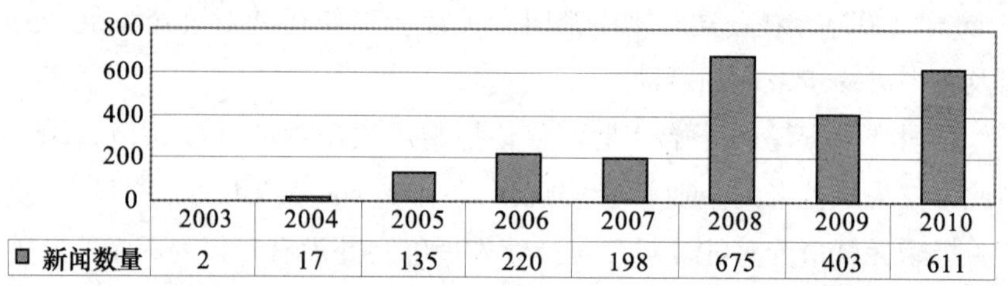

	2003	2004	2005	2006	2007	2008	2009	2010
新闻数量	2	17	135	220	198	675	403	611

图1-1 网络媒体中同时报道企业社会责任与企业（慈善）捐赠的新闻数量

资料来源：本书整理。

另一方面，现实中，从参与慈善捐赠的中国上市公司（金融企业除外）来看，慈善捐赠无论是绝对值还是相对值（相对于企业的营业收入）都稳步增长（如图1－2所示）。2008年汶川地震后，企业补捐、追捐等现象广为乐道，更是将企业慈善捐赠推上一个新的高峰。2009年9月23日的《纽约时报》甚至发文指出，“慈善事业成为中国企业的新标尺”。

从新中国成立初期，慈善被视为“统治阶级欺骗与麻醉人民的装饰品”（周秋光和曾桂林，2006），到现在慈善，尤其是企业慈善，进入一个新的发展阶段，可以说，中国的慈善事业正走向新的“复兴”历程（杨团和葛道顺，2009），以慈善捐赠彰显企业社会责任也正迎来一个新的发展期。

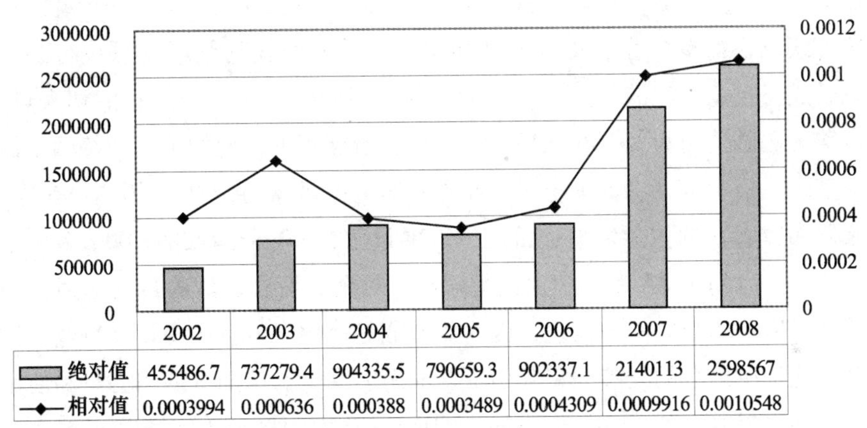

	2002	2003	2004	2005	2006	2007	2008
绝对值	455486.7	737279.4	904335.5	790659.3	902337.1	2140113	2598567
相对值	0.0003994	0.000636	0.000388	0.0003489	0.0004309	0.0009916	0.0010548

图1－2　中国上市公司平均捐赠水平

资料来源：本书整理。

（三）通过慈善捐赠构建企业战略成为新取向

为公众多做好事有助于企业获得成功（Leeper，1996），相关证据日益增多（Tokarski，1999）。虽然许多企业的慈善捐赠是由机构驱动（Handelman & Arnold，1999），但公司慈善的战略性倾向愈发突出（Brammer & Millington，2006；Saiia，2002；Sanchez，2000），越来越多的企业开始将慈善捐赠作为一种战略性举措（Fry，Keim & Meiners，1982）。Saiia，Carroll & Buchholtz（2003）调查了至少有过五年且每年捐赠超过

20 万美元的美国企业的经理人，结果发现，企业慈善捐赠的战略性动机越来越明显。特别是，许多大公司已开始着力如何将企业社会责任（包括慈善捐赠）与竞争力结合起来，从而为企业创造价值（Dunfee，2006；Porter & Kramer，2006）。

与以上不同，国内企业慈善捐赠近几年才出现并为众人所周知，如何更好地战略化运作企业慈善捐赠仍处于初级阶段。不过，这并不意味我国企业慈善捐赠就不需要合理规划。相反，在企业慈善捐赠发展的初期，如何以有限的资源最大化捐赠效果，从而真正做到“通过做好事做得更好”（Do Well By Doing Good）尤显迫切。原因在于：

第一，企业之间竞争的白热化，要求企业寻求新的竞争方式，以保证企业的持续发展。随着市场经济日渐成熟，企业间的竞争也日趋激烈，企业的产品生产、竞争策略、营销手段等的差异性也日益减少。在传统的竞争方式成为众多企业通用、显性知识之时，如何找到创新且可执行的方案，成为企业关注的焦点。这方面，慈善捐赠提供了一个可行的切入点。以美国运通公司为例，在支持中学开设旅游课程上，他们不是训练学生使用其运通信用卡（核心业务），而是为学生提供旅游产业（例如，航空、旅店和饭店）的技能培训。目前，该项目已在 10 个国家的 3000 多所中学运作，有超过 12 万中学生接受培训。对企业而言，该项目为运通公司带来了持续增长的经济效益，因为旅游业是信用卡行业的支持性行业，推动各地旅游产业的发展，将吸引更多的游客，运通信用卡的销售量和使用率也随之提升（Porter & Kramer，2002），从而间接地为运通公司创造了价值。国内一些先进企业也初尝到企业慈善捐赠的益处：汶川地震后，王老吉通过出其不意的亿元捐赠，不仅极大地提高了其销售额，更重要的是，打响了企业的品牌，提升了市场美誉度；同样，“一分钱”公益的运作，初期也为农夫山泉带来了较好的市场认可，并受到消费者的积极支持，达到了市场区分的目的。

第二，企业自身资源的有限性，决定了企业应探索出慈善捐赠与企业发展的协同之路，从而以足够的资源满足社会对企业慈善捐赠的持续期望或要求。慈善捐赠一定程度上源于社会或不同利益相关者的期望或要求，为满足这种期望或要求，企业须有必要的资源支撑。探索企业慈善捐赠与企业发展的协同路径，这不仅有助于保证企业积极响应外界需求，同时，也避免了将慈善捐赠挤入“企业办社会”的老路上。特别是在国内企业整体经济实力仍不是很强的情况下，构建战略性捐赠决策，有利于树立企业长期捐赠的社会责任意识，从而真正保证企业社会责任的“立地”运作。

二　理论背景

慈善捐赠虽是企业社会责任的重要组成部分（Carroll，1979），但专以其为对象的研究则较少（Carroll，1979，1991；Meijer，Bakker & Smit et al.，2006；Schwartz & Carroll，2003；Wood，1991）。不过，慈善捐赠却是理论与学术领域一个十分重要的问题（Campbell，Moore & Metzger，2002；Maignan，Ferrell & Hult，1999）。

（一）企业慈善捐赠如何形成渐成新谜团

既然慈善捐赠进入一个新的发展阶段，一个令人感兴趣的问题便是：企业慈善捐赠到底是如何形成的？若每个企业都有意愿捐赠，且其慈善捐赠只是按照某特定因素不同而有差异（譬如政府按照企业不同规模大小而可能形成的捐赠“摊派”），那么对企业慈善捐赠如何形成的问题也就无须耗费太多的精力与笔墨。幸运的是，现实中不同企业的社会责任差异较大，即便相同层次的企业，其社会责任行为也有明显不同（薛求知，2009；金碚和李刚，2006）。同时，尽管利益相关者对于企业慈善捐赠有较大期望并且企业也有这个能力从事捐赠，但仍有许多公司捐得较少甚至并不参与捐赠（Amato，2007；Saiia，Carroll & Buchholtz，2003；Seifert，Morris & Bartkus，2004；The Foundation Center，2003）。这背后的内在驱动因素，无疑值得进一步研究。鉴于在主流的股东利益最大化研究范式下，公司慈善捐赠少有关注，且较缺乏深入的理论分析以及实证检验，由此，对“公司是如何从事慈善捐赠行为”这样的问题，也就有待跟进和深入研究。

（二）慈善捐赠如何创造企业价值成为新疑惑

慈善捐赠能否给企业创造价值？这同样是备受关注的问题。尽管许多企业已经认识到企业慈善捐赠的重要性，但现实是，并没有充分的理论以及成功的实践指导企业，使其通过慈善捐赠既能达成履行社会责任同时还能增加企业价值的目的（McKinsey，2008），麦肯锡的调查数据显示，超过80%的受访者表示，不论慈善捐赠如何筹划，几乎没有实现其预定目标。

事实上，慈善捐赠若能给企业带来价值，既有利于满足社会需要，同时也促进了企业的发展，从而也为反对以及支持慈善捐赠的学者找到一个平衡点（Buchholtz，Amason & Rutherford，1999）。但问题是，对于慈善捐赠的效果，目前研究主要还停留在规范分析的层面，讨论的范围也相对狭窄，并主要集中于将消费者作为单一的利益相关者来考虑（Porter & Kramer，2002）。同样，虽有研究从战略角度分析或设计了不同的慈善捐赠策略（Bruch & Walter，2005），但这能否给企业带来积极影响，仍缺乏坚实的实证支撑，相应，其策略的推广性价值就受到一定限制。再者，即便部分企业的慈善捐赠行为受到广泛认可，但为什么有的企业其慈善捐赠遭遇动机质疑，以致慈善捐赠行为饱受诟病（Webb & Mohr，1998；Bronn & Vrioni，2001；Dean，2003），从而对企业价值产生消极影响，当中的内在机理又如何理解？总之，这些都有待对企业慈善捐赠价值作出合理理论阐释，同时辅以必要的实证检验。整体而言，目前研究对慈善捐赠能否或如何创造价值，可以说仍是不甚明了。

（三）发展企业慈善捐赠行为整体性的研究思路构成新难题

基于特定的理论视角，就以上企业慈善捐赠行为的形成及其价值，也许我们分别会找到各种可行的解释并获得实证支持。不过，须强调的是，第一，这不利于对企业实践者提供经验启示。以相对独立的视角分别探讨企业慈善形成及其价值，其形成的对策可能是有的重叠，有的相异，甚至有的还可能会冲突。于是，对实践者而言，到底应如何进行慈善捐赠也就无所适从。之所以如此，原因在于，对企业慈善捐赠形成及其价值的分析，若分别基于不同的理论视角，不仅较难找到内在的理论衔接点，同时也难挖掘慈善捐赠形成及其价值两者之间内在的联结机制，这就丧失了整体性把握企业慈善捐赠行为的机会，弱化了知识的积累以及对不同研究发现的整合（Rousseau，Manning & Denyer，2008）。

第二，这也不利于对企业慈善捐赠行为给出一个逻辑一贯的阐释。以不同的视角分别就企业慈善捐赠的形成及其价值进行分析与实证，一般能提供洞见性观察。但对本书而言，为深入剖析企业慈善捐赠行为，势必要求有一个相对统一的思路，即慈善捐赠形成及价值的分析其内在应有共性联结点。否则，对企业慈善捐赠形成以及价值的解读及实证，要在同一论文中得以完成，不仅整个行文结构较松散，同时内在逻辑也得不到一致性的保证。这也正是出现“Freeman（1999）抱怨”缘由，即：关于慈善捐赠的解释非常多，但相对而言逻辑并不紧凑。

总之，本书若对理解企业慈善捐赠的形成及价值有所贡献，其中的要求便是，需在慈善捐赠的形成及其价值之间挖掘共性分析要素，对两者给出一个相对内在逻辑一贯的解释，并同时予以实证揭示。

三 研究问题

基于特定现实以及理论背景识别出的问题，并不一定都值得探讨，特别是作为一科学问题予以研究。为此，本书以利益相关者压力为切入点，基于规范性探讨，发展适当理论逻辑，阐明慈善捐赠的形成机制及其价值机理，并同时通过客观数据对以上理论分析进行实证检验。

（一）企业慈善捐赠的形成机制

企业慈善捐赠到底如何形成，通过理论分析以及实证检验，主要解决以下两个问题。

子问题一：企业慈善捐赠何以形成?

该问题的解决，力图达到“厘清企业慈善捐赠行为的动力机制”的目的。自利益相关者概念提出之后，利益相关者理论迅速兴起，得到了学术界和实业界的广泛认可（Nasi，1995）。特别是，Freeman（1984）提出的“利益相关者的系统管理对企业成功是至关重要的”的观点，为企业慈善捐赠行为的研究开启了新视角。本书基于此，分析并检验了利益相关者压力对企业慈善捐赠行为的影响，从而试图揭示企业慈善捐赠的形成机制。

坦承而言，从利益相关者的角度分析企业慈善捐赠行为的形成，并不构成本书研究思路上的创新，Brammer & Millington 早于 2004 年就基于利益相关者的视角，对英国企业慈善捐赠问题进行了研究。不过，一方面，他们的研究主要还是就企业慈善捐赠与利益相关者进行相关分析，对于利益相关者（压力）是否构成企业慈善捐赠外在动力，至少从计量方法角度来看，仍需要进一步深化；再者，在利益相关者对企业慈善捐赠影响的理论解释上，不同利益相关者的要求以及期望并不相同（Wood & Jones，1995），相应在影响方式也应有所差异，于是，理论上如何区分这种差异性并同时反映到利益相关者对企业慈善捐赠的影响上来，也就有待完善。然而，Brammer & Millington（2004）以降，单就企业慈善捐赠而言，利益相关者理论并未引起足够的重视，也鲜有文献在 Brammer & Millington（2004）的基础上做进一步的补充与挖掘。另一方面，基于利益相关者理论对国外企业慈善捐赠行为的分析与实证，考虑到国内特定的现实背景，在我国利益相关者压力对企业慈善捐赠的影响同样会得到验证吗？这也是亟待解决的问题。综合以上两方面原因，对“在中国特定的现实背景下利益相关者压力到底是否促成了企业慈善捐赠行为”问题的回答，也就显得尤有必要。

子问题二：不同情境特征下，利益相关者压力对企业慈善捐赠的影响有何差异？

该问题的解决，力图达到“挖掘企业慈善捐赠形成机制背后的情境因素，并进一步识别利益相关者压力对企业慈善捐赠差异性作用”的目的。如果利益相关者压力对企业慈善捐赠有显著影响，那么接下来的问题便是，不同情境特征下，这种压力的作用是否会有明显差异。这当中涉及两个问题，其一，这种差异的本源是什么，亦即，不同背景因素引起的企业慈善捐赠行为差异，理论上何以解释？结合利益相关者压力对企业慈善捐赠的作用，这就需要必要的理论解析；其二，不同的情境特征又有哪些？为此，本书以企业的社会响应理论为分析依据，从三个方面，即：企业特征、公司治理以及市场化进程，分别分析了不同情境条件下，企业对利益相关者压力的响应差异，以及进而由此可能形成的不同利益相关者压力对企业慈善捐赠的差异化作用。实证上，通过企业特征、公司治理以及市场化进程的调节作用，进一步验证以上理论分析的现实性，从而对慈善捐赠形成机制做深度挖掘与验证。

（二）企业慈善捐赠的价值机理

慈善捐赠如何影响企业价值，以前研究其实并没有对此进行深入分析（Orlitzky，Schmidt & Rynes，2003；Rowley & Berman，2000；Ullman，1985）。对此，本书拟从以下两个子问题入手展开。

子问题一：慈善捐赠如何影响企业价值？

该问题的解决，力图达到“从一个相对较新的角度解析企业慈善捐赠的价值机理”的目的。尽管企业社会表现对财务绩效的作用不甚明了，但对两者关系的探明，依然引起了研究者广泛的兴趣（Griffin & Mahon，1997；Husted，2000；McWilliams & Siegel，2001；Orlitzky，Schmidt & Rynes，2003；Swanson，1995，1999；Waddock & Graves，1997；Windsor，2001；Wood，1991；Wood & Jones，1995）。为分析企业慈善捐赠的价值，以“企业慈善捐赠能否创造价值的关键在于获得利益相关者的积极评价”为出发点，基于不同利益相关者压力与慈善捐赠的匹配性分析，本书解析并检验了慈善捐赠对企业价值的影响[①]。

子问题二：不同情境特征下，慈善捐赠对企业价值的影响有何不同？

该问题的解决，力图达到“加强对慈善捐赠价值创造机理的情境考察，以拓宽并深化对慈善捐赠价值的理解”的目的。鉴于慈善捐赠对企业价值的影响中，利益相关者对企业慈善捐赠评价有着重要作用，为此，以不同情境特征下（企业特征、公司治理以及市场化进程）利益相关者对慈善捐赠的差异性评价为分析切入点，本书进一步对慈善捐赠的价值进行了剖析与检验。

目前，企业慈善捐赠行为及其绩效的相关理论与实证研究在国内外仍处于草创阶段，且大多集中于对慈善捐赠本身的规范性探讨，且对其绩效的认识和论述还过于浮浅（田雪莹，2008），本书希望通过对以上四个问题的分析，揭示慈善捐赠的形成机制及其价值机理，从而整体性把握企业慈善捐赠行为，最终提升对其认识与理解。

第二节 研究意义

一 理论意义

借鉴国内外企业慈善捐赠行为相关理论研究的回顾和评述，并参考企业社会责任、企业社会表现的相关文献，本书运用利益相关者理论、企业社会响应理论、互惠理论等，探究企业慈善捐赠行为的形成机制及其对企业价值的影响。理论上，本书具有以下六个特点。

① 就慈善捐赠对企业价值的影响，出于表达的便利，书中我们使用了“慈善捐赠价值”“慈善捐赠的价值”以及“慈善捐赠的价值效应”等多种表达。

（一）构建了内在关联的企业慈善捐赠行为研究思路

如何更好地整合企业慈善捐赠行为形成及其价值的研究，是一个悬而未决的问题（Buchholtz，Amason & Rutherford，1999）。大多研究将慈善捐赠行为的形成（或影响因素）及其价值（或企业绩效）作为两个独立问题分开研究，很少有文献将两者嵌入一个整体的框架进行分析；或者，即使放在同一个框架中，两者之间也缺乏必要的内在关联性。事实上，企业慈善捐赠行为的形成及其价值密不可分。把握两者之间的内在关联机制，有助于深化对企业慈善捐赠行为的整体性认识，同时也有助于全面分析企业慈善捐赠行为的成败得失，更重要的是，这样内在关联的综合性理论分析一定程度上避免了"Ullman（1985）批评"（即：企业社会责任的研究，不过是一堆寻找理论的数据堆砌而成）。

为此，本书从利益相关者压力出发，并以其为内在联结机制，分析了企业慈善捐赠行为的形成及其价值机理。具体而言，本书认为，利益相关者压力构成企业慈善捐赠行为的动力机制，慈善捐赠与利益相关者压力的内在匹配协调有助于实现其价值。由此，通过利益相关者压力，企业慈善捐赠的形成及其价值不仅各自从理论上获得明确阐析，同时，两者内在的关联机制也得以凸显。

补充说明的是，随着传统古典经济学对企业实践指导的式微以及利益相关者理论的勃兴，本书认为，基于利益相关者对企业影响的广泛性，以上构建的分析思路其实也可以广泛借鉴到除慈善捐赠之外的其他企业行为的研究中，特别是分析与检验企业其他行为的形成及其效果，亦即，本书发展的研究思路对其他企业行为的研究亦具有一定启示性价值。

（二）阐明并实证了企业慈善捐赠的形成机制及其价值机理

企业慈善捐赠行为到底如何形成，能否为企业创造价值，基于利益相关者压力本书通过必要的理论分析及实证结果对此予以了回答。

在企业慈善捐赠的形成上，本书认为，利益相关者压力是企业慈善捐赠的推动力。同时，考虑到特定情境特征下企业对利益相关者压力的不同响应，利益相关者压力对慈善捐赠的作用呈现一定差异。

在慈善捐赠的价值上，企业慈善捐赠获得利益相关者的认同（积极性评价）是企业慈善捐赠价值创造的关键。为反映利益相关者对慈善捐赠的认同感，本书从一个特别的角度进行了刻画①，即利益相关者的认同感体现于企业慈善捐赠与利益相关者压力是否匹配上。换言之，企业慈善捐赠与利益相关者压力相匹配，有助于提升慈善捐赠的经济价值。同样，考虑到利益相关者不同情境下的评价差异性，在不同的企业特征、公司治理以及市场化进程背景下，企业慈善捐赠的价值也有变化。由此，对策略性慈善捐赠的启发是，为充分发挥慈善捐赠的价值效应，一方面企业慈善捐赠需与利益相关者的要求相匹配，另一方面还需考虑特定情境的差异。

（三）识别并区分了影响企业慈善捐赠形成及其价值的利益相关者类型

企业利益相关者可以从多个不同的角度进行划分，譬如：按照属性，从合法性、权威性和紧急性三个维度，Mitchell & Wood（1997）将利益相关者分为三种类型，即：确定型利益相关者（Definitive Stakeholders），预期型利益相关者（Expectant Stakeholders）以及潜在的利益相关者（Latent Stakeholders）。该分类模型改善了利益相关者界定的可操作性，推动了利益相关者理论的推广应用，并逐步成为利益相关者界定和分类的最常用的方法。

然而，对具体实践以及特定企业而言，到底哪些利益相关者属于特定类型，我们并不清楚，这就需要做进一步的探索。因为若将企业的环境战略解释成企业满足利益相关者期待的一种努力的话，那么识别主要的利益相关者将是公司战略中一个十分重要的问题。

如 Mitchell & Wood（1997）所认为，利益相关者的相对重要性会随着问题的重要性变化而改变。因此，某一时点依据特定事件识别企业的利益相关者类型，更多是一个经验问题（Buysse & Verbeke，2003）。为此，以企业慈善捐赠行为的形成及其价值的研究结论为依托，依据利益相关者对企业慈善捐赠行为及其价值的不同影响，本书区分了不同利益相关者类型，从而率先完成了特定事件（企业慈善捐赠）中企业不同利益相关者的属性归类。这有利于企业针对不同利益相关者实施有效的分类管理，进

---

① 间接上，这就反映了企业慈善捐赠的社会绩效，从而区别于直接分析并检验慈善捐赠与财务绩效关系的文献。这也有助于厘清企业社会责任（行为）与社会绩效之间的差异，从而匡正了将企业社会责任等同于企业社会绩效的做法，由此，一定程度上也就推进了考量企业社会责任财务效果的实证研究。在这一点上，新近 Lo（2010）使用 DEA 方法，对企业社会绩效进行了测量。

而实现企业慈善捐赠的合理规划以及尽可能让慈善捐赠创造最大的企业价值。

（四）拓展并深化了企业慈善捐赠的形成及其价值的情境考察

相同类型的企业为什么会有截然不同的慈善捐赠表现，同样，类似的慈善捐赠其效果为什么截然有别？以企业对利益相关者压力的响应为切入点，从不同企业特征、公司治理以及市场化进程三个情境特征出发，本书分析了企业慈善捐赠表现的差异性；对企业慈善捐赠的价值，以利益相关者对企业慈善捐赠的评价为切入点，同样，从以上三个情境特征出发，本书分析了利益相关者对慈善捐赠的评价，以及由此而导致的慈善捐赠对企业价值的不同影响。

总之，在以往研究的基础上，本书考虑到了不同情境特征对企业慈善捐赠行为的形成及其价值的影响，并希望通过对这些情境因素的把握，以对企业的慈善捐赠行为做出更清晰的解释和较全面的认识。

（五）凸显并扩展了利益相关者在慈善捐赠研究中的主体性地位

如早期制度学派代表人物塞尔兹尼克以及新制度主义理论代表人物迈耶所强调的，"必须从组织与环境的关系认识社会现象或社会行为"（周雪光，2003）。依据这样的要求，以利益相关者压力为切入点，本书从企业与内外部利益相关者关系出发，分析企业慈善捐赠的形成及其价值。

与既往研究不同的是，本书考虑到了利益相关者与企业之间互动性，即：一方面突出了企业对利益相关者压力的响应性，另一方面凸显了利益相关者对企业响应行为的评价。特别地，本书强调了利益相关者在企业慈善捐赠的形成及其价值创造中的主体性作用，这体现在利益相关者在慈善捐赠的形成及其价值实现中都有重要影响。

另外，需提及的是，本书还扩展了利益相关者的分析范围，并不是关注于某一特定的利益相关者，而是尽量对一般文献（特别是国内文献）出现的不同利益相关者纳入研究的范围。这就响应了 Smith（2003）的建议，即：研究者应更多关注于多个利益相关者而并不是仅局限于消费者，只有基于更广阔的利益相关者，企业的社会责任才可能做出更全面的分析与评价。

（六）整合并丰富了利益相关者视角下企业慈善捐赠行为研究

就单一利益相关者对企业慈善捐赠的影响，以前文献曾有过精辟论述以及深刻洞见。与之不同的是，本书对企业慈善捐赠行为的研究，分别讨论了股东、员工、债权人、供应商—客户以及政府、消费者、竞争者、社会公众等共八类利益相关者对企业慈善捐赠形成及其价值的影响。利用利益相关者的研究框架，通过必要的逻辑分析以及适当的计量方法、数据验证，一定程度上整合了前人关于特定利益相关者与企业慈善捐赠行为之间关系的研究成果，进而完善了利益相关者视角下的企业慈善捐赠行为研究。

区别于一般“堆聚式”整合，就利益相关者压力对企业慈善捐赠的影响而言，本书认为其作用机理是存在差异的。为此，文章从两个不同角度反映了利益相关者对企业的压力，其中：契约型利益相关者主要通过其经济利益上的满足程度予以反映，而公众型利益相关者则通过其与企业的关联性来反映。这正契合了 Harrison & Freeman（1999）的建议，即：关于利益相关者的分析框架，目前远非完善，我们需要的是，对不同利益相关者做出更精细化的分析。事实上，新近 Godfrey，Merrill & Hansen（2009）以及 Laan，Ees & Witteloostuijn（2008）等的研究结果就表明，更细致地区分不同利益相关者对企业的影响尤有必要。

二 实践意义

（一）对公共决策者的启示

如何有效敦促企业做一个好的企业公民，是公共决策者需要考虑的问题，其中积极引导企业慈善捐赠即是一项重要内容。本书基于利益相关者视角同时结合不同的情境特征，阐明了企业慈善捐赠行为的形成机制。一方面，这可以为决策者提供相应理论与经验依据（譬如，通过制定特定规则限制某些利益相关者对企业慈善捐赠行为的不利影响，或指导非营利组织如何更规范、有效地进行募捐等）。

另一方面，政府等权力部门作为企业的重要利益相关者，本书的实证结果也为其如何更好地摆正其角色，提供了一个反思的机会，即无论如何政府等权力部门都要定位好其在企业慈善捐赠行为中所充当的角色。

（二）对企业管理者的启示

本书的分析以及研究结果，对企业实务的启示是，第一，不同利益相关者在慈善捐赠形成及其价值中有不同影响的实证检验结果，有益于管理者更好地识别影响企业慈善捐赠行为的主要利益相关者，有助于企业有针对性地做好捐赠规划，更好地满足其要求，从而杜绝了企业慈善捐赠的盲目性。

第二，企业慈善捐赠应与利益相关者压力相匹配的分析与经验证据，为企业更好地以慈善捐赠为手段寻求竞争优势提供了方法指导，从而有助于企业进一步提高慈善捐赠工作的针对性与有效性。

第三，本书对“利益相关者压力是企业慈善捐赠形成及其价值之间的内在联结机制”的阐明，意味着企业应该开启利益相关者管理程序，提高利益相关者管理水平，从而从较系统的层面真正实现战略性慈善捐赠的目标。

第四，慈善捐赠是企业非市场策略的一部分（田志龙，高勇强和卫武，2003；田志龙，贺远琼和高海涛，2005；Baron，1995，1997），深化企业慈善捐赠形成及其价值的认识，对企业有效运用其他非市场策略，也有积极的经验参考价值。

第三节 基本概念界定

明确的定义是知识积累和理论体系构建的前提和基础。为保证文章主要概念的一致性且与前人研究相衔接，本节内容对文章中涉及的主要概念进行界定。

一 企业慈善捐赠

对什么是“慈善”，贝克尔下了一个简洁的定义，“如果将时间与产品转移给没有利益关系的人或组织，那么，这种行为就称为‘慈善’”（贝克尔，1995），“慈善是一种社会行为，……，是一种高尚无私的支持与奉献行为”（周秋光和曾桂林，2006），亦即，慈善是具有同情心的人，帮助社会上需要帮助的弱者的捐助行为，扶贫救济是其主要内容。至于企业慈善捐赠，不同文献的界定虽有差异（参见表1-1），但总结来说，具有以下五个方面的特点①。

① 企业与公司差异较大，本书提及的企业主要是指公司制企业。不过，源于用法上的习惯，很多时候并不对两者作严格区分，往往将公司引申为企业的同义语，后文亦如此。

表 1－1　　企业慈善捐赠的概念界定

文献	观点
财务会计标准委员会（FASB，1993）	慈善捐赠是企业将现金或其他资产自愿、无条件、单向地转移给另外一个实体。
Burlingame & Frishkoff（1996）	慈善捐赠是指以企业名义，在一定时期内向符合其捐赠意愿的公益性非营利组织捐献金钱、实物或劳务等的一种企业行为。
《关于企业对外捐赠财务管理的通知》（2003）95 号	慈善捐赠是指企业自愿无偿将其有权处分的合法财产赠送给合法的受赠人用于与生产经营活动没有直接关系的公益事业的行为，包括公益性捐赠、救济性捐赠以及其他捐赠。
《企业所得税》（2007）	企业捐赠（公益性捐赠）是指企业通过公益性社会团体或者县级以上人民政府及其部门，将其有权处分的合法财产用之于《中华人民共和国公益事业捐赠法》规定的公益事业。
《中华人民共和国公益事业捐赠法》（1999）	企业向下列事项捐赠：救助灾害、救济贫困、扶助残疾人等困难的社会群体和个人的活动；教育、科学、文化、卫生、体育事业；环境保护、社会公共设施建设；目的是促进社会发展，且为非强行摊派或者变相摊派，并遵从自愿、无偿原则。
钟宏武（2007）	企业自愿无偿将财物赠送给与其没有直接利益关系的受赠者用于慈善公益事业的行为。
田利华和陈晓东（2007）	企业慈善捐赠是指企业出于慈爱之心，通过无偿捐献或赠送其有权处分的合法财产给合法且没有直接利益关系的受赠对象，达到帮助受赠对象的目的。

资料来源：本书整理。

第一，合法性，慈善捐赠的标的应没有法律上的争议。

第二，自愿性，慈善捐赠是企业的一种自愿行为，没有强制的因素，这与国家税收的强制性构成鲜明对照。

第三，无偿性，慈善捐赠不是双方的价值交换行为，捐赠者与受赠者之间无明显直接的利益交换关系。

第四，客观公益性，慈善捐赠的目的是为了社会公益或公益事业。

第五，间接性，企业慈善捐赠一般委托给慈善组织进行，慈善组织根据企业的意愿管理捐赠标的，并接受企业和社会的监督。

严格意义上的企业慈善捐赠虽有以上五个不同特点，但对研究者而言，其实很难判断企业的慈善捐赠到底是否为自愿（譬如政府部门的公益摊派），所以，本书在分析企业慈善捐赠时，更主要强调的是广义的慈善捐赠（资金或产品捐赠、社区服务以及员工志工活动等），即只要突出的是“形”上面要满足慈善捐赠的要求，这与钟宏武（2007）的处理方法是相同的。

补充的是，“企业赠与”有时也具有企业慈善捐赠以上五个方面特点，但其间区别仍较大（参见表1-2）。具体而言：

表1-2　企业慈善捐赠与企业赠与的差异

类目	企业慈善捐赠	企业赠与
合同关系	诺成合同	实践合同
概念类型	属概念	种概念
内在属性	对公益性考量较多	对公益性考量较少
法律要素	发生时是单方的法律行为	发生时是双方的法律行为

资料来源：本书整理。

第一，企业慈善捐赠是一种诺成合同，即一旦捐赠人的意思表示成立，慈善捐赠即视为有效，而企业赠与则是一种实践合同，需要有合同方相互达成一致性的意思表示，企业的捐赠标的才视为有效。

第二，“赠与”是属概念，“捐赠”是种概念，“捐赠”是“赠与”的一种。“赠送”和“馈赠”是“赠与”概念的另一种表述（史正保，2009）。

第三，企业慈善捐赠以社会公共利益和道德义务为基础，对公益性考量较多，相反，企业赠与对公益性考量则相对较少。

第四，企业慈善捐赠合同有效时，其行为是赠与方的一种单方性质的法律行为；与之不同，企业赠与合同有效时，其行为是赠与方与受赠方双方的一种法律行为。

此外，鉴于企业捐赠、企业慈善、企业公益均是企业履行社会责任的重要形式，且目前以企业捐赠最为常见和普遍，因此，通常将企业捐赠等同于企业慈善（行为）和企业公益（田雪莹，2008）。对本书而言，企业慈善捐赠其实也是以上不同说法的一个折中，从内涵上来讲，以上概念并无本质上的差别。本书其他行文出于表述方便，偶尔也会交叉使用以上不同概念，但其间内涵并无实质上的不同。

补充说明的是，由于汉英表达上的差异，在搜集国外有关企业慈善捐赠的文献时，考虑到“慈善”以及其他表示“捐赠”含义的词基本上通用（曹洪彬，2006），即表示“慈善”的“Philanthropy”或“Charity”与表示“捐赠”的“Giving”“Contribution”或者“Charitable Giving”具有大体相同的含义，所以，以上单词均构成本书搜索国外企业慈善捐赠文献的关键词，具体来说，分别是：“Corporate Philanthropy”“Corporate Giving”“Corporate Contributions”“Corporate Charity”“CCI（Corporate Charitable Involvement）”以及“Corporate Charitable Giving”。再者，“Corporate Gift”及“Corporate Donation”在企业慈善捐赠的文献中也有出现，为此本书还单独以其为关键词查找了相关文献。

二 企业慈善捐赠与其他相关概念

（一）企业慈善捐赠与企业社会责任

企业慈善捐赠与企业社会责任紧密联系。文献中企业社会责任定义纷繁各异（Margolis & Walsh，2003），并没有统一的观点。不过，对企业社会责任，不同文献主要突出的是，为提升社会以及环境条件，企业实施的某种自由裁量行为（Aguilera，Rupp & Williams et al.，2007；Waddock，2004；Wood，1991a，1991b；Wood & Jones，1995），即关注的是一种狭义的企业社会责任，较少涉及员工责任以及法律责任等。譬如，McWilliams & Siegel（2001）就指出，企业社会责任是法律规定及公司利益之外的可以增加社会福利的企业行为。这与企业的慈善捐赠有重合之处①，这表明用慈善捐赠衡量公司社会责任是恰当的（Carroll，1991）。

与国外主流文献保持一致，就本书而言，后文论及企业社会责任主要也是指企业的慈善责任，即Carroll（1979）四层社会责任模型中的最顶层责任（四层社会责任从上到下依次是慈善责任、伦理责任、法律责任以及经济责任）。应该说，这与国内大部分文献对企业社会责任关注的焦

---

① 相应，以此界定企业社会责任的相关文献也应成为本书逻辑分以及思路发展的重要支撑，后文之所以借鉴企业社会责任以及企业社会表现相关文献，也正基于这个理由。

点还是有一定差别的[①]。本书之所以这样处理，除与国外文献保持一定的衔接外，主要还在于：企业慈善责任与其他责任在性质上差异较大，进一步隔离不同责任，有助于从不同责任之间的内在关系上，深入分析企业慈善捐赠行为的内在特质，这也是后文希望达到的目的。

（二）企业慈善捐赠与善因营销

善因营销是企业在营销中借助非营利组织或公益事务项目，实现企业与非营利组织双赢的一种捐赠运作方式。企业慈善捐赠与善因影响差别较明显，善因营销本质上是一种营销行为（Ptacek & Salazer，1997；Porter & Kramer，2002），企业慈善捐赠目的是为了获得潜在收益，即不满足于慈善捐赠的无偿性。因此，善因营销中企业的捐赠并不属于我们的研究范围。对企业慈善捐赠以及善因营销之间的差异，本书进一步总结于表1－3所示。

表1－3　企业慈善捐赠与善因营销的差异

类目	慈善捐赠	善因营销
目的	以公益为目的，追求社会声誉次之	开拓市场，获得回报
性质	无偿给予行为	类似于广告、公关、促销行为，宣传多
时点	具有一定的持续性	持续性较差
会计处理	列入营业外支出	列入销售费用
税法扣减	可抵扣	不可抵扣

资料来源：本书整理。

（三）企业慈善捐赠与企业家慈善捐赠

从字面上来看，企业慈善捐赠与企业家慈善捐赠之间的差异是明显的，企业家财产和企业财产之间有清晰的界限，从捐赠的参与主体上即可对其加以明确区分。不过，在中国，特别是对股权集中度很高的企业，对两者进行区分也许并没有多少实际意义，因为这些企业很大程度上为个人所拥有。在现代企业制度还远未完善之时，实际捐赠中，无论是以企业家

① 在中国，企业社会责任更严重的是已经“形而下”为一个法律问题，从而扭曲了企业社会责任是“法律规定及公司利益之外的可以增加社会福利的企业行为”的含义。

个人名义还是以企业名义的捐赠，多是从企业出账（钟宏武，2007）。因此，对企业慈善捐赠与企业家慈善捐赠就很难加以辨别。这种情况下，本书认定，企业家的慈善捐赠就是企业慈善捐赠。

（四）企业慈善捐赠与企业社会表现

企业社会责任与企业社会表现是两个如影随形的概念。通常，可以将企业社会表现看成是企业履行社会责任的结果。作为企业社会责任的慈善捐赠，其社会绩效如何呢？理论上讲，可通过两种不同方法进行分析。

一是过程导向的分析模式，从企业的角度出发，该方法将企业的社会表现归因于企业内的各种流程组合，从间接的角度反映了企业的社会表现，譬如：Carroll（1979）提出了包括企业社会责任原则，社会问题，社会响应三层次框架的企业社会表现模型；Wartick & Cochran（1985）指出企业社会表现是“社会责任原则、社会响应过程与为探讨社会问题而发展的政策之间潜在的交互作用”；Wood（1991）认为，企业社会表现构成模型包括“企业社会责任、社会反应的过程、企业政策、利益相关者关系等要素”；Swanson（1995）认为，企业社会表现评价应基于“企业社会责任宏观、微观原则、企业文化以及行为的影响”四层次分析模型。

二是结果导向的分析模式，以利益相关者为视角，该方法突出不同主体对企业社会行为的评价。Wood & Jones（1995）提出了评价企业社会表现的结果模式，强调企业社会表现是内部利益相关者、外部利益相关者和外部制度影响的结果，其中，利益相关者设置了企业行为的规范，感知并评定企业社会责任行为；Rowley & Berman（2000）认为，企业社会表现是公司行为的社会结果，难以通过企业各种现实状态呈现，若将焦点转移至利益相关者对企业的行为当中，则可明确衡量社会表现。

就企业慈善捐赠而言，应该说，以上两种分析模式为衡量慈善捐赠的社会绩效提供了可能的框架，但事实上，到底应怎样量化出具体的效果，目前文献并没有提供可行的操作。实际上，这也正是学者们诟病企业社会责任研究其理论与实证相脱节的缘由（Gond & Crane，2008）。总之，企业慈善捐赠与企业社会表现理论上的区分是清晰的，但实际执行中却是模糊的。作为一种补充，我们认为，企业社会表现是利益相关者对企业社会责任行为的一种评价结果，后文拟就此并以慈善捐赠为例做进一步的分析与检验。

三 利益相关者及其压力

利益相关者压力是本书的重要概念，对其进行清晰界定十分重要。以下从三个层面，阐明既有文献对该概念的运用以及本书的理解与相应界定。

（一）利益相关者

自1965年安索夫最早使用“利益相关者”一词，关于利益相关者的讨论从来就没有间断过，利益相关者的理论研究也于20世纪70年代随之铺展开来（贾生华和陈宏辉，2002）。

早期研究主要是从“是否影响企业生存”的角度界定利益相关者，随后Freeman（1984）给出了一个颇受关注并广为引用的利益相关者定义，他认为，“利益相关者是能够影响企业目标实现，或在企业实现目标的过程中那些被影响的任何个人或群体”，同时，在企业经营的过程中，管理者应综合平衡各利益相关者的利益要求，不能唯股东是举。利益相关者理论突破股东利益至上的传统观点外，更重要的是，为企业社会责任的实施提供了分析工具。

利益相关者理论指出了企业社会责任的管理对象及相关责任，把企业承担社会责任的对象具体化了（Matten，Crane & Chapple，2003），由于其具有较强的实践操作性，在管理学中得到了广泛应用。如Clarkson（1991）认为，利益相关者理论为公司社会责任问题提供了一个清晰的分析框架，它使得公司可以将具有普遍性的企业社会责任，分解为针对特定利益相关者的具体责任，即：企业社会责任可在“企业与利益相关者之间的关系”上重新界定（Clarkson，1995）。同样，Carroll（1991）认为，利益相关者理论为企业社会责任指明了方向，针对每一个利益相关者利益就可以界定企业社会责任的范围。

基于以上的观点，并进一步推进，本书同样认为，利益相关者理论为更深入具体地分析企业的慈善捐赠提供了一种可行的思路。

（二）利益相关者分类

明晰了利益相关者对于企业社会责任问题分析的意义以及重要性之后，接下来的问题是，企业到底有哪些利益相关者，这涉及利益相关者的具体分类。文献中学者们依据特定研究目的从不同角度，对利益相关者提出了许多分类方法，本书简要列示了 11 种不同的分类，如表 1 - 4 所示。应该说，不同分类标准都有其内在合理性，但本书采纳了 Charkham (1992) 对利益相关者的分类标准，主要原因有，第一，本书要进一步分析不同利益相关者与企业慈善捐赠及其价值的关系，就慈善捐赠而言，某个利益相关者对企业是否具有“威胁性”“自愿性”“重要性”“权力性”以及“依赖性”，我们并不清楚，这是一个有待实证的问题。

表 1 - 4　利益相关者的不同分类方法

文献	分类标准	分类结果	主要对象
Freeman (1984)	所有权、经济依赖性及社会利益	有所有权的利益相关者	持有公司股票者
		有经济依赖性的利益相关者	经理人员、债权人、雇员、消费者、供应商、竞争者、社区等
		有社会利益的利益相关者	政府领导人、媒体等
Frederick, Davis & Post (1988)	是否发生市场交易关系	直接利益相关者	股东、企业员工、债权人、供应商等
		间接利益相关者	中央政府、地方政府、社会活动团体、媒体、一般公众等
Savage, Nix & Whitehead et al. (1991)	对组织的威胁性以及与组织的合作性	混合型	对组织的威胁性高、与组织的合作性高的个人或群体
		反对型	对组织的威胁性高、与组织的合作性低的个人或群体
		支持型	对组织的威胁性低、与组织的合作性高的个人或群体
		边缘型	对组织的威胁性低、与组织的合作性低的个人或群体
Charkham (1992)	是否存在交易性合同关系	契约型利益相关者	股东、员工、供应商—客户、债权人
		公众型利益相关者	消费者、监管者、政府部门、竞争者、媒体、其他公众
Clarkson (1994)	相关群体在企业经营活动中承担的风险种类	自愿利益相关者	企业中主动进行物质资本或人力资本投资的个人或群体
		非自愿利益相关者	由于企业活动而被动地承担了风险的个人或群体

续表

文献	分类标准	分类结果	主要对象
Clarkson（1995）	利益相关者的重要性	主要利益相关者	股东、投资者、雇员、顾客、供应商等
		次要利益相关者	媒体和其他的特定利益集团
Wheeler & Sillanpaa（1998）	紧密性和社会利益	首要的社会性利益相关者	顾客、投资者、雇员、当地社区、供应商、其他商业合伙人
		次要的社会性利益相关者	居民团体、相关企业、众多的利益集团
		首要的非社会性利益相关者	自然环境，人类后代
		次要的非社会性利益相关者	非人物种等
Mitchell & Wood（1997）	分类口径	窄口径	企业生存必须依赖的人与团体的角度来定义利益相关者
		宽口径	凡是能影响企业活动或被企业影响的人或团体
		中间口径	介于以上两者之间
Mitchell & Wood（1997）	合法性、权力性以及紧急性	确定型利益相关者	同时拥有对企业问题的合法性、权力性和紧急性
		预期型利益相关者	与企业保持较密切的联系，拥有上述分类标准中的两项
		潜在的利益相关者	只拥有合法性但缺乏权力性和紧急性的群体
陈宏辉和贾生华（2004）	主动性、重要性以及紧急性	核心利益相关者	管理人员、员工、股东
		蛰伏利益相关者	供应商、消费者、债权人、分销商和政府
		边缘利益相关者	特殊团体、社区
吴玲（2006）	企业对利益相关者的依赖程度	关键利益相关者	股东、管理人员、顾客
		重要利益相关者	依特定情境（企业性质、技术特征及生命周期）而定
		一般利益相关者	
		边缘利益相关者	企业所在社区

资料来源：本书整理。

第二，Charkham（1992）的分类标准，为本书使用二手数据测量利益相关者压力提供了启示。契约型利益相关者与企业有交易合同关系，相应在反映其对企业的压力上，应主要从这种契约关系的内容着手，从而相对客观地反映企业与利益相关者的关系；而公众型利益相关者与企业没有交易合同关系，相应反映利益相关者对企业的压力若从两者的关联上来反映，应是可行的选择。

确定利益相关者分类标准，仍需明确不同标准下利益相关者有哪些，特别是中国情境条件下企业契约型及公众型利益相关者分别包括哪些个体及群体。对不同利益相关者选取，本书主要参照国内外关涉企业利益相关者的相关文献，特别是那些专注于识别企业有哪些利益相关者的研究成果（如表1－5以及表1－6所示）。

表1－5　　国外文献主要关注的利益相关者

类目	股东	员工	供应商	客户	政府	消费者	同行	社会公众	债权人	管理者	环境	媒体	协会	NGO
Freeman（1984）	√	√	√	√	√				√	√		√		
Frederick（1988）	√	√	√	√	√		√		√			√		
Modie（1988）	√	√		√							√			
David（1991）		√	√	√										
Anderson（1989）		√		√	√						√			
Charkham（1992）	√	√	√	√	√	√	√	√	√			√	√	
Buchler（1994）		√		√				√			√			
Clarkson（1995）	√	√	√	√		√	√				√	√		
Linda（1995）	√	√	√	√	√					√	√			
Siagian（1996）	√		√	√	√				√	√		√		
Wheeler（1998）	√	√	√	√	√			√		√	√	√		
Carroll（2004）	√	√		√	√			√			√			
Subroto（2006）	√	√	√	√	√	√				√	√			

说明：表中“√”表明文献涉及该利益相关者，该表涉及的文献参见辛杰（2010），文后未列示。

表1-6　　　　国内文献主要关注的利益相关者

类目	股东	员工	供应商	客户	政府	消费者	同行	社会公众	债权人	管理者	环境	媒体	协会	NGO
陈宏辉和贾生华（2003）	√	√	√	√	√	√		√	√	√				
刘利（2009）	√	√	√	√	√	√		√	√	√				
温素彬和方苑（2008）		√	√	√	√				√					
江若尘（2006）	√	√	√	√	√	√	√	√	√	√		√	√	√
辛杰（2010）	√	√	√	√	√	√	√	√	√			√	√	√
吴玲和陈维政（2003）	√	√	√	√	√	√	√	√	√				√	
邓汉慧和张子刚（2006）	√	√	√	√	√	√		√	√	√				
敬嵩和雷良海（2006）	√	√	√	√	√	√	√	√	√	√	√			
陈昕、滕悦和沈乐平（2009）	√	√	√	√	√	√		√	√	√				
邓汉慧（2005）	√	√	√	√	√	√	√	√	√	√				

说明：表中“√”表明该文献涉及该利益相关者。

资料来源：本书整理。

在选取代表性的利益相关者作为本书的分析对象的过程中，本书遵循以下两个筛选标准①，第一，本书研究的利益相关者应较常见且为大多企

① 事实上，对本书而言，选取什么利益相关者来研究，并不是重要的问题，要紧的是，本书已选取的利益相关者所得到的研究结论是否具有稳健性，从而不会因为遗漏某些利益相关者，导致研究结论受到干扰。为保证后文结论不受这两个筛选标准而影响，本书做了以下工作：其一，我们访谈了三位均有五年以上从业经验且在著名事务所工作的战略咨询师，对于本书选取的8个利益相关者，他们均认为有一定的合理性，代表了企业面临的主要利益相关者类型；其二，实证中，我们还使用了特定的计量方法（如：固定效应回归以及GMM回归）、不同稳健性回归，以尽可能保证不会因遗漏某些利益相关者而影响本书已发现结论的可靠性。或者是，即便遗漏了某些利益相关者变量，通过以上的计量方法一定程度上也能过滤掉其造成的干扰影响。此外，若还遗漏了一些利益相关者变量，这很大程度应属于那些次要的利益相关者，而这正如希特、霍斯克森和爱尔兰（2010）指出的，次要利益相关者虽不应被忽视，但除非他们的目标与企业经营或目标紧密相关，否则对其不予过多考虑也是适宜的。

业所共有，从而保证研究的可比性以及发现企业慈善捐赠行为及其价值的一般共性规律。

第二，本书研究的利益相关者应为学界及企业实践人士普遍关注，那些并不引起注意或企业无意于处理与其关系个人或群体，不在我们的研究范围内。作为结果，本书选取的利益相关者主要有8类，其中：契约型利益相关者包括股东、员工（包括管理者）、债权人、供应商—客户，公众型利益相关者包括政府、竞争者、消费者以及社会公众。

（三）利益相关者压力

压力是指主体之外，由他人向主体施加的力量。对企业而言，利益相关者压力（Stakeholder Pressure）是利益相关者对企业形成的某种驱动性力量，是利益相关者对企业偏好的外在表征（Baron，2009），反映了利益相关者对企业的期望[①]。利益相关者压力嵌入于公司与利益相关者的长期关系中（Zanden，2009）[②]，利益相关者正是通过利益相关者压力影响了企业的行为（Kassinis & Vafeas，2006）。

汉迪（2000）就曾敏锐地觉察到，企业经营中受到来自越来越多的利益相关者的压力，并用企业像是在“一个六棱形的圈里运营”来比拟

---

① 与利益相关者压力相近或由其衍生的概念非常多，主要包括：利益相关者满意度（Stakeholder Satisfaction；Berrone，Surroca & Tribo，2007）、利益相关者关系（Stakeholder Relation；Choi & Wang，2009）、利益相关者影响（Stakeholder Influence；Rodgers & Gago，2004；Sharma & Henriques，2005；Darnall，Seol & Sarkis，2009）、利益相关者力量（Stakeholder Strength；Poaps & Rees，2010）、利益相关者导向（Stakeholder Orientation）以及利益相关者管理（Stakeholder Management；Buysse & Verbeke，2003；Coombs & Gilley，2005）等。使用中，以上不同概念之间很多时候只是名法上的差异，而无实质上的不同（即本质上都是反映企业与利益相关者之间的关系），这在实证文献中表现得尤为明显（测量上KLD数据库是这些文献的共同选择）。实际上，利益相关者满意度越高，利益相关者对企业的压力也越小，对企业施加的力量也越有限；同样，企业与利益相关者的关系越和谐，利益相关者对企业的影响也越小，压力也越小，这一方面是企业利益相关者管理的结果，另一方面也是企业利益相关者导向的体现。因此，以上不同概念之间交叉或混合使用，有一定的内在必然性及其合理性。本书选择利益相关者压力这个概念，而不是其他相近的或衍生的概念，主要有两个原因，其一，利益相关者压力在不同概念之间具有较好内在贯穿性，同时也更切合本书所要分析的问题（即从满足利益相关者要求入手来分析企业慈善捐赠）；其二，鉴于国内数据库的限制，适当变通后的利益相关者压力能够得到较好地反映，公众型的利益相关者压力尤其如此。

② 这表明，企业受到来自利益相关者的压力并不局限于由诸如劳工运动、消费者运动等所形成的显性压力。如Zanden（2009）指出的，关于利益相关者压力的文献以前更多关注的是显性的利益相关者压力，而忽视了企业在长期维持与利益相关者关系的过程中所受到的隐性压力。

企业承受的各利益相关者的压力（六棱圈指“出资人、雇员、顾客、供货商和环境、社区”）。陈晓红、关健和徐兵（2001）认为，公司经理阶层至少要面临股东、员工、债权人、供应商、顾客、市场竞争以及公司内部员工等6个方面的利益相关者的压力。蔡宁、李建升和李巍（2008）曾提出，经济子系统给企业承担社会责任造成了压力和动力，这些压力和动力来自企业利益相关者的市场行为。

利益相关者到底给企业带来了什么压力，是一个见仁见智的问题。事实上，现有文献对利益相关者压力并没有达成严格的界定，对于利益相关者压力不同文献要么从利益相关者压力的外在表征上进行说明（Kassinis & Vafeas，2006；Xia，Wang & Wang et al.，2008；Brammer & Millington，2006；Sharma & Henriques，2005），要么是从企业感知到的利益相关者压力的角度来反映（Sharma & Henriques，2005；Darnall，Seol & Sarkis，2009）。

与从利益相关者压力外在表征的角度对利益相关者压力进行界定的方法相同，本书从这种压力的来源上来反映利益相关者对企业压力（即从外延上的区分）。具体来说，我们对利益相关者压力做如下界定：按照Charkham（1992）的分类标准，将利益相关者区分为契约型与公众型利益相关者，相应，利益相关者压力即有契约型利益相关者压力以及公众型利益相关者压力。为反映利益相关者对企业的压力，本书以以下两个不同理论判断为依据：其一，公司的存在以满足利益相关者要求为条件，利益相关者的满足程度越高，公司受到利益相关者的压力越小（Rowley，1997）；其二，利益相关者压力发之于利益相关者对企业期望与要求（Rowley，1997；Baron，2009），期望或要求越高（多）企业受到的压力越大。

对契约型利益相关者压力，本书主要围绕企业对其经济利益的满足程度来分析。至于契约型利益相关者为什么从“经济”利益的满足程度上展开，而不强调其他利益满足程度，主要出于两方面的考虑：其一，契约型利益相关者与企业的关系有合同性约束，而各种合同约束很大程度上直接反映并体现就是经济利益，企业首先就应达成并满足这种经济利益上的要求，利益满足程度越高，企业受到契约型利益相关者的压力就越小。其二，按照马斯洛（2007）的层次需要论，除生理需要外，主体首先就是经济利益上的需要，至于其他的需要则都要明显弱化于此。综合以上两点，凸显契约型利益相关者在经济利益上的满足程度，以反映其对企业的压力就有其合理性以及现实性。

与契约型利益相关者不同，公众型利益相关者对企业并无明显的经济利益要求，不过，公众型利益相关者对企业的压力可从其与企业的关联性来反映，因为，企业与公众型利益相关者关系越密切，相比于那些不为关注的企业，公众型利益相关者对其期望或要求可能就会越多。为实现这样的要求，企业受到的公众型利益相关者的压力就越大（关联性程度越高，公众型利益相关者压力越大）。因此，凸显公众型利益相关者与企业的关联性，从而反映其对企业施加的压力也有其内在合理性的一面。

总之，本书关注的两类利益相关者压力是指，因经济利益的不同满足程度而生发的由契约型利益相关者对企业形成的压力，以及因与企业的关联性差异而带来的由公众型利益相关者对企业形成的压力（如图 1 –3 所示）。

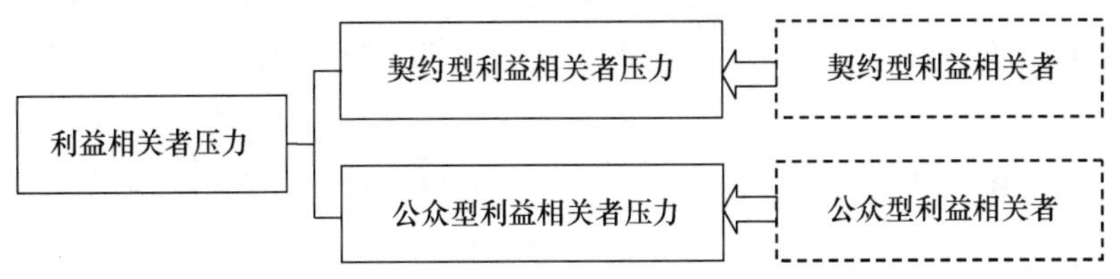

图 1 –3 利益相关者压力的划分类型

四 企业价值

简单而言，企业价值就是企业值多少钱，其主要形式有账面价值、内涵价值、市场价值、清算价值和重置价值，本书采用市场价值的含义①。从不同角度看，企业价值的定义各有差异。不同的学者研究用不同的衡量方法计算企业价值，相应，企业价值依不同的衡量方法而定。以下主要介绍五种讨论较多或使用较频繁的企业价值的概念。

① 本书为什么只是选取市场价值指标，主要基于这样的考虑（Wood & Jones，1995）：在利益相关者理论框架下衡量公司财务表现时，反映企业盈利能力的会计指标与企业社会责任之间可能会出现“不匹配”的现象，相反，“基于市场的变量则能显示公司社会表现与公司财务业绩关系的一致性”。因为，盈利能力的会计指标普遍被认为是管理者而不是利益相关者用于衡量企业绩效的方法，它与利益相关者所关心的企业社会责任之间的一致性相对较低。

一是基于现金流贴现的企业价值。自由现金流贴现估值法具有广泛的认同性，该方法在发达国家的资本市场中广泛应用于投资分析、投资组合管理、公司并购以及公司财务等领域，构成主流的企业价值估值法。

该方法认为，企业资产的价值等于其预期未来全部现金流的现值之和。通过选取适当的贴现率，折算出在公司生命周期内可能产生的全部现金流之和，从而计算出公司的市场价值。现金流会因所估资产的不同而有差异：就股票而言，现金流是红利；就债券而言，现金流是利息和本金；而对实际项目来说，现金流则是企业的税后净现金流。贴现率取决于所预测现金流的风险程度，资产风险越高，贴现率就越高；反之，资产风险越低，贴现率越低。

对本书而言，现金流贴现法并不是非常适用于估算企业价值，原因是：其一，由于要考虑未来的现金流，一来我们很难取得这样精细的数据，二来未来取多少期也很难确定；其二，即便本书使用未来数据，这样的未来数据与其他历史数据的统计口径是否一致，也很难保证，如果统计口径不一的话，一定程度上这样的企业价值即便计算出来，其意义也十分有限。

二是基于期权的企业价值。期权是一种证券化的契约，期权只包含权利而不包含义务，其持有者可自由行使权利。为取得该权利，期权拥有者须在购买期权时向其卖方支付一定金额。期权理论可应用于企业价值评估之中。

基于期权的企业价值观认为，评估企业价值时，需要考虑资产和负债的潜在期权价值。企业价值是资产期权价值和负债期权价值的和。以资产来说，其期权主要体现于开发选择权、固定资产选择权等。当这些选择权的成本低于它所提供的利润时，拥有这些期权不仅为企业提供了投资的灵活性，同时还为企业创造了价值。而以负债来说，随着我国资本市场的发展，许多企业发行了证券，这些负债都明显带有期权特征。基于期权定价的企业价值重点考虑了选择权或不同的投资机会所带来的价值。

同样，对本书而言，基于期权价值评估企业价值也不是特别合适，主要原因在于：其一，计算期权价值时要使用 Black-Scholes 期权定价模型（OPM），该模型涉及变量较多，一些变量很难直接获得数据；其二，不同资产以及负债类目都要考虑期权价值，一来工作量浩大而无必要，二来也很难获得其背后的期权信息。

三是基于经济增加值的企业价值观。经济增加值的企业价值观认为，企业价值是企业税后营业净利润与投入资本的资金成本（包括债务资本成本和权益资本成本）的差额，即企业的价值体现于其超过它使用的资本成本的能力上。企业税后营业净利润超过资本成本时，经济增加值大于零；反之，经济增加值小于零，企业的价值降低了。

作为一种新型的企业价值观，经济增加值的估值方法为企业建立新的业绩评价和激励制度提供了指导，有助于引导企业行为注重长远发展。这种估值方法有其内在合理性，不过，鉴于精确计算企业成本十分困难，特别是对分权化公司更是如此。作为补充，本书将市场增加值（市场价值减去占用的资本总额）作为度量企业价值的指标，以备检验结论稳健性之用。

四是基于相对比较的企业价值观。相对比较的企业价值观认为，定价企业价值就是找到相对可比的资产，以该项资产的指标或比率与企业价值之间的关系作为准绳，据以估计企业价值。实践中，常用市盈率、市净率预估企业价值，然后再适当修正。相对比较法的优越之处在于简单、易用，尤其当市场上存在较多同类公司时，能够迅速得到一个直观的结果。本书使用了市净率作为反映企业价值的一种指标，鉴于其代表性、有效性以及与企业价值的相关性并没有充足的文献做出说明，同样，本书仍将其作为度量企业价值的一个补充性指标，并作为检验本书结论稳健性之用。

五是基于托宾 Q 的企业价值。托宾 Q 估值法是由经济学诺奖获得者托宾（Tobin）于 1969 年提出的。托宾 Q 定义是，企业的市场价值与重置成本之比。其中，企业的重置成本是指，重新设立该企业所需要付出的成本，具体包括重新设立该企业有形资本、无形资本所需要付出的成本。托宾 Q 值大于 1，意味着企业创造的价值大于投入的资产成本，即企业为社会创造了价值，是“财富的创造者”；反之，则浪费了社会资源，是“财富的缩水者”。

同样，运用托宾 Q 估算企业价值也有其内在缺陷，比如，以有效市场假设、非流通股较少以及市场存在足够的套利机制等为前提。但是，本书仍以托宾 Q 作为度量企业价值的主要方法，这主要基于以下三个原因：其一，广为实证文献采纳；其二，意义直观，计算简便，能反映问题；其三，数据取样方便，可通过适当修正达成研究目的。

第四节 研究方法与资料来源

一 研究方法

结合研究问题，本书采取多样化的研究方法，以期更好地完成预定的研究目标。

（一）规范研究与实证研究相结合

规范研究建立在一定价值目标和原则的基础上，通过一定的价值标准进行判断与推理，对社会经济运行的过程和结果做出理论分析和价值判断，评辨利弊得失，找出更好处理经济问题的对策，致力于解决“应该是什么、应该怎么样”之类的问题。而实证研究则基于逻辑分析，试图对社会经济现象进行描述和解释，以回答“是什么、怎么样”的问题，从而达到关注现象内在规律并根据这些规律分析和预测行为的目的。

实证研究和规范研究并不相互排斥，本书将把这两种方法结合起来。对于企业慈善捐赠及其价值等概念、慈善捐赠形成以及价值，采用规范研究，即：通过对国内外电子数据库（如国内的维普、CNKI 以及万方，国外的 Springerlink、EBSCO、Blackwell、JSTOR、Elsevier、Emerald 以及 ProQuest 等）的全面检索，搜索企业慈善捐赠的相关文献并进行系统阅读、梳理和分析，解析不同概念之间的差异，构建本书的研究思路，以解决“应该怎样”或“如何实现”的问题；而对于利益相关者压力对慈善捐赠的影响以及慈善捐赠与企业价值的关系，将采用实证研究，即：通过利用上市公司的数据对研究假设进行检验，以解决“是什么”以及“谁影响谁”的问题。

（二）理论分析与经验实证相结合

理论分析有助于“解释一种关系或一种制度如何起作用——弄清使现象得以产生的因素和力量，并尽可能详细地说明这些力量是如何作用和相互作用而引发这一现象的”。为此，本书对企业慈善捐赠形成及其价值进行了必要的理论解析，然后在理论指导下通过适当的推理，在其基础上提出假设，建立实证检验模型，证实或证伪提出的理论，最终得出规律性的结论。

（三）定性分析与定量分析相结合

定性分析主要使用文字的方式描述事物的特征，而定量分析则主要使用量化指标刻画事物的属性。两者既有区别又有联系。通常，定性分析是定量分析的基础，而定量分析是定性分析的深化。针对具体研究问题时宜将两者结合起来。

就本书而言，这种结合主要体现于：定性分析的重点是根据以往积累的理论研究与实践的经验知识，探索各变量关系间存在的效应及其因果关系的性质与方向，从整体上把握各变量的关系。定量分析则以数据描述性统计以及诸如面板数据固定效应回归与 GMM 回归等计量方法的广泛运用为基础，揭示不同变量之间的量化关系，以进一步为本书的理论和建议提供坚实的经验支撑。

二 资料来源

列示本研究的资料来源，可从回答以下两个问题来看，一是本书基于何种资料选择了研究的主题；二是基于研究的主题，本书依据何种资料阐明了自己对企业慈善捐赠行为的理解以及验证了有关假设。

对研究主题的选择，本书主要参照了学术性文献以及相关媒体报道。对某一问题开展科学研究，首先必须对其有一个清晰的定位，一方面，有助于寻找到自己的突破口和创新点；另一方面，也可以避免重复性研究。在正式研究开展之前，笔者阅读了大量国内外关于企业社会责任、企业社会表现以及企业慈善捐赠等的相关研究文献，以对该领域有一个清晰的认识。对既有文献综合分析之后，本书以利益相关者压力为突破口解析企业的慈善捐赠行为主要基于两个目的：其一，以利益相关者压力视角分析企业慈善捐赠与现有文献研究有一定的承接性；其二，利益相关者压力视角的企业慈善捐赠研究可以做出一些可能的创新。

事实上，如果以此切入主题，进行烦琐的推理以及实证设计，可能难免让人质疑本书的研究思路不过是一种纯粹的“思维游戏”。为此，本书还借鉴相关媒体讯息，掌握企业慈善捐赠动态。具体而言，笔者通过 Google 阅读器订阅了互联网上从 2008 年 5 月 18 日到 2010 年 12 月 31 日凡内容含有“企业社会表现”“企业社会责任”“企业公益”“企业慈善捐赠”“企业慈善捐赠行为”“企业捐赠”“企业慈善捐赠行为”以及“企业公民”等关键词的新闻报道，从而知悉当前企业慈善捐赠到底在关心什么，以什么作为切入点更能把握企业慈善捐赠的现实。

研究主题选择以后，本书使用2002—2008年沪深A股上市公司年报上的慈善捐赠数据，作为进一步的实证检验。这些数据源于国内专业数据供应商，提取数据时，本书主要以国泰安（CSMAR）数据库为基准，对于一些不确定的或者该数据库没有的数据，还同时参照了锐思（RESET）数据库以及色诺芬（SINOFIN）数据库中的相应数据，并以其作验证或补充之用。

最后，应说明的是，本书并不排斥对问卷访谈资料的使用。研究过程中，为保证文章思路设计的可行性以及结论的有效性，问卷、访谈其实贯穿于整个研究，无论是研究主题、分析视角的研判，还是利益相关者的选择①、思路的设计以及计量方法的使用等，笔者曾多次咨询过不同学者及有丰富经验的实务人士，在积极分析的基础上，采纳有益意见，力争消除文章中可能潜在的“硬伤”。

第五节　研究思路与内容安排

本书有导论、文献综述、理论分析与研究假设、“企业慈善捐赠的形成机制：实证结果Ⅰ”“企业慈善捐赠的价值机理：实证结果Ⅱ”以及结论、启示与展望等六个章节，研究的逻辑思路与结构安排如图1-4所示。

第一章，导论。本章基于研究的现实背景与理论背景，提出研究问题，并交代了研究意义，同时还对文章涉及的主要概念进行了界定。最后，根据研究问题与内容，阐述了研究方法以及论文结构安排。

第二章，文献综述。本章主要对与本书研究相关的研究成果进行回顾与梳理，主要包括企业慈善捐赠影响因素以及慈善捐赠对企业绩效的影响。考虑到国内外有的研究将慈善捐赠作为企业社会责任（表现）构成的一部分，在文献综述的过程中，为对文献有较全面的把握，本书也适当将其囊括到综述的文献范围之内。

第三章，理论分析与研究假设。在第二章文献综述的基础上，简要阐

① 就谁是企业重要的利益相关者，本书曾通过问卷设计，征询了36家企业负责人意见，书中选择的8个利益相关者与他们认为重要的利益相关者有较好的重合性，相似度达到95%。

明了从利益相关者压力切入慈善捐赠行为研究的现实意义及其理论价值，从而作为本书简要的制度背景交代，以及对第二章文献综述的回应。其后，对企业慈善捐赠行为的形成及其价值进行了必要的理论分析并提出研究假设。

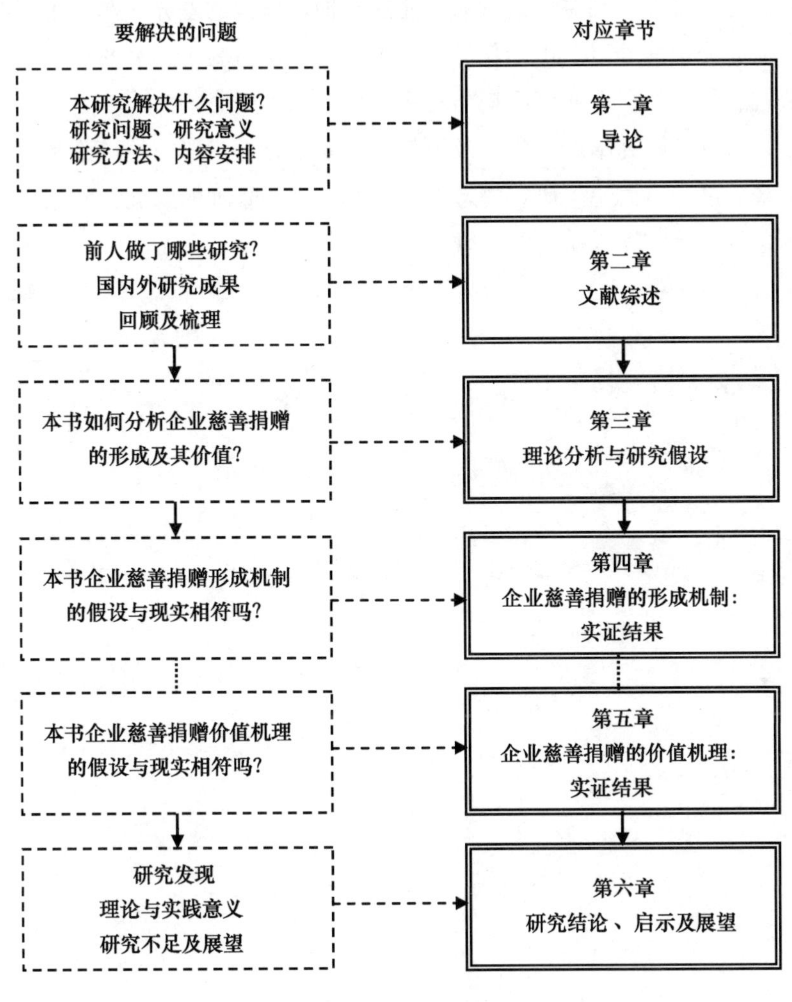

图1-4 本书结构安排

资料来源：本书整理。

第四章，企业慈善捐赠的形成机制：实证结果。本章主要对企业慈善捐赠如何形成的假设进行实证检验，即利益相关者压力对企业慈善捐赠到底有什么影响，同时考虑到企业对利益相关者压力响应的差异，还进一步基于不同的企业特征、公司治理以及市场化进程，实证了利益相关者压力对企业慈善捐赠的不同作用。

第五章，企业慈善捐赠的价值机理：实证结果。本章主要对慈善捐赠的价值进行实证，即企业慈善捐赠对企业价值到底有什么影响，能否提升企业价值。考虑到利益相关者对企业慈善捐赠评价的差异，基于不同的企业特征、公司治理以及市场化进程，本书进一步检验了，利益相关者压力调节机制作用下，企业慈善捐赠对企业价值的不同影响。

第六章，研究结论、启示及展望。本章主要是对研究的结论和发现进行总结，进一步讨论了研究的理论贡献及对实践管理的意义，并指出本书的不足及今后宜深入研究的问题。

第二章

文献综述

了解企业慈善捐赠研究的热点，掌握其研究进展，有助于后续研究找到新的分析切入点，同时也有益于以总结的成果更好地指导企业实践。本章对国内外关于企业慈善捐赠行为的解释、影响因素及其效果的文献做了较全面的综述，并同时给出适当评价。

第一节 企业慈善捐赠的理论解释

企业为什么要参与慈善捐赠，对此，国内外众多文献从不同角度就该问题进行了多角度的阐释。为全面综合地反映现有文献的各种观点，许多学者对各种相异的解释进行了归类。Campbell，Moore & Metzger（2002）从四个不同视角总结了企业慈善捐赠的目的，他们认为，战略谋划、利他主义、政治要求和管理效用是企业参与慈善捐赠的动力；类似地，Aguilera，Rupp & Williams et al.（2007）描述了企业社会责任的三种价值，分别是：工具性价值、关系性价值以及伦理性价值；Schwartz（2003）分析了企业慈善捐赠四种成因，即：经济动因主导型、制度动因主导型、道德动因主导型和平衡型；此外，基于对企业社会责任为什么是重要的探讨，Garriga & Mele（2004）还认为，可从工具性价值、政治性价值、综合性价值以及伦理性价值对企业社会责任进行解析。

融合并借鉴以上不同分类，同时参考 Lockett，Moon & Visser（2006）对企业社会责任研究主题的划分①，本章拟从经济性视角、管理性视角、

① 关于企业为什么要承担社会责任，许多学者曾从不同学科背景对其予以解释，这当中通常很难找到一种通行的研究范式。这也正如 Lockett，Moon & Visser（2006）所认为的，企业社会责任只能看作一个研究领域，而并不能作为一个研究学科。

社会性视角、伦理性视角以及综合性视角五个方面，对企业慈善捐赠的主要解释进行归类。

一 经济性视角

所谓经济性视角是指，以较规范的经济学研究范式（比如经济人思想、供求模型以及成本模型等）分析企业的慈善捐赠行为。

（一）委托代理理论

20世纪70年代，詹森（Jensen）和麦克林（Meckling）在《企业理论：管理行为、代理成本及其所有权结构》中首次提出了委托代理关系的概念。他们认为，企业是由一系列不同层次的委托代理关系构成的整体，当委托人雇用代理人完成某项特定工作，并授予其一定决策权时，委托代理关系即成立。委托代理理论（Principal Agent Theory）认为，委托代理关系中，委托人与代理人的效用函数并不一致：委托人追求的是自己的财富最大化；而代理人追求自己的工资津贴收入、奢侈消费和闲暇等的最大化。鉴于信息不对称的广泛性，这就可能会导致委托人与代理人之间的利益冲突，从而引发委托代理问题。

以慈善捐赠而言，作为一种自由裁量行为（Atkinson & Galaskiewicz，1988；Wang & Coffey，1992），为满足个人效用，利用其职位（Arulampalam & Stoneham，1995），经理人极可能以其为手段提高自身威望、社会地位（Galaskiewicz，1997；Haley，1991；Boatsman & Gupta，1996；Brown，Helland & Smith，2006；Bartkus，Morris & Seifert，2002；Werbel & Carter，2002；Trost，2006），以致对企业价值构成明显的损害（Clotfelter，1985；Navarro，1988）。当管理者缺乏有效使用企业资源从事公共事务的经验或经理人表现出明显的壕沟倾向（Surroca & Tribo，2008）时，这一点表现得尤为明显（Friedman，1970；Galaskiewicz，1991；Haley，1991；Werbel & Carter，2002）。

事实上，即便公司慈善捐款具有商业广告的目的，Brown，Helland & Smith（2006）仍坚称，管理者或董事为自己谋取名声或利益依然是公司捐赠行为最主要的动机。对此，Williamson（1964）的经理人自由裁量模型给予了深入解释，即经理人会通过各种理由，强调企业慈善捐赠的必要性，从而对慈善捐赠表现出明显偏爱。

国内，曹洪彬（2006）、江希和（2007）基于委托代理理论的分析，也综述性地得到“慈善捐赠是企业经理人为提升自身效用而采取的一种手段”的结论，魏学强、云霄和于洋（2010）还进一步从实证上为此提供了经验证据。

（二）供求理论

借鉴经典的经济学供求分析模型，企业社会责任的供求理论，从需求以及供给两个方面阐明企业的社会责任形成及其效果①。

将企业社会责任界定为满足利益相关者要求的一种企业行为，Angelidis & Ibrahim（1993）分析了这种要求的构成以及企业可能的供给形式。当利益相关者要求与企业供给保持平衡时，企业社会责任达到一种均衡状态。Angelidis & Ibrahim（1993）认为，短期内，企业社会责任可能并不均衡，从而表现出企业是不负责任的；长期来看，两者维持一种平衡状态。当企业不能满足利益相关者要求时，可能会受到各种压力，而若企业长期不能满足这些要求，则可能为其他经济主体取代而不复存在。

如果说 Angelidis & Ibrahim（1993）只是搭建了一种分析框架，那么 McWilliams & Siegel（2001）提出的企业社会责任供求模型则要细致得多，他们详细分析了影响企业社会责任供给以及需求的因素。基于不同利益相关者的分析，其结论是：从消费者的角度看，影响企业社会责任需求的因素有产品差异化程度、广告支出、企业生产的产品是否为经验品、消费者的收入、替代品的价格以及人口统计学特征和消费者的偏好等；从其他利益相关者来看，影响企业社会责任需求的相关因素有工会化程度、有经验的员工的数量以及政府要求等。再者，影响企业社会责任供给的因素主要有社会责任成本、企业的规模经济特征（多元化程度、企业规模）以及产品差异化程度、行业生命周期。企业社会责任就是在社会责任供给与社会责任需求这样的两种不同力量作用下形成的，若供给与需求相等，那么企业社会责任的边际利润为0；若前者大于后者，则企业社会责任的边际

---

① 为从相对更全面的角度对慈善捐赠做理论透视，鉴于企业社会责任包含慈善捐赠，本书在做综述时，也考虑了企业社会责任的相关文献。后文提及的企业社会责任均包括慈善捐赠。为忠实于企业社会责任相关文献的内容，本书仍以“企业社会责任”来概括其内容，而并不是以“慈善捐赠”来改变其原意表达。

利润小于0，反之则边际利润大于0。

与McWilliams & Siegel（2001）类似，Mackey & Barney（2007）从投资者的角度出发，通过对企业社会责任投资供求状况的分析，阐明了企业社会责任投资对企业绩效的作用机理（结果如表2－1所示）。他们的观点是，当企业的社会责任投资需求大于供给时，企业的社会责任行为会取得积极的成效；同样，当企业的社会责任需求小于供给时，因节省了企业资源，企业不进行社会责任投资，间接上对企业绩效也有正面影响；而当企业社会责任需求与供给相等时，任何偏离当前社会责任要求的行为都会给企业绩效带来负面影响。

表2－1　　供求模型下的社会责任绩效

企业行动	需＞供	需＜供	需＝供
履行社会责任	+	–	–
不履行社会责任	–	+	–

说明：表中“－”表示社会责任投资对企业市场价值有负面影响，“＋”表示社会责任投资对企业市场价值有促进作用。

资料来源：Mackey & Barney（2007）。

国内姜启军和苏勇（2009）也综合不同因素探讨了企业社会责任的履行程度，并认为，企业社会责任的最佳投入在其边际收益等于边际成本之处。

（三）成本理论

与经济学中成本的概念类似，有的学者认为，企业社会责任是企业一种没有回报的资源浪费（Aupperly，Carroll & Hatfield，1985；Friedman，1970；Preston & O'Bannon，1997），构成企业的一项额外支出。企业承担社会责任将导致成本上升、使产品发展受限、降低竞争力（Vance，1975；Aupperly，Carroll & Hatfield，1985；Ullman，1985）。并且，即便利益相关者会对企业公益活动做正面评价，但这种响应极其有限，无论是营造声誉效果还是创造商品需求，其效果均不明显（Walley & Whitehead，1994；Henderson，2002）。总之，慈善捐赠是企业经营中没有明显回报的显性成本支出。

认同企业慈善捐赠成本理论的学者，大多以利润最大化作为企业的最高经营目标。如 Friedman（1970）认为，企业从事社会责任的机会成本高昂，企业不应该将资源投入于股东财富极大化之外的事。企业的本质在于，生产大量财货并形成相应劳务（Johnson，1971），持续保持高水平的获利（Levitt，1958），其唯一追求的目标应是，为出资人实现利润极大化之目标（Hayek，1960；Friedman，1970），若企业将拥有的资源用之于追求利润极大化之外的其他事业，即导致企业资源的无谓耗损。

（四）简评

委托代理理论、供求理论以及成本理论在经济学中都有经典、成熟的研究模型，分析中有其厚实的理论基础，特别是基于经济人的前提假设更是如此。应该说，将企业慈善抽象为经济人理念下的行为表现，有其合理的一面，但同时还应充分考虑到捐赠的外在表现的“利他”特性，如何更好地结合两方面的特点是一个难点，否则企业慈善捐赠即异化为一般的企业经济行为，无疑，这需要后续研究做更进一步的深化。

二 管理性视角

该视角认为，企业通过慈善捐赠的运作，能为企业带来经营上的收益，即将慈善捐赠作为企业的一种市场工具（Sagawa & Segal，2000）。该视角主要有战略性慈善理论、保险理论以及资源依赖理论三种不同的解释模式。

（一）战略性慈善捐赠理论

20 世纪 80 年代到 90 年代，许多管理学家认为，企业应进一步考虑商业利益并提升企业绩效。Stendardi（1992）以及 Smith（1994）认为，慈善捐赠可用于产品市场与服务中，宜将慈善活动与生产经营活动整合起来。对此，企业也表示认可，针对管理者的调查表明，经济目的是驱使公司履行社会责任的主要动力（Shaw & Post，1993；Campbell，Gulas & Gruca，1999；Moir & Taffler's，2004）。为此，世界大型企业联合会还专门调查不同企业，试图发现慈善捐赠与商业目标相协调的方法，从而测量慈善捐赠的效果（Alperson，1995）。

Hunt（1986）率先关注了企业战略性慈善捐赠，虽然他未对其做出明确界定，但其提及的企业慈善捐赠的六种新思路和新方法，基本概括了战略性企业慈善捐赠的一些核心特征。较早对企业战略性慈善捐赠进行明确定义的是 Wood（1990）、Logsdon，Reiner & Burke（1990）等。Wood（1990）认为，战略性慈善是“一种蓄意将企业慈善捐赠与企业经济目标联系起来的努力”；Logsdon，Reiner & Burke（1990）认为，战略性慈善是“既有利于企业商业利益又服务于受益组织或个人的慈善捐赠行为”。新近，Saiia，Carroll & Buchholtz（2003）认为，战略性慈善是公司将资源分予非企业性组织同时有利于提升其利润的行为。

战略性慈善理论一定程度上承袭了资源基础观的解释。资源基础理论认为，企业竞争优势之所以能够持久，是因为企业拥有异质性（heterogeneity）及不可移植性的资源，并且这种资源具备价值性、稀缺性、不可模仿性（包括历史独特性、因果模糊性与社会复杂性）以及不可替代性等特点（Barney，1991）。

战略性慈善的观点受到诸多学者的支持。Porter & Kramer（2002）、Saiia，Carroll & Buchholtz（2003）以及 Seifert，Morris & Bartkus（2004）认为，企业从事慈善事业是为了获取战略上的潜在收益。具体而言，Smith（1994）认为，企业慈善捐赠可通过提升员工的道德感、构建公众品牌及形象以及提前教育将来的劳动力等方式来提高企业的竞争力。Smith & Stodghill（1994）、Hess，Rogovsky & Dunfee（2002）及 He（2004）认为，企业慈善捐赠行为是全球扩张中企业市场进入的有效战略；Fisman，Heal & Nair（2006）认为，慈善捐赠是企业垂直差异化的一种实施策略。

此外，公司慈善捐赠还可以节税（Clotfelter，1985；Webb，1996），降低劳动力成本（Clotfelter，1985），降低运营成本、资本成本以及管制成本（Navarro，1988），提升公司形象（Fry，Keim & Meiners，1982；Haley，1991；Navarro，1988；Saiia，Carroll & Buchholtz，2003）。

在不同学者对企业战略性慈善的解释中，Porter & Kramer（2002）的论述相对较系统且影响较大。Porter & Kramer（2002）认为，企业进行慈善活动可以达到改善竞争环境中四个相互关联的元素（生产要素、需求情况、战略和竞争环境以及相关和支持性产业）的目的，从而改善企业的商业和制度环境（Institutional Environments），直接提升企业竞争优势，快速改善企业绩效，其内在作用机制如图 2－1 所示。

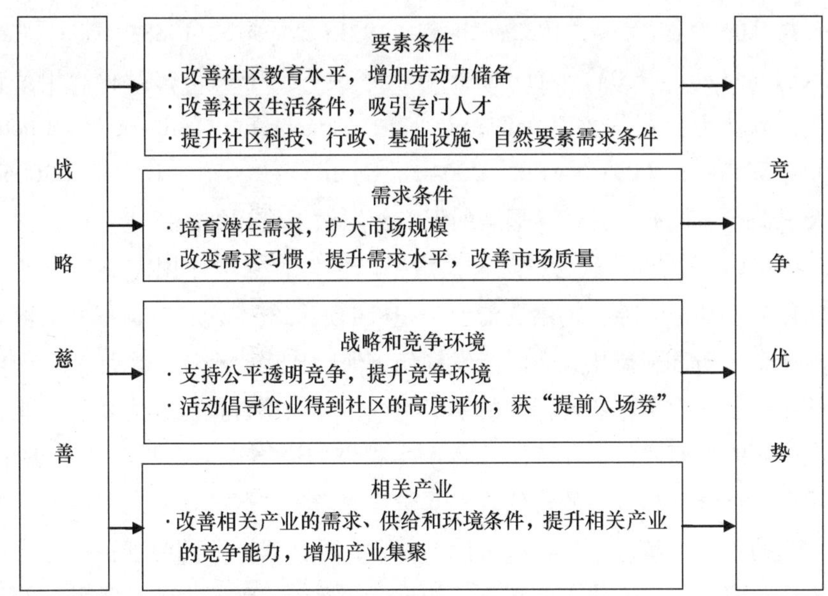

图2-1 战略性慈善对竞争优势的作用机理

资料来源：Porter & Kramer（2002）。

国内对战略性慈善捐赠行为也有关注。易开刚（2007）认为，履行社会责任有助于从机制、深度和广度上扩充企业的社会资本。王新春和张静（2009）、刘俊（2004）、薛从彬和青宇波（2005）以及史金平和王双（2005）等认为，企业慈善捐赠可以降低企业与利益相关者交易费用。同样，胡浩（2003）、唐更华和许卓云（2004）以及张韵君（2010）对慈善捐赠行为的分析以及刘宝（2008）对战略性社会责任的设计也都彰显了慈善捐赠战略性运营的可能。樊建锋和田志龙（2010）使用结构化内容分析法对中国家电企业的公益行为进行了调查，其结果表明，影响消费者行为是我国企业慈善捐赠的主要目的。李纪明（2009）认为，社会责任是企业竞争优势的来源，良好的企业社会责任表现本身就是企业的一种稀缺资源。

（二）保险理论

慈善捐赠的保险理论认为，企业预先进行慈善捐赠，若遇到不利时机，慈善捐赠可以减少甚至消除各种不利因素对企业的负面影响。慈善捐赠对企业的保险作用，主要是维护了公司在利益相关者眼中的良好形象

（Fry，Keim & Meiners，1982；Haley，1991；Navarro，1988；Saiia，Carroll & Buchholtz，2003），而积极的社会形象有助于公司获得利益相关者的支持以及为公司的关系资产提供保护（Fombrun，Gardberg & Barnett，2000；Godfrey，2005；Griffin，2004）。Godfrey（2005）、Husted（2005）以及 Peloza（2006）对慈善捐赠的保险作用做了较详细的阐述。

Godfrey（2005）认为，慈善捐赠要产生伤害保险作用需要经过两个不同环节：其一，慈善捐赠要能产生积极的道德资本；其二，积极的道德资本在企业伤害利益相关者时能发挥伤害保险作用。在第一个环节，如果利益相关者认为企业慈善捐赠的动机不纯，那么慈善捐赠行为就很可能会带来负面的道德评价。在该阶段，产生积极的道德资本有两个必要条件：一是企业慈善捐赠行为的价值观和受赠或受影响社区的价值观要一致。如果企业的慈善捐赠行为与社区价值不一致，社区对企业的慈善捐赠行为可能表现出漠视、毫不关心；甚至，如果企业慈善捐赠行为背后所秉持的价值观与社区的价值观相反，那么企业将招致抵制。二是社区对企业慈善捐赠行为动机要有积极的评价。企业若被认定为真心向善，将获得正面的肯定，反之则相反。在第二个阶段，当某一利益相关者受到企业伤害后这时，企业慈善捐赠累积的积极道德资本就会派上用场，它能促使利益相关者对企业的伤害动机做出积极的认定，减小利益相关者采取严厉制裁措施的可能性，以至获得不被定罪或不采取制裁行为的好处。此外，道德资产还能减缓或阻止关系资产的损失。总之，慈善捐赠能履行保险工具的核心功能，为企业提供了一种类保险的防护，使企业不因其不当经营行为招致损失。

Husted（2005）提出了企业社会责任的实物期权理论。Husted（2005）认为，企业社会责任可以为企业提供两种形式的期权，分别是：分阶段投资期权（即企业预先通过履行社会责任试探市场对企业的反映，然后在此基础上再决定，是否需要对特定的产品或方案进一步投资）以及看涨期权（即产生一种战略柔性，使得企业将来需要某种资源时，能够快速地从利益相关者那里取得相应支持与帮助）。与其他实物期权一样，企业社会责任的期权价值取决于无风险利率、潜在项目的内在价值、项目的持续期、潜在项目价值的波动率以及到期执行价格。社会责任实物期权的意义在于，使得企业关注操作层面上的特有风险，并有助于事先通过社会责任的行为，避免将来投资上的不利因素。

Peloza（2006）就企业社会责任对财务绩效的保险作用进行了解析。Peloza认为，以前研究在探讨企业社会责任对财务绩效的影响时，主要关注的是社会责任对财务绩效的增量价值，并未突出社会责任对财务绩效的保险性作用，比如忽略了负面事件的消极影响以及面临危机时良好的社会责任声誉能抑制企业股价下跌的作用等。Peloza（2006）指出，企业社会责任的这种保险作用受三个因素影响，分别是：社会责任与公司核心业务的关系、公司推进企业社会责任的方式以及公司对社会责任的承诺。

（三）资源依赖理论

资源依赖理论（Resource Dependence Theory）认为，在不确定性的环境中，企业可通过与其他组织的联系来降低不确定性（Pfeffer & Salancik，1978）。企业是一个开放系统，面对不确定性、多变及复杂的环境，企业不能完全依赖本身资源而独立运营，须与外部环境互动、获取互补性资源（Complementary Resources），才能更好地维持组织的生存与发展（Barringer & Harrison，2000）。资源依赖理论揭示了组织与环境的依赖关系，使人们看到，企业可采用各种策略来改变自己，选择环境并适应环境。

企业慈善捐赠的资源依赖理论的观点是，公司慈善捐赠并不出于经济抑或伦理的动机，而在于，在公司生存的环境中，构建与其他企业、社区、非营利组织以及政府的关系，提升其公司的地位。通过慈善捐赠，企业可以减少不确定性或稳固企业与掌握其关键资源的利益相关者的关系。对此，实证证据也发现，更多依赖消费者（Burt，1983）、公众感知强（Clotfelter，1985）、与公众有更多接触（Fry，Keim & Meiners，1982）以及劳动力密集度高（Fry，Keim & Meiners，1982；Navarro，1988）的企业捐赠得更多。资源依赖理论的解释强调了公司对于掌握其生存发展所需关键资源的利益相关者的依赖性（Pfeffer，1982；Pfeffer & Salancik，1978）以及企业对这种依赖性的运作能力，体现了企业对环境的塑造能力。对此，Young & Burlingame（1996）还将企业慈善捐赠的资源依赖理论模型归之以政治解释，即：慈善捐赠是企业采取的一种更明确的实现管理动机的政治方法，通过发挥自身能动性，其目的在于，主动改善自身生存环境，并进而实现企业资源需求以及自身发展的目的。

(四) 简评

管理视角的企业慈善捐赠解释突出了其工具性价值，这一方面提升了企业履行社会责任的积极性；另一方面也与那些从规范的角度论证企业须履行社会责任的学者达成了结果上的一致，从而一定程度上找到了企业与社会的利益平衡点（Maignan & Ferrell's，2004）。不过，如 Porter & Kramer（2002）指出的，企业高层主管越来越觉得企业的慈善捐赠得不偿失。一方面，要求企业承担社会责任的呼吁日渐增多；另一方面，投资者又毫不留情地对企业施加利润压力。这就使他们左右为难：就算他们付出再多，利益相关者可能并不会因此而满足；而且，面临复杂的慈善捐赠现实，企业高层主管们几乎无法就慈善事业对企业营利性作出充分有力的说明。换句话，管理视角下的慈善捐赠解释要能达到理论与实践有机融合仍需要进一步深入。

三 社会性视角

无论是经济性视角还是管理性视角，慈善捐赠的解释大多仍以企业为中心，但如 Valor（2006）阐述的，单一的经济性抑或管理性的解释并不能很好地揭示企业慈善捐赠内在特质，譬如：有的公司对自身捐赠行为并没有大加宣传，或者根本就不费心去弄清楚其社会投资到底有多少收益，甚至一些公司支持并捐赠那些市场效果较差的捐赠项目。不同于经济性以及管理性解释，社会性视角从企业与不同利益相关者的关系出发，认为企业慈善捐赠是处理企业与不同利益相关者关系的结果。

(一) 计划行为理论

计划行为理论（Theory of Planned Behavior）是由 Fishbein 与 Ajzen 提出的理性行为理论（Theory of Reasoned Action）发展而来。计划行为理论认为，意图是行为的决定因素，其他因素经由意图间接对行为产生影响，其具体解释框架如图 2 - 2 所示。

其中，规范信念（Normative Beliefs）是企业感知到的利益相关者群体对企业行为的期望①，而主观规范（Subjective Norm）则是企业对于是

① 将计划行为理论纳入社会性视角主要在于该理论中突出了企业慈善捐赠行为的规范信念，涉及了企业如何处理与利益相关者的关系，并且这种规范信念与行为信念以及控制信念密切关联。

否采取某项行为所感知到的社会压力。行为信念（Behavioral Beliefs）指行为将会导致预期结果的主观可能性。控制信念（Control Beliefs）指感知到的推动或阻碍行为执行的因素。意图指企业想要从事某项行为的倾向程度。行为（Behavior）是在某一特定情形下对某一预期目标的明显反应。

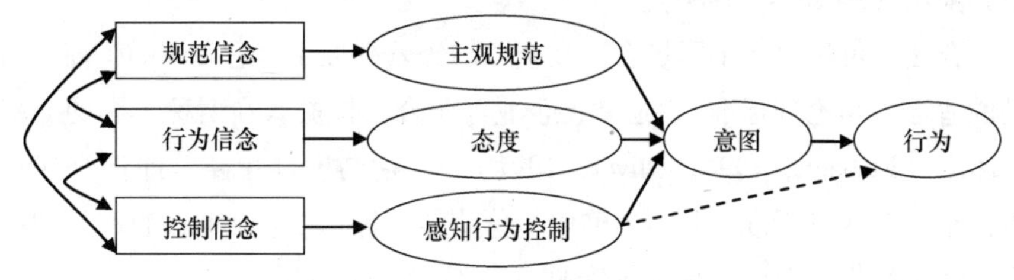

图 2－2　计划行为理论分析框架

资料来源：Fishbein & Ajzen（1975）。

慈善捐赠的计划行为理论认为：其一，慈善捐赠是一种非企业意愿完全控制的行为，受意图影响，在实际控制条件充分的情况下，行为意图直接决定行为；其二，准确地感知行为控制反映了实际控制条件的状况，可直接预测企业慈善捐赠行为发生的可能性（如图 2－2 虚线所示）；其三，态度、主观规范和感知行为控制是决定行为意向的三个主要变量，态度越积极、他人支持越大、感知行为控制越强，慈善捐赠行为意向就越高，反之就越低；其四，态度、主观规范和知觉行为控制从概念上可完全区分开来，但有时它们可能拥有共同的信念基础，因此它们既相互独立又彼此相关。

依据计划行为理论分析框架，Dennis，Buchholtz & Butts（2007）使用针对 CEO 的调查数据，检验了该理论对企业慈善捐赠解释性。结果发现，CEO 对慈善的认同显著影响企业慈善捐赠行为，不过，慈善捐赠的外界压力、CEO 对慈善捐赠行为经济目的的感知、自身道德观对企业的捐赠影响均不明显。此外，参与捐赠的决策权以及冗余资源（调节效应），对慈善捐赠行为均无显著影响。

（二）合法性理论

合法性是指，在社会构建的规范、价值、信念和定义的体系中，实体行为被认为是可取的、恰当的、合适的一般性感知和假定（Suchman，

1995）。合法性不是企业的某种属性，而是由利益相关者授予或者加于企业的（Perrow，1970）。赋予企业合法性，表明企业在社会体系中的角色是正当的。合法性有助于企业获取其所需要的资源并得到利益相关者的支持，相反，缺乏合法性，企业资源积累能力就会大大降低，发展能力也会受到限制（Parsons，1960）。

合法性可用之于不同场合，在企业的经营领域中，它关注的是商业活动的适当性和伦理标准①。通常，企业经营合法性嵌入在两种不同的分析思路中（Elsbach，1994；Oliver，1991），一是制度性思路，即把合法性看作是一套认可标准、基本信仰以及价值体系等；二是战略性思路，即把合法性描述为企业的一种运作资源。

首先看慈善捐赠合法性的制度性思路。Oliver（1991）及 Lombardo（1995）认为，公司慈善捐赠的本质不仅在于其动机，更重要的还在于企业面临的特定的社会规范。对此，Sharfman（1994）就认为，公司慈善捐赠的合法性是制度化的结果。

这种分析思路的观点是，慈善捐赠是一种社会制度要求（Galaskiewicz，1997），作为嵌入社会整体一分子，为了生存与发展，企业应适应环境的期待（Meyer & Rowan，1977；DiMaggio & Powell，1983）。这些期待承载了制度的要求。为了获得合法性，公司必须遵从规制层面、认知层面以及规范层面各种制度要求（Meyer & Rowan，1977；DiMaggio & Powell，1983）。

依照这种观点，若同行已捐赠，企业相应也会进行捐赠（Useem，1984；Galaskiewicz，1997）；或者，若本地社区对企业慈善捐赠普遍关注并有期求，这也将促使企业采取一致化行动（Marquis，Glynn & Davis，2007），即企业慈善捐赠行为很大程度上具有效仿和看齐的特征。经验上，已有较多实证表明，制度的规范压力以及模仿等都是企业慈善捐赠行为的动力（DiMaggio & Powell，1983）。譬如，同行压力（Galaskiewicz，1985）、管理者的社会网络（Useem，1984；Galaskiewicz，1985；Galaskiewicz & Burt，1991）、当地企业对捐赠的偏好（Useem，1991；Galask-

① 更广泛意义上来说，合法性理论包括规范合法性理论和经验合法性理论，以及试图消弥二者张力的哈贝马斯重建性的合法性理论。

iewicz，1985）等均已发现对企业慈善有显著影响。McElroy & Siegfried（1985）甚至发现，企业增加其慈善捐赠的唯一原因就是，其所在城市的其他公司捐赠量增加了。

须指出的是，虽然慈善捐赠合法性的制度理论与慈善捐赠的资源依赖理论都强调外界环境对企业的影响，但两者的差异较明显，后者认为，慈善捐赠是企业的一种主动性行为；相反，前者重在表明，慈善捐赠是企业面对各种压力的一种被动遵随行为（Oliver，1991；Greening & Gray，1994）。

其次看慈善捐赠合法性的战略性思路。这种思路观点是，合法性是企业的一种管理资源，企业可以以慈善捐赠为基础，运用不同策略改善或提升其合法性。

许多实证均表明，企业会利用慈善捐赠以达到改善合法性资源的目的。Weiser & Zadek（2000）提供的证据表明，社会责任会减少企业行为的不合法性；Williams & Barrett（2000）发现，当公司违犯环境或劳动规则时，企业会通过慈善捐赠改善由此而带来的差形象；Werbel & Wortman（2000）发现，当面临负面的媒体曝光时，企业向教育机构的捐赠明显增多；Griffin（2004）发现，兼并其他企业时，为获取合法性资源，企业会增加慈善捐赠；Gan（2006）发现，媒体监督以及法律案件越多的企业，其捐得也越多；Chen，Patten & Roberts（2007）发现，其他社会表现较差的公司，越有可能进行捐赠或捐赠的量较大，这印证了 Ashforth & Gibbs（1990）以及 Dowling & Pfeffer（1975）的观点，即在其他社会绩效表现较差的时候，企业会通过慈善捐赠消除或改善这种负面的社会印象；Miller（2008）发现，员工医疗保健福利差的企业，会通过慈善捐赠来弥补因员工待遇较差而引致合法性的不足；Koehn & Ueng（2009）发现，对可疑收入进行重述的公司，更易于通过慈善捐赠来转移公众的注意力，从而获得公众的好感；以中国 31 个省份 3837 个民营企业的随机调查数据为基础，Su & He（2009）发现，公司慈善捐赠的目的是为了保护产权及提升企业的政治关联，通过慈善捐赠民营企业扩展了信贷渠道、有机会兼并国有企业、享受更优越的法律条件，从而间接地提升了公司的盈利能力。

类似地，企业通过慈善捐赠达到提升合法性资源的目的的相关文献也较多。Ma & Parish（2006）发现，转型期间中国私营企业可能会通过向政府捐赠，获取政治进入权以及社会地位。Sims（2003）认为，企业的捐赠是获取政治资源的一种手段，通过慈善捐赠企业可以获得政治声誉、与决策者建立关系以及有政治还价的资本，从而达到更好地接近政府资源的目的，并最终发挥其政治影响力，持相同观点的还有 Neiheisel（1994）等。

同样须指出的是，慈善捐赠合法性的战略理论与战略性慈善理论也有一定差异。后者分析的落脚点是慈善捐赠的经济价值；与之不同，前者并不在于特别强调慈善捐赠经济上的回报，而主要关注的是公司捐赠在减少外部威胁、获取合法性、保护自身实力（Moir & Taffler，2004；Neiheisel，1994）以及与利益相关者建立良好关系上的作用（Porter & Kramer，2002）。

国内，基于合法性理论分析企业慈善捐赠行为的研究也日益引起关注。相关文献主要集中于慈善捐赠合法性的制度性思路上。

代表性的文献主要有：许正良、刘娜（2009）的企业社会责任“弹簧模型”的观点是，企业履行的社会责任只有迎合了社会公众对企业履行社会责任的期望，才能取得更好的经济效果。黄敏学、李小玲和朱华伟（2008）运用扎根理论，通过收集分析公众对企业慈善捐赠的网评，构建了“期望—满意—行为”理论模型，他们认为，未能满足网民对企业慈善捐赠的期望是企业成为众矢之的的内在原因。胡继灵、范体军和杨丽伟（2009）借鉴营销中的差距理论，建立了社会责任差距模型，同样认为企业履行的社会责任是否有效，取决于它能否有效把握并有效满足利益相关者的期望。钟碧忠（2009）在梳理慈善捐赠不同理论解释的基础上，得到总结是，企业慈善捐赠行为本质在于平衡利益相关者的关系，满足利益相关者的要求。田志龙、贺远琼和高海涛（2005）运用实际数据对合法性理论在中国企业运用做了较详尽的分析与检验。林军（2008）从制度经济学出发分析了正式约束与非正式约束对企业慈善捐赠行为的作用机制。蔡宁、沈奇、泰松和吴结兵（2009）就制度规范、社会同构与企业慈善做了综述性回顾，认为企业慈善捐赠行为因具体的社会和制度关系的影响而呈现差异。王琳芝（2009）运用韦伯的社会行动理论，强调慈善捐赠是企业指向利益相关者期待的一种反应性行为，并以此进一步划分了四种不同的企业慈善类型，分别是：作为互惠交换的理性捐赠行为、基于尊重和自我实现需求的价值性捐赠行为、作为感性人的情感捐赠行为以及慈善互助的传统捐赠。毕文芬、秦启文（2009）从社会交换中的互惠思想出发，认为企业慈善捐赠表面上看是一种成本支出，但实则为企业换取利益相关者支持的途径。此外，米捷（2009）借鉴责任分散效应，分析了企业社会责任缺失的原因，其结论是，若企业数量较少，面临利益相关者要求，企业履责意识应较明显，相反，若企业众多，在旁观效应的影响下，企业履责意识要明显下降。

（三）简评

计划行为理论以及合法性理论揭示并指出了企业慈善捐赠行为与利益相关者的关联性，从而强调了企业慈善捐赠行为的社会"嵌入性"。不过，现有文献主要还是笼统地将企业利益相关者作为一个整体来看待，或者是只分析单一利益相关者而忽略其他利益相关者，众多利益相关者背景下企业慈善捐赠行为与特定利益相关者关系的细致分析，当前仍然不是很多。

事实上，利益相关者只是为我们分析慈善捐赠行为铺就了一个舞台，在这样平台上，关键是，如何借鉴各种理论工具，同时汇总各种经验参照点并挖掘相应的潜在理论增长点，来丰富舞台的内容。在突出企业慈善中利益相关者作用时，跨理论、跨学科的分析尤有必要，前述的文献为我们深入认识企业慈善捐赠行为提供了可能的线索，应该说后续仍值得重点关注，毕竟利益相关者仍只是一个分析框架①，对不同利益相关者的深入分析，广泛借鉴并吸收其他相关理论作为坚实的逻辑支撑尤有必要。

四　伦理性视角

伦理视角的慈善捐赠行为重在从道德的角度对企业捐赠行为进行合理化解释。如恩德勒（2001）指出："企业不再是单纯的经济组织，它在今天的社会中具有巨大的影响，且这种影响将来还会继续扩大。人们赋予企业一种特殊的'道德地位'，这种'道德地位'表明，企业作为一个整体

① 正基于这一点，本书未单独将利益相关者理论作为慈善捐赠的理论解释，而是将其嵌于其他理论分析中。这与下文 Moir & Taffler（2004）对企业慈善捐赠的理论解释的归类有一定差异。

担负着一种伦理责任，……不管它曾经怎样履行和应该怎样履行这种伦理责任。”

企业慈善捐赠的伦理视角源于“企业需对其利益相关者负社会责任”的观念。实践中，慈善捐赠伦理视角的解释得到了企业的积极响应。Marx（1999）的调查发现，当问及企业捐赠的目的时，96.4%的企业管理者认为是为了提高所在社区的生活品质，93.8%的调查者认为是为了提高社会服务，83.5%的调查者认为是为了种族和谐。类似地，Campbell，Gulas & Gruca（1999）和Cowton（1987）也发现，当公司被问及慈善捐赠动机时，提到最多的就是利他。

伦理性视角的解释较多。从亲社会行为（自发性地帮助他人或者有意图地帮助他人的行为，包括利他行为和助人行为）出发，Valor（2006）认为，企业的慈善捐赠并不单纯由经济动因所驱动，同时还可能由经理人的道德规范所驱使。基于影响亲社会行为的三条内在规范——公平理论、互惠规范以及社会责任感，Valor（2006）详细分析了影响企业慈善捐赠的因素。

从企业公民出发，Carroll（1998）认为，慈善捐赠是良好企业公民形象的一种外在标识，是公司社会责任的一种表现（Davis，Frederick & Blomstrom，1988）。企业履行慈善捐赠行为是履行企业公民的责任，行使良好的公民权利，并不期求回报（Neiheisel，1994；Sharfman，1994；Campbell，Gulas & Gruca，1999；Sanchez，2000；Campbell，Moore & Metzger，2002），其意在于最大化公共福祉（Campbell，Gulas & Gruca，1999；Cowton，1987；Shaw & Post，1993）。

从社会契约出发，Donaldson & Dunfee（1994，1995）认为，企业在履行综合性社会契约时，须考虑其相关者合理的利益要求，进而主动承担包括慈善捐赠在内的应有的社会责任，国内陈宏辉（2003）和刘长喜（2005）等也有类似分析。

从分配公平出发，Sacconi（2000）认为，企业社会责任必须基于社会公平理论，保证收入和财富等利益分配在所有人当中分配的公平性，而不仅仅是强调企业利益的最大化。同样，Donaldson & Werhane（1999）也认为，社会公平理论尤其是分配公平理论是企业社会责任的基本原则，公司的目标不仅仅是使股东的收益最大化，同时还应公平地把利润分配给所有与企业经营有关联的相关者。类似地，厉以宁（1994）提出了第三次收入分配理论。他认为，通过市场实现的收入分配是“第一次分配”，讲效率；通过政府调节而进行的收入分配为“第二次分配”，求公平；而企业或个人出于自愿把可支配收入的一部分捐赠出去则是“第三次分配”，论责任。在第一次分配和第二次分配之后，社会发展方面会留下一些空白，需要诸如企业慈善捐赠的第三次分配来弥补。不过，也有学者认为，慈善捐赠仍属于“第二次分配”。

此外，还有研究学者从道义论（Gibson，2000）及义务论（Carroll & Buchholtz，2000）等不同角度，阐述了企业慈善捐赠的伦理价值。

应该说，伦理视角的解释有一定的合理性。不过，对解释现实中企业慈善捐赠的某些行为，仍有一定局限性。因为论及公司捐赠的缘由，其实大多公司都愿意声称其主要出于社会良心或者公司公民的原因，毕竟，这样的回答总是一种政治正确（Campbell，Gulas & Gruca，1999）。基于企业慈善捐赠的内容分析，Moir & Taffler（2004）就发现，至少就英国企业对艺术行业的捐赠而言，真正利他性的慈善捐赠其实是不存在的。事实上，若公司一边在慈善捐赠，但另一边却又大规模辞退员工，若仅以伦理观的解释来分析慈善捐赠行为是远远不够的。

五　综合性视角

前述经济性、管理性、社会性以及伦理性视角从某一方面阐述了企业社会责任（慈善捐赠）的成因及效果。综合性视角认为，企业社会责任（慈善捐赠）应从多个不同的角度予以解释。

Aguilera，Rupp & Williams et al.（2007）从企业社会责任工具性、关系性和道德性三个价值维度出发，建立了一个多水平的企业社会责任模型。基于以上三个特定维度，他们分别研究了个体（员工）、组织（企业内外利益相关者）、政府（国家）、政府间合作以及 NGO 的不同价值追求对企业社会责任的影响（如表 2 - 2 所示）。

Moir & Taffler（2004）结合 Young & Burlingame（1996）对企业慈善捐赠动机的分类，以企业社会责任主要关注自身利益还是社会利益（企业/社会）以及主要利益相关者还是次要利益相关者（主要利益相关者/次要利益相关者）两个维度，进一步区分了企业慈善捐赠的解释，他们认为，不同的捐赠解释关注的侧重点其实是有差别的（如图2-3所示）。

表2-2　企业社会责任形成的多层次解释框架

动机	个体	组织	国家	跨国政府联合实体	公司利益团体与NGO
工具性	A. 控制的需要（主体理性）	A. 股东利益（短期）	A. 竞争力	A. 竞争力	A. 影响力（获取稀缺资源）
关系性	B. 归属感需要	B. 利益相关者利益；合法性/集体形象（长期）	B. 社会凝聚力	B. 社会凝聚力	B. 利益调整、合作与准管制
道德性	C. 对有意义的生存的需要	C. 管家责任高阶伦理要求	C. 集体责任	C. 集体责任	C. 利他
交互作用	A（1）+B（2）+C（3）	内部：A（3）+B（2）+C（1）	外部：A（1）+B（2）+C（3）	A+B+C	A×B×C

说明：表中交互作用一栏的计算公式表明动机的次序，括号中的权重表示相对重要性，权重越高表明该动机的可能性越大。

资料来源：Aguilera，Rupp & Williams et al.（2007）。

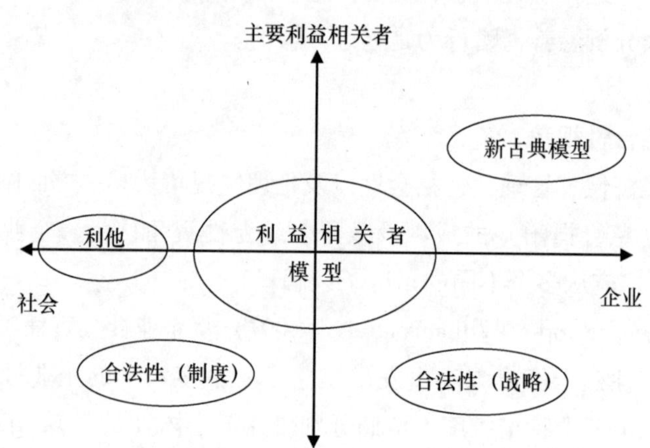

图2-3　企业慈善捐赠的综合解释模型

资料来源：Moir & Taffler（2004）。

具体而言，利他模型以社会利益为关注焦点，这与本书慈善捐赠的伦理性视角的解释有相似的地方。新古典模型认为，企业不存在社会责任，即便有也应关注主要利益相关者，并以企业的经济利益为重，这与本书总结的慈善捐赠的成本理论解释相同；或者是，企业要参与慈善捐赠，这种捐赠也应是一种提升利润的广告或商业促销手段（Fry，Keim & Meiners，1982；Mescon & Tilson，1987；Useem，1984）。合法性模型主要关注次要利益相关者，依据其对企业经济利益关注程度的差异，有制度合法性模型以及战略合法性模型两种类型，这与本书关于慈善捐赠的合法性的两种思路也有共同之处。

六　总评

不同视角的理论解释一定程度上阐明了企业慈善捐赠的内在机制。这对进一步挖掘企业慈善捐赠内在特质以深入理解企业慈善捐赠本质是有益的。基于以上不同理论的分析，本书认为，还存在以下有待完善的地方。

第一，相对缺乏不同理论视角的整合性研究。整合式研究以建立一个相对包容性的理论框架为基础，并以之衍生系列研究问题，从而形成一个逻辑一贯的解释。整体来看，目前这方面的研究仍是一个弱点。慈善捐赠是一种复杂的企业行为，不同理论综合性解释有可能是发现并阐明慈善捐赠行为的另外一种途径，目前这方面的探索性文献还较少。

本书认为，将来的研究可试以利益相关者理论为平台，在此基础上综合不同理论视点，细致考察不同利益相关者要求下的企业慈善捐赠表现以及相关涉的各种主题。这是因为，一方面利益相关者理论已经搭建了一个相对综合且包容其他理论的解释性框架；另一方面我们可就特定研究问题进行解析，搜寻其指向的利益相关者，并以此为切入点，做出更深入的分析，从而完成预定的研究目的。

更重要的是，企业慈善捐赠的解释是复杂的，可从许多不同的角度切入。有时企业慈善捐赠需要经济性、管理性、社会性以及伦理性视角综合解释。在多种解释交织在一起时，其实很难把握企业慈善捐赠行为，特别是对企业而言，几乎很难得到任何关于企业慈善捐赠经验性启示。此时，若将分析思路转移到不同利益相关者主体上，一来可以避免不同理论解释的交织模糊性；二来实践上也可以首先使得企业有针对性把握与慈善捐赠密切相关的特定利益相关者，以更好地做好慈善捐赠并取得最佳效果。事实上，这也是后文努力之所在。

第二，相对缺乏特定视角下的交叉验证性研究。不同理论视角对企业慈善捐赠的解释，或着手于慈善捐赠的形成动因（影响因素），或着手于慈善捐赠行为对绩效的影响，通过特定视角将两者融合在一起，以形成一贯性的分析框架，从而多角度锤炼并多角度验证企业慈善捐赠的解释，目前这方面的研究仍较少。

第三，相对缺乏不同视角的比较性研究。诸多理论解释到底哪一种更贴切现实，相关文献也不丰富。同样，本书认为，将来的研究可尝试以利益相关者为纽带，整合不同理论解释，依据特定的情境条件，进一步厘清企业慈善捐赠行为解释逻辑，并从中获取更有见地的理论解释。

第二节　企业慈善捐赠的影响因素

企业慈善捐赠到底受哪些因素影响，国内外许多研究在这方面做出了有益的探索。以下从个体、企业以及环境三个层面，综述企业慈善捐赠影响因素的主要文献。为进一步归类相同因素，以下还单独就企业层面的因素从企业特征以及公司治理两个方面进行了总结。

一　个体层面因素

企业慈善捐赠的个体层面因素主要集中于分析 CEO 或高层领导的个体特征与企业慈善捐赠的关系，其主要依据分别是高阶理论以及合法性理论。文献中涉及主要因素如下。

一是性别。Wang & Coffey（1992）发现，董事会中女性比例与企业慈善捐赠水平正相关。Williams（2003）也检验了女性董事对企业慈善捐赠的影响，结果发现，董事会中女性比例越高，企业在社区服务以及艺术领域的捐赠就会越多，不过，在教育以及公共政策上，这种关系体现并不明显。

二是领导特征。Campbell，Gulas & Gruca（1999）检验了决策制定者的个人态度与企业慈善捐赠的关系，研究发现，富有同情心的高层决策者更愿意捐赠；Leppan，Metcalf & Benn（2009）的研究结果表明，显性企业社会责任（包括企业慈善捐赠）与专制型领导风格密切相关。此外，Choi & Wang（2007）的分析认为，仁爱正直的领导为兼及不同利益相关者的利益，会更多地参与捐赠。

三是职业背景。Thomas & Simerly（1994）发现，有输出型职能背景以及任期较长的经理人所在的企业，其社会责任表现较好。类似地，基于500强公司中393位CEO的数据，Slater & Fowler（2008）研究发现，有国际外派背景的企业家其所在企业的社会表现也较好，同时，企业家输出型职能背景正向调节企业家国际外背景对企业社会表现的影响。

四是社会关联。Useem（1984）发现，商业精英的内部圈子是促成公司社区服务的重要因素。董事若是教育及艺术组织的会员或其内部网络圈子较广，企业捐赠得也较多。Galaskiewicz（1985，1997）发现，如果公司的CEO、高层管理者以及董事会的成员进入当地企业的社会圈子或接触促进企业慈善捐赠的市政领导，那么企业的捐赠也会较多。在对160个慈善基金数据的研究中，Werbel & Carter（2002）发现，如果CEO是非营利组织或信托董事会的成员，企业的慈善捐赠较多；CEO缺席基金会会议，企业慈善捐赠则有减少的趋势。Bin & Edwards（2009）发现，在皮特县（北卡罗来纳州）463家参与洪灾捐赠的企业中，管理者社会资本（参与宗教、参与公民组织）与企业慈善捐赠正相关。国内，杜兴强、郭剑花和雷宇（2010）以及梁建、陈爽英和盖庆恩（2010）还分别发现企业家的政治身份以及政治参与显著影响慈善捐赠。

五是自由裁量权以及价值观。决策者的个人态度与企业慈善捐赠密切相关（Campbell，Gulas & Gruca，1999），Buchholtz，Amason & Rutherford（1999）构建了企业资源通过管理者自由裁量权以及价值观影响慈善捐赠的中介效应模型。结果发现，研究模型中管理者自由裁量权起完全中介作用，而管理者价值观只起部分中介作用。与之不同，Hemingway & Maclagan（2004）认为，经理人价值观通过其自由裁量权影响企业社会责任。

二　企业层面因素：企业特征

（一）企业资源

企业资源是企业所控制或拥有的要素的总和，包括有形资源与无形资源。慈善捐赠影响因素的研究中主要关注有形资源，特别是财务资源，并通常从企业收益（收益越好，企业的资源越丰富）以及现金流两个方面加以衡量。企业资源越丰富，越有能力参与慈善捐赠。众多实证研究为此提供了经验证据。

就企业收益而言，Johnson（1966）发现，税前利润是慈善捐赠的最主要决定因素，Boatsman & Gupta（1996）、Leclair & Gordon（2000）、Werbel & Wortman（2000）、Day & Devlin（2004）、Carroll & Joulfaian（2005）均得到相同结论。McElory & Siegfried（1985）研究税前净收入和慈善捐赠之间的关系时，发现捐赠额增长百分比与净收入增长百分比保持一致。Useem（1988）研究慈善捐赠的市场驱动因素时，发现企业净收入越多的企业捐赠也多。Buchholtz，Amason & Rutherford（1999）用会计回报率来衡量冗余资源，使用经理自主权和管理者的价值观作为调节变量，检验了CEO对组织冗余的感知和企业慈善之间的关系。结论表明，企业资源与慈善支出之间存在正相关关系，并且这种关系完全受经理自主权的调节，部分受管理者价值观调节。Zhang，Rezaee & Zhu（2009）发现，企业是否参与捐赠与公司的企业收益率正相关。Balabanis，Phillips & Lyall（1998），Adams & Hardwick（1998）发现，企业慈善捐赠和收益率显著正相关。相同的发现还有：Schwartz（1968）、Ullman（1985）、Navarro（1988）、McElroy & Siegfried（1985）、McGuire，Sundgren & Schneeweis（1988）、Galaskiewicz（1997）、Waddock（1997）、Campbell，Moore & Metzger（2002）、Moore & Robson（2002）、Orlitzky，Schmidt & Rynes（2003）、Crampton & Patten（2007）以及Mello，Marcon & Alberton（2008）等。

就企业现金流而言，Schwartz（1968）与Seifert，Morris & Bartkus（2004）均发现，企业自由现金流和企业慈善支出之间存在显著正相关关系。Zhang，Rezaee & Zhu（2009）发现，企业是否参与捐赠与可用现金流正相关。

以上企业收益及现金流与慈善捐赠的关系，国内佀方方（2010）、许婷（2009）、朱迎春（2010）以及方靖怡（2010）也发现相同结论。

与以上文献有所差异，Petroshius，Crocker & West et al.（1993）与Campbell，Moore & Metzger（2002）发现，公司的捐赠并不随利润变化。同样地，基于34个国家520家金融企业的数据，以Campbell（2007）为理论分析框架，Chih & Chen（2009）也发现，企业利润与社会责任无关。

（二）企业规模

许多文献都强调了企业规模在捐赠支出上的作用。Useem（1988）甚至认为，规模是影响企业慈善捐赠决策最重要的因素。企业规模与慈善捐赠的关系较复杂。目前发现企业规模与慈善捐赠的关系有四种类型。

第一，慈善捐赠与企业规模正相关。慈善捐赠与规模密切相关（Muller & Whiteman，2008）。规模大的公司可见性越大，相应受到更多的公众监督（Seifert，Morris & Bartkus，2003），由此，企业慈善捐赠得越多。许多研究（Boatsman & Gupta，1996；Galaskiewicz，1997；Adams & Hardwick，1998；Buchholtz，Amason & Rutherford，1999）均发现，公司捐赠与企业规模正相关。得出相同结论的文献，还有 Dierkes & Coppock（1978）、Trotman & Bradley（1981）、McElory & Siegfried（1985）、McGuire，Sundgren & Schneeweis（1988）、Petroshius，Crocker & West et al.（1993）、Wood & Jones（1995）、Campbell，Gulas & Gruca（1999）、Brammer & Pavelin（2004）、Brammer & Millington（2005）、Brammer & Millington（2006）、Mello，Marcon & Alberton（2008）、Zhang，Rezaee & Zhu（2009）等。国内，陈宏辉和王鹏飞（2010）、方靖怡（2010）、许婷（2008）、许婷（2009）、山立威、甘犁和郑涛（2008）、樊建锋和田志龙（2010）以及石磊（2010）实证结论均认为，企业的捐助数量受到企业规模的影响。类似地，郭健（2008）及曹洪彬（2006）还发现，职工人数越多企业捐赠也越多。

公司规模包含公司特征上的许多含义。公司规模越大意味着，公司慈善捐赠有规模经济效应、更多的资源、处于成熟的生命周期阶段（Orlitzky&Benjamin，2001）。此外，Petroshius，Crocker & West et al.（1993）还提到，大的公司通常是募捐者重点关注的群体，并且慈善基金都希望从这些大公司获得捐赠。

第二，慈善捐赠与企业规模呈倒“U”形曲线关系。以 Internal Revenue Service（IRS）从 1936 年到 1961 年共 26 年的数据为依据，Johnson（1966）发现，慈善捐赠与企业规模呈倒“U”形曲线相关，原因是：规模较大的企业通常拥有较大的市场控制权，无明显提高知名度以及同行竞争的压力，同样，企业规模相对较小时，一般大都处于完全竞争性行业，因此捐赠亦较少。

第三，慈善捐赠与企业规模呈“U”形曲线关系。Udayasankar（2007）认为，慈善捐赠与规模呈现“U”形关系，其道理在于：大规模的公司捐赠更多是因为其面临较高的可见性，小规模的企业其慈善捐赠更多是因为捐赠带来的合法性资源有较高的边际效用。类似的研究还有，Svitkova（2007）发现，大的公司、国际层面运营的公司捐赠的要较多（斯洛伐克），不过小的公司、地区化运营的公司其捐赠也较多（捷克）。

第四，慈善捐赠与企业规模呈现三次曲线关系。Amato（2007）检验了行业、企业规模对慈善捐赠的影响。基于IRS数据库，在搜寻更多行业以及规模的企业数据的基础上，通过运用工具变量克服企业捐赠与盈利能力的内生性（使用的工具变量分别为：市场集中度、市场份额以及资本密集度），Amato（2007）发现，企业规模与慈善捐赠呈三次方的关系（三次项的系数为正，导函数的$\Delta>0$），即规模较小以及规模较大的企业捐赠得都较多，中等规模的企业捐赠得则较少。Amato（2007）认为，规模较小的企业捐赠较多的原因是，企业与当地社区关系较密切，企业捐赠能够产生明显的效果；大规模企业捐赠的较多在于较高的可见性促成了企业慈善捐赠。

（三）企业负债率

企业的负债率越高，受到来自债权人的约束越明显，相应企业参与慈善捐赠可能性较小，同时，慈善捐赠的量也较少（Brammer & Millington，2005；Brammer，Millington & Pavelin，2006）。与债权人的有效监督假设相符合，Brown，Helland & Smith（2006）发现，负债率越高的企业其捐赠越少，且建立基金会的可能性也较小。基于利益相关者理论的分析框架，Adams & Hardwick（1998）使用100个英国上市公司1994个数据，也发现公司的负债率与捐赠负相关。此外，Zhang，Rezaee & Zhu（2009）还发现，企业是否参与捐赠与负债率负相关。国内，肖强和罗公利（2009）、郭健（2008）、魏学强、云霄和于洋（2010）、朱迎春（2010）以及曹洪彬（2006）均发现相同结论。

（四）广告支出

慈善捐赠与广告支出之间内在关联。作为一种非价格竞争性手段，在促进企业销售的效果上，慈善捐赠的作用与广告类似。若捐赠与广告支出正相关，意味着公司将这两种手段配套使用；若捐赠与广告支出负相关，说明公司将这两种手段替代使用。总之，如Schwartz（1968）所言，捐赠支出跟广告费用之间的任何关系都将说明捐赠受利润最大化目标的影响。

许多经验研究均表明，公司的捐赠与广告支出密切相关。主要发现的结论有：广告支出与公司是否参与捐赠正相关（Brammer & Millington，2005；Zhang，Zhu，Yue & Zhu，2009）；广告支出与公司的慈善捐赠正相关（Levy & Shatto，1978；Schwartz，1968；Fry，Keim & Meiners，1982；Burt，1983；Navarro，1988；Boatsman & Gupta，1996；Zhang，Zhu，Yue & Zhu，2009）。

Leclair & Gordon（2000）就捐赠与广告支出之间的关系进行了进一步的细致研究，他们发现，在不同的捐赠领域，捐赠与广告支出之间的关系并不相同：对文化、艺术活动的捐赠确实与广告支出正相关，而对教育、医疗事业的捐赠与广告支出之间则没有发现这种关系。

（五）企业地理位置

地理位置也是影响企业慈善捐赠的重要因素，其影响可从三个方面来总结。

第一，企业坐落的地理位置的相关因素对慈善捐赠的影响。Navarro（1988）发现，位于什一税区的企业捐赠得更多。Maddox（1981）发现，企业所在地人口是唯一对企业捐赠有显著负向影响的本地因素。Useem（1988）发现，企业所在地公众对捐赠的态度影响企业的捐赠，即：如果企业所在地公众认为慈善捐赠是重要的话，那么企业捐赠得较多。McElroy & Siegfried（1985）发现，如果同城的企业捐赠较多，企业相应也会提高其捐赠额。此外，McElroy & Siegfried（1985）以及 Useem（1988）还发现，医院、博物馆、教育组织以及慈善机构较多的地方，企业捐赠得相对也较多。Rubin（2008）发现，社会责任评价高的企业大多位于民主党选区，而社会责任评价低的企业大多位于共和党选区。

国内文献的发现结论有，企业所在地区在校生数（郭健，2008）、所在地区的经济发达程度（江希和，2008）、所在地区市场化进程与政府干预度（李四海，2010）、法治水平（梁建、陈爽英和盖庆恩，2010；李四海，2010）对企业慈善捐赠均有正向作用。

第二，企业及其所在地与灾难事件发生地之间的关系对慈善捐赠的影响。就企业本身与灾难事件发生之间的关系而言，在对 2004 年的亚洲海啸和同年发生的撒哈拉以南非洲饥荒的比较中，Alexander（2006）发现，前者的受害者大多是欧洲和北美在海边度假的游客，欧洲和北美的企业对此次灾难给予大量的捐赠，尽管后者造成更多的人员伤亡，但只获得较少的相应援助。就企业所在地与灾难事件之间的关系而言，Muller & Whiteman（2008）发现，灾难发生地与公司距离越近，企业的捐赠行为越积极。Crampton & Patten（2007）研究了“9·11”事件后的企业慈善捐赠，结果表明，总部在纽约的金融业企业其捐赠水平最大。Zhang，Rezaee & Zhu（2009）发现，公司位于地震灾区与捐赠量正相关，但与公司总体的现金捐赠量没有显著相关关系。

第三，企业地理分布对慈善捐赠的影响。Trost（2006）认为，经营地数较多的企业，其捐赠数会较多，并且，企业在捐赠的时候并没有将本地的社区因素纳入考虑的范围。Card，Hallock & Moretti（2009）检验并分析了公司总部对企业慈善捐赠的影响，结果是，有公司总部驻扎的地区，仅因公司总部因素，当地慈善组织每年能吸引300万到1000万美元的捐赠，同时，总部在当地的公司其市场价值每上升1000美元，就会给当地的慈善组织捐赠0.6—1.6美元。Card，Hallock & Moretti（2009）认为，引发这种慈善捐赠的“总部效应”，其原因是，公司总部的存在增加了收入大于10万的个体，而并不是因为公司自身捐赠行为引起。McElroy & Siegfried（1985）发现，企业通常会捐赠给总公司所在地而非地区性的营业场所所在地。Bin & Edwards（2009）发现，相同条件下，连锁店的当地分支机构在给其员工提供的帮助上要比当地特许经销商少，在提供救济以及灾后恢复上，连锁店的当地分支机构比本地企业也要少。

（六）其他企业特征

还有其他因素影响企业慈善捐赠。一是劳动密集度。Fry，Keim & Meiners（1982）与Navarro（1988）发现，企业的捐赠边际变化与劳动力密集度正相关。与之不同，Galaskiewicz（1985）则并没有发现劳动力密集度与企业慈善捐赠有什么关联，甚至Galaskiewicz（1997）还发现两者呈现负相关关系。

二是企业文化。Genest（2005）分析了企业文化对公司捐赠的影响。基于公司文本、媒体信息以及访谈资料的内容分析，Genest（2005）发现，企业慈善捐赠是公司价值观、使命以及商业动机的反映，对企业社会责任有承诺的企业其捐赠一般较多。

三是研发强度。Brammer & Millington（2005）发现，在捐赠的企业中，慈善捐赠与研发强度正相关。类似地，Padgett & Galan（2010）发现，在制造性行业，研发对企业社会表现有显著的正向影响，而在非制造性行业，这种影响则不显著。

四是企业历史。以皮特县（北卡罗来纳州）463 家参与洪灾捐赠的企业为例，Bin & Edwards（2009）发现，以前接受过救济以及灾害前就有慈善捐赠政策的企业，其捐赠较多。Johnson（1966）发现，长期而言企业的捐赠量会逐步递增。

此外，国内研究还发现，公司董事会成员教育年限（许婷，2008）、企业年龄（冯天丽，2009）、企业形象以及企业慈善决策机制（陈宏辉和王鹏飞，2010）、公司的网页数（石磊，2010）、发展速度（佀方方，2010）、企业逐利倾向与决策者受教育程度以及企业慈善文化（肖强和罗公利，2009）对企业慈善捐赠行为均有显著影响。

三　企业层面因素：公司治理

若企业慈善捐赠是经理人的一种特权，那么有效的公司治理机制应能限制这种权利，从而减少公司的慈善捐赠。相反，公司的所有权越分散，并有强的内部控制，经理人受到的约束较少，这就给经理人的自治留下了空间，一旦个人偏好伺机得逞，公司的捐赠就会更多。基于以上分析，一个自然的推论就是，差的管理水平或者不良的治理机制经常与好的企业社会表现相关联（Brammer & Millington，2005）；反之，公司治理的完备性和管理者控制会降低企业慈善捐赠（梁建、陈爽英和盖庆恩，2010）。这也正是许多研究公司治理与慈善捐赠关系的文献的逻辑出发点。

（一）董事会构成

董事会对企业慈善捐赠的影响，文献中的主要发现有，第一，董事会规模与慈善捐赠正相关（Helland & Smith，2004；Brown et al，2006；Bartkus，Morris & Seifert，2002）。

第二，内部董事与慈善捐赠的关系并不统一。Coffey & Wang（1998）发现，内部董事的比例越高，企业捐赠得越多。与之不同，Bartkus，Morris & Seifert（2002）并没有发现内部董事比例愈高企业捐赠越多的证据。

第三，外部董事与慈善捐赠的关系也不相同。Ibrahim & Angetidis

(1995) 的研究结果显示，外部董事更加关心企业的自由裁量性质社会责任，并不是很关心企业的经济责任；国内佀方方（2010）发现，独立董事比例越高的企业更倾向于捐赠，而且捐赠的金额更多。与之对比，Bartkus，Morris & Seifert（2002）并没有发现外部董事比例越高企业捐赠越多的证据，魏学强、云霄和于洋（2010）的实证甚至提供了相反的证据，即企业的监事会规模及独立董事的规模与慈善捐赠数额负相关。

（二）薪酬与激励

薪酬与激励对企业慈善捐赠的影响较复杂，不同研究发现的结论并不一致。就薪酬而言，Jones & Laudadio（1991）发现，管理层工资与企业慈善捐赠负相关。Brammer & Millington（2005）发现，董事报酬与慈善捐赠正相关；樊建锋和田志龙（2010）发现，高管薪酬与企业慈善捐助数量正相关；McGuire，Dow & Argheyd（2003）及 Mahoney & Thorn（2006）发现，管理层薪酬与差的社会表现正相关。作为以上两种不同结论的一种近似调和，Deckop，Merriman & Gupta（2006）发现，CEO 的短期薪酬与企业社会表现负相关，长期薪酬与企业社会表现正相关。

就激励而言，Coffey & Wang（1998）发现，内部董事持股的比例越高，企业的捐赠也会越多。Atkinson & Galaskiewicz（1988）发现，CEO 所持有的股权比率越大，企业的捐赠水准越低；樊建锋和田志龙（2010）也发现相同结论。McGuire，Dow & Argheyd（2003）发现，激励对好的社会表现没有影响，长期激励与差的社会表现正相关。Mahoney & Thorn（2006）发现，股票期权、奖金与好的社会表现正相关，股票期权与企业社会表现正相关。

（三）机构投资者比例

机构投资者对企业慈善捐赠的影响目前有三种结论：第一，两者正相关。Cox，Brammer & Millington（2008）发现，企业养老基金所有权是社会表现的重要驱动力量。Graves & Waddock（1994）发现，企业社会表现与机构投资者数显著正相关，与机构投资者持股比例正相关但不显著。Neubaum & Zahra（2006）发现，长期机构投资者与企业的社会表现正相关，同时，机构投资者与股东交往越协调以及频率越高，企业社会表现相应也越好。

第二，两者负相关。Bartkus，Morris & Seifert（2002）发现，机构投

资者（数量不支持，比例支持）与企业慈善捐赠负相关。Iturriaga & Foronda（2009）发现，机构投资者的持股比例与企业社会表现负相关。

第三，两者不相关。Coffey & Fryxell（1991）发现，机构投资者的所有权比例与慈善捐赠之间并没有正向依存关系。类似地，Kobeissi & Damanpour（2009）也认为，机构投资者对企业社会响应行为没有影响。

（四）所有权性质

不同文献从相异角度研究了所有权与慈善捐赠的关系。代表性的研究主要有，第一，国有/民营企业与慈善捐赠的关系。国内曹洪彬（2006）、许婷（2008）以及方靖怡（2010）的研究发现，国有企业对捐赠量具有显著的正向影响。相反，山立威、甘犁和郑涛（2008）、许婷（2009）、魏学强、云霄和于洋（2010）、朱迎春（2010）以及李兰（2010）实证结论却是，非国有控股公司与公司慈善捐赠支出显著正相关。类似地，Zhang，Rezaee & Zhu（2009）也发现，无论公司是否参与捐赠以及捐赠的量的多少，国有企业的捐赠要明显比民营企业少。

第二，私人/公众公司与慈善捐赠的关系。Atkinson & Galaskiewicz（1988）发现，私人公司要比公众公司捐得更多。这有两方面原因来解释，其一，通常私人公司与当地交往更密切。其二，公众公司主要受到利益驱使，对外捐赠可能更易被视之为一种资源的侵占与浪费。

第三，其他所有权类型与慈善捐赠的关系。Jones & Laudadio（1991）发现，外资所有权与捐赠负相关。Iturriaga & Foronda（2009）发现，家族持股的企业其社会责任表现较好。

与以上诸文献不同的是，Adams & Hardwick（1998）的研究显示，捐赠与企业的所有权没有关系。

（五）股权集中度

股权集中度对慈善捐赠的影响较复杂，不同文献的结论并不一致，主要有四种不同观点。第一，两者正相关。Barktus，Morris & Seifert（2002）的结果表明，公司大股东人数越多，公司捐赠越多。

第二，两者负相关。当企业的股权越集中时，管理层的决策受到较大的限制，因此企业的捐赠水平亦较低（Atkinson & Galaskiewicz，1988）。Galaskiewicz（1997）发现，如果企业受外部投资者控制，同行压力对企业慈善捐赠的影响要减小；Brammer & Millington（2005）发现，不参与捐赠的公司通常有大股东控制。作为总结，Iturriaga & Foronda（2009）发现，大股东影响力与企业社会责任负相关。得出相同结论的文献，还有 Ullman（1985）、Mello，Marcon & Alberton（2008）、Iturriaga & Foronda（2009）、Atkinson & Galaskiewicz（1988）、Bartkus，Morris & Seifert（2002）等。

第三，两者关系视情境而定。Li & Zhang（2010）发现，在非国有企业，大股东持股比与企业社会责任负相关；在国有企业，大股东持股比与企业社会责任正相关。作者认为，国有企业与非国有企业所有权对企业社会责任的不同影响，主要在于政治关联的差异。

第四，两者不相关。Adams & Hardwick（1998）与 Galaskiewicz（1997）发现股权集中度与企业慈善捐赠没有关系。

四 环境层面因素

（一）企业税收

在慈善捐赠的利润最大化模型中，税收与捐赠没有关系；而在慈善捐赠的管理者私利模型中，企业的税收则与捐赠关系密切（Clotfelter，1985；Navarro，1988；Boatsman & Gupta，1996）①。所以，可以通过检验税收与慈善捐赠的关系，判断慈善捐赠的最佳解释。若两者相关，则进一步可以以经理人面临的预算约束判断税率对捐赠影响的方向。如果存在预算约束，那么收入效应将占主导，从而税率对捐赠将会产生负面影响；如果不存在预算约束，那么替代效应占主导，税率提升降低了捐赠的价格，税率对捐赠产生正面影响（Boatsman & Gupta，1996）。到底哪种效应占上风，其实是一个实证问题。目前，文献中有三种不同的结论。

第一，捐赠与税率负相关。基于 9 个大类行业从 1936 年到 1961 年的数据，在控制税后平均收入以及现金流的基础上，Schwartz（1968）发现，税率对企业慈善捐赠有负向影响。Levy & Shatto（1978）、Clotfelter（1985）及 Carroll & Joulfaian（2005）也发现同样的结论。Boatsman &

① 以上分析内隐了两个假设，即：公司捐赠计划只是基于一期来考虑且其目的是为了减税。实际上，考虑多期时，税率也是影响利润最大化动机的。于是，也就很难通过具体的模型来检验到底企业捐赠是出于什么动机了。

Gupta（1996）发现，公司边际税率与慈善捐赠也有负向关系成立。总之，这些证据均表明，企业慈善捐赠是为了提升管理者自身效用。

第二，捐赠与税率正相关。Svitkova（2007）检验了税率变革（税率提高）对不同所有权企业的影响，结果发现：税率变革对本土企业以及混合所有权企业没有影响，外资企业的捐赠明显增加。Svitkova（2007）认为，这是因为外资企业更擅长于利用捐赠的税收优惠。

第三，捐赠与税率不相关。Kelly（1998）认为，税收优惠不是企业慈善捐赠的理由。针对决策者调查的实证文献的结论对此予以了支持，即公司的捐赠独立于企业税收影响（McElroy & Siegfried，1985）。同样，Trost（2006）与 Navarro（1988）也没有发现税收与捐赠之间存在显著关系的证据。更具体地，Marx（1999）的研究表明，税收优惠在慈善捐赠的 14 个理由中其重要性排在第 13 位。

（二）行业背景

行业是影响捐赠的重要因素，对企业慈善捐赠有重要影响（Brammer & Pavelin，2004；江希和，2008），相异行业的企业其捐赠并不相同（Trost，2006）。Day & Devlin（2004）研究了企业慈善捐赠与行业性质的关系，他们将不同企业划分为 28 个行业，结果显示，大多数的行业虚拟变量都显著。Buchholtz，Amason & Rutherford（1999）与 Useem（1988）也发现公司的捐赠与行业有关系，他们认为，这种差异的原因是不同行业的企业其产品的可见性不一样。文献中发现的主要结论，总体上可以归结为以下两方面。

第一，直接面向消费者行业的企业其捐赠较多。比如，Burt（1983）发现，销售大宗家居产品的行业其捐赠明显偏多。Useem（1988）发现，与消费者接触密切的行业的企业（如零售商，保险公司或银行），其捐赠支出比与消费者接触较少行业的企业（如采矿业或主要金属行业）要多。Brammer & Millington（2005）发现，不参与捐赠的公司通常不属于直接面向消费者接触的行业。Vitaliano & Siegel（2007）发现，与提供搜寻品的企业相比较，提供经验品以及信誉品的企业更可能履行战略性的社会责任。国内，山立威、甘犁和郑涛（2008）运用 2007 年在中国 A 股 1524 家公司汶川地震捐款的数据发现，产品直接与消费者接触的公司要比其他公司捐款额多，相同发现的还有江希和（2008）、石磊（2010）等。

例外的是，也有研究发现，捐赠与企业是否属于直接接触消费者的行业没有明显依存关系。在分析双子城公司的捐赠数据时，Galaskiewicz（1985，1997）并未发现那些面向消费者的行业捐得更多。同样，Svitkova（2007）也没有发现服务型的行业捐赠更多的证据，不过服务型行业在量上确实是捐赠最多的公司。

第二，易受公众责全的企业捐赠得较多。比如，Ermann（1978）发现，在对公共广播系统的捐赠中，那些易受公众批评的企业（石油公司以及新增利润公司）捐赠得最多。Miles（1982）还提到，在备受指责之时，烟草企业有向那些以治疗癌症为主题的大学或研究机构进行捐赠的行为。Brammer & Millington（2006）发现，资源型行业的企业与基础性行业的企业相比较，前者捐赠要多。

（三）市场环境

市场环境对慈善捐赠的影响可从竞争程度以及同行压力两方面进行分析与检验。就竞争环境而言，Johnson（1966）发现，相比完全竞争行业和垄断行业两个极端，处于一般竞争水平的行业捐赠额最高。这是因为，在完全竞争行业，捐赠对促进销售不起作用；而在垄断行业，公司并不需要通过捐赠来提高销售额。在这一意义上，捐赠是一种非价格竞争手段，与广告所起的作用相同。类似地，Chih & Chen（2009）基于 34 个国家 520 家金融企业的数据，发现市场竞争强度越大企业社会责任表现越好。

就同行压力而言，McElroy & Siegfried（1985）发现，如果同城其他企业捐赠得较多，那么企业也会相应提高自己的捐赠，他们将这种效果归于预期较高而形成，并表示，许多企业的慈善捐赠是同行的领导者推动的。基于网络传染模型分析企业对非营利组织募捐的评价，Galaskiewicz & Burt（1991）认为，企业之间的交流使得不同企业的捐赠有趋于一致的倾向。同样，Useem（1988）认为，以同行为参照，为保持合法性地位，企业慈善捐赠的决策有来自同行压力的考量，即：企业经常将其捐赠与同行进行比较，并试图与他们保持一致（Campbell，Moore & Metzger，2002）。

（四）政府支出

公司捐赠和政府支出都可以改善公司所处环境。不同实证研究检验了两者之间的关系，主要结论有，第一，两者之间具有替代关系。Navarro（1988）认为，政府支出可以看作公司捐赠的替代品。对此可能的解释是，接受捐赠、提供公共服务的慈善机构，同时也依赖于政府的直接资助或者政府提供的公共产品。例外的是，Trost（2006）与 McElroy & Siegfried（1985）并没有发现政府支出增加时企业的捐赠会减少的证据。

第二，两者之间具有互补关系。基于641个公司从1990年到1992年的捐赠数据，Day & Devlin（2004）发现，公司捐赠与政府支出正相关，政府支出挤入了捐赠，企业慈善捐赠与政府支出是互补的，而不是替代的。国内曹洪彬（2006）也发现相同结论。肖强和罗公利（2009）的实证还显示，政府对慈善捐赠积极态度显著促进了企业慈善捐赠。

（五）其他环境因素

涉及其他环境因素的主要文献有：基于新制度经济学理论以及比较经济分析，Jackson & Apostolakou（2009）分析并实证了不同制度环境对欧洲企业社会责任政策的影响，结果表明，自由经济体系下的海洋法系国家，其社会责任得分一般都比较高。不过，Adams & Hardwick（1998）并没有发现企业的慈善捐赠与国别有显著的依赖关系。

以 Campbell（2007）为理论分析框架，Chih & Chen（2009）的实证显示，强法律执行力度的国家社会表现越好，投资者保护力度越大，企业社会表现越差；自治政策（赤道规则等）对企业社会表现有较大影响；较高质量的管理学院、好的宏观环境以及良好的员工与雇主合作关系对企业社会表现都有促进作用。

Gan（2006）发现，GDP、贫困率以及消费者情绪指数与慈善捐赠正相关，这表明慈善捐赠有利他的考量。Scholtens（2006）认为金融行业（信用渠道以及私募股权）是企业履行社会责任的推动力。此外，Gjolberg（2009）检验了全球化以及国家制度对于企业社会表现的影响，研究结论是：经济发展越协调，企业社会责任得分越高；全球化得分越高、国家福利越好、非政府组织越多、市民文化传统越流行，企业社会责任得分越高。

五　总评

依据经验数据，不同研究多角度地识别了影响企业慈善捐赠的因素。基于以上总结，本书认为，为更好地深入探索不同因素对企业慈善捐赠的影响，将来的研究可在以下几方面着力并完善。

第一，研究所依赖的理论视角需进一步扩展。在总结的因素中，大多数文献其实主要检验的是，企业慈善捐赠到底是经理人提升自我效用的行为还是企业利润最大化的行为（如公司治理因素的检验）。事实上，企业慈善捐赠可从不同的理论进行解释，为更全面地检验影响慈善捐赠的因素，一方面可进一步借鉴并深化特定理论解释；另一方面宜扩展研究的视角或整合不同理论视角，从而达到发现新的影响因素的目的。

第二，特定影响因素需进一步挖掘其背后的深层理论解释。在前文总结的不同影响因素中，许多因素（如企业规模、企业税收等）对慈善捐赠的影响，不同研究发现的结论并不相同，甚至相反。当然，这有许多方面的原因，为更好地找到其中内在原因，本书认为，宜更深入地从这些因素背后所蕴含的理论背景入手，从而找到相对更统一的经验发现。

第三，不同影响因素的整合性研究亟待进一步开展。前文总结的文献，大多并未涵盖以上提及的大部分因素，只是就部分因素作为关注的焦点。为较全面实证不同因素的影响，一来需要整合性理论，二来需要特定的计量方法以及相应数据支持。将来的研究可进一步就以上两点进行突破，从而更稳健地得到不同因素对慈善捐赠的影响。譬如，Chiu & Sharfman（2009）从企业可见性（Visibility）（冗余资源可见性、行业可见性以及对不同利益相关者的可见性）入手，整合不同因素，分析并检验了其对企业社会表现的影响。与之类似，本书则拟从利益相关者压力的视角展开，尽可能包容更多因素，并挖掘了不同影响因素背后的共性解释。

第四，研究方法有待进一步精细准确化。影响慈善捐赠的因素众多，研究者不可能抓住所有的因素。研究中若以特定理论切入而进行实证分析与检验，如何排除其他因素的干扰，就显得特别重要。当然，这可以通过必要的数据以及方法予以克服，譬如面板数据的计量方法。遗憾的是，目前这样的研究明显偏少。

第五，研究的主题有待扩展。目前，单就慈善捐赠为主题的研究来看，许多均以灾难后慈善捐赠的数据实证检验不同因素的影响。一般常态情形下的企业慈善捐赠是否与之不同，这无疑有待进一步深入研究。其实，一般情形下的捐赠行为更值得探讨，因为这才是日常经营的常态，事实上，这也符合一般企业对慈善捐赠所秉持的“救穷不救急”的理念。

换言之，以特定灾难为背景的研究其得到的结论，在深入指导企业慈善捐赠行为上有其局限的地方，这就启发，将来更深入的研究宜加强常态下或至少是常态与灾难混合背景下对慈善捐赠行为的分析。

第三节　企业社会责任的经济效果

检验企业社会责任与财务绩效之间的关系能为管理者进行社会责任实践提供有说服力的理由（Rowley & Berman，2000）。不过，单独检验慈善捐赠经济效果的文献相对较少。大多研究将慈善捐赠作为企业社会责任的组成部分（譬如还包括企业的环境表现等），整体检验企业社会责任对企业财务绩效的影响。

在综述慈善捐赠经济效果文献时，本章简要回顾了企业社会责任与财务绩效之间的关系，而并不是就有限的关于慈善捐赠经济效果的文献单独进行综述，这样做的目的有两个：其一，透过企业社会责任对财务绩效影响的不同结论，有助于认识单独分析慈善捐赠经济效果的必要性。其二，在相对广阔的背景下辨析企业社会责任财务效果，有益于认清慈善捐赠与企业财务绩效之间可能存在的复杂作用机制。

企业社会责任与财务绩效关系的实证研究有两种类型。一类是，使用案例研究的方法，评价企业的社会责任行为短期内对企业财务状况的影响（McWilliams & Siegel，2000），即通过事件研究法衡量企业社会责任行为的经济效果。这类研究存在以下三个缺陷，其一，在企业的经营环境中，有许多因素会影响企业的财务收益，在研究社会责任行为对财务绩效影响时，须隔离这些影响因素。在较难排除这些干扰因素的影响时，事件研究法认定财务绩效的异常波动是由社会责任行为带来的，并没有充足的依据。事实上，Wood & Jones（1995）就指出，事件研究并不是研究社会责任与财务绩效之间的关系，而是研究企业不承担社会责任等负面事件与其财务绩效之间的关系。其二，时间在事件研究法中是一个非常重要的变量，时间长短对研究结果影响较大，即其本身就是研究结果的干扰因素。不同研究之间时间差异较大，相应研究结果的可比性就较弱。其三，事件研究法针对特定企业社会责任行为，即使研究方法一致，鉴于不同社会责任行为之间的较弱的可比性，加之个别社会责任行为对财务效益影响的较弱代表性，由此得到的研究结果的统计意义不免令人质疑。

另一类是，以企业履行的社会责任作为企业社会表现的依据，研究企业社会表现与企业财务绩效之间关系（McWilliams & Siegel，2000），这类研究是目前研究的热点。

一　企业社会责任对财务绩效的影响

企业社会责任与财务绩效关系的实证文献较多。实证上研究人员得出的结论主要有以下三种①，其一，企业社会责任与公司绩效正相关。这种实证发现主要以管理性视角下不同理论为依据，其观点是社会责任是企业的一种市场工具，能为企业带来积极的财务收益（Donaldson & Preston，1995；Jones，1995）。其二，企业社会责任与公司绩效之间不相关。其三，企业社会责任与公司绩效负相关。

许多文献都试图总结既有发现结果（如表 2－3 所示），以得出两者之间更为清晰的结论。具体而言，就元分析的结果来看，Orlitzky，Schmidt & Rynes（2003）发现，企业社会表现与财务绩效有微弱的正相关关系。就不同研究结果的统计数而言，企业社会表现与财务绩效正相关的文献占主流。比如，Griffin & Mahon（1997）发现，在 1972—1999 年间，共有 51 篇文献探讨了两者之间的关系，其中有 62 个研究结果（同时研究多个行业），其中两者正相关的文献有 33 篇，没有明确结论的文献有 9 篇，两者负相关的文献有 20 篇。在回顾 1972 年到 2002 年发表的 127 篇实证研究时，Margolis & Walsh（2003）发现，关于企业社会责任对企业财务绩效影响的实证研究有 109 项，其中：正相关的有 54 项、负相关的有 7 项、不相关有 28 项，同一组研究结论不一致的有 20 项。在 Peloza（2009）搜集的 159 篇文章中，63% 的文献表明企业社会表现与财务绩效正相关，15% 的文献表明企业社会表现与财务绩效负相关，22% 的研究表明两者关系并不明确。

① 此外，还有少许文献发现企业社会责任与财务绩效之间呈“U”形曲线关系。

表 2 - 3　　企业社会责任与财务绩效之间的关系总结

文献	结论
Griffin & Mahon（1997）	企业社会表现与财务绩效正相关的文献占 53%，负相关的占 32%，没有明确结论的占 15%。
Orlitzky，Schmidt & Rynes（2003）	企业社会表现与财务绩效有微弱正相关关系成立。
Margolis & Walsh（2003）	企业社会表现与财务绩效正相关的文献占 50%，负相关的占 6%，不相关的占 26%，结论不一的占 18%。
Peloza（2009）	企业社会表现与财务绩效正相关的文献占 63%，负相关的占 15%，关系并不明确的占 22%。

资料来源：本书整理。

虽然众多实证研究的结论是企业社会责任与财务绩效两者正相关的占多数，但我们并不能置那些发现企业社会责任与财务绩效负相关、不相关或有其他关系的文献而不见。这对实务中以经济利益为重的经理人而言尤为明显。可以说，对是否履行以及如何履行社会责任，经验证据并没有为企业经理人提供明确的方向指引（McWilliams & Siegel，2001）。

单以有限的关于慈善捐赠与财务绩效关系的研究而言，不同文献的结论也不一致。Brammer & Millington（2005）与 Orlitzky，Schmidt & Rynes（2003）发现慈善捐赠与企业绩效正相关。类似地，Wokutch & Spencer（1987）与 Lewin & Sabater's（1996）也发现，企业慈善捐赠能提升财务绩效，不过遗憾的是，两者关系的因果方向并不是很明确。再者，Friedman（1970）、Galaskiewicz（1997）以及 Haley（1991）发现，慈善捐赠对企业财务绩效有抑制性作用。与以上均不同，Seifert，Morris & Bartkus（2004）认为，慈善捐赠与财务绩效之间并不存在显著的依存关系。更复杂的是，使用 Taft Corporate Giving Directory 中 817 家上市公司捐赠的面板数据，Wang，Choi & Li（2008）发现，企业慈善捐赠与财务绩效呈倒"U"形关系，其依据是：捐赠能使公司获得关键资源，并且可为公司的关键资源提供保险，从而进一步有助于提升公司的绩效，不过，这种积极作用会随着利益相关者支持的限制而减弱，同时，考虑到捐赠的成本以及代理成本，其作用会更加减弱。与 Wang，Choi & Li（2008）刚好相反，Brammer & Millington（2008）发现捐赠与财务绩效之间呈“U”形关系。

二 企业社会责任异质性财务绩效解析

企业社会责任对财务绩效的作用并不一致，不同研究结论的差异较大，许多学者从多方面进行了解析。总结来看，主要有以下不同观点。

第一，不同研究使用的数据样本差异较大。Beurden & Gossling（2008）的综述认为，企业社会责任会对企业财务绩效产生积极的影响，随着企业社会责任的深入发展，人们对企业社会责任的认知形势发生较大变化，以前研究之所以发现企业社会责任对财务绩效有消极影响，其原因在于，使用了相对陈旧的资料。

第二，研究中未考虑到企业社会责任的内生性。Castro，Arino & Canela（2010）认为，企业社会责任对财务绩效影响结论不一致，很重要的一点就是，以前研究并未考虑到企业社会责任的内生性。比如，Choi & Wang（2007）就认为，企业慈善捐赠及其效果其实就是管理者仁爱及正直的价值观作用的结果。一方面，仁爱正直的领导为兼及不同利益相关者的利益，会更多地参与捐赠；另一方面，仁爱正直的领导品质有助于提升企业管理水平，并增强其可信性，从而与利益相关者维持良好的信任关系进而提升企业的财务绩效。由此，在企业社会责任是内生且受管理者影响时，要对管理者及其不同因素与企业社会责任财务绩效的关系做出全面的分析与判断，即使不是不可能的事情，至少实施起来也需要许多特别方法予以应对。

第三，研究中遗漏了重要变量。Orlitzky，Schmidt & Rynes（2003）和 Margolis & Walsh（2003）的元分析表明，不同研究发现企业社会责任与财务绩效关系的差异性在于，许多研究遗漏了诸如研发以及企业广告支出等变量（McWilliams & Siegel，2000）、利益相关者的道德价值观（Schuler & Cording，2006）、企业战略（Berman，Wicks & Kotha et al.，1999；Ullman，1985）以及可能影响企业社会责任与财务绩效关系的调节变量以及中介变量（Rowley & Berman，2000；Margolis & Walsh，2003；Peloza，2009）等。

第四，企业社会责任以及财务绩效的测量有差异，以致企业社会责任与财务绩效在测量的信度与效度上得不到有效保证。就企业社会责任的测量而言，Aupperle，Carroll & Hatfield（1985）与 Griffin & Mahon（1997）认为，早期关于企业社会责任与财务绩效关系的研究，缺少测量企业社会责任多维度内容的方法，以致出现 Wood & Jones（1995）所谓的利益相关者误配问题，即不同研究只是使用企业社会责任的某一特定维度检验两者之间的关系。

后期许多研究以 KLD 数据库测量企业社会表现（责任）①。应该说，这在测量上具有客观真实、范围广泛以及一致透明性等特点（Waddock，2003），但这远非最佳的选择。因为对企业社会表现的测量其采取的方法，至多只是满足了测量上的接受性以及适宜性，至于其中蕴含的理论则远未得到清晰阐明（Gond & Crane，2008）。具体来说，KLD 结果只反映企业某种原则或者过程，并不真正揭示企业社会表现的潜在意愿。同样，对那些在企业社会表现上言行不一抑或通过社会表现图谋某种目的而假惺惺的企业，对此，KLD 并未为我们提供任何信息。

就财务绩效的测量而言，不同研究使用的指标差异较大，这也是导致不同研究发现的企业社会责任与财务绩效关系不一致的原因之一。总体来看，共有三种不同类型的指标，分别是：市场指标，譬如股价与共同基金收益等；会计指标，譬如 ROA、ROE 以及 ROS 等；感知指标，譬如财富杂志排名、商业周刊排名以及管理调查等。

第五，未考虑企业社会责任与财务绩效关系之间的因果方向（Margolis & Walsh，2003）。实证研究中关于企业社会责任与财务绩效之间的关系有三种类型（Surroca，Tribo & Waddock，2010）：其一，企业社会责任正向影响财务绩效；其二，财务绩效正向影响企业社会责任；其三，两者之间相互影响，具有内在的递归关系。于是，由于没有考虑或者控制两者之间的不同关系，也就难免出现关于两者之间关系的各异结论。

第六，未考虑企业社会责任财务效果的主体情境差异性。Laan，Ees & Witteloostuijn（2008）认为，分析与检验社会责任的财务绩效时，应区分利益相关者类型。企业社会表现对财务绩效的影响不能脱离企业是如何与不同利益相关者交往的事实。Laan，Ees & Witteloostuijn（2008）

① 实证中并未对企业社会责任以及企业社会表现做严格区分。

指出，次要利益相关者更加看重企业的社会表现是声誉。原因是，次要利益相关者不经常与企业接触，对企业的理解更多依靠企业社会表现是声誉。因此，对次要利益相关者而言，企业社会表现对绩效的作用会更明显。

第七，未考虑企业社会责任对财务绩效作用的不对称性。不同类型企业社会责任对财务绩效的作用并不相同，比如，Choi & Wang（2009）的实证结果表明，维持良好的利益相关者关系对财务绩效差的企业而言，其效果更明显。类似地，依据前景理论并基于人们更偏爱收益而厌恶损失的事实，Laan，Ees & Witteloostuijn（2008）也认为，坏的社会表现要比好的社会表现对企业财务绩效的影响更大。

三 企业社会责任财务绩效研究的启示

企业社会责任与财务绩效之间关系的复杂性以及既有实证研究存在的改进余地，为进一步探索企业慈善捐赠经济效果提供了基础。具体而言：

第一，以慈善捐赠探索企业社会责任的财务绩效，避免了不同企业社会责任交织混杂效应以及测量上的困难。以前研究对企业社会责任的测量相对粗糙，很多时候是将企业社会责任的不同维度进行（加权）加总，这种方法有一定合理性，不过，很大程度上忽略了不同社会责任维度之间的差异性以及不同社会责任维度对财务绩效作用的整体性以及独特性。以慈善捐赠为切入点①，分析其财务绩效，有助于从更细致的角度把握企业社会责任对财务的作用机理，并进而以此为拓展，对其他企业社会责任的财务效果进行类似分析与实证。

第二，慈善捐赠经济效果的分析与实证应着力于考虑其内在作用机制以及特定情境的约束性，从而作为解析慈善捐赠经济效果的理论依据。一方面，这需要必要的包容性的理论框架作为铺垫；另一方面，也需要接受客观数据的检验。为此，本书以利益相关者理论为整合性的分析框架，在阐明慈善捐赠对企业价值的作用以及考量特定情境约束性的基础上，检验了慈善捐赠对财务绩效的作用。

第三，慈善捐赠经济效果的实证应着力于预先克服企业社会责任财务

① 之所以以慈善捐赠为切入点，Brammer & Millington（2004）对此做了较充分的说明。

绩效研究中存在的诸如遗漏变量、内生性、因果方向判断等问题。后文力图在数据与方法上通过面板数据以及特定的计量方法对此予以完善，从而尽可能得到相对稳健性的结论。

第四节　利益相关者压力研究进展

一　利益相关者压力的理论基础

利益相关者压力是利益相关者对企业期望与要求的一种外在表现。不同利益相关者向企业提出要求并对企业形成压力，简要而言，主要依据以下理论：

第一，资源依赖理论。企业存在的意义决定了生存是其首要的目标。根据组织的资源依赖理论，企业要生存就必须与那些掌握企业发展所需要的资源的利益相关者建立联系，以解决资源需求引发的不确定性的问题。为维持好企业与不同利益相关者已建立的联系，意味着企业必须更多地审视并关注这些利益相关者群体的利益和要求（Agle，Mitchell & Sonnenfeld，1999）。进一步，企业对这些利益相关者在资源上的依赖，就可能转化为利益相关者（群体）的权利（Power）（Mitchell & Wood，1997），并赋予其相对于企业的一种地位优势（Frooman，1999）。权利通常表现为组织对利益相关者依赖程度的函数，一般组织依赖程度越高，利益相关者就越强势，其权利也就越大（Frooman，1999）。相应地，一旦其特定需求未得到满足，对企业形成的压力也就越大，就契约型利益相关者而言，这体现得尤为明显。

第二，合法性理论。公司是由利益相关者基于社会契约关系组成的共同体，遵守利益相关者共同体的规范和期望，利益相关者就会赋予企业合法性特征，从而为企业创造良好的生存环境。相反，如果企业对利益相关者的规范与期望置若罔闻，作为回应，通过各种渠道（如环保协会、工会、消费者权益协会等），不同利益相关者可能就会对企业形成各种形式的抵制，从而给企业造成各种内外压力而影响企业的发展。为维护企业利益，对因利益相关者而形成的各种规范与期望，企业必须被动或主动对压力做出反应，维持或增加合法性，维护和提高公司形象。鉴于组织合法性有助于外部（公众型）利益相关者更好地认识企业（Parsons，1960；

Suchman，1995），因此，就缺少合法性而言，企业受到公众型利益相关者的压力会越大。

此外，从资产专用性理论、契约理论或产权理论来说，不同利益相关者实际上都向企业提供了各自资源，为保证事前契约设计以及事后经营成果分享的公正性和公平性，契约各方都应该有平等谈判的权利。企业经营的过程中，如果某个特定的利益相关者的要求未得到满足，为维护自身利益要求，企业受到来自该利益相关者的压力就更突出。

二 利益相关者压力相关研究

Laplume，Sonpar & Litz（2008）曾回顾了 1984 年到 2007 年共 179 篇关于利益相关者研究的文献，发现不同研究主要集中于关注以下 5 个主题：利益相关者定义以及主要关注对象、利益相关者行为以及响应、公司行为及其响应、公司绩效以及理论讨论。区别于 Laplume，Sonpar & Litz（2008），本书集中于关注利益相关者压力的相关文献，并简要总结利益相关者压力对企业的影响及其测量。

（一）利益相关者压力对企业的影响

利益相关者压力对企业的影响，不同文献发现的结论主要体现在：特定类型的利益相关者压力与企业社会表现及其他企业行为显著相关，或企业利益相关者压力构成企业行为的外在动力。以英国大公司调查数据为例，Brammer & Millington（2006）分析并检验了企业慈善捐赠行为的形成。结果表明，慈善捐赠内部责任的统筹方式及类型受到企业感知的利益相关者压力、企业规模以及行业特征影响。进一步的证据显示，考虑到大的公司规模的影响，企业慈善捐赠行为其实就是利益相关者压力作用的结果。Xia，Wang & Wang et al.（2008）的实证表明，利益相关者压力促成了企业采纳 ISO 14001 标准。

从利益相关者压力角度分析并实证企业环境实践的文献较多。Sharma & Henriques（2005）检验了经理人对利益相关者压力的感知对加拿大林业可持续发展实践的促进作用。Luna，Ayerbe & Torres（2008）分析了企业响应环境要求或期待所采取的策略，并检验了不同利益相关者压力对企业前摄性的环境表现的积极影响。Darnall，Seol & Sarkis（2009）检验了管理者感知的利益相关者影响对企业的环境审计的促进作用。

Buysse & Verbeke（2003）检验了利益相关者管理与企业环境表现之间的关系，并发现，环境表现是利益相关者影响的结果。其他从利益相关者压力角度分析企业环境表现的文献还有：Sarkis，Gonzalez-Torre & Adenso-Diaz（2009）、Kassinis & Vafeas（2006）等。

（二）利益相关者压力测量

不同利益相关者对企业的压力并不相同，利益相关者压力也并不必然直接通过利益相关者的某种偏好或行为表现出来（Baron，2009）。因此，很难直接测量利益相关者压力。一般采取间接的方法测量利益相关者压力，通常有两种方法：其一，通过调查企业的管理人员，使用企业管理者感知到的利益相关者压力的主观数据，作为其度量标准。使用该方法的相关文献主要有，Brammer & Millington（2004）、Luna，Ayerbe & Torres（2008）等。其二，通过间接的方法，使用客观数据，通过已知变量代理利益相关者压力。使用该方法的相关文献主要有：Xia，Wang & Wang et al.（2008）与 Brammer & Millington（2006）等。

三 简评

综合以上利益相关者压力的研究，本书认为，为探索利益相关者压力对企业的影响，可就以下问题进行深入发展与完善。

第一，进一步扩展利益相关者压力对企业其他行为影响的研究。企业面临利益相关者的压力是企业经营中的普遍现象，从利益相关者压力着手分析其对企业不同行为的影响，有助于从一个新的角度探索企业不同行为的形成机制及其内在价值。

第二，进一步深化利益相关者压力对企业不同影响的情境因素考察。目前不同研究关于利益相关者压力对企业影响的文献，主要还停留在直接检验利益相关者压力与企业行为之间的关系上。事实上，不同企业面临的利益相关者各有差异，利益相关者压力对企业行为的影响是否会因企业而有差异，是一个有待实证检验的问题。对此进一步的探索，有助于更细致地辨识不同利益相关者对企业行为的影响，同时，对企业更好地有针对性实施利益相关者管理也有裨益。

第三，进一步开拓利益相关者压力与财务绩效关系的研究。本书认为，利益相关者压力对财务绩效的作用可能借企业行为而体现出来，即：

若企业行为与利益相关者的要求相一致，此时，利益相关者压力对财务绩效有积极的促进作用；相反，若企业行为与利益相关者的要求不一致，此时，利益相关者压力对财务绩效有抑制作用。当然，这仍只是一种猜想，后文拟就此做进一步深入研究。

第五节 本章小结

首先，本章对企业慈善捐赠的理论解释从经济性视角、管理性视角、社会性视角、伦理性视角以及综合性视角五个方面进行了较全面的综述。其中，经济性视角的解释理论包括：委托代理理论、供求理论以及成本理论；管理性视角的解释理论包括：战略性慈善理论、保险理论以及资源依赖理论；社会性视角包括：计划行为理论以及合法性理论。随后，就不同解释视角进行简要述评。

其次，本章对影响企业慈善捐赠的因素从个体、企业（企业特征与公司治理）、环境三个层面进行了整理。在简要总结企业社会责任财务绩效的相关文献之后，就慈善捐赠财务绩效的研究提出了总体要求，从而为本书进一步的理论分析以及实证检验提供参照。

最后，本章也对利益相关者压力的文献进行了简要回顾，主要涉及利益相关者压力的理论基础、利益相关者压力测量以及利益相关者压力对企业的影响。

第三章

理论分析与研究假设

第一节 引言

慈善捐赠如何形成且其又如何影响企业价值是本章关注的焦点。建立在第二章文献综述的基础上，本章从利益相关者压力的角度分析了企业慈善捐赠的形成机制，以及在考虑利益相关者压力时慈善捐赠对企业价值的影响。

本章由三部分构成，首先，本章阐述了从利益相关者角度分析慈善捐赠的形成及其价值的意义，并主要从现实发展以及理论需要两个层面展开。“企业的现实发展”意味着，采取利益相关者的分析方法，有助于更好地把握企业慈善捐赠的现实（间接上，这也构成本书简要的制度背景）；“理论需要”意味着，利益相关者的分析方法对揭示企业慈善捐赠有特定的理论贡献与意义。

其次，本章阐明了企业慈善捐赠的形成机制，认为企业慈善捐赠是利益相关者压力作用的结果。在利益相关者压力传递到企业的过程中，企业对不同利益相关者压力的响应，影响了利益相关者压力对企业慈善捐赠的作用效果。基于以上的理论分析，从企业特征、公司治理条件以及市场化水平三个层面，本章分别探讨了利益相关者压力对慈善捐赠的不同作用，并在其基础上提出相应假设。

最后，本章阐明了企业慈善捐赠的价值机理，认为慈善捐赠的价值在于取得利益相关者对企业慈善捐赠的积极评价。以利益相关者压力为分析点，本书认为，企业慈善捐赠应与利益相关者压力相匹配，利益相关者才可能对企业的慈善捐赠形成积极评价，基于互惠机制，企业取得关系性价值，从而提升企业价值。鉴于不同的企业特征、公司治理条件以及市场化水平下，利益相关者对企业慈善捐赠与其要求的匹配评价有所不同，进而对企业慈善捐赠的认同感也就有差异，最终影响了慈善捐赠的价值。为此，本章还进一步分析了不同情境特征下慈善捐赠对企业价值的作用，并进而提出相应假设。

第二节　利益相关者压力对企业慈善捐赠研究的突破

本小节论述从利益相关者压力角度研究慈善捐赠的意义，通过本节内容的阐述，达到如下目的：即通过利益相关者的理论分析一定程度上可以解决第二章文献综述中提到的当前研究有待改进的问题。另外，阐明利益相关者视角下慈善捐赠研究的现实基础与理论意义，为进一步形成本书的理论分析及假设奠定基础。

一　现实意义

从利益相关者压力分析企业慈善捐赠行为的现实意义在于，随着企业的发展，利益相关者重要性越来越明显，同时，当前企业慈善捐赠的现实也昭示以利益相关者压力切入慈善捐赠研究具有一定合理性。这可以从以下五个方面来看。

第一，契约经济下企业发展，决定了企业对契约型利益相关者应给予特别关注。西方市场经济发展的条件之一是对“经济人”产权的承认和界定，由此使建立在简单契约基础上的交易行为发展成为“契约经济”，即在产权明晰的条件下，通过契约方式实现产权的自由转移，以此实现资源的优化配置，其过程体现为契约形成、契约履行。由于以自由、平等和信用为前提，并以公平、公正和公开为原则（高尚全，2001），这当中，主体的契约意识得到有力彰显，从而明显区别于人伦关系导向下的意识与规范。对企业而言，这就决定了，良好的契约意识是成功的前提条件，维护契约相对方利益不仅有利于保证长期的契约关系，同时还有利于企业积累良好契约道德声誉。

改革开放30多年来，中国社会主义市场经济体制不断完善与发展，虽然距离真正意义上的“契约化”社会距离尚远，但却一直是经济发展导向所在（陈志武，2009），这就预示着随着经济的纵深推进，利益主体的契约意识会不断增强，为取得更好的发展，企业对与其相关联的契约相对方会越来越重视，特别是那些与企业密切联系的契约型利益相关者。

第二，市场导向下的企业发展，决定了企业尤不能忽视公众型利益相关者的约束性。20 世纪 90 年代以来，我国商品市场基本形成，企业市场导向的发展机制已基本建立（陈小洪，2007）。市场的快速发展给企业不仅带来成长机会的激励，同时也带来竞争发展的激励。特别是，在由“卖方市场”转变为“买方市场”的情形下，企业要取得更好的发展，为适时调整经营方式，势必要密切关注市场动向，并对诸如政府政策导向、消费者偏好、竞争者策略以及社会公众舆情等做出准确的分析与判断。换言之，区别于计划体制下的企业，在市场导向下，关注公众型利益相关者是企业发展的内在要求。由此，随着市场化的深入发展，公众型利益相关者对企业的影响也就日益凸显，考虑公众型利益相关者要求也必会成为经营的重要原则。

第三，我国企业生存与发展的现状，决定了从利益相关者压力切入慈善捐赠行为具有现实意义。目前，整体而言，我国企业发展阶段较低，生存压力仍较大。从经济上来说，中国企业目前大都处在原始积累和规模扩张阶段。为求自保，企业利益最大化倾向明显。企业慈善捐赠的关注度虽逐年上升且有企业以之作为战略取向（譬如王老吉在汶川地震之后的捐赠），但慈善活动的持久关注度还不高，参与的积极性也有待进一步提升。由此，在对企业履行社会责任的呼吁日趋增多时，从利益相关者压力的角度分析，有助于揭示企业慈善捐赠响应性行为的特征，特别是在企业慈善捐赠意识不足或缺乏全面战略性慈善捐赠的背景下更是如此。

第四，在当前私有产权得不到有效保护以及非法劝募盛行的环境中，慈善捐赠无异于把企业的财产拿出来公示、公审，风险较大（杨团和葛道顺，2009）。比如，企业捐款见报后，工商税务查账是否偷税漏税；政府主管部门、各种慈善机构劝募；各种媒体、困难户求助等都随之而来，严重干扰了企业的正常经营，以致很多企业怕捐[①]。相反，由压力而形成的慈善捐赠是因不同利益相关者的要求形成，一定程度上就避免了以上接踵而至的问题。所以，以利益相关者压力分析慈善捐赠行为也有切合现实中企业慈善捐赠策略的一面。

第五，我国上市公司慈善捐赠的数据特征也表明，从利益相关者压力研究慈善捐赠有一定的合理性。从企业慈善捐赠量（相对销售收入的）随捐赠次数的总体变化趋势（如图 3－1 所示）可以看出，企业慈善捐赠的次数越多其相对捐赠量越少（两者在 0.001 的水平下显著负相关），应该说，这与利益相关者压力视角理解的慈善捐赠行为有吻合之处，因为常理而言，在我国企业慈善捐赠尚处于起步发展阶段而缺少持续的捐赠规划时，在疲于应付的状态下，才极有可能出现捐赠次数越多捐赠量越少（即越捐越少）的可能。

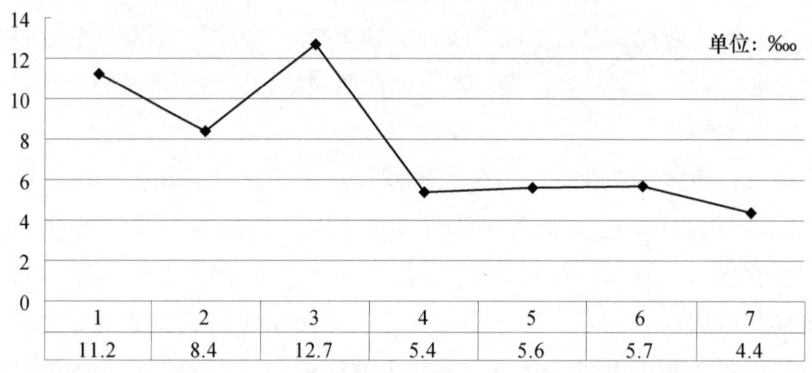

1	2	3	4	5	6	7
11.2	8.4	12.7	5.4	5.6	5.7	4.4

图 3－1　企业慈善捐赠随捐赠次数的变化趋势

数据说明：上图为沪深股市 2002—2008 年参与慈善捐赠的企业数据的统计结果，其中上格表示捐赠的次数，下格表示企业的相对捐赠量，比如（7，4.4）表示，在 2002 年到 2008 年，参与了 7 次慈善捐赠的企业，其捐赠量为每产生 10000 元销售收入，企业会捐赠 4.4 元。

资料来源：本书整理。

---

① 咸亨酒业集团总裁张尚明曾透露，自从"协议捐赠"一个不堪重负的四胞胎家庭之后，"收到来自江苏、浙江、福建等各地的电话，要我捐钱，有的人甚至找上门来，说遇到棘手的事情，要我出钱摆平"。甚至，据江苏黄埔再生资源利用有限公司董事长陈光标介绍，他收到的各种求助信就多达 33 麻袋。

二　理论意义

从利益相关者压力角度分析企业的慈善捐赠行为，本书认为，其主要意义体现在以下四个方面。

第一，利益相关者压力视角下的慈善捐赠蕴含了企业的利益相关者关系嵌入性（即企业慈善捐赠与利益相关者密切关联），这有利于揭示企业慈善捐赠行为的社会性，避免了将慈善捐赠作为一种纯粹的建构抑或逢迎的企业行为。间接地，这一定程度上就克服了纯粹经济性视角、管理性视角以及合法性视角下单一分析思路的内在缺陷。将企业慈善捐赠行为置于利益相关者压力视角，并不意味企业对这种压力无所适从。相反，利益相关者压力构成了企业慈善捐赠行为的环境和条件。在这样的背景下，一方面，利益相关者对企业行为的影响体现了环境对企业行为的形塑性。这正如格兰诺维特（Granovetter，1985）所言，人类的生活和行动（包括经济行动）都是嵌入社会结构的。企业当然也不例外，在企业慈善捐赠行为的分析上要突出这种嵌入性，就必须首先深入探讨利益相关者对企业慈善捐赠的影响。另一方面，企业对利益相关者压力的响应一定程度上也体现了企业的能动性。事实上，随着企业与不同利益相关者的关系越来越密切，在公司以关系的联合体（Nexus of Relationships）而存在（Saint，2005）的时候，我们深信，以利益相关者压力视角分析企业慈善捐赠行为也许更能显现重要性。

第二，利益相关者压力视角下的慈善捐赠通过利益相关者主体内在关联了企业慈善捐赠行为的不同理论解释，从而一定程度上综合性地反映了企业慈善捐赠行为的复杂性特质。企业慈善捐赠行为可以从多视角进行解释，应该说，这些解释都从某一方面揭示了企业慈善捐赠的内在因由。但如 Campbell，Moore & Metzger（2002）所阐明的，意图从某个单方面厘清企业慈善捐赠的出发点是远远不够的，因为现实中企业的捐赠可能更多出于多种目的，这些目的之间并不截然分离，以至相互促进并加强，最终促成了企业的捐赠行为。这就启发，单从某个方面对企业慈善捐赠行为的各种剖析结果，也许只是我们所观察到的交错的“科学之影”，真正需要探寻的可能是这些影之来源或本源之体①。

正如 Clarkson（1991）所言，“公司社会责任问题的所有关键点都可以针对每一个利益相关者进行分析与衡量，利益相关者管理模型代表了一种描述、评价和管理公司社会表现的新框架”，为此，本书从一个相对间接的途径，即从利益相关者主体，来分析企业慈善捐赠是如何形成的。这较好地兼顾了诸多分析视角下的不同解释，因为，单一视角解释的逻辑出发点是，从相对特定的利益相关者其期望或要求的某一具体表现上寻找分析慈善捐赠行为的思路（譬如：委托代理解释下的管理者私利，制度合法性解释下的社会公众对企业的认可），而利益相关者视角的解释则以形成各种不同要求的源头（即利益相关者压力）上对慈善捐赠行为展开探索，应该说，两者内在有一致的地方，不过更重要的是，利益相关者的分析逻辑能以企业关涉的各种不同利益相关者为理论要义，相对更全面地整合不同单一视角下的解释，而不至于出现理论构架上的“神散”。这对后来的研究其实也是有启示意义的。事实上，这也构成当前研究发展的新动向，即从利益相关者主体的分析视角研究企业慈善捐赠行为的形成机制及其他相应研究问题（Brammer & Millington，2004）。

第三，利益相关者压力视角有利于以关系性价值透析慈善捐赠对企业价值作用机理，从而使得慈善捐赠的价值分析有着更厚实的理论基础。如 Wood & Jones（1995）指出的，关于社会责任与企业绩效研究的最大问题是缺乏理论基础，未能从理论上解释企业社会责任对企业绩效影响的内在机理。为规避这样的缺陷，以慈善捐赠是企业响应利益相关者压力的结果为分析前提，本书从利益相关者对企业慈善捐赠的响应行为的评价入手，基于利益相关者对企业慈善捐赠的互惠行为分析了慈善捐赠的关系性价值以及决定这种关系性价值的内在机制。这样的分析实际上正响应了 Wood（1991）的建议，即企业社会责任绩效评价的主体应当是企业的各个利益

① 柏拉图在《理想国》中曾提到一个著名的洞穴比喻：一群囚犯在一个洞穴中，他们手脚都被捆绑，也无法转身，只能背对着洞口。他们面前有一堵白墙，身后燃烧着一堆火。在白墙上他们看到了自己以及身后到火堆之间事物的影子，但由于他们看不到任何其他东西，他们以为影子就是真实的东西。最后，其中一个人挣脱了枷锁，第一次看到了真实的事物。他返回洞穴并试图向其他人解释，那些影子其实只是虚幻的事物。但是，对于那些囚犯来说，那个逃脱的人似乎比他逃出去之前更加愚蠢，他们认为，除了墙上的影子世上已无其他东西。

相关者，因为是他们经历了企业社会责任的行为过程，承受了这些行为所带来的结果，只有他们才知道自己的利益要求有多少被满足，满足到什么程度。

事实上，企业面对的利益相关者各不相同，即便相同的捐赠，鉴于利益相关者的差异性，慈善捐赠的价值都有可能不同。以利益相关者压力为切入点来分析慈善捐赠的价值，就解释了为什么有的企业其捐赠能有良好的市场价值，相反有的企业却没有；或者，为什么同样的企业，即便相同的捐赠其效果也只能此一时彼一时。总之，考虑到利益相关者压力的影响，我们就会发现，企业慈善捐赠的价值其实更多依赖于企业与利益相关者的关系来确定，脱离利益相关者的压力探讨慈善捐赠的价值不仅不利于解释不同企业慈善捐赠的价值的差异性，同时这样的分析与现实也有一定距离。在企业慈善捐赠价值中，利益相关者的这种影响既是其自身利益要求的必然反映，同时也是企业与利益相关者关系的结果。不考虑利益相关者在企业慈善捐赠价值中的作用，造成的片面之处为：要么夸大慈善捐赠的战略性一面，以致忽略了各种潜在环境因素（包括利益相关者的制约）的限制；要么企业慈善捐赠根本就不为利益相关者所关注，以致其取不了什么经济效果，从而构成一种额外的成本负担。彰显利益相关者在企业慈善捐赠价值中的作用，就是既要考虑到企业慈善捐赠价值的外在约束，同时又要保证企业慈善捐赠的价值性。

第四，利益相关者压力视角下的慈善捐赠凸显了企业慈善捐赠形成及其价值之间的内在关联性，从而为整体性地分析企业慈善捐赠搭建了坚实平台。企业慈善捐赠的形成及其价值并不是孤立的或截然有别的两个问题，基于利益相关者的理论分析，挖掘并有效整合企业慈善捐赠的形成及其结果内在逻辑，有利于形成一个相对一致、自洽的解释性架构。就本书而言，综合来看，一方面利益相关者压力构成企业慈善捐赠的动力条件，对这种动力的响应反映了企业自主性；另一方面在慈善捐赠的价值形成中，利益相关者以其对企业慈善捐赠行为的要求为依据，对企业慈善捐赠做出评价，从而影响慈善捐赠的价值效应。整个过程中，慈善捐赠的形成与价值统一于利益相关者的分析框架，且内在通过企业与利益相关者交互影响得以衔接，由此，慈善捐赠形成及其价值的整体性研究思路即一定程度得以明确。

此外，本书探讨利益相关者压力对企业慈善捐赠的作用机制，有助于回答利益相关者要求对企业慈善捐赠是否发生作用以及在什么情景下将会发生作用，就企业的慈善捐赠行为而言，这就能进一步区分谁是企业的积极利益相关者，谁又是企业消极的利益相关者等，从而规避了对企业利益相关者的笼统分类。在大部分利益相关者问题的讨论仍停留在规范层面之时（郑海东，2007；李善民，毛雅娟和赵晶晶，2008），本书较系统地提出了利益相关者的实证研究假设且对其进行相应检验，这对扭转利益相关者研究从进一步“规范”走向“实证”也有裨益。

第三节　企业慈善捐赠的形成机制

一　利益相关者压力对慈善捐赠的作用机制

本节论述利益相关者压力是如何影响企业慈善捐赠的。为阐明其中的内在机制，首先，简要论述了公司法人“实在说”的内涵，并将其作为本书的分析前提，即本书认为公司与自然人一样有其内在意志；其次，分析了企业响应利益相关者压力的理论根源；最后，探讨了企业社会响应理论背景下利益相关者压力对慈善捐赠的影响。

（一）作为“实在人”的现代公司

关于公司法人的本质，总体来看有三种代表性的观点，即法人实在说、法人拟制说和法人否认说。三种观点围绕不同的时代主题、基于不同的观察视角，在如何看待个人与团体的价值、团体是否有价值上的独立性等问题上秉持不同的立场，得出了不同的结论，尤其是关于法人主体性问题的认识（蔡立东，2004）。

法人实在说认为，公司是一种事实性的社会存在，有成为权利主体的特定条件。这种观点将公司视为某种具有生命属性的、有机的组织，公司的人格和自然人的人格一样是客观存在的。关于法人实在说，又有两种不同观点（熊选国和牛克乾，2003；蔡立东，2004）。一是“有机体说”，这种观点强调，人类社会生活中存在的各种团体有其内在的统一性，且有不同于个人意思总和的团体意思，其本质与生物人一样，对内对外都表现出一种“联合人”的形象，具备真实的主体性和区分于其构成成员的独立性，是“现实的整体人”。二是“组织体说”，这种观点认为，团体人格是特定的现实存在，其本身具有像自然人一样坚固而独立的实体——共同体或团体，亦即法人有其区别于其构成成员的团体利益，有表达和实现自己意志和利益的组织机构。法人的实体基础，具有实在性且有独立结构，与自然人的实体基础具有相似性。有机体说与组织体说并没有原则性的分歧，均承认法人成为权利主体的原因在于其实体性构造，只是强调的主要理由略有差异，前者强调独立的意思是根本，而后者认为独立的组织是关键（蔡立东，2004）。

法人拟制说认为，法人不像自然人具有表达自己意思的行为能力，公司是通过法律拟制而形成的权利和义务主体，亦即把法人视为自然人，然后再依自然人之例赋予其法律人格，成为法律上的人。并且，“法律之所以拟制一个与自然人相对应的集合性权利义务主体，乃是法人主体资格的确认适应了人类社会发展对法律之需要”（南振光和郭登科，1997）。总之，公司法人人格因法律虚拟而形成，因此公司本身无意思能力，且其只能依赖于其代表人享受特定权利，同时履行必要义务。公司代表人即公司代理人，以公司名义，代理人在公司职权范围内的代理行为由公司承担相应的法律后果。

法人否认说认为，公司可以还原为个人及财产的集合，除此之外，公司不存在任何东西，相应公司也就无法人人格之说，更无权利能力和行为能力。并且，公司事务本质上来说，就是所有构成成员的事务，其中董事长是个人财产的代管者，受个人委托代表个人，而并非代表公司。

应该说，以上三种不同观点都有其内在的合理性，不过作为选择，本书更认可公司法人的实在说，即公司与自然人一样具有其内在的人格特征，并表现出特定的意志倾向。事实上，这也是我国大多学者所赞同的（胡玉明，2000；左卫民和谢鸿飞，2002；刘道远，2007）①。

（二）企业对利益相关者压力的社会响应

面对利益相关者因期望与要求而形成的压力，作为“实在人”的企业应做出必要的响应。企业社会响应是企业对社会期望的反应，是企业履

---

① 对本书而言，选择公司法人的何种学说，只是构成本书进一步分析的预设前提。就像经济学中假设人都是“经济人”一样，这并无对错，重要的是以这样的假设进行分析所得到的结果是否“有效”。

行社会责任的策略和过程（周祖城，2009）。企业社会响应强调企业适应变化的社会状况的能力，并突出企业针对其所从事的社会行动做出实际决策（Frederick & Ginter，1977）。具有社会响应能力的企业之所以采取某种行为方式，是因为企业希望满足利益相关者的需要（罗宾斯和库尔特，2004）。企业社会响应是一个管理过程，通过这个管理过程可以将企业对利益相关者要求的理解转化为富有意义的行动（Ackerman，1973）。社会响应使企业绕开关于社会责任的各种宏大原则以及哲学问题，并促使企业集中考虑更具体的现实问题，即怎样对环境压力做出有效的反应（Frederick，1994），从而促成企业朝向一个更有效的行为实体迈进（Davis & Blomstrom，1971）。

企业社会响应主要关注公司是否能或是否将对社会压力做出回应等问题，而企业社会责任主要关注“为什么？是否？为了谁的利益？根据什么道德准则？”等问题（沈洪涛和沈艺峰，2007）。无论是论调还是方法上，公司社会响应都深具管理品性，它使得公司社会责任概念发生扭转型转变，即从理念和伦理的概念向行为导向的管理概念转变。它避开了公司社会责任理念，并从如何促使企业更好地对利益相关者环境做出回应的角度来替代那些左右社会责任的抽象难懂的准则。对此，Frederick（1994）认为，相比于企业社会责任，作为一种理论构造和一种研究企业在社会中作用的方法，企业社会响应更切实可行、更显智慧、理论上更能站得住以及理念上更为充分（沈洪涛和沈艺峰，2007）。

企业应对利益相关者压力做出社会响应，主要源于两个方面的理论原因。第一，从资源依赖理论来看，企业要生存就必须与那些掌握企业发展所需要的资源的利益相关者建立联系，从而解决企业的资源需求问题。为维持好企业与不同利益相关者已建立的联系，意味着企业必须更多地审视并关注这些利益相关者群体的利益和要求（Agle，Mitchell & Sonnenfeld，1999）。第二，从合法性理论来看，公司是由不同利益相关者基于各种契约关系组成的联合体，遵守并满足利益相关者共同体的规范和期望，利益相关者可能就会赋予企业合法性特征，从而为企业创造良好的生存环境（Meyer & Rowan，1977；DiMaggio & Powell，1983）。相反，如果企业忽视利益相关者的要求甚至置其于不顾，作为回应，通过各种可能的手段，不同利益相关者可能就会对企业形成各种形式的抵制，从而极大影响企业的正常发展。

总之，为保证企业更好地生存，对因利益相关者而形成的各种要求与期望，企业必须被动或提前采取应对措施主动对利益相关者的压力做出回应，从而维持或增加合法性（Carroll & Buchholtz，2000；Weiser & Zadek，2000；Koehn & Ueng，2009）。

（三）社会响应下的企业慈善捐赠

企业是由利益相关者基于社会契约关系组成的共同体（Donaldson & Dunfee，1994，1995），利益相关者构成企业生存的环境，其行为要符合各利益相关者的期望，必须响应不同利益相关者的需要，并进而承担各种不同社会责任，从而获得各利益相关者对企业的认可以及企业发展所需要的资源。自20世纪90年代以来，利益相关者的“权利意识”越来越强烈，对企业针对利益相关者的过失或过错行为的责任追诉也已越来越普遍（Spitzeck & Hansen，2010）。企业在发展过程中若缺乏有效的利益相关者响应能力，将可能因利益相关方的制约而遭遇巨大的经营风险。

慈善捐赠作为企业的一种社会行为，企业虽有自由裁量的成分，但为积极获取利益相关者的认可，同样需要满足利益相关者的期望或要求，特别是契合那些核心利益相关者的对企业慈善捐赠行为的态度与倾向。Brammer & Millington（2004）的实证印实了这种观点，即企业的慈善捐赠行为体现的是利益相关者压力作用的结果。对此，Ruf，Muralidhar & Brown et al.（2001）认为，从利益相关者理论的角度，公司社会表现应由“公司是否满足多重利益相关者的需要”加以衡量。进言之，利益相关者对企业各种行为的预期，实际上构成了企业慈善捐赠行为的实践方向。

但事实上，企业并不一定依据利益相关者对企业的预期开展慈善活动。于是，不同条件下，对不同利益相关者要求与期望，企业可能表现出差异性的社会响应行为。这是因为，企业社会响应是公司回应社会压力的能力（Frederick，1994），是一个多环节的连续过程，在企业针对外部环境进行扫描和分析的过程中，鉴于企业预估和管理内外利益相关者及其不同要求而形成的经验以及知识积累的不同（Epstein，1987；Post & Mellis，1978），企业对不同利益相关者的响应就可能有所不同。总之，正如个人在不同的伦理情境下会采取不同的行为，企业在响应内部以及环境的压力时，同样也会采取不同的行动方式（Brown & Starkey，2000）。

由此，综合以上分析，本书认为，企业慈善捐赠的形成，一方面依赖于利益相关者压力的作用；另一方面与企业的社会响应性有密切关联，良好的企业社会响应性能将利益相关者压力传递到企业慈善捐赠行为上，相反，如果企业的社会响应性不足以反映利益相关者的要求并付诸具体的企业行动，那么利益相关者压力对慈善捐赠作用就会减弱。

基于以上分析，本书构建如图 3－2 所示的模型，并分别提出相应假设。具体而言，从以下两方面展开。

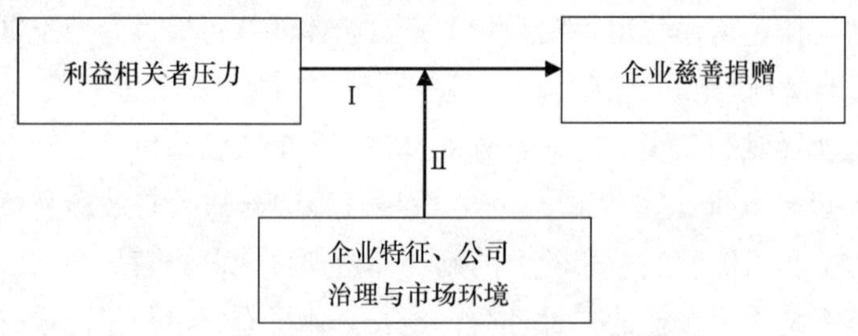

图 3－2　企业慈善捐赠形成机制的概念模型

第一，利益相关者压力对企业慈善捐赠的主效应假设（图 3－2 中的“Ⅰ”），即利益相关者是否构成企业慈善捐赠的动力机制。

第二，利益相关者压力对企业慈善捐赠作用的情境性假设（图 3－2 中的“Ⅱ”对主效应“Ⅰ”调节作用）。以企业的社会响应性为切入点，分析不同企业特征、公司治理以及市场化背景下，因企业社会响应差异而引致的利益相关者压力对慈善捐赠的不同作用。

进一步探讨利益相关者压力对慈善捐赠的情境性作用，主要实现两个目的，一是强化利益相关者压力之于企业慈善捐赠的解释力；二是丰富对企业慈善捐赠形成机制的认识。

以企业为关注主体，探讨不同企业特征下企业的差异化社会响应，其原因是，不同的企业特征要素表征了企业现实处境，企业不能超越既有现实条件参与各种社会活动，相应这些特征要素构成了企业社会响应行为的边界；同样，公司治理机制作为企业的决策系统，如何接受并处理来自利益相关者要求的信息，反映了企业的利益相关者管理能力（阎达五和杨有红，2001；郑红亮，1998），最终如何平衡、协调不同利益相关者的要求则是特定公司治理机制作用的结果。探讨不同市场背景下企业的差异化社会响应，其原因是，不同的市场环境塑造着企业的行为模式（纳尔逊和温特，1997）。总之，在提出利益相关者压力对慈善捐赠影响的情境性假设时，本书希望挖掘制约企业社会响应的内外部因素，以加深对慈善捐赠的形成的认识和理解。

二　利益相关者压力与慈善捐赠

以下分别探讨契约型以及公众型利益相关者压力对企业慈善捐赠的影响，并在其基础上提出本书的研究假设。

（一）契约型利益相关者压力与慈善捐赠

1. 股东压力与慈善捐赠

企业是否从事慈善捐赠体现了股东的意愿，以弗里德曼为代表的传统经济学的观点是，“企业唯一的社会责任是为股东赚取更多的财富”。但事实上，随着社会以及经济环境的变迁，股东对企业社会责任态度亦有所改变（Porter & Kramer，2002）。如何基于自身的经营能力履行社会责任，业已成为许多企业必然要面对的现实问题（Smith，2003）。那些经济实力较强，能为股东谋取更大财富的企业，受到股东的压力较小，通常越会参与社会慈善公益。其原因是：

经营实力是企业慈善捐赠的一个重要的约束变量。企业经营实力强，不仅企业用之于捐赠的资源更丰富，同时，这样的企业也更容易成为社会募捐的对象，加之在国外供应链企业的带动、国内媒体对 CSR 宣传力度加大以及诸多社会责任评价机构兴起的情况下，随着 CSR 的纵深发展，企业的社会责任意识不断提高，此时应由股东容允的慈善捐赠资源也会更加充裕。

此外，在“企业承担的社会责任须与自身实力相称”的戴维斯责任铁律的要求下，迫于各种要求，股东也会通过各种可能途径，促使企业通过履行包括慈善捐赠在内的社会责任，来匹配自身发展所形成的经济实力与影响（Buchholtz，Amason & Rutherford，1999；Seifert，Morris & Bartkus，2004）。相反，弱的经营实力意味着，企业不能更好地为股东创造财富，从而受到来自股东的更大压力，相应由股东决定并用之于自愿行为的慈善捐赠可能就会减少（Adams & Hardwick，1998；Brammer & Millington，2004；Navarro，1988）。事实上，国外大量实证文献也均发现，那些收益好的企业其捐赠会更多（Schwartz，1968；Ullman，1985；Orlitzky，Schmidt & Rynes，2003；Crampton & Patten，2007；Mello，Marcon & Alberton，2008）。由此，本书提出如下假设：

假设1—1：股东压力负向影响企业慈善捐赠，即企业受到股东的压力越大，其慈善捐赠会越少。

2. 员工压力与慈善捐赠

企业员工是公司发展最具决定性的重要力量（林泽炎，2004）。企业的发展离不开员工的支持，同样，员工的成长亦需要公司的配合。员工与公司只有形成利益共同体，才能实现企业与员工共同成长的目的。泰罗的科学管理原则就提倡员工和企业应共享、双赢，并认为，企业与员工关系的真正基础在于两者利益是一致的（泰罗，1984）。因企业的发展而忽视员工需要甚至是基本的利益要求，易引起员工的消极情绪、不合作，甚至抵抗。

事实上，在员工利益受到侵犯时，不同的法律规范也赋予员工各种维护权。譬如，公司法就要求，在研究决定涉及职工切身利益的问题时，应事先听取工会和职工的意见，并邀请工会或职工代表列席有关会议（《公司法》第55条、第121条）；在研究决定生产经营的重大问题及制定重要规章制度时，应听取工会和职工的意见（《公司法》第56条、第122条）。此外，职工监事制度（《公司法》第52条、第124条）、国有独资公司的职工董事制度等，还明确规定公司监事会职工代表比例的下限。

员工对企业的满意度，源自企业对其需求的满足感。物质层面上的满足感越低，相应员工对企业形成的满意度也越低，从而构成员工对企业压力来源。由此，在员工基本物质利益未能较好满足之时，企业涉入各种不同捐赠项目的积极性一般也较低。因为，基于自身利益的现实满足状况，员工通过自身权利，对企业慈善捐赠提议予以否决的可能性就较大。相反，在员工经济利益得以满足，从而员工压力较小时，员工自身对企业参与慈善捐赠则有某种期待：企业从事慈善捐赠活动，会有效提升企业形象（Fombrun & Shanley，1990），企业形象的提升则会影响员工的自我感觉，从而达到“自我确证选择该公司为之付出的正确性”的目的。对此，Mahoney & Thorn（2006）就发现，员工奖金与企业社会表现正相关。由此，结合以上分析，本书提出如下假设：

假设1—2：员工压力负向影响企业慈善捐赠，即企业受到员工的压力越大，其慈善捐赠会越少。

3. 债权人压力与慈善捐赠

通常，债权人是契约法上的请求权人，对公司仅限于契约上规定的权利。但事实上，债权人虽不能直接就公司某些事务拥有具体权利，但间接上却可以通过收回贷金以及缩短信贷延期等方式凸显其意志（Roberts，1992），从而体现其影响力，这在高杠杆运作的企业表现得尤为明显。就慈善捐赠而言，公司面临债权人的压力越大，其慈善捐赠的积极性也越低。这可以从两个方面进行说明：

一是债权人压力越大意味着企业经营更多依赖于外来资本，相应自有资源就较少，能自由裁量并用之于慈善捐赠的资金就较少。对此，依据资源基础理论的许多实证，都有类似的发现。比如，Seifert，Morris & Bartkus（2004）、Adams & Hardwick（1998）等就发现，企业债务比率与慈善捐赠负相关。

二是企业还贷愈艰难，债权人压力越大，从而其影响力也越明显。为保证资金的安全性，债权人即会启动各种约束机制，相应对企业的要求就会越多，对企业从事与其发展非密切关联的业务的限制就越明显，以致企业也就越有可能削减包括慈善捐赠在内的各种经费。基于以上分析，本书提出如下假设：

假设1—3：债权人压力负向影响企业慈善捐赠，即企业受到债权人的压力越大，其慈善捐赠会越少。

4. 供应商—客户压力与慈善捐赠

供应商与客户作为企业供应链前后端两个重要利益相关者，同样也影响着企业的慈善捐赠行为。[①] 供应商及客户与企业的利益内在关联（Hill & Jones，2002），良好的供应商及客户关系既保证了供应商以及客户的合

① 这里未进一步区分供应商压力与客户压力，主要基于这样的考虑，即：从供应链的角度看，面对同一个合作企业，两者利益得失具有一定的共变性，从而对企业形成的压力具有内在的一致性。这种做法与 Huang & Kung（2010）的处理是一致的。下同。

作剩余，同时也有利于企业达成自身的经济目标。对企业而言，维持好供应商与客户的关系，在于保证这种合作剩余的实现，从而提升供应商与客户的满意度；相反，如果企业并不能满足两者的要求，甚至因为自身的管理不济而影响供应商与客户的利益实现，那么可能就会遭到供应商与客户的不满（Huang & Kung，2010），从而企业承受较大压力。在企业面临供应商—客户的这种压力越大时，其慈善捐赠的积极性会明显降低。

一方面，供应商—客户压力越大，企业可用于慈善捐赠的资源也越有限。企业利益与供应商—客户的利益具有内在一致性，当供应商—客户的合作剩余不能保证时，企业经济目标亦较难实现，从而也就限制了企业可用于慈善捐赠的资源。

另一方面，相比于慈善捐赠，缓解供应商—客户压力是企业面临的更重要的问题，供应商—客户的关系维持是企业在市场竞争中获得生存的现实要求。企业只有更好地履行了以良好的供应商—客户关系为支撑的经济责任，才可能有余力承担更高层次的社会责任（譬如慈善捐赠）。离弃企业的经济责任而承担其他各种社会责任，于企业发展而言，是一种本末倒置的做法（Carroll，1991）。于是，面临较大的供应商—客户压力时，企业考虑更多的可能就是，如何充分配置有限资源以缓解经营困境，而并不是耗费企业资源的慈善捐赠。

另外，供应商—客户压力越小，意味着企业与供应商及客户之间的合作越成功，从而创造了更多的合作剩余，相应企业可用于慈善捐赠的资源会更多；同时，随着“责任供应链”（即通过供应链管理将企业社会责任延伸至整个企业网络）的提出与践行，除保证有一定的合作剩余的要求外，为提升交易主体的责任层次，供应商和客户对与之有契约往来的企业的社会公益行为亦有渴求，间接上这也促成了企业慈善捐赠。基于以上分析，本书提出如下假设：

假设1—4：供应商—客户压力负向影响企业慈善捐赠，即企业受到供应商—客户的压力越大，其慈善捐赠会越少。

（二）公众型利益相关者压力与慈善捐赠

1. 政府压力与慈善捐赠

政府部门仍是中国企业最重要的利益相关者（Tian & Deng，2007；Tian，Hafsi & Wei，2009）。企业与政府保持适当关联，很大程度上在于对规制合法性的维护。规制合法性源于政府所制定的各种规章制度与要求。若企业的行为符合这些规制与要求，也就具备了一定的规制合法性（Deephouse，1996）。其实，规制合法性不仅起之于企业对政府部门要求做出的恰当反应，而且还来源于对更宽泛的各种未明了的隐性要求的遵从（Scott，1995）。

如 Smith（1994）所言，在发展中国家，即便很小的社会事件都会对企业有重要影响。特别是，当社会事务的执行或实施有赖于政府的介入与管制时，此时，政府作为利益相关者的一员其作用就充分体现出来（Buchholz & Rosenthal，2004）。这在我国企业慈善捐赠上体现得尤为明显。

目前，我国慈善捐赠更多还处于体制化动员阶段（高功敬和高鉴国，2009；蔡勤禹，江宏春和叶立国，2009）。所谓体制化动员是指，慈善捐赠仍主要依靠政府利用既有的高度集权管理体制，进行社会动员从而取得募集资金。就慈善组织而言，这表现在：我国慈善组织不仅需要接受主管社团登记的民政部门审核、批准以及定期检查，而且其相关活动的业务范围还要挂靠特定的业务主管部门，并受其指导和监控。更重要的是，在政府部门控制了慈善组织的人事任免权以及把持了大量慈善资源的现实下，慈善组织只会依附于或附属于相关政府部门，受到政府的严格控制。最终，善款的募集主体不是受政府监控的慈善组织，就是政府直接或间接地以“红头文件”或其他名义进行。事实上，长期以来我国形成的“大政府、小社会；强国家、弱社会”的社会治理模式，也决定了政府仍将是慈善捐赠体制的主导者（钟宏武，2007）。

一旦政府部门成为这种慈善“体制化”动员模式的主体，且在其本身对企业履行社会责任就有要求时（McWilliams & Siegel，2001），若需捐赠，政府部门很可能就以“道德口号”“公益摊派”以及“下任务”等不同形式，要求各类企业进行募捐（钟宏武，2007）。这无形中就相当于给企业加置了新约束，即企业为维护自身的规制合法性，必须积极响应政府部门的慈善倡议或要求。特别是，企业一旦成为这种“体制化”动员关注的重点对象，以致明显受制于因慈善捐赠而带来的政府压力时，就更需要通过好的捐赠表现，寻求政府部门对其规制合法性的认可。由此，本书提出如下假设：

假设 2—1：政府压力正向影响企业慈善捐赠，即企业受到政府的压力越大，其慈善捐赠会越多。

2. 竞争者压力与慈善捐赠

企业在市场中为汲求更好的生存，必然要面对同行的竞争压力（Gronhaug & Fredriksen，1988）。为在竞争中占据有利地位，管理者须对企业自身及竞争对手进行综合分析，选择一套能够带来竞争优势的战略。为此，波特提供了三种不同战略方案：一是成本领先战略，即企业的平均成本低于竞争对手；二是差异化战略，即企业创造独特且有价值的产品和服务满足顾客需求；三是目标集中化战略，即选定一个特定市场提供产品和服务（希特、霍斯克森和爱尔兰，2010）。

应该说，以上方案仍是企业竞争优势的利器。但事实上，近年来随着企业社会责任在理论与实务上的深入发展，许多企业开始以通过承担社会责任的方式来寻求新的竞争优势（科特勒，2005），从而在竞争突围中，为寻求企业竞争优势开辟了新渠道。通过企业社会责任寻求竞争优势，其突出之处表现在：

第一，企业社会责任战略具有一定前摄性。企业社会责任早自20世纪20年代就提出，作为一个企业管理研究和实践的问题，一直倍受企业界和学术界的关注。但通过仔细筹划和评估，并纳入战略管理范畴的时间却不长，对如何有效实施社会责任战略，许多企业都在积极地探索。这也决定了，结合自身特点，不同企业都有可能寻找到属于自己的新的竞争空间，尤其在行业竞争激烈时，企业更愿意通过创新的手段进行这样的尝试（Huang & Kung，2010），并进而形成其特有的企业社会责任定位（Porter & Kramer，2006）。

第二，企业社会责任战略具有综合性效果。Porter & Kramer（2002）提出的慈善捐赠——竞争优势模型就此进行了具体分析。他们认为，企业竞争能力一定程度上依赖于，由要素条件、需求条件、战略和竞争环境以及相关产业四个因素构成的竞争环境。经过精心设计，如果企业能就那些既能带来社会效益，同时又能带来经济效益的慈善领域进行战略性投资，其四个方面的竞争环境都将会有显著改善，从而达成了社会公益以及企业目标双赢目的。同样，钟宏武（2007）就慈善捐赠的效果进行了更综合的解释：企业慈善捐赠不仅有“合法保护”以及“伤害保险”的功能，同时还能通过直接以及间接两种途径为企业创造价值。

以上分析了企业社会责任战略的优势，当企业面临竞争者的压力越大时，本书预期，企业越可能通过包括慈善捐赠在内的企业社会责任战略来寻求突围。实际上，这也得到国外经验文献的验证，比如，Chih & Chen（2009）就发现市场竞争强度越大，企业的慈善捐赠会越多；类似地，Johnson（1966）发现，若企业处于完全竞争的行业，企业也会捐得更多。由此，本书提出如下假设：

假设2—2：竞争者压力正向影响企业慈善捐赠，即企业受到竞争者的压力越大，其慈善捐赠会越多。

3. 消费者压力与慈善捐赠

消费者是促成企业社会责任深化发展的一支重要力量。20世纪80年代，为积极响应兴起于欧美发达国家的企业社会责任运动，消费者对企业关注的焦点就由单一的产品质量，转向关心环境、职业健康和劳动保障等。同样，90年代初期，在美国劳工及人权组织发起的“反血汗工厂运动”中，消费者在提请第一份公司生产守则的诞生中仍充当着不可忽视的重要角色（辛杰，2010）。特别是，在消费者治理兴起的时候，各类消费者通过竞争性产品市场和资本市场等表达其对公司高层经理人员的治理意愿明显增强。这在买方市场、反垄断规制和竞争性契约的充分发展时表现也更为突出（郭金林，2007）。

消费者对企业慈善捐赠的要求，不仅仅因为企业提供具体的产品效用，还在于通过“有责任的消费”彰显其消费偏好（金立印，2006）。“有责任的消费”是指，个人把其商品的获得、使用和处置建立在最小化或减少对社会有害影响，以及最大化对社会有利影响的基础上（Mohr, Webb & Harris，2001）。“有责任的消费”使得消费者更加倾向于使用那些企业社会责任表现较好的企业的产品。Sen & Bhattacharya（2001）的结果就表明，消费者支持CSR对CSR与购买意图之间的关系有显著正向调节作用，同样，Mohr & Webb（2005）也发现，在环保领域消费者的CSR支持正向调节企业CSR行为对产品评价、购买意愿的影响。此外，Gillis & Spring（2001）的调研还发现，在欧洲，参与调查的70%的消费者承认，如果企业具有社会责任感，他们就会购买该公司的产品；25%的消费者则进一步表示，即便具有社会责任感的企业其产品定价较高，他们依然会选择购买该公司的产品。

为响应消费者的这种偏好，企业需要更多关注自身的社会责任行为，从而通过更好的社会责任表现（譬如慈善捐赠）赢取消费者的青睐。那些直接面对消费者从而受到消费者压力越大的企业，应更需要通过好的责任表现，以达到消费者对企业社会责任的要求（Useem，1988）。其原因是：一方面，直接接触消费者的企业其社会责任信息更易为消费者获取和重视；另一方面，一旦企业的社会责任表现并没能达到消费者的某种期望或要求，消费者能直接以“以脚投票”的方式惩罚这些企业（郭红玲，2006），从而对企业构成一种“可置信威胁”。非直接接触消费者的企业则不同，体现在两个方面：一方面，供应链下游企业一定程度上屏蔽了非直接接触消费者企业的社会责任信息，以致消费者并不知晓其社会责任表现；另一方面，消费者与其虽有某种直接接触及利益上的往来，但这种可能性和大小要明显低于直接接触消费者的企业。这不仅使得非直接接触消费者的企业受到源自利益相关者的压力要低，同时，消费者对其奖惩手段亦有限，相应其通过履行社会责任赢取更多消费者的动力也就明显减弱。既有的实证文献也发现，直接面向消费者行业的企业，其捐赠会更多（Burt，1983；Useem，1988；Brammer & Millington，2005；山立威、甘犁和郑涛，2008；江希和，2008；石磊，2010）。由此，本书提出如下假设：

假设2—3：消费者压力正向影响企业慈善捐赠，即企业受到消费者的压力越大，其慈善捐赠会越多。

4. 社会公众压力与慈善捐赠

作为企业善尽社会责任的一种手段，慈善捐赠广为社会公众所关注（杨团和葛道顺，2009）。社会公众对企业慈善捐赠行为捐赠的影响是，通过一种广泛的社会舆论对企业造成压力，从而间接上影响企业的捐赠行为。通常，社会公众压力基于公众对企业特征的认知而形成，企业规模就是其中表征之一，换言之，企业规模是联系企业与社会公众的纽带，企业规模越大公众的认知度越高。

一般那些规模较大的企业，更容易成为社会公众关注的焦点，从而面临社会公众压力也较大，为维持自身公众合法性地位，更好地善尽包括慈善捐赠在内社会责任是现实的选择（Dierkes & Coppock，1978；Trotman & Bradley，1981；Formbrun & Shanley，1990）。但同时，规模越大的企业，其履行社会责任（包括慈善捐赠，下同）的积极性可能并不受社会公众压力的影响。因为企业规模越大，在塑造环境方面具有更强的能力（Meznar & Nigh，1995），对于如何履行社会责任有自己的计划与安排，以致虽企业规模越大，但由之表现出的公众压力对企业社会责任的影响却越有限（Udayasankar，2007）。

就小规模企业而言，社会公众对其并不是特别关注，从而社会责任的公众舆论要求就较低，于是，在外部动力相对不足的情况下，其企业社会责任表现也就并不为看好。不过，另一种可能却是，小规模企业虽受社会公众的压力较小，但同样也有出色的社会责任表现。这主要源于小规模企业对于认知合法性的追求。因为规模愈小，社会公众认可度就越低。为汲求公众的认知合法性，小规模企业可能通过各种有效的手段弥补这种合法性上的不足。其中，慈善捐赠就是一种重要途径，其作用：一则有益于提升企业出镜率，缩短小规模企业与社会公众的距离；二则能帮助企业赢取道德资本并从而有效提升其合法性地位（Godfrey，2005）。事实上，Amato（2006）的实证就提供了小规模企业会更多参与慈善捐赠的经验证据。

于是，社会公众压力对企业慈善捐赠的影响可能比较复杂，两者之间并不纯然表现为简单的线性依赖关系。基于以上之分析，其间依存关系主要有三种可能：一是单调的线性关系，即随着社会公众压力的增大，企业慈善捐赠相应增加（企业响应利益相关者压力的结果）或减少（基于企业环境塑造能力或者追求合法性的结果）；二是“U”形曲线依存关系，即随着社会公众压力的增大，企业慈善捐赠先减少后增加。这表明，社会公众压力较小时，迫于合法性资源的不足，企业会通过慈善捐赠弥补这种不足，而当社会压力较大时，为保持自身合法性地位，企业同样会有较多的捐赠；三是倒“U”形曲线依存关系，即随着社会公众压力的增大，企业慈善捐赠先增加后减少。这表明，社会公众压力越小，企业慈善捐赠也越少，而当社会压力较大时，考虑到企业的环境塑造能力，企业慈善捐赠同样亦较少。由此，本书提出如下假设：

假设2—4：企业慈善捐赠与社会公众压力依据现实不同条件不同，其间依存关系表现为线性、“U”形或倒“U”形三种可能。

三 企业特征、利益相关者压力与慈善捐赠

研究利益相关者压力对企业慈善捐赠的作用，离不开企业的特征条件。以下以企业在不同情境下对利益相关者压力的差异性响应为分析切入点，分别从企业的结构特征（产权构成）、财务特征（企业资源）以及发展特征（企业生命周期）三个不同的方面，揭示利益相关者压力与企业慈善捐赠的关系①。

（一）产权特征、利益相关者压力与慈善捐赠

产权特征对企业慈善捐赠的影响引起众多研究关注（Zhang，Rezaee & Zhu，2009；曹洪彬，2006；山立威、甘犁和郑涛，2008）。作为市场化改革的产物，中国股票市场存在性质截然不同的两类企业，即国有企业与民营企业，其中国有企业按产权控制主体的不同，一般可进一步细分为中央控制以及地方控制两种不同的类型（方军雄，2008）。中央控制国企主要指由国务院国有资产监督管理委员会直接管理的特大型国有企业；地方控制国企是由地方政府或地方国有资产监督管理机构直接控制的国有企业，这类国有企业是中国上市公司中最常见的控股股东；而私有产权则指上市公司的最终控制人主要为民营企业、自然人（辛清泉，2009）。对利益相关者压力的响应，不同企业差异较明显，原因在于：

第一，在目标导向上，国有企业与民营企业存在较大差异。通常，国有企业的实际控制权属于政府部门，这就决定其要求与一般民营控制的企业有所不同，一旦国有股东的政治目标不能保证，便极可能以其对公司资源配置的干预权，来达成预期的目标，从而背离了企业发展要求（曾庆生和陈信元，2006）。当行政目标与企业目标发生冲突时，对行政目标（如消除市场失灵，保证充分就业等）的追求，势必侵害其他利益相关者尤其是所有者的利益。再者，与民营企业单一的利润目标和业绩衡量标准相比，国有企业目标是多元的（杨瑞龙，1997；谢德仁，1999），由此国

① 严格意义上，分析不同调节变量时，应分别就各调节变量对不同利益相关者压力影响企业慈善捐赠的效果进行单独的细致分析。考虑到各调节变量在不同利益相关者压力分析思路上的一致性以及行文的简洁性，下文并未就各个利益相关者分别进行调节效应的假设推演。对于调节变量在个别利益相关者分析上存在的差异，行文将注明。

有企业行动指向上又有特定约束。这种目标导向上的差异，体现在企业响应利益相关者的要求上就是，国有企业可能因自身特有目标的限制，并不能充分发挥其对利益相关者压力回应的能动性，以致在“回应哪个利益相关者”以及“如何回应利益相关者的压力”上，是一种被动选择的结果。民营企业迫于市场生存的压力，亦需关注并响应不同利益相关者的要求，但与国有企业不同，由于目标导向相对单一，其结果更多是，出于自身利益对利益相关者的压力进行有选择性的回应，从而在“回应谁”以及“如何回应”上体现了自身判断力。

第二，在支撑企业响应利益相关者要求的组织体制上，国有企业与民营企业差异也较大。具体表现在，早期国有企业组织结构大多是直线职能式的，结构简单明了，指挥系统清晰，责权关系明确，但存在不利于集中决策的弱点，因此逐渐过渡为事业部制结构，但是集权、部门林立、层次叠架以及重复建设等问题，特别是“管理行政化”倾向依然较明显（徐莉萍、辛宇和陈工孟，2006）。实际上，国有企业领导，尤其是大型国有企业的领导，目前仍隶属于国资委和组织部双重管辖。在更多只关心自己仕途之时，国企领导熟悉和习惯使用的管控办法依然是带机关化行政色彩的管控模式。这对企业积极顺应环境变化，有效掌握并迎合利益相关者的要求应该说是极为不利的。相反，大多数民营企业组织结构相对简单，相比于国有企业管理“行政化”下的繁文缛节，民营企业诸如弹性以及相对分权的管理方式则充分体现了“船小好调头”的优势（李烨、李传昭和罗婉议，2005），而这对企业更好的倾听利益相关者的呼声无疑是不可少的。其实，既有研究也揭示，在高度复杂动荡的竞争环境下，较少层级、分权的结构有助于增强组织的灵活性和敏捷性（Drucker，1988；Goldman & Nagel，1993）。同样，管理层级的削减以及充分授权，不仅能促使企业诸部门及人员更直接地面对市场，同时亦可加快企业对市场动态变化的反应（Droge，Jayaram & Vickery，2004）。

此外，应提及的是，以上涉及国有企业的讨论，并没有区分中央国有企业以及地方国有企业，虽两者有其共性，譬如主要经营者仍由上级党委任命，但差异犹存，以致其间对利益相关者压力响应的不同点仍值得关注。就差异而言，概言之，主要是两者所受的监管方式有别。具体是，中央国有企业直接接受国务院国资委的监管；而地方国有企业则受相关法律法规，特别是地方政府自己制定的有关政策的约束，在组织层级的设计层面尤为如此。这样，地方政府监管其所属国有公司的有效性程度会视地区不同而差距明显，从而松严不一（徐莉萍、辛宇和陈工孟，2006）。同时，对待法律法规的态度方面，中央国企和地方国企也存在一定差别。虽然政府一直在努力建立合理的法治环境，但真正实现司法独立、执法公正得力等方面其道路依然漫长，以致法律和法规的执行之于“山高皇帝远”的地方国企则要打很大折扣（文芳，2008）。这种由监管差异带来的结果是，使得企业在监管范围内对某些利益相关者压力的响应有较好表现，相反则可能是，有些利益相关者处于边缘化状态并不为企业所重视。

利益相关者压力是促成企业慈善捐赠的动力，能否得到企业的回应，还取决于目标导向以及与之相应组织体制。鉴于三类企业内部机制上的差异，在回应利益相关者对慈善捐赠压力的时候，本书预期，不同企业响应的结果并不相同。由此，本书提出如下假设：

假设3：不同产权构成的企业中，利益相关者压力对企业慈善捐赠的影响有差异①。

（二）企业资源、利益相关者压力与慈善捐赠

企业资源是企业存在和发展的重要条件。Chatterjee & Wernerfelt（1991）曾将企业资源分为三类，即有形资源、无形资源和财务资源。本书主要关注企业的财务资源。企业资源对契约型以及公众型利益相关者压力与慈善捐赠之间关系的影响并不相同。

具体而言，企业资源越丰富时，契约型利益相关者压力对慈善捐赠的作用越不明显，这主要有三个方面的理由：其一，企业资源丰富，作为企业自身而言，意味着企业可以通过资源的有效运营，产生积极的经济效益，满足契约型利益相关者的要求（Friedman，1970），从而降低了契约型利益相关者的压力。其二，丰富的企业资源本身就是企业的一种经营实力的外在表征（Barney，1991），而这就意味着企业可以通过自身的形象影响契约型利益相关者对企业实力的判断，并进而弱化其对企业慈善捐赠

---

① 这里提出的只是一个“模糊的”而不是相对更具体的假设，因为对不同产权特征的企业，哪些利益相关者压力对企业慈善捐赠的作用更明显，是一个经验问题，这需要通过实证来揭示。下同。

的影响。其三，企业可以直接使用充足的资源满足契约型利益相关者的要求（Hess，Rogovsky & Dunfee，2002），这同样也降低了契约利益相关者对企业的压力。

再者，在企业资源越丰富的情况下，公众型利益相关者压力对企业慈善捐赠的作用更明显，其理由如下：

第一，丰富的财务资源促成了企业参与慈善捐赠，从而响应了公众型利益相关者对慈善捐赠的压力。企业参与慈善捐赠并不是无成本的，可负担理论（Affordability Theory）将焦点集中在社会行为的成本上，并认为，企业社会行为是昂贵的，只有那些有丰富资源的企业才有能力参与社会行为。这与 Carroll（1979）提出的企业社会责任模型类似：企业首先必须有利可图，接着符合法律规范，然后合乎道德，最后才是利他的慈善责任。这意味着只有审慎地管理好前三个部分，企业才有资源能配置在无条件的利他行为上。循此逻辑，实际上，即便公众型利益相关者对企业慈善捐赠有某种期待，若企业资源匮乏，利益相关者之于慈善捐赠的压力仍只是枉然；企业资源丰富时则不同，企业参与慈善捐赠企业不仅有足够的物质保障，同时有其现实基础：履行慈善捐赠既是响应利益相关者压力的需要，同时更是对完成前三个责任之后的承接，这就保证了慈善捐赠的合理性，从而并不会被认为是耗费有限资源从事与企业无关的事务。

第二，丰富的财务资源缓解了企业资源压力，从而使得企业更好地响应公众型利益相关者的要求。与其他的企业活动一样，进行慈善捐赠必然要消耗企业所拥有的资源，有效的资源管理应将这些有限的资源分配到各种各样的企业行动中去。企业资源越丰富，一方面，资源划归慈善捐赠的可能性越大；另一方面，在战略性社会责任日趋广泛之时，企业越发会通过慈善捐赠谋求竞争优势（Porter & Kramer，2002），直接上这为企业的某种战略举措，间接上却使企业达到更好响应竞争者压力的目的。由此，基于以上分析，本书提出以下假设：

假设 4—1：企业资源正向调节契约型利益相关者压力对慈善捐赠的负向影响，即企业资源越丰富，契约性利益相关者压力对慈善捐赠的负向影响越弱。

假设 4—2：企业资源正向调节公众型利益相关者压力对慈善捐赠的正向影响，即企业资源越丰富，公众型利益相关者压力对慈善捐赠的正向影响越强①。

（三）生命周期、利益相关者压力与慈善捐赠

企业生命周期的概念最早由 Haire 提出，20 世纪 50 年代中期，他提出用生物学中的“生命周期”来看待企业的观点，并指出，企业的发展同样符合生物学中的成长曲线，企业与生命体一样，经历由盛到衰、从生到死的过程。其后，Gardner（1985）进一步指出，企业和人及其他生物类似，也有生命周期，但与生物学的生命周期相比，企业生命周期有其特殊性。之后，学者们对企业生命周期进行了许多深入的分析，这些研究在 20 世纪 70、80 年代趋于繁荣，并于 90 年代末再次掀起新的热潮（曹裕和万光羽，2010）。对企业生命周期阶段的划分，通常将其划分为创业阶段、成长阶段、成熟阶段及衰退阶段四个阶段。

在企业不同生命周期阶段，企业可能区别性的对待不同利益相关者，表现为：企业积极响应某些关键利益相关者的要求，而相对忽略或不关心甚至侵害一些次要利益相关者的利益。这种区别性对待，主要有两个方面的原因。

第一，不同发展阶段企业发展所依赖的利益相关者有差异。依据资源依赖理论的观点，企业处于一个开放的系统中，不可能拥有和控制其所需要的所有资源，这就决定企业必然要与外部资源所有者产生一种依赖关系（Pfeffer & Salancik，1978）。正是这种依赖关系决定了利益相关者在企业中的地位。那些掌握了企业关键资源的利益相关者，积极参与并影响企业的发展，在于他们凭借资源优势而获得的权利（Mitchell & Wood，1997）。为继续生存，企业必须积极响应为其提供必须和重要的资源的利益相关者（Pfeffer，1982），从而并不能怠慢这些利益相关者的要求。相反，其他利益相关者由于未控制企业发展所需的关键资源，不仅在参与企业事务的积极性上要低，同时与企业的谈判力上亦不强，于是企业响应其压力或要求的可能性就要低得多。Agle，Mitchell & Sonnenfeld（1999）就企业对不同利益相关者的这种区别性对待提供了证据，通过对美国 80 家公司 CEO 所

① 对社会公众压力而言，由于其与慈善捐赠的关系可能表现为多种类型（即线性、“U”以及“倒 U”三种可能）。此处并不指明两者间的具体依存关系，对社会公众压力而言，只意味着其对慈善捐赠的影响很可能受企业资源的调节性影响。下同。

提供的数据的分析，他们发现，利益相关者表现出的权利性大小明显影响高层管理者对利益相关者的态度。

第二，不同发展阶段支撑企业响应利益相关者要求的内部条件不相同。企业不同生命周期阶段，其内部的资源、能力以及动态机制都有显著差异（曹裕、陈晓红和王傅强，2009），这就决定了企业在不同阶段对不同利益相关者要求会做出差别的响应。结合企业生命周期理论，Jawahar & McLaughlin（2001）对企业如何响应利益相关者要求做了深入研究。他们认为，在成长和成熟阶段企业会倾向于回避风险，会选择预见型和适应型的稳健策略，从而尽可能地关注所有利益相关者的权益；而在起步（创业）和衰退阶段，由于企业资源有限，因此只关注对企业最为重要的利益相关者的利益，对其他的利益相关者则会采取冒险的防御或对抗型策略。

就企业慈善捐赠而言，不同利益相关者压力对慈善捐赠的要求能否体现于企业实际的捐赠行为上，间接地反映了企业对利益相关者的重视程度。在企业不同发展阶段，那些对企业发展有重要影响的利益相关者，其压力或要求是企业不能忽视的，相应会受到更多的关注，从而体现在企业慈善捐赠上就是，这种压力或要求对企业慈善捐赠作用更明显。反之则是，因在企业特定发展阶段，并不是企业的关键影响人，利益相关者压力或要求所能发挥的影响明显减弱。由此，本书提出如下假设：

假设5：在企业不同生命周期阶段，利益相关者压力对企业慈善捐赠的影响有差异。

四　公司治理、利益相关者压力与慈善捐赠

（一）现代公司中的治理机制

公司治理是学术界研究的重要问题之一。对到底什么是公司治理，形成了许多学说与观点。狭义的公司治理是指，所有者（主要是股东）对经营者的一种监督与制衡机制；广义的公司治理则不限于股东对经营者的制衡，而是涉及广泛的利益相关者，包括股东、债权人、供应商、雇员、政府和社区等与公司有利益关系的集团（蒙克斯和米诺，2004）。基于利益相关者理论，本书采纳广义的公司治理的观点，并认为，好的公司治理以不同利益相关者平等互动基础上的对话与协商为标识，是公司进行科学决策的保证。

公司治理机制是对能达到保证公司最有效的运行、降低各种潜在的风险的各种设计措施的总称。完善的公司治理机制，能形成公司内部各方利益的平衡和制约，保证各项决策落到实处，同时能帮助公司克服短期行为、违法行为，并切实保障利益相关者的权益（蒙克斯和米诺，2004）。这一系列的机制，可从两方面来看，第一类是内部机制，譬如董事会、高管人员薪酬、股权结构、财务信息披露和透明度等；第二类是外部机制，譬如外部并购市场、法律体系、对中小股东的保护机制以及市场竞争等（白重恩等，2005）。

本书主要关注董事会治理机制以及股权结构。关注董事会治理机制在于，董事会是公司重大决策的发出部门，对企业的发展起着“牵一发而动全身”的作用。关注股权结构在于，近年来大量文献表明，股权集中已成为现代公司所有权结构的主要特征（Faccio & Lang，2002；Cronqvist & Nilsson，2003）。在股权集中的情况下，控股股东取得了公司的控制权，有助于缓和由于所有权和经营权分离引起的股东与经理人之间的代理问题，但同时也引发了另一类当前更为关注且更具重要意义的代理问题的出现（宁向东，2008），即控股股东的代理成本问题。

（二）董事会治理水平、利益相关者压力与慈善捐赠

董事会是市场经济中公司治理机制的核心（Hermalin & Weisbach，1988），其治理水平高低是上市公司是否具有较强的决策系统和控制系统的标志（谢永珍，2004）。好的董事会治理能随着外界环境的变化，作出尽可能周全利益相关者权益要求的决策①。

独立董事作为改善董事会治理机制的重要措施，对有效提升董事会对包括利益相关者要求在内的各种环境敏感性具有重要意义。一方面，独立董事一般都是经济、法律、会计等方面的专家，相比于内部董事，可站在第三者客观的立场（向荣，2002；胡奕明和唐松莲，2008），能更全面综合的向董事会提供利益相关者的各种要求，从而使得利益相关者压力与要求有更大的可能成为董事会关注的焦点；另一方面，独立董事本身可以以其自身的专业知识为企业的重大决策提供更可靠的智力保障（Byrd & Hickman，1992；Cotter，Shivdasani & Zenner，1997），当企业决策与利益

① 这里主要从独立董事、董事会会议次数以及董事长与总经理的两职合一三个方面展开。

相关者要求相抵牾时，独立董事可以更敏锐的眼光预先帮助企业实现有效纠偏。

同样，董事会会议次数亦能有效改善董事会对利益相关者要求的响应性。董事会作为企业决策的控制机构，主要通过董事会会议审批公司重大经营决策。董事会会议次数作为反映董事会活跃程度的重要表征（Vafeas，1999），反映了董事会对公司战略的参与程度。如 Conference 委员会 1993 年对 495 家美国公司的董事会秘书进行调查时就发现，平均而言董事会会议时间的 25% 基本上都是用于讨论公司的战略问题。董事会会议越频繁，利益相关者的要求越有可能成为关注并讨论的议题，进而加强了企业与利益相关者的联系。

最后，董事长与总经理的两职分离也有助于加强企业对利益相关者的响应性。一方面，董事长与总经理职务的分离强化了董事会的独立性（Ruigrok，Peck & Keller，2006），董事会独立性加强，不同利益相关者的要求得以客观反映并成为企业决策要素的可能性会变大；另一方面，董事长与总经理职务的分离强化同时也扩充了利益相关者要求向上传输的渠道。

结合以上三种董事会治理机制的论述，本书认为，好的董事会治理提升了企业对公众型利益相关者对慈善捐赠要求的响应能力。因为公众型利益相关者并不直接参与公司的董事会，其对企业的要求更多只是依靠董事会的决策机制得以实现，董事会治理水平越高，公众型利益相关者对企业慈善捐赠的要求就更易通过良好的董事会治理机制得以反映，并最终体现于企业的慈善捐赠行为上。

相反，好的董事会治理机制可能抑制了企业对契约型利益相关者对慈善捐赠要求的响应性。其中的道理是，契约型利益相关者一般构成公司治理的主体，或者在董事会中有自己的代言人。同等条件下，董事会治理越好，契约型利益相关者对企业的压力应越小，这表现在：其一，从企业角度看，良好的董事会治理意味着，在面临较大的契约型利益相关者压力时，企业可以通过内部渠道减小或化解契约型利益相关者对企业的压力（Spitzeck & Hansen，2010）；其二，良好的董事会治理易造成一种晕轮效应，也就是说，即便契约型利益相关者自身有充足的事实说明自己的要求不应被忽视，但鉴于企业拥有的董事会治理水平形成的良好印象（Formbrun & Shanley, 1990; Brammer & Pavelin, 2004), 契约型利益相关者极有可能认为是自己的要求不尽合理，以至减小对企业的压力；其三，从契约型利益相关者角度看，即便其对企业的压力较大，但考虑到可以通过良好的董事会治理机制得以纾解，相应也会减小对企业的影响。由此，本书提出如下假设：

假设6—1：董事会治理水平正向调节契约型利益相关者压力对慈善捐赠的负向影响，即董事会治理水平越高，契约性利益相关者压力对慈善捐赠的负向影响越弱。

假设6—2：董事会治理水平正向调节公众型利益相关者压力对慈善捐赠的正向影响，即董事会治理水平越高，公众型利益相关者压力对慈善捐赠的正向影响越强。

（三）大股东代理成本、利益相关者压力与慈善捐赠

在股权极度分散的公司治理结构下，具有“搭便车”动机的小股东不具有积极参与公司治理的内在动力，极易形成严重的“管理者控制”问题。不过，随着公司所有权集中度的提高，大股东有较强的参与公司治理的动机，能对公司管理者实施监督（Shleifer & Vishny, 1986），从而弱化股东与经理之间的代理冲突。但是，当所有权集中度进一步提高时，却会带来新的代理问题——大股东与包括中小股东在内的其他利益相关者之间的冲突，此时，如果缺乏有效的制衡力量或监督机制，可能会带来“大股东控制问题”，即：在法律上和事实上对公司拥有绝对控制权时，大股东可能通过各种手段侵占公司利益，从而损害了公司其他利益相关者的权益。

在有大股东控制，以致代理成本越高而引发大股东控制问题时，本书预期，在当前中国上市公司的现实背景下，契约型利益相关者压力之于慈善捐赠的影响会弱化，依据如下：

第一，当前仍缺乏有效抗衡大股东的势力，以致大股东控制下的企业会漠视契约型利益相关者的压力与要求（Shleifer & Vishny, 1986; Cronqvist & Nilsson, 2003）。在转型时期，我国上市公司的治理机制主要表现为大股东主导模式。大股东不仅操纵了股东大会、董事会和管理层，使得上市公司的治理结构失衡。即使我国于2007年进行了股权分置改革后，这种大股东控制问题仍尤为明显（冉茂盛、钟海燕和文守逊等，2010）。

第二，当前还缺乏有效保护契约型利益相关者权益的措施，以致大股东控制下的企业即便侵犯了契约型利益相关者的利益，事实上并未受到应有的惩罚。完善的法律制度是维护中小股东利益的重要保障，但遗憾的是，我国当前维护中小股东利益的法律制度的严重缺乏，使得大股东侵占上市公司其他利益相关者权益的成本极低。如《公司法》就没有规定控制性股东应对中小股东承担信托责任，同样，《公司法》也没有对控制性股东对债权人承担信托责任做出相应的规定，这就决定了，债权人的利益要求并不成为大股东决策所关注的要素（江伟和沈艺峰，2005）。此外，《证券法》与《民事诉讼法》等法律的关系亦不明确，利益受损方作为控方举证难度很大，要真正落实并执行《证券法》，需要司法系统的介入与整合，而这在目前仍有待监管方的努力和相互配合。

另外，在大股东控制以致代理成本越高时，本书预期，公众型利益相关者压力对企业慈善捐赠的作用会提升。这是因为，大股东控制下的企业，满足公众型利益相关者的要求有助于获取其支持，因为这种支持下企业所取得的收益，很大程度上能为大股东攫取，于是，大股东控制下的企业有积极响应公众型利益相关者要求的动力。事实上，Bartktus，Morris & Seifert（2002）就发现，公司存在大股东控制时，企业的慈善捐赠会更多。基于上述分析，本书提出以下假设：

假设7—1：大股东代理成本正向调节契约型利益相关者压力对慈善捐赠的负向影响，即大股东代理成本越大，契约型利益相关者压力对慈善捐赠的负向影响越弱。

假设7—2：大股东代理成本正向调节公众型利益相关者压力对慈善捐赠的正向影响，即大股东代理成本越大，公众型利益相关者压力对慈善捐赠的正向影响越强。

五　市场化水平、利益相关者压力与慈善捐赠

企业嵌入于特定的制度背景，其行为决策受到这种制度环境影响。不同的环境下，由制度背景的不同带来的企业行为差异，广泛存在于社会领域的各种现象中，这其中也包括企业履行社会责任的差异（Argandona & Hoivik，2009；Robertson，2009）。制度环境至少从两个方面影响了企业慈善捐赠。

首先，制度环境影响企业慈善捐赠执行方式。Matten & Moon（2008）就发现，企业履行社会责任的两种方式——显性企业社会责任以及隐性企业社会责任，其实取决于企业所在的市场制度发展。相比于欧洲企业，美国企业更愿意通过一种主动的方式，以迎合利益相关者期待的姿态，承担不同的社会责任，而欧洲的企业其社会责任担负则更多是基于一种社会同意（social consensus）的方式，通过不同层面的律令或强制要求得以实现。Matten & Moon（2008）认为，这种差异背后的深层原因是，美国有相对更自由的市场氛围，而欧洲国家则不然。

其次，制度环境影响了企业慈善捐赠的决策。企业是否慈善捐赠还取决于合理的慈善捐赠能否在既有的体制机制中获得生存的空间，并得到应有的肯定与褒奖。如果社会上存在“仇富”“劫富”以及“吃大户”等现象，或者捐赠频频沦为“捐赠秀”“洗刷原罪”以及“逃税避税”的调侃，即便企业有能力且有慈善担当的意愿，不参与或尽量少参与慈善捐赠都只会是企业理性选择。

肇始于1978年的中国市场化改革，不是一项简单的规章制度变迁，而是涉及一系列经济、社会、法律乃至政治体制的渐进式改革（樊纲、王小鲁、张立文和朱恒鹏，2003）。虽整体而言市场化的改革步履稳步推进，但其进程在国民经济各个部门和各个地区还很不均衡（Groves, Hong & McMillan et al.，1994），不同地区的发展水平的差异明显。应该说，这为我们考察市场化进程背景下，企业慈善捐赠的差异性提供了现实契机。

一般认为，地区市场化进程越高，法治化水平以及经济发展水平通常也都较高，同时建立完善的现代治理结构的大公司也相对较多。一方面，在此背景下，整个社会对企业的行为反应更加积极，企业间联系更为频繁，其间竞争也会更趋激烈（姜付秀和刘志彪，2005）。另一方面，市场化程度越高，不同利益相关者主体意识觉醒（这里不包括政府，对政府压力的作用后文在检验的时候单独讨论），权益维护意识更明确（对竞争者则是竞争意识），对企业施以影响的意愿也就更强。作为应对，相比于市场化进程低的地区的企业，企业可能就会采取更加灵活的对策，制定合适的行为规范，签署新的社会契约，满足利益相关者的要求，从而尽可能保证不同利益相关者的诉求得以实现，从而保证在市场中赢取更多的利益相关者支持。作为利益相关者压力结果的慈善捐赠，有理由相信，在市场化水平越高的地区，为促成不同利益相关者有更好的满足感，不同利益相关者压力对企业慈善捐赠的作用会更明显。由此，本书提出如下假设：

假设8：市场化水平越高，利益相关者压力对企业慈善捐赠的作用越明显，即地区市场化进程提升了利益相关者压力对企业慈善捐赠的影响。

第四节　企业慈善捐赠的价值机理

一　企业慈善捐赠的价值机理分析

本节论述慈善捐赠是如何增加企业价值的。为阐明慈善捐赠的价值机理，紧承第三节对慈善捐赠的分析，首先，本书认为企业慈善捐赠行为是企业响应利益相关者压力的结果，并以之作为进一步分析慈善捐赠价值的前提。

其次，分析了慈善捐赠在响应利益相关者要求之后能给企业带来什么价值，本书推论，在响应了利益相关者的要求之后，积极的响应行为能给企业带来关系性价值，这种关系性价值是利益相关者鉴于企业积极响应其捐赠要求之后的一种互惠行为的结果。

最后，阐明了利益相关者采取这种互惠行为的内在决定机制，即利益相关者决定是否采取互惠行为取决于利益相关者对企业慈善捐赠行为评价的结果，其中，企业实际的慈善捐赠与利益相关者压力是否相匹配，构成利益相关者对企业慈善捐赠评价的触发点，即：利益相关者以此来判断企业慈善捐赠是否积极响应了其要求。

（一）作为社会响应结果的慈善捐赠

企业的社会响应是一个复杂的过程（Ackerman & Bauer，1976；Wartick & Cochran，1985；Wood，1991），在这个过程中，受制于多因素影响，针对不同的利益相关者，企业可能采取不同的响应策略。于是，企业对不同利益相关者要求的响应结果就有差异，总体上，可将企业对利益相关者的社会响应分为积极响应以及消极响应两种类型，其中满足利益相关者要求的社会响应为积极响应，不满足利益相关者要求的社会响应则为消极响应。这与 Jacoby（1973）的社会期望与社会表现模型的观点是一致的，即企业实际的社会表现与社会期望之间存在差距。好的社会表现意味着通过适当的策略缩小这种期望差距（Husted，2000）。

利益相关者对企业的慈善捐赠有不同的期望或要求，作为响应，企业的实际捐赠行为同样也会有两种可能，即不同利益相关者对企业慈善捐赠行为做出积极性及消极性的评价。

（二）慈善捐赠的关系性价值

企业与利益相关者是一个有机协作的共生体，企业通过必要的响应行为满足了利益相关者的要求之后，作为互惠机制的体现，利益相关者也会随之回报于企业。互惠是对传统经济学中的理性经济人假设的改造，它扬弃了理性经济人假设，认为在各种经济活动中，经济主体并不以为单纯地追求个人利益、并以实现自身利益最大为目标。简洁而言，马修·拉宾（Rabin Matthew）将互惠描述为“当别人对你友善时，你也对别人友善；当别人对你不友善时，你也对别人不友善”。

具体地，Bosse，Phillips & Harrison（2009）也指出，利益相关者其实并不以自利倾向为主导，越来越多的研究开始意识到，通过互惠行为，奖励那些他们认为是公平或惩罚那些他们认为不公平的行为越来越成为经济主体的行动范式。互惠意味着，在回应那些友好行动时，经济主体会以更优雅或合作的方式予以配合，相反，对那些不善的行为，则可能以更粗野的行径予以回击（Fehr & Gachter，2000）①。

事实上，在通过积极响应行为对利益相关者要求做出回应，从而维持了良好的利益相关者关系的企业，也的确受到了利益相关者的支持与帮助（希特，霍斯克森和爱尔兰，2010），且能形成特有的竞争优势（Chakravarthy，1986；Pfeffer，1998），有更好的企业经济表现。就利益相关者的支持行为来看，这主要表现在以下三个方面：其一，良好的利益相关者关系使得企业更可能从利益相关者那里获取企业所需要的知识，从而帮助企

① 对竞争者而言就是，在社会责任表现上一旦企业超越其竞争对手许多（即响应了竞争者压力对慈善捐赠的要求）而享有较高的社会责任声誉时，竞争者可能会向其借鉴、学习并传播其社会责任行为，间接上这就又提升企业的社会责任声誉。相反，如果企业的社会责任表现与竞争对手并无明显差异（即未响应竞争者压力对慈善捐赠的要求），此时竞争者可能会试图以社会责任行为为手段谋取超越同行的竞争优势，从而间接上对其他企业构成一种威胁。

业制定更好的战略决策（Argenti，Howell & Beck，2005；Hart & Sharma，2004）。同时，这种关系还能给企业带来战略情报，即企业能从利益相关者网络中收集到更多的信息，有利于企业应对多元化的复杂竞争环境（Nutt，2004；Maccoby，2001）。其二，良好的利益相关者关系增加了利益相关者对企业的信任感。值得信任的企业不仅更容易吸引顾客、供应商和商业伙伴（Rindova，Williamson & Petkova et al.，2005；Barringer & Harrison，2000），增加企业在获取或开发竞争性资源上的机会，而且有助于企业降低签订和执行协议的交易成本（Hansen，Hoskisson & Barney，2008）。此外，求职者也易被善待员工的企业所吸引（Gardner，2005；Turban & Greening 1997）。其三，良好的利益相关者关系可以带来无形资产，缓解和保护企业免遭各种负面行为或信息对企业的不利影响，比如逆向管制、法律诉讼和罚款、消费者报复、罢工和不良口碑等（Gardberg，2006；Surroca，Tribo & Waddock，2010）。就企业更好的经济表现来看，Choi & Wang（2009）发现，好的利益相关者关系能维持好的财务绩效表现，并进而在相当长的期限内增强企业的竞争优势，更重要的是，还能帮助绩效差的企业快速走出不利的财务形势。

同样类推，若企业慈善捐赠在积极响应利益相关者的要求之后，不同的利益相关者同样也就可能会通过不同方式对企业的慈善捐赠行为予以肯定，从而直接或间接地给企业带来支持或帮助，以有助于企业的生存与发展。不难发现，从企业积极响应利益相关者的要求到利益相关者给予企业回报，企业慈善捐赠其实是充当了媒介，其价值相应体现于其作为一种中间媒介而在有效互动企业与利益相关者关系上而发挥的作用，所以可以认为，慈善捐赠的价值体现的是一种关系性价值①，即企业慈善捐赠如果积极地响应了利益相关者的要求，作为利益相关者互惠行为的结果，若企业从中得以更多的回报，则慈善捐赠对企业而言就具有明显的关系性价值。

（三）慈善捐赠关系价值的决定机制

慈善捐赠能够产生关系性价值且这种关系性价值能有更好的经济表现，那么慈善捐赠的关系性价值又怎样产生，或进一步而言，利益相关者

---

① 关系性价值的概念主要应用于市场营销领域，对关系性价值并没有一个统一的界定。本书的关系性价值泛指主体间因良好的关系而带来的各种收益。

又是如何对企业做出积极评价的？只有厘清了这些问题，才可能进一步透析并把握慈善捐赠的价值。Peloza & Papania（2008）认为，利益相关者会对企业行为进行评价，并以评价的结果来决定对企业进行惩罚还是奖励，但利益相关者到底怎样评价，Peloza & Papania（2008）并没有进一步提供答案。同样，Berrone，Surroca & Tribo（2007）从利益相关者满意度角度，分析了公司的伦理形象对企业绩效的作用机理，但利益相关者的满意度又是怎样形成，仍无从知晓。

为此，不同研究做了更深层次的理论分析，并试图挖掘利益相关者对企业慈善捐赠做出积极以及消极评价背后的机制。对其背后的机制，不同学者给出了不同回答。Harrison，Bosse & Phillips（2010）与 Bosse，Phillips & Harrison（2009）基于公平理论认为，利益相关者感知的分配公平、程序公平以及互动公平是内在决定企业社会责任价值的内在机制，即不同利益相关者从公平的视角对企业社会责任进行评价；Bhattacharya，Korschun & Sen（2009）基于市场营销中的"手段—目的"理论认为，利益相关者感知的心理利益、功能利益以及价值利益是决定企业社会责任价值的内在机制，即不同利益相关者从自身利益实现视角对企业社会责任进行评价；Hayibor（2005）基于公平理论以及期望理论，分析了不同情况下利益相关者对企业社会责任的评价以及可能采取的各种行动。其实，无论是利益相关者的公平感还是利益实现程度的评价，应该说都是利益相关者基于自身利益要求的一种表现，其内在具有统一性，差异在于前者是从相对利益的角度进行评价，而后者则从绝对利益进行评价。

本书也不例外，与 Harrison，Bosse & Phillips（2010）、Bosse，Phillips & Harrison（2009）以及 Bhattacharya，Korschun & Sen（2009）一致，我们认为，利益相关者对慈善捐赠的评价是基于自身的利益要求而形成的。为反映这种利益要求，本书以利益相关者压力为参照点。具体来说，企业的慈善捐赠与利益相关者压力相匹配，则利益相关者给予企业积极的评价，反之则不然。之所以以利益相关者为参照点，主要原因是，其一，利益相关者对企业的压力内蕴了利益相关者对企业的潜在要求；其二，透过利益相关者压力，可以侧面反映利益相关者的公平感以及利益实现程度①。

分别来看，对契约型利益相关者而言，在利益相关者压力越大时，利益相关者的满足程度越低，按照契约型利益相关者的要求，企业的慈善捐赠也应越少。于是，可能的是，在契约型利益相关者压力越小时，契约型利益相关者越能接受企业既有的捐赠行为，而在契约型利益相关者压力越大时，因对企业参与慈善捐赠的要求也越低，既有的捐赠就可能超出了契约型利益相关者的捐赠要求，从而可能被当作是一种不顾及契约型利益相关者要求的资源浪费，以致企业的慈善捐赠可能会被评价为没有响应契约型利益相关者的要求，并被贴上消极响应利益相关者要求的标签。

类似地，对公众型利益相关者来说，在利益相关者压力越大时，公众型利益相关者对企业慈善捐赠的要求越明确，按照公众型利益相关者对企业慈善捐赠的要求，企业慈善捐赠也应越多。于是，在公众型利益相关者压力越大时，因公众型利益相关者对慈善的要求也越高，企业既有的捐赠可能少于公众型利益相关者对捐赠期望，以致企业的慈善捐赠可能会被认为没有响应公众型利益相关者的要求，并被评价成一种消极的响应行为。

综合以上分析，慈善捐赠的关系性价值即得以明确。这种关系性价值内生于利益相关者对企业慈善捐赠的评价过程中：首先，企业的实际捐赠应与利益相关者要求相匹配；其次，利益相关者对企业慈善捐赠给予积极评价；最后，作为互惠机制的体现，利益相关者会对企业予以支持，从而给企业带来价值增值。

接下来，本书基于以上对慈善捐赠价值的理论分析分别提出相应假设。具体而言，从以下三个方面展开（如图 3 –3 所示）。

第一，慈善捐赠对企业价值影响的主效应假设（即图 3 –3 中“Ⅲ”的主效应）。鉴于慈善捐赠是企业响应利益相关者压力的结果，作为回报，不同利益相关者也会对企业予以各种支持。由此，通过慈善捐赠的这种关系性价值，企业价值得以提升。通过此假设，本书进一步分析慈善捐赠的关系性价值，并就其对企业价值的影响作出判断。

---

① 由于利益相关者压力发之于利益相关者要求，或是利益相关者要求的体现，因此两者内涵上具有内在一致性，后文为表达方便，将“慈善捐赠与利益相关者压力相匹配”也述及为“慈善捐赠与利益相关者要求相匹配”。

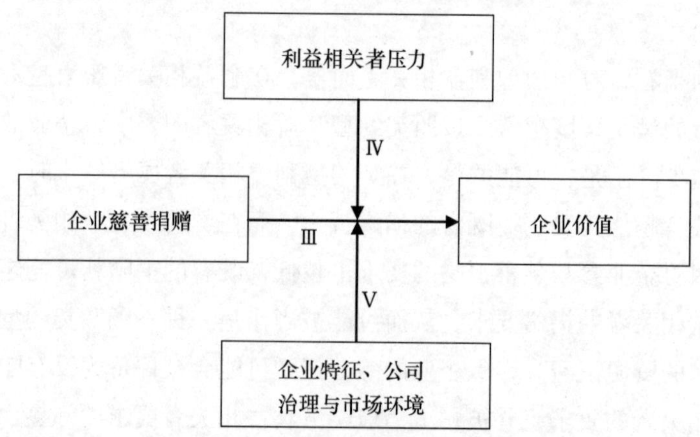

图3-3 企业慈善捐赠价值机理的概念模型

第二，基于利益相关者压力与慈善捐赠之间的匹配性，通过利益相关者压力对慈善捐赠影响企业价值的调节效应，提出慈善捐赠关系性价值决定机制的假设（即图3-3中“Ⅳ”调节主效应“Ⅲ”）。通过此假设，明晰慈善捐赠关系性价值的决定机制。

第三，慈善捐赠价值的情境性假设（即图3-3中“Ⅳ”和“Ⅴ”联合调节主效应“Ⅲ”）。鉴于慈善捐赠的关系性价值依赖于利益相关者的评价，而不同的情境特征塑造并影响着利益相关者的行为，相应，利益相关者对企业慈善捐赠与利益相关者压力匹配性判断就会产生差异，进而利益相关者可能采取差别化的互惠行为，随之慈善捐赠的价值就会不同。为此，以利益相关者为关注主体，与第三节类似，本书从不同企业特征、公司治理水平以及市场化水平三个层面，进一步分析了慈善捐赠的价值，并在其基础上提出相应假设。进一步探讨慈善捐赠价值情境性，主要实现两个目的：一是强化本书构建的模型的解释力；二是丰富对企业慈善捐赠价值的认识。

二 利益相关者压力、慈善捐赠与企业价值

（一）慈善捐赠与企业价值

不同利益相关者对企业慈善捐赠的要求有别。慈善捐赠是企业平衡不同利益相关者要求并做出响应的结果。企业慈善捐赠有助于提升企业价

值，在于其作为利益相关者压力的结果，响应了利益相关者的要求。

分别而言，以契约型利益相关者为例，企业响应了股东要求，股东可能回之以企业必要的决策支持，从而减少机会主义倾向的投机行为；响应了员工要求，员工可能回之以更高的企业忠诚度，从而有助于提升企业的凝聚力（Turban & Greening，1995）；响应了债权人的要求，债权人可能回之以更便捷的借款条件，从而有利于解决企业发展的资金困境；同样，响应了供应商—客户的要求，有益于建立更稳固的供应链合作关系，以至提升企业的诚信与信誉水平（Barringer & Harrison，2000）。

就公众型利益相关者来看，更好地满足了政府对于慈善捐赠的要求，有助于获得政府的政策便利（Ma & Parish，2006；Su & He，2009）；使用慈善的方式更好地应对了同行的竞争，则为企业树立市场竞争地位，达成新的竞争优势奠定了基础（Porter & Kramer，2002）；更好地满足了消费者对慈善的要求，则能与消费者建立稳定的关系，提升消费者对企业产品的好感，并进而形成购买决策（Brown & Dacin，1997；Auger，Burke & Devinney et al.，2003）；满足甚至超越社会公众对企业慈善捐赠的期待，不仅有利于企业获得公众支持，还使得企业赢得广泛的社会声誉（Brammer & Millington，2005）。由此，本书提出如下假设：

假设 9：慈善捐赠正向影响企业价值。

（二）契约型利益相关者压力、慈善捐赠与企业价值

1. 股东压力与慈善捐赠价值

股东作为企业的投资人，享有企业的财产权、收益权等。股东压力越大，意味着企业不能保证股东资本最基本的盈利职能的实现，相反，股东的压力越小表明股东的利益得到较好的满足。由此，同样的捐赠在股东压力不同时，股东对之态度可能也就有所差异，压力越大时，企业慈善捐赠行为可能引起股东的反感，因为在自身最基本的经济收益尚未满足时，捐赠行为很大程度上就是企业资源的一种浪费，企业完全可以通过这样的捐赠资金投资更好的经济机会，从而创造财富；压力越小的时候，一方面股东可能有慈善捐赠的意愿；另一方面在自身利益满足之时，督促企业承担与自身相匹配的责任也是现实发展的要求（Carroll，1991）。两相比较，相同的捐赠，在股东压力较大时，可能就会被评价为没有响应其对捐赠的要求，而压力较小时，则容易引起股东的赞成及认可，从而进一步被当成

响应了股东对于捐赠的期望。

作为结果，由于未能响应股东对捐赠的要求，以之回应，股东可能就会以诸如“以脚投票”等消极方式应对企业的捐赠，甚至会通过自身负面行为影响其他利益相关者对企业的支持，以致削弱通常捐赠所能达到的目的。与之不同，股东压力越小时，因企业响应其慈善捐赠要求的认可，以之回报，股东对企业支持力度相应也会提升（Brammer & Millington, 2004），从而能更充分体现慈善捐赠的价值。最终，因股东压力之不同，企业慈善捐赠的价值也就明显有异。由此，本书提出如下假设：

假设 10—1：股东压力负向调节慈善捐赠对企业价值的正向影响，即股东压力越大，慈善捐赠对企业价值的正向影响越小。

2. 员工压力与慈善捐赠价值

企业慈善捐赠价值同样受到员工压力的影响。员工对企业慈善捐赠的影响在于，企业捐赠迎合了员工的期望，则能带来更好的效果，创造更大的市场价值；反之，若企业的慈善捐赠逆员工期望而行，捐赠的价值则要明显降低。通常，员工压力越小（或自身满足程度的越好），员工对企业参与捐赠亦有要求，一则这是员工追求高层次需求的必然体现；二则自身的利益满足之后，工作荣誉感的驱动与追求也使得员工要求企业参与捐赠（马斯洛，2007）。

员工压力大，此时员工仍处于追求自身利益的阶段，在不能保证员工利益的前提下，企业的慈善捐赠易引起员工的不公平感（Bosse, Phillips & Harrison, 2009；Harrison, Bosse & Phillips, 2010），进而可能导致员工的抵触性情绪；相反，员工压力小时，慈善捐赠可能就会被认为是符合自身要求的一种正当的企业行为。由此，企业员工对慈善捐赠的态度也会随着其满足程度的变化而改变。对企业而言，因捐赠行为而引致的员工对企业的支持相应也就大不相同，最终体现在捐赠的价值上就明显有异。于是，本书提出如下假设：

假设 10—2：员工压力负向调节慈善捐赠对企业价值的正向影响，即员工压力越大，慈善捐赠对企业价值的正向影响越小。

3. 债权人压力与慈善捐赠价值

债权人以保证资金的安全性以及稳定收益为限参与到企业的经营中。企业面对债权人的压力越大，意味着企业债权人的资金处于一种相对较高的风险中。就债权人自身而言，出于资金安全性的考虑，对企业的各种经营可能就有一定限制。以捐赠为例，企业响应债权人对慈善捐赠要求的方式应是，债权人的压力越大，企业应相对更少参与慈善捐赠行为（Adams & Hardwick，1998；Brammer & Millington，2005），亦即企业慈善捐赠行为应与债权人压力相匹配。

同等的慈善捐赠在债权人压力越大时，这种匹配性越差。因为债权人压力越大，债权人对企业期望的捐赠也越少，并不是与债权人压力较小时的捐赠保持一致。当这种匹配性越差时，债权人对企业的捐赠表现也就越不满意，进而就可能对企业慈善捐赠做出消极性评价。由此，债权人进一步就可能采取一系列诸如收紧贷款条件、撤资甚至让企业破产的行动，对企业予以抵制（经济合作与发展组织，2008）。此时，单就捐赠响应债权人要求从而获得债权更多支持这点来说，慈善捐赠所能发挥的作用就非常有限，以致降低了企业的整体价值。由此，本书提出如下假设：

假设 10—3：债权人压力负向调节慈善捐赠对企业价值的正向影响，即债权人压力越大，慈善捐赠对企业价值的正向影响越小。

4. 供应商—客户压力与慈善捐赠价值

作为企业供应链的合作伙伴，供应商—客户影响企业的慈善捐赠行为，同时对慈善捐赠的价值亦起重要决定作用。供应商—客户的压力越大，企业参与慈善的积极性应越低，此时企业应将有限的资源优先用于供应商—客户的供应链上，以提升企业的运作效果。对供应商—客户而言，这样做不仅有利于企业更好的经营，同时，间接上也是对供应商—客户自身利益的一种保障。

如果企业的捐赠行为与以上要求相违背，以致供应商—客户压力越大时，企业捐赠得更多，抑或企业供应商—客户的压力越大时，企业仍维持相同的捐赠水平，从供应商—客户的角度看，企业的捐赠与自身经营能力非但不匹配，同时亦没有响应他们对企业捐赠的要求。以之回应，此时供应商—客户可能就会降低对企业的信任，严重的甚至弃企业而去，以致企业失去已经建立的合作关系，并在寻找新的交易伙伴时再次付出高昂的交易成本（Hansen，Hoskisson & Barney，2008）。由此，本书提出如下假设：

假设 10—4：供应商—客户压力负向调节慈善捐赠对企业价值的正向

影响，即供应商—客户压力越大，慈善捐赠对企业价值正向影响越小。

（三）公众型利益相关者压力、慈善捐赠与企业价值

1. 政府压力与慈善捐赠价值

政府作为企业特殊的利益相关者，对企业亦有捐赠要求，特别是在我国慈善捐赠的发展尚处于起步发展阶段更是如此（钟宏武，2007）。响应政府对企业慈善捐赠的要求，是企业必然要面对且亟须处理的问题，这对维持企业与政府的关系起着十分重要的作用（田志龙，高勇强和卫武，2003）。

政府对于不同企业的捐赠要求不一样，企业面临政府的捐赠压力越大，作为回应，相应应捐得更多，从而成为一种积极响应的行为。一旦企业被政府认可为积极响应了其要求，作为回报，政府相应也会给予企业各种便利（Ma & Parish，2006；Su & He，2009），从而有利于企业更好的发展。

相反，如果企业的慈善捐赠并没有积极响应政府的要求，从而出现政府压力越大时捐赠不变甚至越少，此时政府对于企业的捐赠表现就会不满意抑或示意反感的可能。而这对企业是极为不利的，因为一旦政府对企业有意见，企业就可能会招致各种麻烦，譬如：难办的审批手续、更多的工商税务调查、高筑的进入壁垒以及更为严厉的惩罚措施（张建君和张志学，2005），应该说，在我国市场经济尚处于转型阶段，当政府的权力还仍未有效界清时，这些行为发生的可能性还是很高的（姚洋和支兆华，2000）。所以，当企业未能有效满足政府的捐赠要求时，就难免可能出现，因捐赠上的“一招不慎”而导致经营上的“满盘皆输”。由此，企业慈善捐赠只有与政府压力相匹配才能更好地满足政府的要求，并取得更大的价值。而一旦两者越不匹配，则捐赠的价值也越小。基于以上分析，本书提出如下假设：

假设 11—1：政府压力负向调节慈善捐赠对企业价值的正向影响，即政府压力越大，慈善捐赠对企业价值的正向影响越小。

2. 竞争者压力与慈善捐赠价值

慈善捐赠作为企业的一种竞争手段，可以为企业赢取独特的优势。这种优势体现在不同的层面，凡企业通过捐赠响应除竞争者之外的利益相关者的要求而获得的各种支持都可以作为这种优势的来源，比如，因慈善捐

赠而提升了消费对企业产品的忠诚感、获得了政府的政策支持，等等，应都是这种优势的体现。

不过，企业这种优势的获得只是暂时的。因为既成竞争优势并非一成不变，而是处于动态的演进过程中（戴伊和雷布斯坦因，2003）。一旦企业在某一方面具有了竞争优势，势必会吸引到竞争对手的注意，从而引发动态竞争的可能，即由于既有的竞争策略易被对手迅速模仿和跟进，所以竞争优势很难保持。特别是，在所谓超级竞争的环境中，超级竞争者无时无刻不在与对手过招较量，总是试图不断地造新的短期竞争优势，并瓦解、淘汰对手的优势，以致已经建立的竞争优势难以持久。所以，通过慈善捐赠形成的企业竞争优势与其他竞争方式有其相同的一面，即随着竞争者对企业慈善捐赠模仿（Chih & Chen，2009），这种优势也会逐渐消失（这或许可以勉强理解为是竞争者对企业慈善捐赠的一种消极互惠，因为如果竞争者未将企业的捐赠定位于一种竞争策略的话，那么企业就可独享捐赠带来价值）。

当然，以上的论证是基于慈善捐赠的竞争优势只是简单外生的，而并不是内生的结果，以致其他企业易于模仿、跟进。企业慈善捐赠要形成内生的竞争优势，意味着企业的捐赠与企业其他资源形成一种有机的组合体系，企业慈善捐赠通过其他要素的综合作用才能体现以上优势，或者说，企业慈善捐赠要真正能建立内生的竞争优势，至少应满足以下的条件，即企业战略资源的选择和积累，应是在兼顾有限理性、时间压缩不经济性、路径依赖性、因果关系模糊（Amit & Schoemaker，1993）等条件下而形成的，最终才能使得其创造价值的资源具备有价值、稀缺、不可模仿、非替代性等特质，从而保持企业的竞争优势。但事实上，目前我国的企业的慈善捐赠随意性非常大，对慈善捐赠的认识还停留在观望阶段，且其定位并不明确（中国社科院，2009），故而希冀从内生的角度创造慈善捐赠竞争优势的可能性相对就要小得多。

所以，总结来看，当前即便企业通过捐赠获得了竞争优势，随着竞争强度的加剧以及竞争者的模仿与跟进，其竞争优势也会逐趋消失。由此，本书提出如下假设：

假设 11—2：竞争者压力负向调节慈善捐赠对企业价值的正向影响，即竞争者压力越大，慈善捐赠对企业价值的正向影响越小。

3. 消费者压力与慈善捐赠价值

消费者对企业慈善捐赠的期望预示着，新的消费理念下，企业是否履行社会责任并不是可有可无的点缀。很多证据都表明，消费者会高度关注企业是否履行社会责任（Carrigan & Attalla，2001），并认为企业应该承担社会责任（Mohr，Webb & Harris，2001；Mohr & Webb，2005）。此外，消费者还会利用自身的行动来支持企业的社会责任行为，比如，对企业品牌的好感和认同（Brown & Dacin，1997；Marin & Ruiz，2007）、积极的口碑（Du，Bhattacharya & Sen，2007）、购买行为（Auger，Burke & Devinney et al.，2003）以及忠诚度（Salmones，Crespo & Bosque，2005），等等。Maignan，Ferrell & Hult（1999）关于公司公民研究的结果显示，88%的消费者愿意购买社会责任表现好的公司的产品，76%的消费者表示他们愿意转向负责任的品牌。Hess，Rogovsky & Dunfee（2002）对美国1000个消费者的调查显示，43%的调查者对参与捐赠的公司表示好感。

由此，在消费者对企业承担社会责任有整体要求的背景下，受消费者预期影响越明显的企业（或受其压力越大的企业），相应其承担的社会责任也越多，因为这不仅响应了消费者的要求，同时也有利于获得消费者的各种支持；相反，如果企业并没有与消费者期望的那样承担更多的社会责任，则很可能使得消费者认为，企业并没有响应其要求，以致招致消费者的非议或抵制（Burt，1983；Useem，1988）。特别是，在消费者能通过自身的力量影响企业决策的时候更是如此。总之，慈善捐赠要取得积极的成效，企业承担的社会责任同样应与消费者对企业的要求相匹配。具体来讲，当企业因捐赠面临较大的消费者压力时，企业的慈善捐赠也应较多，或者是，企业的捐赠在消费者压力越小时，才越能体现其价值。由此，本书提出如下假设：

假设11—3：消费者压力负向调节慈善捐赠对企业价值的正向影响，即消费者压力越大，慈善捐赠对企业价值的正向影响越小。

4. 社会公众压力与慈善捐赠价值

企业的慈善捐赠是否满足社会公众的要求，决定了社会公众对企业慈善捐赠的效果评价，以及进一步社会公众可能采取的行动。通常，社会公众对企业的了解更多基于一种表象认知，譬如企业规模。一般规模越大的企业，越易受到公众关注。事实上，既有研究（Formbrun & Shanley，

1990）亦将企业规模作为衡量企业知名度（认知度）的一个外在标准。

对社会公众而言，那些知名的企业承担更多的社会责任，既与自身形象相一致，同时也与其社会影响力相平衡（Brammer & Millington，2006），从而也就构成社会公众对企业慈善捐赠的期望。于是，在评价企业时，其捐赠是否与其知名度或规模相匹配，就构成公众的一个衡量标准。

对规模越大的企业，社会公众的要求也越高，促成企业慈善捐赠的压力也越大。如果企业未能响应这种要求，则表明企业未能担当与自身相匹配的责任，以致社会公众可能将这种低的响应性评价为企业不当的社会责任定位，进而弱化社会公众对企业的支持。因此，企业规模增大，由此衍生的社会公众的压力也相应增大，此时企业的捐赠只有顺应这种压力并与其相匹配，才能获得社会公众的认可，并由此提升企业价值。事实上，Brammer & Pavelin（2004）在研究企业社会责任与公司声誉的关系时也指出企业规模可能是它们之间的调节变量，其主要的两条理由：一是大规模企业会更容易引起各利益相关者的关注；二是大规模企业比小型企业拥有更多类型和更大影响力的利益相关者。

应该说，以上判断是基于企业被动接受社会公众压力的假设而做出的。但事实上，以企业规模表征的社会公众压力，当企业规模越来越大，以致超过一定限度时，社会公众对企业的影响可能就会明显减弱。因为如Pfefer & Salancik（1978）以及Meznar & Nigh（1995）所发现的，随着规模增大，企业自身的环境塑造能力明显增强，以至企业使用缓冲战略试图影响外部的环境，从而阻止了外部干预对企业的影响。所以，在慈善捐赠的价值创造上，此时企业慈善捐赠与社会公众压力相匹配的要求可能就会降低，甚至并不构成企业慈善捐赠价值创造的约束性条件。或换言之，随着企业环境塑造能力进一步增强，企业的捐赠也应更能发挥其效用，企业可以通过慈善捐赠发挥战略性价值（Porter & Kramer，2002）。由此，本书提出如下假设：

假设 11—4：社会公众压力先负向后正向调节慈善捐赠与企业价值的正相关关系，即社会公众压力越大，慈善捐赠对企业价值的正向影响先减小后增大。

三 利益相关者压力、慈善捐赠与企业价值：企业特征的差异

利益相关者对企业慈善捐赠的评价离不开特定的环境，不同的情境条件塑造同时也制约着利益相关者对企业慈善捐赠的匹配性判断。以下基于不同的企业特征，分析利益相关者对企业慈善捐赠行为的评价，以及由此而对企业价值产生的影响。

（一）产权特征、利益相关者压力、慈善捐赠与企业价值

不同产权性质的企业，形象各异，差异明显。本书预期，利益相关者对国有与民营企业慈善捐赠与其要求的匹配性评价会有差异，进而会对企业慈善捐赠的响应行为形成不同的评价结果，原因如下：

第一，国有与民营企业的目标差异，影响了利益相关者对企业慈善捐赠的评价。国有企业对实现国家发展战略或改善国家国际市场竞争地位起着重要作用。在交易费用较高时，国有企业的经营先导性，可以为行业或企业提供借鉴和引导。此外，以国有企业为依托，还可解决特定时点上经济结构的失衡问题，促进经济结构的优化和合理化，平抑经济周期的大起大落（徐传谌和郑贵廷，2001）。总之，在社会经济发展战略中国有企业都占据十分重要的作用。相比，民营企业的赋予的社会职能就要有限得多。由此影响利益相关者对企业慈善捐赠的评价是，利益相关者认为国有企业的捐赠可能是出于某种特定的目的，即便企业的捐赠与自己的要求不甚匹配，对其评价都可能网开一面，从而不会对企业采取负面的行动。民营企业则不然，在评价其企业慈善捐赠时，利益相关者可能依然坚持自己对企业慈善捐赠的要求，并最终形成自己认为的合理的评价结果。

第二，国有与民营企业应承担的社会责任的差异，影响了利益相关者对企业慈善捐赠的评价。通常的观点认为，国企比民营企业应承担更多的社会责任（刘俊海，2010）。这其中原因之一是，国有企业比民营企业占用更多的社会资源（王一鸣，2010）。国企特别是其盈利大户很多都是垄断性企业，通过垄断获得了超额利润（黄群慧，2006）。尤其在业务扩张中，大多是通过使用更多的经济稀缺资源达成的，比如，规模扩张时，靠银行信贷而非自有资金，获得更多的上市指标以及各种经济补贴、土地供应、税收优惠等政策倾斜。此外，政策待遇上，民营企业与国有企业相比，也长期处于被歧视的地位，在生产要素、市场准入、产权保护等许多

方面都无法享受到正常的“国民待遇”（李茂生和苑德军，2000）。事实上，对国有企业应承担更多社会责任的认知也为调查所印实（陈佳贵，2009）。慈善捐赠作为企业社会责任的一个组成部分，如果将国有企业与民营企业进行对比，即国有企业理应比民营企业承担更多的慈善责任。由此导致，利益相关者对不同企业慈善捐赠评价的时候，基于自身对企业慈善捐赠的要求（即慈善捐赠与利益相关者压力是否匹配），形成的评价就会有所差别，比如，认为国有企业响应利益相关者的捐赠要求理所当然，而民营企业即便未能有效响应利益相关者的捐赠期待，可能也是有某些不能左右的特定原因（譬如对“劫富济贫”“因捐惹祸”的顾忌等），继而利益相关者对企业慈善捐赠的评价结果就很可能不同。

第三，国有与民营企业产权主体的差异，影响了利益相关者对企业慈善捐赠的评价。国有企业的主要所有者是国家或者政府，而民营企业的所有者是企业主或者民间经济力量，主体的差别决定了不同利益相关者通过自身影响力左右企业慈善捐赠决策影响的期望。国有企业作为政府所有的企业，体现的是政府的意志，因此相对更注重企业制度的建设；而民营企业作为个人或者民间力量投资的经济实体，通常更倾向于人治模式（张仁寿，2000）。这对利益相关者评价企业慈善捐赠的影响是，与国有企业往来的利益相关者可能对影响企业慈善捐赠抱有更大的信心，并积极通过制度化的机制实现自身对企业慈善捐赠的要求，而与民营企业关涉的利益相关者可能拘于企业管理的现状，对通过自身的影响达成期望的捐赠结果并不抱有希望。结果是，一旦民营企业的捐赠行为达成甚至超过利益相关者对捐赠的要求，利益相关者就可能会给予企业以积极性评价，而国有企业的捐赠行为虽契合了利益相关者的要求，但因为在其预期范围之内，对企业慈善捐赠响应性的评价即使较好，但也不会特别有过出之处。由此，本书提出如下假设：

假设12：不同产权特征的企业中，利益相关者压力对慈善捐赠价值的调节作用有差异。

（二）企业资源、利益相关者压力、慈善捐赠与企业价值

充足的资源是支撑企业积极参与慈善捐赠的基础，为企业积极响应利益相关者对慈善捐赠要求提供了必要的准备。在对不同利益相关者就慈善捐赠与其要求是否相匹配的影响上，对不同类型的利益相关者而言，企业

资源的影响并不相同。

对契约型利益相关者来说，企业资源越丰富，越有利于缓解契约型利益相关者对企业压力，因为充足的资源是创造企业新的价值的必要条件。同等条件下，企业资源越丰富意味着，一来企业一旦有良好的经营计划，就有通过充足资源运作取得更大收益的可能，从而不会错失发展机遇；二来充足的资源也为契约型利益相关者提供了最后的保障。总之，充足的资源为企业赢取竞争先机提供了必要的准备（Barney，1991），企业资源越丰富，意味着契约型利益相关者的自身利益能有更好的保证。就不同利益相关者看：首先，充足的资源储备，能够为股东在接下来的经营中提供急需的财务资源，从而开启新的经营历程；同样，充足的资源也有利于保障债权人的资金安全性；再者，充足的资源也为员工在企业新的经营周期中谋取更多的福利提供了机会；最后，充足的资源也有益于企业在与供应商—客户的交往中，以其更宽松的财务约束提升供应商—客户的满意度。于是，在契约型利益相关者判断企业慈善捐赠与其要求是否匹配时，即便企业的慈善捐赠未满足其要求，考虑到企业充足的资源储备可能形成的各种潜在优势，契约型利益相关者对企业慈善捐赠的响应性评价可能相对较积极。因为契约型利益相关者对慈善捐赠的要求是基于自身的利益要求出发而形成，企业资源越丰富时，契约型利益相关者的利益满足程度一定程度上可以通过丰富的企业资源得以弥补。亦即，对契约型利益相关者的满足程度而言，“充沛的企业资源给利益相关者带来的满足程度”与利益相关者从“企业慈善捐赠与其要求相匹配”中所获得的满足感具有一定的替代性（两者提供给契约型利益相关者的效用在性质上是相同的）。作为结果，契约型利益相关者对“企业慈善捐赠与其要求相匹配”的要求就可能会降低，换言之，此时契约型利益相关者压力对慈善捐赠价值的负向影响就会减小。

充足的资源意味着企业有更好的条件满足公众型利益相关者对慈善捐赠的要求，此时公众型利益相关者也会对企业提出更高的期望，即：在新的条件下，企业的慈善捐赠要与利益相关者压力相匹配，企业应该增加其捐赠额。由此，既已与利益相关者要求相匹配的慈善捐赠，在企业资源充沛时，可能就没有达到利益相关者的要求，以致公众型利益相关者将企业的慈善捐赠评价为非积极响应类型，进一步慈善捐赠的关系性价值也就明显降低。分别而言，面对政府、消费者以及社会公众的要求（压力），企业资源越丰富时，如果企业未达到“其捐赠与公众型利益相关者要求相匹配”的要求，利益相关者可能就会对企业慈善捐赠做出消极响应的评价，以之回应，利益相关者可能对企业采取不支持的行为。类似地，面对竞争者的压力，企业若没有通过捐赠的手段做出积极回应，则企业就可能失去了通过捐赠创造更好竞争优势的机会，而事实上这在企业资源丰富的时候是本应能达到的，换言之，此时企业并未有效挖掘既有资源的潜在价值，间接而言就是给竞争对手创造了追赶机会，其最终影响即降低了企业价值。

此外，企业资源越丰富，公众型利益相关者压力可能更加显性化。所谓利益相关者压力的显性化是指，公众型利益相关者对企业的压力从潜隐状态过渡到一种实际发生的行为状态。因为同等条件下，企业的资源越丰富，公众型利益相关者对企业的捐赠压力与期待会更高，如果企业不能顺应这种要求，公众型利益相关者可能会贴企业以“富而忘本”“为富不仁”等不同标签，甚至“舆论逼捐”与“道德勒索”（黄敏学，李小玲和朱华伟，2008），而这对企业价值是有负面影响的。应该说，这种现象在中国“不患寡而患不均”“均贫富”的社会传统中体现得更为明显（万俊人，2003）。由此，本书提出如下假设：

假设13—1：企业资源越丰富，契约型利益相关者压力在慈善捐赠正向影响企业价值中的负向调节效应越弱。

假设13—2：企业资源越丰富，公众型利益相关者压力在慈善捐赠正向影响企业价值中的负向调节效应越强①。

（三）生命周期、利益相关者压力、慈善捐赠与企业价值

企业的生命周期是一个与股东、管理层、其他职工、消费者、竞争对手、社区、政府、其他民众等利益相关者打交道的过程（苏琦，2007）。处于不同生命周期的企业，其目标与能力各不相同，这将会影响企业与利益相关者群体间的关系（Jawahar & McLaughlin，2001），进一步亦可能导致不同发展阶段利益相关者对企业慈善捐赠的评价呈现较大差异。本书预期，利益相关者对企业慈善捐赠是否与其要求相匹配的判断在企业不同生

① 对社会公众而言，为“U”形调节效应。下同。

命周期阶段有所差别，主要理由如下：

第一，在企业不同发展阶段，利益相关者的认知水平不一样。企业的发展是一个动态的过程，在这个过程中不同的利益相关者与企业进行博弈（陈宏辉和贾生华，2005）。其结果是，随着企业的发展，利益相关者对企业认知水平进一步提升，对企业的响应行为也就能进行相对全面的综合评价（敬嵩和雷良海，2006）。相应地，利益相关者在评价企业的捐赠行为时，基于新的认知水平以及特定阶段的各种信息，对企业慈善捐赠行为是否符合自己的期望，可能就会形成不同的观点，从而与特定阶段利益相关者对企业慈善捐赠的看法有区别，由此，利益相关者对企业慈善捐赠的评价结果可能也就随之变化。

第二，在企业不同发展阶段，利益相关者对企业的期望与要求不一样。利益相关者的对企业的期望与要求并不是一成不变的，在企业不同发展阶段，基于企业能力与目标的差异，（不同）利益相关者关注的问题以及对企业的要求也不尽相同（Mitchell & Wood，1997）。利益相关者在评价企业慈善捐赠行为时，考虑到企业的目标结构及能力限制，作为企业的利益共同体，一般也会以这些因素进一步修正自己评价的结果，这样就可能使得，在企业各发展阶段，利益相关者对企业慈善捐赠是否与其要求相匹配的判断有所不同，进一步对企业慈善捐赠行为的评价也就有差异。

第三，在企业不同发展阶段，企业利益相关者的重要性程度不一样。企业发展所主要依赖的利益相关者在不同阶段并不相同，那些掌握企业所需资源的利益相关者对企业发展起着重要作用，从而构成核心利益相关者（Jawahar & McLaughlin，2001）。这些相关者的利益实现与企业休戚相关，相应对企业的各项事务参与也更为积极，并以其自身权力影响企业的决策（Mitchell & Wood，1997）。相反，非核心利益相关者由于自身与企业关系较松散，以致对企业各项事务表现相对消极，甚至置身于企业之外。这对利益相关者评价企业慈善捐赠行为的影响可能就是，核心利益相关者比较关注于企业慈善捐赠是否满足其要求与期望，而非核心利益相关者则对此并不是特别在意，由此利益相关者对企业慈善捐赠的评价结果也就有所差别。

以上论及了企业不同发展阶段利益相关者对企业慈善捐赠的差异，与此承接，不同利益相关者对企业慈善捐赠行为采取的行动就会不同，从而企业慈善捐赠的价值也就有别。由此，本书提出如下假设：

假设14：不同生命周期的企业中，利益相关者压力对慈善捐赠价值的调节作用有差异。

四　利益相关者压力、慈善捐赠与企业价值：公司治理的差异

公司治理机制为不同利益相关者（特别是契约型利益相关者）提供了一种保障其自身利益并与企业进行有效对话的平台。对公司治理的影响，与上一节类似，本书从董事会治理水平以及大股东代理成本两个方面，分别进行分析。

（一）董事会治理水平、利益相关者压力、慈善捐赠与企业价值

好的董事会治理水平，应通过各种可能的决策制定机制与决策执行机制，周全并同时保障不同利益相关者的价值最大化（曹凤岐和杨军，2004）。独立董事参与董事会治理，是以利益相关者集团以外的第三者的形式加入，具有相对公平、公正的特点，加之独立董事往往是由特定领域内富有各种管理经验的专业人士等担任，这就同时保证了独立董事工作参与的专业性，从而能综合权衡不同利益相关者和公司的利益。此外，必要的董事会会议次数也为利益相关者实现其利益诉求提供了有效的渠道。董事会会议次数相对频繁，不仅有益于集中更多的不同利益相关者的要求，还能为达成较为一致并广为接受的企业决策提供可能。再者，公司董事长与总经理的两职分离为建立必要的制衡机制，从而形成更为合理的企业决策提供了完善的基础，这对更好保证不同利益相关者的利益诉求得以实现亦不可少。总之，良好的董事会治理机制是有效实现利益相关者治理的重要前提。在契约型以及公众型利益相关者就捐赠的评价上，鉴于在公司治理参与上的差异，两者受董事会治理水平的影响各不相同。

对契约型利益相关者而言，由于自身一定程度上就是公司治理机制的主体，因此，公司治理机制体现了其自身要求。在契约型利益相关者基于自身要求对企业捐赠形成评价时，可能存在的情况是，企业的慈善捐赠虽与自己的要求并不匹配，但考虑到捐赠是以自己意志为导引的董事会治理机制形成的结果，由此对企业慈善捐赠的响应就会以相对积极的评价。其原因是：好的董事会治理，一方面，会强化契约型利益相关者对于公司形象的肯定；另一方面，在企业捐赠未满足其要求时，也会弱化契约型利益

相关者从企业的角度寻找原因的可能，因为按照归因偏差的理论解释，此时契约型利益相关者更多可能会从外界因素而不是企业自身因素来寻找自身要求未得到满足的原因。由此，在慈善捐赠的价值创造上，企业董事会治理水平弱化了企业慈善捐赠与契约型利益相关者压力相匹配的要求，换言之，契约型利益相关者压力在慈善捐赠对企业价值影响中的调节作用变得不明显了。

公众型利益相关者作为企业的外部相关者，并不直接构成公司治理机制的主体。董事会治理水平越高，企业会更积极响应公众型利益相关者对捐赠的要求（李维安和唐跃军，2006；Spitzeck & Hansen，2010）。无论是独立董事、董事会会议次数还是董事与总经理的两职分离，都为其在企业得以反映、落实扩充了渠道。于是，公众型利益相关者对“慈善捐赠应与利益相关者压力相匹配”的要求，也就更容易在现实中得以体现，其结果即，若企业慈善捐赠与公众型利益相关者压力不匹配，公众型利益相关者此时即更大可能将企业慈善捐赠评价为消极响应行为，由此，慈善捐赠的价值性也就愈不明显。基于以上分析，本书提出如下假设：

假设 15—1：董事会治理水平越高，契约型利益相关者压力在慈善捐赠正向影响企业价值中的负向调节效应越弱。

假设 15—2：董事会治理水平越高，公众型利益相关者压力在慈善捐赠正向影响企业价值中的负向调节效应越强。

（二）大股东代理成本、利益相关者压力、慈善捐赠与企业价值

在公司内部如果个别股东占据重要控制权，以致缺乏有效的制衡力量，就会形成大股东控制局面。大股东控制是我国公司治理中的普遍现象（李言，2003；沈艺峰、肖珉和黄娟娟，2005）。严重的大股东控制会带来大股东控制问题（Shleifer & Vishny，1997；LLSV，1999；Classens，Lang，Fan & Djankov，2002），即大股东并不以其他利益相关者为重，通过侵占、攫取其他相关者的利益达成自身的目的。同样，在契约型以及公众型利益相关者就捐赠的评价上，两者受大股东控制的影响各不相同。

对契约型利益相关者来说，公司受大股东控制越明显，以致大股东代理成本越高，会削弱契约型利益相关者压力对企业捐赠价值的约束性（即减弱了利益相关者压力对慈善捐赠价值的调节作用，下同）。主要原因在于，大股东控制下的企业中，契约型利益相关者缺乏有效抗衡大股东

的可行途径。在企业的捐赠与契约型利益相关者的要求不甚匹配时，如果契约型利益相关者将企业的捐赠行为评价为消极响应的类型，从而实施了某种惩罚性的行为，表面上契约型利益相关者虽实现了自身对企业的惩罚目的，但实际上，最终契约型利益相关者还可能会因此承担这种惩罚的结果。因为在契约型利益相关者与企业仍维持相对稳定契约关系的前提下，鉴于大股东的控制权事实，大股东为维持自身的利益，其理性决策将是将因捐赠而带来的损失转嫁到契约型利益相关者。所以，与其承受事后因大股东转嫁的利益侵害，不如一开始就对企业的捐赠不实施某种惩罚性行为。由此，即便企业的慈善捐赠与自身要求不匹配，因缺乏有效的制衡大股东的途径，契约型利益相关者也很难对这种捐赠施以影响，从而捐赠价值受其调节性作用也就非常有限。

对公众型利益相关者来说，由于是企业的外部人，所以大股东对其影响相对就要小得多。甚至，大股东控制下的企业，若想取得更好的发展，必须特别重视公众型利益相关者对企业的影响，这在大股东能享有或攫取企业发展所带来的大部分好处时尤为如此。间接上这就凸现了公众型利益相关者对企业影响力，以致公众型利益相关者将企业捐赠评价为与其要求不匹配时，公众型利益相关者即可通过自身的影响，对企业慈善捐赠施以惩罚性措施（或来自竞争者更激烈的竞争威胁），从而加强了其对慈善捐赠价值的约束性。由此本书提出如下假设：

假设 16—1：大股东代理成本越高，契约型利益相关者压力在慈善捐赠正向影响企业价值中的负向调节效应越弱。

假设 16—2：大股东代理成本越高，公众型利益相关者压力在慈善捐赠正向影响企业价值中的负向调节效应越强。

五 利益相关者压力、慈善捐赠与企业价值：市场化水平的差异

市场化改革的过程是一个复杂的、多元的、边际的制度变迁过程（卢现祥和朱巧玲，2006）。不同的市场背景条件下，经济主体的经营理念、市场行为差异较大（Campbell，2007）。受市场化程度的影响，利益相关者基于自身要求对企业慈善捐赠行为评价也呈现一定差异。本书预期，随着市场化水平的提升，利益相关者压力对企业慈善捐赠价值的约束

性（调节效应）会越明显①。理由如下：

第一，市场化水平越高，利益相关者的主体意识越明晰。利益相关者的主体意识是指为维护自身的利益要求其与企业进行沟通、谈判的一种自觉意识，是利益相关者自主性、能动性等观念的表现。市场化水平提升利益相关者的主体意识的途径是，市场化水平越高，经济行为越规范，生产要素流动也相对更自由（樊纲等，2001，2003，2007），当企业不能满足利益相关者的要求时，利益相关者基于市场各种潜在机会的判断，可以对企业做出重新选择。相比于利益相关者不能对企业做出灵活选择的情况而言，此时利益相关者压力就对企业构成一种明显的威胁，一旦利益相关者将企业的慈善捐赠评价为与其要求不匹配，企业面临利益相关者的惩罚性行为可能就更为直接。

第二，市场化水平越高，利益相关者的行动效果更明显。市场化提升利益相关者的行动的效果至少体现在两个方面，其一，高的市场化水平为利益相关者针对企业的奖惩性行动提供了必要的支撑。譬如，对股东而言，市场越完善，仅股票的流动取向一定程度就能反映投资者对企业的信心与要求，从而充分体现股东对企业的判断与评价；特别地，在竞争性的市场化条件下，源自员工的忠诚、债权人的财务支持、供应商—客户的稳定合作关系、政府的支持、消费者的产品忠诚以及社会公众的对企业的信誉好感，对促进企业长期稳定发展更具重要意义（Choi & Wang，2009；Surroca，Tribo & Waddock，2010），而这间接上也增强了利益相关者对惩罚性行为的置信性（即惩罚威胁是否置信一定程度取决于利益相关者的不合作行为对企业造成的后果）。其二，高的市场化水平放大了利益相关者对企业行动的结果。市场化水平越高，不同经济主体互依性越强（斯密，2007），当特定利益相关者对企业施以惩罚性行为时，经过不同利益相关者之间互联网络的广泛信息传播，其他利益相关者以其为参考并受其影响，使得利益相关者对企业行动的结果进一步延展并扩散，从而对企业造成更不利的影响。由此，本书提出如下假设：

① 至于政府压力后文在假设验证部分，再做详细讨论，这里利益相关者并未包括政府。通常，市场化水平越高，应弱化了政府对企业的压力，因为此时政府更多只是充当守门员而并不是运动员的角色，并不实质性地对企业构成明显压力。

假设 17：市场化水平越高，利益相关者压力对慈善捐赠正向影响企业价值的负向调节效应越强。

第五节　本章小结

本章基于理论分析构建了慈善捐赠的形成及其价值机理的概念模型，并在其基础上提出了系列假设。本章关于企业慈善捐赠形成机制以及其价值的理论分析以及相关假设具有内在关联性。具体而言，利益相关者压力是慈善捐赠行为的形成动力条件，企业对这种压力的响应是决定利益相关者压力对慈善捐赠产生作用的内在机制；作为响应利益相关者压力的行为，慈善捐赠价值体现的是一种关系性价值，利益相关者对企业慈善捐赠与其要求之间的匹配性评价是这种关系性价值的内在决定机制。

在提出慈善捐赠的形成机制假设时，首先分析了利益相关者压力对慈善捐赠的影响，接着分别从企业特征、公司治理以及市场化水平三个不同情境，依据企业响应行为的差异，进一步提出了利益相关者压力对慈善捐赠的不同作用。在提出慈善捐赠价值机理假设时，首先分析了慈善捐赠对企业价值的影响，接着分析了利益相关者压力与慈善捐赠的匹配性对企业价值的影响，最后分别从企业特征、公司治理以及市场化水平三个不同情境，依据利益相关者在判断“企业慈善捐赠与其要求是否匹配”上的差异，进一步分析了利益相关者压力对慈善捐赠价值的不同影响。

第四章

企业慈善捐赠的形成机制:实证结果

第一节 数据来源与样本选择

一 数据来源

本章实证数据来源于上市公司年报。首先，上市公司的财务报表是按照一定的格式、规定和时间要求公开披露的，较容易获得大量可比的分析数据，这为进行全面的深入研究奠定了基础。其次，上市公司数据一定程度上克服了社会责任研究中普遍面临的称许性问题。特别是，问卷研究中当企业的慈善捐赠言行不一时（譬如，有的企业可能有“雷声大”的慈善宣传或欲望，而实际却只有“雨点小”的捐赠），研究者也许真确地获得了一手数据，但现实是否就如调查数据所表现的那样，或那样的结果纯粹只是被调查者意念的产物，对此我们仍无从得知。

数据采集上，本章主要参照国内国泰安（CSMAR）、色诺芬（CCER）以及锐思（RESSET）三个数据库①。具体采集时，以国泰安数据库为基准，当缺乏相应数据时，再从其他两个数据库中查找并补充。其中，企业慈善捐赠数据来源于国泰安数据库。数据收集过程中，若有不确定且需进一步手工收集的数据，为确保数据的可靠性，另请专业人士协助补充，讨论并最后确定数据值。

---

① 上市公司年报在报告慈善捐赠时，主要有以下 13 种名称：公益捐赠、公益性支出、救济性捐赠、现金捐赠、捐赠款、捐献、对外捐赠支出、公益救济性捐赠支出、公益性捐赠支出、救济捐赠、救济捐赠支出、捐款以及捐赠。

二　样本选择

本章以 2002—2008 年中国沪深 A 股所有上市公司为初始研究样本，并做如下选择：

第一，剔除金融行业的上市公司。因为金融行业上市公司的报表结构明显相异于非金融行业的上市公司，且适用的会计准则和会计方法与其他行业上市公司也有较大差异，依循既往研究惯例，本书将其从研究样本中删除。

第二，剔除 ST 和 PT 类上市公司。这些公司要么财务状况异常，要么已连续亏损两年以上，若将其纳入研究样本可能影响结论的可靠性和一致性。

第三，剔除慈善捐赠钩稽关系明显有错的上市公司。如果上市公司连续披露两年慈善捐赠的数据，当本年披露的数据与下年披露的上年数据不能吻合且在下一年又没有进一步解释时，可以认为，这样的数据是有问题的，不宜使用。

第四，剔除利益相关者压力的代理变量严重缺失以及数据异常（如总资产为负）的上市公司。

此外，在选择数据时，我们还进行了如下的处理：其一，对年报上当年出现而下年未出现或者当年未出现而下年出现的慈善捐赠数据，分别以当年或下一年的数据作为当年的企业慈善捐赠数据；其二，鉴于有的企业将慈善捐赠与赞助费（款）、罚款放在一起进行统计而无法分别企业的慈善捐赠额，因此，本书删除了这些公司样本（当然这些公司也不作为未参与慈善捐赠的公司来处理）①。经上述筛选之后，本书用于进一步研究的样本数量如表 4－1 与图 4－1 所示。

表 4－1　研究样本中参与/未参与慈善捐赠的上市公司的数量

类别	2002	2003	2004	2005	2006	2007	2008
参与慈善捐赠	385	518	565	574	665	798	1087
未参与慈善捐赠	677	588	612	579	580	543	297

资料来源：本书整理。

① 在慈善捐赠价值的实证检验中，这两个处理方法同样适用。

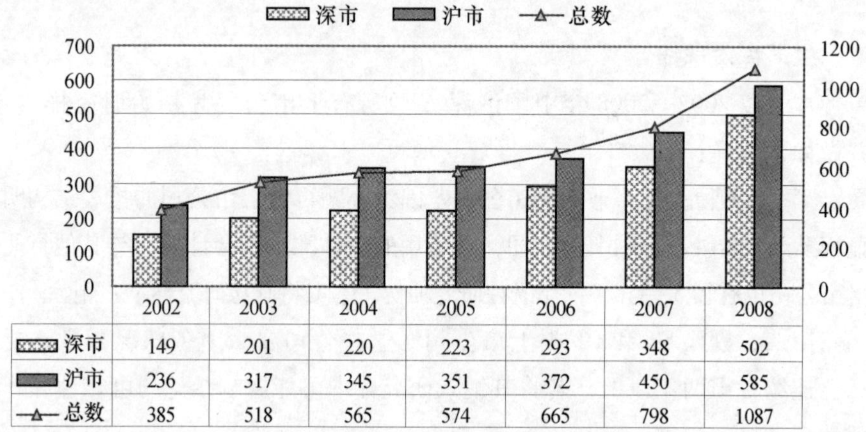

	2002	2003	2004	2005	2006	2007	2008
深市	149	201	220	223	293	348	502
沪市	236	317	345	351	372	450	585
总数	385	518	565	574	665	798	1087

图 4-1 沪深股市 2002—2008 年参与慈善捐赠的公司数

第二节 变量与模型设定

一 变量定义

(一) 利益相关者压力

利益相关者压力是本书一个重要的核心变量，以第一章对利益相关者压力的界定为出发点以及上一章的论述为基础，以下分别介绍 8 个利益相关者压力的代理变量。

股东压力使用“调整后的每股收益”（亦称“每股盈余”）进行代理。实证检验中，大多文献使用关涉股东利益方面的某一财务指标作为其代理变量（Johnson，1966；McElory & Siegfried，1985；Boatsman & Gupta，1996；Leclair & Gordon，2000；Werbel & Wortman，2000；Day & Devlin，2004；Carroll & Joulfaian，2005；温素彬和方苑，2008；纪建悦、刘艳青和袁治，2010）。将“调整后的每股收益”作为股东压力代理变量，是本书对不同文献进行总结提炼以及本书对利益相关者压力界定的结果。使用“调整后的每股收益”作为股东压力的代理变量的直观逻辑是，与股东密切相关的“每股收益”直接反映了股东在企业的获利性，该指标值越大，表明股东在企业获得的满足程度越高，相应企业受到来自股东的压力也就越小；相反，如果该指标值越小，即意味着股东利益未能得以充分保障并实现有效增值，此时股东即越可能通过“用脚投票”等方式对企业做出评价，其结果是，企业受到源自股东的压力就越发突出（譬如撤资、潜在纠纷等）。选取“调整后的每股收益”指标在于，有的企业可能会进行财务报表的粉饰，以致账面上的每股收益具有较小的参考价值；或者是，某些会计年度企业可能会配股、送红股以及派现金股利，由此导致前后两个年度的每股收益不可比，使用调整后的每股收益一定程度上克服了指标基准不一的问题。此外，就更好地判断企业盈利能力而言，使用调整后的指标更具实践意义，这也是文献中通常做法（赵宇龙，1998）。

债权人压力使用“资产负债率”进行代理（Huang & Kung，2010）。资产负债率是研究企业慈善捐赠的文献中常见的变量（Brammer & Millington，2005；Brammer，Millington & Pavelin，2006；Adams & Hardwick，1998；Zhang，Rezaee & Zhu，2009；郭健，2008；朱迎春，2010；曹洪彬，2006）。与该变量密切关联的利益相关者主体即债权人。通常，资产负债率越高，企业面临还款的压力也越大；为保证资金的安全性，债权人自身也会对企业有更多的监督，从而对企业施加的压力也就越明显。

员工压力使用“支付给职工以及为职工支付的现金”进行代理。“支付给职工以及为职工支付的现金”项目，反映了企业实际支付给职工以及为职工支付的现金，包括：本期实际支付给职工的工资、奖金、各种津贴和补贴、为职工支付的养老保险、待业保险、补充养老保险、住房公积金、支付给职工的困难补助等其他费用（财政部，2010）。这些支付的现金与员工福祉密切相关，同等条件下企业支付的越多，员工享受到企业发展的利处就越多，从员工个人的角度来说，其对企业的满意度也就越高。相反，若企业获得快速发展的同时，员工福祉没有甚至负增长，因付出与回报不平衡而招致的各式各样内部问题可能就越明显，最终企业面临的员工压力也就越大。国内许多从利益相关者角度探讨企业承担社会责任的文献，亦将“支付给职工以及为职工支付的现金”作为企业对员工承担的社会责任的代理变量（陈玉清和马丽丽，2005；纪建悦和李坤，2010；温素彬和方苑，2008；纪建悦、刘艳青和袁治，2010；张旭、宋超和孙亚玲，2010）。为避免企业规模带来的影响，我们对该变量取了相对值，即最终使用“支付给职工以及为职工支付的现金/营业总收入”作为员工压力的代理变量①。此外，考虑到高级管理人员与一般员工无论薪酬支付还是福利待遇其差别都较明显，于是高级管理人员对企业的压力与一般员工对企业的压力可能有所不同，为此，我们还从“支付给职工以及为职工支付的现金”中剔除了高级管理人员的薪酬（方军雄，2009），并以其作为员工压力的代理变量②。

供应商—客户压力使用“存货周转率”进行代理。存货周转率是企业一定时期的销售成本与平均存货的比值，用以测定企业存货的变现速度，是衡量企业销货能力及存货是否储备过量的指标。它反映了企业供产销各环节的管理状况（财政部，2010）。从供应链的角度来说，供应商以及客户分别位于企业的前后端，企业的存货周转率越高，意味着企业与供应商以及客户的往来更频繁、关系更密切、合作更顺畅。在这样的条件下，企业受到来自供应商—客户的压力要小得多，一方面，良好的合作往来，减少了供应商以及客户对企业提出的约束性条件；另一方面，较高的存货周转率本身就是企业（营运）能力的一种体现，这种能力无疑是企业与供应商以及客户谈判的重要砝码。同样，新近的研究 Huang & Kung（2010）也以“存货周转率”作为供应商—客户压力的代理变量。

政府压力使用企业“支付的各项税费 - 税费返还”（“ - ”为减号，下同）进行代理，以反映政府与企业的关联性特征。如何刻画慈善捐赠背景下政府对企业的压力本身就是一个重要的难题。选择“支付的各项税费 - 税费返还”作为政府压力的代理变量，主要基于以下三方面的原因：一是同等条件下，企业税负是政府部门掌控并透析企业的一个重要窗口，它间接反映了企业获利能力。在当前慈善捐赠仍处于“体制化”动员的阶段（高功敬和高鉴国，2009；蔡勤禹，江宏春和叶立国，2009），那些为政府部门知悉，同时获利能力又较强的企业无疑最可能被动员起来

---

① 之所以除以企业营业总收入而不是企业的规模，主要基于这样的考虑：资产总额是积累量，与其相比作为增加量的营业收入更能反映企业生产经营活动的社会最终成果。若将企业对员工的贡献率修正为企业的社会总额与销售收入的比值，则该指标能更确切的反映企业对员工的实际贡献程度。此外，以企业规模为分母，也不符合经济效益计算中投入与产出的配比原则，下同。

② 结果显示，剔除高管薪酬之后的研究结果无明显变化，后文未单独列示剔除高管薪酬之后的回归结果。

并参与慈善捐赠。“支付的各项税费－税费返还”这个代理变量越大，意味着企业受到政府（慈善捐赠的）压力越大。

二是使用“支付的各项税费－税费返还”作为政府压力的代理变量，现阶段来说，不会或较难产生诸如“企业慈善捐赠为减税”“捐得越多税收越多”的问题，这就避免了因代理变量的设置不当，使得解释变量与被解释变量先验性的有内在关联的可能。否则，若企业慈善捐赠有减税目的或捐得越多税收越多的情况出现，也就很难区清并隔离源于自身主动捐赠而招致的“支付的各项税费－税费返还”是多少。

之所以说当前企业慈善捐赠减税目的的可能性不大，理由有四：其一，企业朴素的捐赠情怀抑制了捐赠减税的可能。我国企业慈善捐赠还处于起步发展阶段，企业慈善捐赠更多还是抱着“回报社会，造福桑梓”的信念（杨团和葛道顺，2003）。其二，烦琐的捐赠减税程序打消了企业通过慈善捐赠减税的意图（许捷，2007；陈成文和谭娟，2007）。国内虽早已颁布了类似的捐款减税政策，但现实的操作环节十分烦琐，缺乏操作细则。其三，滞缓的捐赠减税政策不足以有效发挥减税效果（林广华，2007）。其四，有限的慈善机构加之对慈善机构减税批准资格的严格限制难以支撑企业慈善捐赠的减税计划（李芳民，2009）。尽管《关于公益救济性捐赠税前扣除政策及相关管理问题的通知》扩大了可获得捐赠免税资格的公益机构的数量，但其总体规模相较于民间苏醒的捐赠热情仍有待进一步扩大。类似地，就国内税收与企业慈善捐赠的较小关联性，罗磊（2008）从捐赠扣除范围以及税率的角度，张怡超（2006）从税收激励角度，刘亚莉（2007）从对免政策关注度的角度，也都给予了相应论述。事实上，Svitkova（2007）就发现在转型经济的发展中国家，减税并不是捐赠的动机。再者，Sharfman（1994）也认为，税收可能并不是解释公司捐赠的恰切原因，比如，1942 年美国公司为超额利润征收较高所得税时（税率提高），企业的捐赠增长得非常快，但当税收政策取消时，企业的捐赠虽较少，不过最后还是恢复到税收政策废除之前的水平。

为确证以“支付的各项税费－税费返还”作为代理变量不会产生“企业捐得越多税收越多”的可能，我们分别提取了 2006—2008 年企业当年慈善捐赠额以及税前利润的数据，发现只有极个别（0.1%）的企业其慈善捐赠额超过当年税前利润的 3%（2008 年之前的税法规定，企业用于公益、救济性的捐赠在年度纳税所得额3%以内的部分准予扣除)。如果那些捐赠未超税前利润3%的企业其捐赠能保证税前扣除,也就不会出现“企业捐得越多税收越多”的可能。

三是使用“支付的各项税费-税费返还”作为政府压力的代理变量还在于,在当前分税制的体制中,企业“支付的各项税费-税费返还”越多,越会成为当地政府的财力大户。为维持稳定的税源,政府一般也愿意与之有某种密切的关联从而对企业形成某种依赖,于是以此作为反映政府对企业压力的代理变量也就揭示了政府与企业的紧密关联性。同样,国内许多文献将企业“支付的各项税费-税费返还”作为企业对政府履行的社会责任(陈玉清和马丽丽,2005;杜兴强和雷宇,2009;张旭,宋超和孙亚玲,2010),应该说,这指出了企业履责能力的一面,但作为内在关联的主体,从政府一面来看,那些履责能力越好的企业相应也会成为其特殊关照对象。在当前捐赠氛围依然有待外力培育的时候,那些政府有所依赖或受政府特殊关照的企业理应成为其得力的助推手,从而在慈善捐赠上他们面临的政府压力也就越大。与前面类似,为避免企业规模带来的影响,我们对“支付的各项税费-税费返还”取了相对值,即最终以“支付的各项税费-税费返还/营业总收入”作为政府压力的代理变量①。

竞争者压力使用“赫芬达尔指数”进行代理。McElroy & Siegfried (1985)、Galaskiewicz & Burt (1991)、Useem (1988)、Campbell, Moore & Metzger (2002) 等都曾提到行业竞争压力构成了企业慈善捐赠的驱动力。为刻画同行业中竞争者的压力,我们选取了行业赫芬达尔指数,它是某特定行业市场上所有上市企业的市场份额的平方和。该指标越小意味行业竞争越激烈,企业面临竞争者的压力相应也就越大,间接上反映了竞争者与企业的关系。这样刻画竞争者压力的做法文献有姜付秀和刘志彪(2005)、刘博研和韩立岩(2010)等。

消费者压力使用“企业是否与消费者直接接触”进行代理。类似做

① 对于该代理变量,为进一步检验其代理的可行性,我们在第五章还要进一步讨论。经过反复的交叉验证,表明这样的代理是可行的。另外,还需说明的是,在除慈善捐赠之外其他的企业行为上,就反映政府压力而言本书代理变量是否有一定的普适意义,这仍有待将来研究做更深入探索。

法的国外文献有 Burt（1983）、Useem（1988）、Brammer & Millington（2005）、Vitaliano & Siegel（2007）等。一般与消费者直接接触的企业，与消费者的关系越密切，受到消费者影响越明显。在划分企业是否与消费者直接接触时，我们以行业为划分标准，参照了山立威、甘犁和郑涛（2008）的方法。具体而言，以证监会公布的行业代码为准，下列行业的企业为直接与消费者接触的企业：日用化学产品制造业、日用橡胶制品业、日用塑料杂品制造业、汽车制造业、摩托车制造业、自行车制造业、日用电器制造业、钟表制造业、服装及其他纤维制品制造业、日用电子器具制造业、航空运输业、零售业、食品及饮料、房地产业、社会服务业以及传播与文化产业等。

社会公众压力使用“企业规模”进行代理。以企业规模作为社会公众压力的代理变量[①]，原因是，规模越大的公司越容易受到公众的监督，受到公众的压力就越大（Dierkes & Coppock，1978；Trotman & Bradley，1981），并且公司一旦出现负面行为，规模越大负面影响放大效应也越明显（Roberts，1992；Watts & Zimmerman，1978）。使用“企业规模”作为社会公众压力代理变量的相关文献还有 Bowen（2000）等[②]。

（二）企业慈善捐赠

本书企业慈善捐赠数据源于上市公司年报的附注披露。对其处理主要分为两个步骤，首先区分哪些企业参与了慈善捐赠，并拟制企业是否慈善

---

① 考虑到企业规模在代理社会公众压力时可能有多种解释，为客观反映社会公众压力，与 Gan（2006）相同，本书还考虑使用以企业媒体报道量为代理变量。具体方法是，以百度新闻搜索为工具，查询每个公司的年度网络报道量，在剔除重复新闻的基础上，用网络新闻数目反映企业的社会公众压力。以 2005 年参与捐赠的制造行业为例，我们发现网络报道量与企业规模呈现较高的相关性，其相关系数达 0.875。这表明媒体报道量与企业规模两个变量在信息含量上有较高的重叠性。因此，本书没有进一步使用网络报道量，而只是使用了企业规模作为社会公众压力的代理变量。

② 从前文对八个不同的利益相关者的代理变量看，不难发现，本书使用的代理变量与既往文献的差异并不是特别明显，甚至一定程度上仍沿袭了以往研究对不同代理变量的选取。不过，其差别仍有两个方面：其一，对不同代理变量，本书使用的是一个相对统一的理论，即是从利益相关者压力的角度选取不同代理变量的；其二，也正因为使用了一个相对统一的理论基础，才可能进一步从不同角度展开其他的深入研究，比如探讨不同企业特征、公司治理以及市场环境下，不同代理变量对慈善捐赠的影响，而这在以前的研究中至少是不曾出现的。由此，本书与以前研究相比，既有继承性同时也有一定的拓展性。

捐赠的二元哑变量；其次记录那些参与了慈善捐赠的企业其具体捐赠量。最终得到的两个捐赠变量——“是否捐”以及“捐多少”。在使用企业慈善捐赠数据进行回归时，本章对“捐多少”这个被解释变量进行了对数处理①。

（三）企业特征

前文中提到的三个企业特征，其代理变量具体选取分述如下。企业资源的丰裕程度以企业的现金流进行代理，数据来源于现金流量表中的“现金及现金等价物净增加额”。现金流是企业生产经营活动的第一要素。企业只有持有足够的现金，才能从市场上取得生产资料和劳动力，为价值创造提供条件。透过现金流，可以较准确地反映企业现有控制的资源状况。以现金流为资源代理变量，与 Seifert，Morris & Bartkus（2004）的做法是相同的。为消除规模的影响，本书以其相对值作为代理变量。

对企业不同生命周期的划分，本书参照了 Dickinson（2007）以现金流为依据划分企业生命周期的标准（如表 4－2 所示）。以其为依据，我们将几个性质类似的阶段加以组合，最终将企业生命周期划分为成长、成熟以及衰退三个阶段，类似做法的文献有曹裕、陈晓红和万光羽（2010）。

表 4－2　　不同生命周期阶段现金流组合特征

	成长		成熟		衰退			
	导入	增长	成熟	淘汰	淘汰	淘汰	衰退	衰退
营业现金流	－	＋	＋	－	＋	＋	－	－
投资现金流	－	－	－	－	＋	＋	＋	＋
筹资现金流	＋	＋	－	－	＋	－	＋	－

资料来源：Dickinson（2007）。

① 对被解释变量进行对数化处理至少有两个方面的好处。一是降低可能存在的异方差，二是增强估计的有效性。事实上，回归时并不一定要对被解释变量取对数，这一做法只是为了让统计推论变得更加合理。因为实际情形中，判定回归残差项的正态分布较困难。为保证更为有效与准确的估算与检验，在验证型的解释性研究中，对照变量的分布曲线，在不改变数据信息（变异）的情况下，预先就因变量或者某些自变量的分布进行适当转换（譬如 Box－Cox 变换）是一种常见的做法。

对企业产权性质从两个层面进行划分，以企业实际控制人类别为标准，首先，区分国有企业以及民营企业；其次，进一步对国有企业细分为中央国企以及地方国企两种类型。基于样本同质性的考虑，在区分中央国企时，主要选择数量上占大多数（实际占86.3%）、实际控制人为中央国资委的企业，舍弃了实际控制人为其他中央部门、部属院校以及其他国家部门的企业；同样，在挑选地方国企样本时，剔除了实际控制人为地方大学以及其他事业单位的企业样本（实际占2%）。

（四）公司治理

公司治理涉及"董事会治理水平"以及"大股东代理成本"两个变量。其中，董事会治理水平借鉴文献中常见且具共性的分类标准，从三个相对独立的特征上选择三个指标对此予以反映，分别是：行为特征上选取"董事会会议次数"，组织特征上选取"独立董事人数"，激励特征上选取"董事长与总经理是否两职合一"。由于三个指标分属于不同层面，同时量纲各异，为此，我们使用主成分分析提取一个共同因子，并对其归一化，通过最终的主成分得分反映董事会的治理水平。董事会治理水平的描述性统计以及进行主成分分析后的结果分别如表4－3和表4－4所示（描述性统计及回归结果均保留三位有效数字，下同）。

表4－3　　董事会治理构成变量描述性统计

	变量	均值	标准差	最小值	最大值	样本数
未捐公司	董事会会议次数	8.036	3.225	1	35	4573
	独立董事人数	3.103	0.898	0	8	4579
	两职合一	2.766	0.611	1	3	4579
捐赠公司	董事会会议次数	8.607	3.555	2	36	5067
	独立董事人数	3.352	0.965	0	10	5076
	两职合一	2.753	0.632	1	3	5076

资料来源：本书整理。

表4-4 董事会治理水平的主成分构成系数

	变量	系数
行为特征	董事会会议次数	0.553
组织特征	独立董事人数	0.613
激励特征	两职合一	0.565

资料来源：本书整理。

大股东代理成本使用“其他应收款/总资产”进行代理。我国上市公司大量存在控股股东占款，控股股东的资金占用水平是比较常见的度量控股股东代理成本的指标。相较于关联交易等指标，控股股东对上市公司的资金占用明显侵害了上市公司的利益，因此被许多文献作为衡量控股股东代理成本的标准。依据控股股东掏空行为的研究，本书也以资金占用作为度量控股股东代理成本的指标，这与马曙光、黄志忠和薛云奎等（2005），姜国华和岳衡（2005）以及罗党论和唐清泉（2007）等的做法是相同的。

（五）市场化水平

市场化水平这个变量的数据，来源于由樊纲、王小鲁和朱恒鹏编著的《中国市场化指数——各地区市场化相对进程2009年度报告》。本书企业慈善捐赠数据是从2002年开始连续7年的数据，由于2008年市场化指数还未报告，因此，对市场化水平，我们实际只得到从2002年到2007年共6年的数据。

（六）其他变量

根据已有文献，企业年龄是影响慈善捐赠的一个重要因素（冯天丽，2009），本书同样对企业年龄施以控制。计算时，通过样本年份减去公司成立的年份，得到企业年龄的数据。

为控制行业因素的影响（Brammer & Pavelin，2004；Amato，2006；Trost，2006；Day & Devlin，2004；江希和，2008），本书设置了相应的虚拟变量。根据中国证监会2001年颁布的《上市公司行业分类指引》，我们将样本公司的行业类型分为21类（制造业由于公司数量较多，取两位代码分类，其他行业取一位代码分类），并以农业类上市公司为参照系，设置20个行业虚拟变量。

同样，考虑到不同年份企业慈善捐赠的差异性，我们还就 2002—2008 共 7 年设置了 6 个虚拟变量。

综合以上之分述，本书使用到的主要变量如表 4 - 5 所示。

表 4 - 5　　主要变量的名称、符号及定义①

变量名称	变量符号	变量定义
股东压力②	Stockholder	调整后的每股收益
员工压力	Employee	支付给职工及为职工支付的现金/营业总收入
债权人压力	Creditor	负债/资产（资产负债率）
供应商/客户压力	Sup_client	主营业务成本/平均存货（存货周转率）
政府压力	Government	（支付的各项税费 - 税费返还）/营业总收入
竞争者压力	Competitor	企业所在行业的 Herfindal 指数
消费者压力	Customer	直接与消费者接触的企业取值为 1，否则为 0
社会公众压力	Public	企业资产的自然对数（Public_2 为 Public 的平方）
企业慈善捐赠	Phi_ratio	企业慈善捐赠支出/营业总收入
企业资源	Res	企业现金等价物
企业生命周期	Life_stage	划分成长、成熟及衰退三个生命周期阶段
董事会治理水平	CG	独董人数、董事会次数及两职合一的综合
大股东代理成本	SA	其他应收/总资产
市场化进程	Mkt	地区市场化指数
企业年龄	Age	上市公司自成立至今的年数
行业	Industry	当处于该行业时取 1，反之为 0
年份	Year	当处于该年度时取 1，反之为 0

资料来源：本书整理。

① 鉴于数据收集上的困难，本书未能全面地对第二章文献综述中出现的影响企业慈善捐赠的更多因素进行控制。不过考虑到后文使用的是面板数据的固定效应模型，一定程度上这也弱化了某些遗漏变量（特别是那些随时间变化较小或不随时间改变的因素）可能带来的干扰。

② 为克服使用单一变量测量利益相关者压力带来的偏误，在稳健性检验中，本书还就该变量的其他测量使用主成分分析法以进一步刻画利益相关者的压力。另外，应说明的是，由于契约型利益相关者压力均通过反向指标测度，因此，下文呈现的契约型利益相关者与其他变量间的相关系数以及契约型利益相关者在方程中的回归系数与假设中的预期方向刚好相反。

二 模型设定

依据前文假设，建立如下的回归模型检验利益相关者压力对企业慈善捐赠的影响。

$$Phi\_ratio = a_0 + Xa_1 + Control\_Variablea_2 + e$$

其中，X 为由利益相关者压力构成的 8 × 1 的行向量矩阵，*Control_Variable* 为由控制变量构成的行向量，a_0与 e 分别为截距及残差项。

检验不同情境变量调节利益相关者压力对慈善捐赠的影响时，建立如下的回归方程判断不同的调节变量是否发生显著作用。

$$Phi\_ratio = a_0 + Xa_1 + Za_2 + XZa_3 + Control\_Variablea_4 + e$$

其中，Z 是调节变量，分别为企业的资源、董事会治理水平、大股东代理成本以及市场化水平。

对不同产权性质以及在不同生命周期下，利益相关者压力对慈善捐赠的影响，采取分组回归的方法并辅之以相关检验，判断其是否影响了慈善捐赠对利益相关者压力的敏感性。

第三节 估计方法

一 面板数据模型估计

本书采用中国上市公司 2002—2008 年的非平衡面板数据，建立计量经济模型检验利益相关者压力对企业慈善捐赠的影响。由于面板数据充分利用了时间序列和横截面数据所提供的信息，同时反映了变量在截面和时间二维空间上的变化规律和特征，相应能够提高自由度并一定程度上控制异方差的影响；加之更多的信息变异（Variability），对减少变量之间的共线性亦有帮助，从而得到的估计结果也就更为有效、稳定和可靠（Hsiao，1985）。此外，非平衡面板数据模型既尽可能弱化了横截面回归模型（简单混合数据）固有的样本自相关问题，也有效规避了平衡面板数据模型中存在的样本选择偏差问题。总之，使用非平衡面板数据建立计量模型，能较好地保证研究结论的可靠性和稳定性。

运用面板数据模型进行计量回归分析，通常主要有固定效应模型（Fixed Effects Model）、随机效应模型（Random Effects Model）以及混合效应模型三种方法。固定效应模型是把对个体不可观测的效应作为未知的确定常数进行估计，而随机效应模型则把对个体不可观测的效应作为未知的随机变量进行估计，混合模型则并不关注未观测的异质效应，在方法上其估计与通常的截面回归差别不大。随机效应模型和固定效应模型相比较，相当于把固定效应模型中的截距项看成两个随机变量，一个是截面随机误差项 u_i，一个是时间随机误差项 v_t。

具体估计时，通常使用以下三个步骤确定最终使用的模型。首先，通过构造 F 统计量检验并比较混合模型与固定效应模型的使用。如果原假设成立，那么该统计量服从 F 分布。

$$F = \frac{(RRSS - URSS)/(N-1)}{URSS(NT - N - K)} \sim F(N-1, NT-N-K)$$

其中，$RRSS$ 是混合效应模型的残差平方和，$URSS$ 是个体固定效应模型中的残差平方和。当 F 大于临界值时，拒绝原假设，即接受固定效应模型。

其次，构造自由度为 1 服从 χ^2 分布 LM 统计量，检验并比较混合模型与随机效应模型的使用。

$$LM = \frac{NT}{2(T-1)}\left[\frac{T^2 \overline{ee'}}{ee'} - 1\right]^2$$

其中，e 与 e' 分别为混合效应模型以及随机效应模型的回归残差。如果 LM 大于临界值，则拒绝原假设，即接受随机效应模型。

最后，通过构造 W 统计量使用 Hausman 检验对固定效应模型和随机效应模型进行选择。

$$W = [b - \hat{\beta}]' Var(b - \hat{\beta})[b - \hat{\beta}]$$

其中，b 是 β 的广义最小二乘估计，$\hat{\beta}$ 是固定效应模型中 β 的最小二乘估计。Hausman 检验的原假设是建立随机效应模型，备则假设即建立固定效应模型。若 Hausman 检验拒绝原假设，表明未观测的效应与解释变量相关，则应选择固定效应模型；相反，若接受原假设，表明未观测的效应与解释变量不相关，宜选用随机效应模型。

就固定效应模型以及随机效应模型比较而言，前者是一个共同的、无偏的方法，对于控制面板数据中的遗漏变量而言更是如此。相反，后者主要缺点在于其计量可能是有偏的。不过，随机效应模型估计量消耗的自由度较小，总是有效的。事实上，具体选择模型时，有效性和无偏性之间总存在取舍，即便是无偏估计量，但若标准误差过大的话，从推论的谨慎性角度而言，还不如有偏但有效的估计量所提供的信息。亦即，对固定效应以及随机效应模型的选择，并不存在绝对的标准。本书在选择模型估计时，主要通过前述的三个步骤进行判断。此外，亦参照了实际建立模型的含义，若未观察的效应是可变的或未观察效应本身就代表了总体的某种倾向，则采纳随机效应模型；若未观察的效应是不变的或导致未观察效应的原因是样本的非随机性，则用固定效应模型。

二 共线性、异方差以及相关性问题的处理

（一）共线性

共线性是指解释变量之间存在完全或近似的线性关系。通常而言，解释变量之间或多或少存在一定程度的相关性。在解释变量之间高度相关时，因严重的信息重叠，致使缺乏必要的信息指征每个解释变量对被解释变量的贡献，此时回归系数虽然可以确定，但却很不稳定或有较大的标准误。相反，若自变量之间的相关性不是很高，每个解释变量对被解释变量的贡献是确定的，则回归的有效性即得以保证。其实，即便解释变量之间有某种共同的变异，若有足够的信息量最终仍能反映每个解释变量对被解释变量的独特贡献，共线性也不会成为特别重要的问题。不过，这就对样本的采集提出了更高的要求。

对解释变量之间的相关性是否会导致严重的共线性，一般采用方差扩大因子（VIF）进行检验。通常，以 VIF 是否大于 10（这意味着第 k 个解释变量 90% 以上的变异能通过其他解释变量予以反映），作为判断第 k 个解释变量是否存在多重共线性问题并需要处理的标准。

在进行计量回归之前，为保证不会因严重的共线性而影响估计的效果，本书首先计算 VIF 值是否满足小于 10 的标准。若不满足，则通过标准化的方法对涉及的变量进行预先处理，从而克服共线性问题。事实上，本书使用的面板数据点较多，一定程度上也保证了足够的信息量指征各解释变量对被解释变量的影响。

（二）异方差

异方差有两种形式，分别为纯异方差和非纯异方差。纯异方差是由正确设定方程的误差项所引起的异方差，而非纯异方差则是由设定有误的方程（如遗漏变量）的误差项所引起的异方差（施图德蒙德，2007）。为避免非纯异方差的出现，本书主要通过已有的文献以及恰当的计量模型设置作为保证。在广泛借鉴已有文献共识结论的基础上，依据自身验证的理论模型，本书通过设置适当的控制变量、添加变量间交叉项或者某些变量的平方项等手段，确保回归模型的合理性。在计量模型的设定检验上，尽可能通过多个模型的结果进行对比，以最终做出合理的判断结论。

对纯异方差，虽然它并不会导致系数的估计量有偏或不一致，但是变量的标准误是以这些方差为基础而计算出来的，因此估计量的方差是有偏的。为此，本书首先通过相关检验判断回归模型是否存在纯异方差。若存在，则借鉴通常大多使用的方法予以修正，譬如面板稳健三明治标准误调整、面板自助标准误调整、观测信息矩阵（OMI）调整以及 Driscoll & Kraay（1998）标准误修正（本书使用该法调整）等。

（三）相关性

对面板数据而言，相关性涉及序列相关以及截面相关。只有有效克服了或修正了由相关性带来的各种潜在问题，才能保证估计结果的可靠性。就序列相关而言，它同样也有两种形式，分别为纯序列相关和非纯序列相关。纯序列相关是由正确设定方程的误差项所引起的序列相关，而非纯序列相关则是由于错误设定方程（如遗漏变量）的误差项所引起的序列相关（施图德蒙德，2007）。非纯序列相关的克服方法，与处理非纯异方差的途径类似。对纯序列相关亦是首先通过相关的检验判断其存在性，然后通过适当方法予以解决。截面相关是指不同个体之间因表现出某种共同的倾向性而使得回归的残差项表现出显著的相关性。鉴于慈善捐赠的时候，不同企业可能受某种潜在共性因素（比如，同一个地区内的企业）的影响而表现出某种共同特质，因此，考虑截面相关性不仅有其现实意义，同时对保证估计结果的可靠性也有帮助。

三 选择性偏差、内生性以及遗漏变量的处理

（一）样本选择性偏差

在企业慈善捐赠的研究中，最突出的问题之一是，样本选择性偏差可能给研究结果带来的干扰性影响（例如仅以进行慈善捐赠的企业为研究对象）。对此，本书通过两部分模型（Two - Part Model，TPM）克服可能存在的样本选择性偏差问题，两部分模型在计量经济研究中广为使用，特别是那些涉及决策的经济问题。两部分模型的思路是，将企业的慈善捐赠行为视为有先后顺序且相互独立的两个阶段：第一阶段，企业决定是否参与慈善捐赠的支出；第二阶段，在决定进行慈善捐赠的前提下，决定捐赠支出金额的大小。

估计时，第一步采用 Logit 模型，因变量为企业是否有慈善捐赠，假设 X_i 为第 i 个利益相关者压力变量，则企业慈善捐赠的参与方程可以表示为：

$$I_i = X_i\delta_1 + \eta_{1i} \quad \eta_{1i} \sim N(0,1)$$

如果 $I>0$，则表示企业慈善捐赠大于零；反之，则表示企业慈善捐赠等于零。

第二步采用企业慈善捐赠量（y）的线性方程。

$$Log(Phi\_rate_i \mid I_i > 0) = X_i\delta_2 + \eta_{2i} \quad \eta_{2i} \sim N(0,\sigma_\eta^2)$$

两部分模型可以将以上式分开估计。尽管两部分模型假设上述决策过程相互独立，但如果确实属于样本选择的情况，其估计结果依然是可靠的（Duan，Manning & Morris et al.，1983）。构建两部分模型反映企业慈善捐赠行为，其合理性主要体现在以下两个方面。

第一，两部分模型较好地刻画了现实中企业慈善捐赠的行为特征和表现。企业慈善捐赠是企业的一种自由裁量行为（Carroll，1991），并不是企业必然的履责要求。“是否捐”以及“捐多少”是企业慈善捐赠过程中两个不同的问题，“是否捐赠”反映了利益相关者压力在促成企业慈善捐赠意识上的努力，“捐多少”则反映了利益相关者压力对企业实际捐赠能力的影响。区分这两个问题有助于更细腻、全面地认识企业慈善捐赠的形成机制，同时也有助于把握企业慈善捐赠不同环节的症结，从而对改善与健全企业慈善捐赠管理机制与体制提出更有针对性的对策及建议。

第二，两部分模型较好地避免了其他类似模型存在的瑕疵。文献中对企业慈善捐赠选择性偏差问题的处理，Heckman 两阶段模型是一种可供的选择，Heckman 两阶段模型主要包括两个等式：Heckman 选择方程（企业是否参与慈善捐赠）和结果方程（确定企业实际捐赠额大小的方程）。值得注意的是，在 Heckman 选择方程中至少包含一个或一个以上结果方程所没有的变量，从而保证 Heckman 选择方程和结果回归模型不至于共线性（程华，2009），亦即，此类变量影响企业是否参与慈善捐赠，但不影响企业慈善捐赠的大小，同时该变量对企业是否参与慈善捐赠的影响要显著。事实上，“是否捐赠”以及“捐多少”是企业慈善捐赠上的两个重要问题，很难说某个因素影响了企业“是否捐赠”但对“捐多少”没有影响。或者是，即便存在某些变量从纯粹统计角度而言，满足了以上要求，但考虑到内在理论统一性，这种变量的适用性依然值得怀疑。如此，也就降低了 Heckman 两阶段模型在分析企业慈善捐赠形成机制上的价值[①]。

（二）遗漏变量

理论是决定某个变量是否进入回归方程的重要依据，若变量的使用理论上有明确的要求，即便它在统计上缺乏显著性，该变量也应包含在回归方程中；除此外，是否选择某变量就需要研究者进行权衡。尽管各种统计工具帮助我们进行权衡，但实际上，很多时候仍很难确定一个变量是否是相关变量。遗漏相关变量很可能导致方程中余下变量的系数估计产生有偏性，这对正确估计解释变量的系数无疑是有害的。

在借鉴前人主要研究成果并对估计模型设置必要控制变量之后，遗漏变量之于本书而言，主要是，在分析利益相关者压力对企业慈善捐赠影响

---

① 后文在检验利益相关者压力对企业是否参与慈善捐赠影响时，发现并无稳定一致性的结果，因此未列示其结果，而只是讨论和分析了利益相关者压力对企业慈善捐赠量的影响。事实上，只是关注于那些参与慈善捐赠的企业与现实中人们关注的焦点也有吻合之处，譬如我们经常看见各种官方或民间的捐赠排行榜，很大程度上就是按照企业的捐赠量来排序，从而引起人们的关注和讨论。由此，单独探讨利益相关者压力对企业慈善捐赠量的影响机制仍不失理论与现实意义。或者，按照本书的理解，这其实是探讨了企业慈善捐赠形成决策上的第二个问题（即捐多少），而并没有涉及第一问题（是否捐）。严格来说，就完整探讨慈善捐赠的形成来说，这是不足的。不过，退一步也可以说，本书提出的理论在应用上是有条件的，并不普适于企业慈善捐赠形成机制的两个阶段。当然，这也就表明慈善捐赠形成机制的研究仍有待进一步的补充和完善。

时，为什么只限于前文研究假设中所提及的 8 个利益相关者，而忽略了其他譬如环保组织、NGO 等利益相关者对于企业慈善捐赠的影响。换言之，从计量角度来说，即便前文的假设得到了验证，若遗漏了某些利益相关者压力的影响，所得到的相关结论依然存在较大质疑的可能。对此，通常主要的解决办法是，使用面板数据的固定效应模型，通过差分的办法消除那些相对较稳定的利益相关者的影响。不过，当遗漏的利益相关者压力影响并不稳定时，差分的办法对纠正遗漏变量估计效果的功效就大大降低。此时，可通过为回归方程中的主要解释变量找到合适的工具变量的方法，克服遗漏变量带来的问题。

本书对可能遗漏某些利益相关者压力变量的处理，主要使用两种办法，一是通过对国外文献的总结，特别是国内利益相关者文献的梳理，力求找出那些已发现的对企业确实具有重要影响的利益相关者。实际上，前文假设提及的 8 个利益相关者也正是这种工作的结果。二是结合前文对固定效应模型、随机效应模型以及混合效应模型的选择，若使用固定效应模型，则正好以此解决遗漏某些利益相关者压力变量的问题；若使用随机效应或混合效应模型，进一步通过固定效应模型与已有回归结果进行对比，并采取诸如工具变量以及广义矩估计等方法克服遗漏变量带来的问题。

（三）内生性

内生性问题是所有计量研究必然要面对的一个非常重要的问题。简言之，内生性是指，回归的残差项与解释变量之间高相关，从而违背了线性回归的要求，相应估计出来的结果其可靠性就值得怀疑。导致解释变量出现内生性的原因较多，譬如测量误差、联立性偏误，甚至前文的遗漏变量等，都可能是潜在的诱因。对于内生性，通常主要关注的是联立性偏误以及关键变量的非外生性。对于解释变量的内生性，常见的做法是找到合适的工具变量。好的工具变量，对于研究问题本身既是诱惑同时也是挑战。

就本书而言，主要关注的是“利益相关者压力”这个关键变量的内生性。为此，我们采取两个办法尽量保证研究的结论不会受到变量内生性的干扰。一是通过广义矩估计（GMM）的方法估计利益相关者压力对企业慈善捐赠的影响，并以之与固定效应模型（随机效应模型/混合效应模型）进行比较，初步判断关键变量——利益相关者压力是否存在内生性。

二是通过一种间接的方法绕开直接对内生性的判断[①]。如果利益相关者压力对企业慈善捐赠的作用的确没有受到内生性的干扰，那么沿着利益相关者压力促进企业慈善捐赠行为这一故事后面的逻辑，进行更深入的分析和检验，同样也应能发现这样的事实，即：若改变利益相关者压力作用的条件（如企业响应差异），相应利益相关者压力对企业慈善捐赠的作用也会随之改变。这是因为，理论上讲，不同的约束条件下，利益相关者压力对企业的慈善捐赠产生影响应该是不同的。如果的确观察到这种事实，这不仅避免了对内生性问题的烦琐追究，同时也更加印实了我们理论及假设分析的自洽性。事实上，这也是前文之所以从多个方面提出调节性假设以及交互性假设的个中缘由，虽然这本身是由理论模型所内蕴的。

第四节 利益相关者压力对慈善捐赠影响的回归结果

一 描述性统计及简单回归分析

（一）描述性统计

描述性统计分析是对已经初步整理的数据资料进行加工。好的描述性统计，至少能达到这样几个目的：其一，透过描述性统计结果判断变量的分布状态，从而为后续进一步的变量处理方法奠定基础；其二，好的描述性统计还能起到判断样本选择是否有偏的作用，如果回归分析的样本是有偏的，那么对结果的可靠性推断无疑是有害的；其三，好的描述性统计反映了关键变量的主要特征。表 4 –6 列示了本书的面板数据结构，表 4 –7 列示了解释变量以及被解释变量的简单统计结果。

从面板数据结构可以看出，70.33% 的企业在连续 7 年内均有捐赠额，可见，对这一非平衡面板，观察值的差异可以认为很大程度来自于企业内的区别。

① 事实上，就本书而言，为 8 个利益相关者压力变量都找到合适的工具变量难度非常大甚至不可能。为保证结论的有效性和稳健性，这就需要通过其他的方法，尽量减弱可能由解释变量内生性问题引致的干扰。

表4-6 回归面板数据的结构

频数	百分比	累计百分比	类型（2002—2008）
1145	70.33	70.33	1111111
1116	7.130	77.46	….. 11
98	6.020	83.48	.. 11111
84	5.160	88.64	 111
67	4.120	92.75	…. 111
55	3.380	96.13	 1
16	0.980	97.11	111....
13	0.800	97.91	11111..
11	0.680	98.59	... 1111
23	1.410	100	其他类型
1628	100	XXXXXXX	

注："." 表示空缺，"1" 表示有数。

表4-7 利益相关者压力对慈善捐赠影响的主要变量的描述性统计

Variable	Std Dev	Mean	Min	P25	P50	P75	Max
Phi_ratio	1.898	-8.918	-14.18	-10.10	-8.771	-7.547	-4.951
Stockholder	0.396	0.134	-1.420	0.0100	0.122	0.300	1.420
Employee	0.0760	0.0920	0.00900	0.0450	0.0730	0.114	0.488
Creditor	0.337	0.542	0.0770	0.377	0.512	0.635	2.821
Sup_client	17.66	8.542	0.117	2.059	3.990	7.468	141.9
Government	0.0620	0.0670	-0.0670	0.0290	0.0550	0.0910	0.325
Competitor	0.0930	0.0660	0.0150	0.0300	0.0420	0.0730	0.838
Customer	0.431	0.247	0	0	0	0	1
Public_2	1.570	0.996	0	0.0940	0.393	1.152	9.394
Public	0.998	0	-2.347	-0.660	-0.0920	0.583	3.065
Age	4.254	10.21	0	7	10	13	28
Resourse	0.305	0.0100	-1.414	-0.0540	0.00600	0.0720	1.260

注：关键变量均经过1%的winsorsize处理（后文回归结果均进行了相同处理）；其中，企业规模出现负值的原因是：为消除因规模带来的异方差，首先对规模进行了对数化处理，其次，在回归中由于添加了平方项，为降低共线性，对取对数之后的规模变量进行了标准化处理；年龄为0是因为有的企业在成立当年就有过捐赠支出。

主要变量的描述性统计中，经过处理后的企业慈善捐赠比例（对企业相对捐赠比例取对数）相对均匀，其均值－8.918与中位数－8.771基本重合。就契约型利益相关者压力而言，股东压力变量的最小值为－1.42，最大值为1.42。员工压力、债权人压力以及供应商—客户压力跨度较大，尤以供应商—客户压力为甚，其最小值为对企业0.117，而最大值则为141.9。这表明不同企业在考虑捐赠多少时所面临的利益相关者压力差别较明显。这种差别，与使用财务指标来测度契约型利益相关者压力有关。运用中国上市公司财务指标进行的实证研究，大多均认为，上市公司的财务指标呈现严重的偏态分布（温素彬和方苑，2008；薛跃、韩之俊和温素彬，2005）。本书之所以对相对捐赠额取对数，其目的之一在于，希望通过对数化处理达到计量线性回归的要求。

公众型利益相关者压力的变量中，消费者压力变量的均值为0.247，与山立威、甘犁和郑涛（2008）等的均值基本相似。竞争者压力通过赫芬达尔指数衡量，均值为0.06，表明整体而言上市公司面临的竞争较激烈，从而受到源自竞争者的压力也较大。政府压力变量中，最大值高达0.325，最小值则为－0.067，这也反映了不同企业在政府压力上的差异性。社会公众压力变量通过企业的规模进行代理，经处理之后仍呈现出一定的偏态，均值为0，中位数为－0.092。此外，上市公司的平均年龄为10.21年，企业资源的代理变量现金流其均值为0.01，标准差为0.305。

（二）简单回归分析

回归之前，我们分别通过Spearman检验以及Pearson检验①，分析了研究变量之间的相关性，主要结果如表4－8所示。从表中可以发现：

第一，企业慈善捐赠额与股东压力、员工压力以及债权人压力（反向测度）均呈现显著的负相关关系。直观的反映是，股东以及员工的满足感越好同时企业的债务比越低，企业捐赠得越多。此外，政府压力与企业慈善捐赠正相关。以上相关系数的方向与显著性均与假设1—1、假设1—2、

① Spearman和Pearson相关系数在算法上相同，区别在于：Pearson相关系数是用原数值计算积差相关系数，而Spearman相关系数是用原来数值的秩次计算积差相关系数。一般而言，若两变量为连续数据且正态分布、呈线性关系时，用Pearson系数判断其间相关性较恰当。实际运用时，基于可靠性的考虑，为对相关性进行综合判断，可同时计算两系数。

表 4-8　　利益相关者压力对慈善捐赠影响的主要研究变量的相关系数

变量名	1	2	3	4	5	6	7	8	9	10	11	12
1. Phi_ratio		0.074	0.202	-0.121	-0.177	0.243	0.014	0.019	0.038	-0.088	0.036	-0.014
		(0.000)	(0.000)	(0.000)	(0.000)	(0.000)	(0.341)	(0.201)	(0.010)	(0.000)	(0.015)	(0.333)
2. Stockholder	0.060		-0.168	-0.261	0.180	0.212	0.072	-0.036	0.116	0.268	-0.200	0.201
	(0.000)		(0.000)	(0.000)	(0.000)	(0.000)	(0.000)	(0.000)	(0.000)	(0.000)	(0.000)	(0.000)
3. Employee	0.201	-0.168		-0.192	-0.223	0.310	0.021	-0.078	-0.011	-0.256	-0.012	-0.075
	(0.000)	(0.000)		(0.000)	(0.000)	(0.000)	(0.152)	(0.000)	(0.472)	(0.000)	(0.423)	(0.000)
4. Creditor	-0.058	-0.301	-0.012		-0.029	-0.198	-0.031	0.043	0.036	0.258	0.196	-0.022
	(0.000)	(0.000)	(0.398)		(0.047)	(0.000)	(0.035)	(0.004)	(0.015)	(0.000)	(0.000)	(0.132)
5. Sup_client	-0.034	0.081	0.015	-0.072		-0.143	0.140	-0.034	0.074	0.151	-0.025	0.066
	(0.020)	(0.000)	(0.296)	(0.000)		(0.000)	(0.000)	(0.021)	(0.000)	(0.000)	(0.090)	(0.000)
6. Government	0.232	0.173	0.274	-0.151	0.064		0.090	0.032	0.094	0.039	-0.008	0.023
	(0.000)	(0.000)	(0.000)	(0.000)	(0.000)		(0.000)	(0.033)	(0.000)	(0.009)	(0.603)	(0.121)
7. Competitor	0.033	0.141	0.124	-0.045	0.063	0.151		0.015	0.057	0.145	-0.047	0.005
	(0.026)	(0.000)	(0.000)	(0.002)	(0.000)	(0.000)		(0.306)	(0.000)	(0.000)	(0.002)	(0.743)
8. Customer	0.018	-0.033	-0.026	0.045	-0.004	0.069	-0.104		0.029	0.051	0.096	-0.008
	(0.233)	(0.024)	(0.078)	(0.002)	(0.800)	(0.000)	(0.000)		(0.048)	(0.001)	(0.000)	(0.590)
9. Public_2	0.045	0.127	0.010	0.133	0.061	0.100	0.123	0.023		0.214	0.042	0.028
	(0.002)	(0.000)	(0.513)	(0.000)	(0.000)	(0.000)	(0.000)	(0.118)		(0.000)	(0.005)	(0.059)
10. Public	-0.087	0.266	-0.254	0.045	0.078	0.057	0.130	0.045	0.482		0.097	0.064
	(0.000)	(0.000)	(0.000)	(0.002)	(0.000)	(0.000)	(0.000)	(0.002)	(0.000)		(0.000)	(0.000)
11. Age	0.032	-0.131	0.015	0.190	0.004	-0.011	-0.114	0.090	0.034	0.058		-0.027
	(0.031)	(0.000)	(0.317)	(0.000)	(0.799)	(0.451)	(0.000)	(0.000)	(0.022)	(0.000)		(0.071)
12. Resourse	-0.004	0.211	-0.139	-0.085	0.026	-0.008	0.025	-0.024	0.030	0.046	-0.051	
	(0.786)	(0.000)	(0.000)	(0.000)	(0.082)	(0.575)	(0.087)	(0.108)	(0.040)	(0.002)	(0.001)	

注：上三角为 Spearman 相关系数检验，下三角为 Pearson 相关系数检验。括号内为 p 值，双尾检验。N = 4592。

假设1—3以及假设2—1相一致，从而表明企业慈善捐赠与不同利益相关者之间有一定的密切关系。竞争者压力和捐赠之间呈正相关关系，这与假设是一致的，不过其统计显著性的Pearson检验和Spearman检验结果并不一致。消费者压力与慈善捐赠之间正相关，但没有显著的统计依存关系。公众压力其平方项显著为正，表明就企业捐赠的量上来说，两者之间可能呈"U"形曲线关系。

与预期不一致的是，供应商—客户压力与慈善捐赠之间显著正相关。这意味着供应商—客户的压力越大企业可能捐赠得越多，需要后续进一步的分析与判断，并给出可能的解释。不过，总体上，从主要变量的相关系数上来看，大部分利益相关者压力与企业慈善捐赠的关系基本与前文假设相一致。

第二，不同利益相关者压力之间大多显著相关，但绝大多数系数较低且未超过0.3。不同的利益相关者压力相关系数较低且均小于0.3，表明在做进一步的回归的时候，共线性不是主要的问题①。

以下，我们分别就不同年份，探讨了利益相关者压力对企业慈善捐赠的作用机制。从不同年份分别进行分析，主要出于以下三个考虑：一是通过不同年份的回归分析，可以发现利益相关者压力对上市公司慈善捐赠是否有稳定的作用机制。企业慈善捐赠是否一直是响应某些特定利益相关者要求做出，或者说，在慈善捐赠行为上，是否存在着核心利益相关者？对这些问题的回答，一定程度上，都可以通过分年度的回归寻找到部分答案。二是通过不同年份的回归分析，也可以发现利益相关者压力对企业慈善捐赠的动态作用机制，从而透视企业慈善捐赠行为在响应利益相关者压力上的动态变化过程。三是不同年份的回归分析，为后续进一步的分析提供了参照。单就某一年份的分析结果毕竟说服力有限，但是却可以为进一步的回归提供依据。具体来看，7年的回归结果如表4-9所示，从中分析可以得出：

---

① 这里利益相关者压力变量之间的相关系数均小于0.3也意味着，不同利益相关者压力变量并不适合进行主成分分析（王保进，2004）。因此，本书没有进一步就契约型利益相关者压力与公众型利益相关者进行主成分分析并探讨其对企业慈善捐赠的影响。鉴于数据本身的特点，第五章在分析利益相关者压力对慈善捐赠价值影响时，也没有对两类利益相关者压力进行主成分分析。

表 4－9　　利益相关者压力对慈善捐赠影响的分年度回归结果

解释变量	被解释变量：企业慈善捐赠占营业总收入的比例							
	2002	2003	2004	2005	2006	2007	2008	混合回归
Constant	-9.180***	-8.999***	-8.912***	-9.256***	-9.725***	-8.788***	-7.287***	-9.116***
	(-16.39)	(-23.72)	(-19.22)	(-17.10)	(-19.80)	(-15.59)	(-15.93)	(-52.86)
Stockholder	-0.543	0.373	0.506**	0.261	0.482**	0.641***	0.394***	0.426***
	(-1.26)	(1.45)	(2.03)	(1.20)	(2.35)	(3.49)	(2.68)	(5.32)
Employee	1.395	4.768***	2.932*	2.989*	4.289***	2.974**	1.591*	3.630***
	(0.74)	(3.20)	(1.66)	(1.91)	(2.82)	(1.99)	(1.94)	(6.94)
Creditor	-0.0916	-0.0472	0.405	0.634	0.649**	-0.0707	-0.557**	-0.0593
	(-0.26)	(-0.15)	(1.20)	(1.45)	(2.45)	(-0.21)	(-2.46)	(-0.49)
Sup_client	-0.0129*	-0.0156	-0.00470	0.000212	0.000739	-0.00355	-0.00713***	-0.00445**
	(-1.73)	(-1.57)	(-0.86)	(0.04)	(0.18)	(-0.73)	(-3.27)	(-2.42)
Government	4.872**	5.061***	5.110***	3.092*	5.402***	4.576***	5.000***	4.881***
	(2.45)	(3.35)	(2.82)	(1.76)	(3.53)	(3.20)	(4.97)	(8.55)
Competitor	-0.759	-0.342	-0.560	-1.575	-0.982	-1.408	-3.678*	-0.989***
	(-0.67)	(-0.47)	(-0.80)	(-1.59)	(-1.28)	(-0.73)	(-1.92)	(-2.88)
Customer	0.195	-0.137	-0.0526	0.0852	0.570**	0.434*	-0.123	0.0886
	(0.59)	(-0.51)	(-0.20)	(0.32)	(2.41)	(1.74)	(-0.72)	(0.93)

续表

解释变量	被解释变量：企业慈善捐赠占营业总收入的比例							
	2002	2003	2004	2005	2006	2007	2008	混合回归
Public_2	0. 0755	0. 0214	0. 0887	0. 0254	0. 0886	0. 111 **	0. 0434	0. 0937 ***
	(1. 27)	(0. 33)	(1. 43)	(0. 37)	(1. 61)	(2. 34)	(1. 50)	(4. 99)
Public	-0. 291 **	-0. 180 *	-0. 263 **	-0. 192 *	-0. 286 ***	-0. 406 ***	-0. 215 ***	-0. 245 ***
	(-2. 49)	(-1. 74)	(-2. 47)	(-1. 75)	(-2. 88)	(-4. 33)	(-3. 50)	(-6. 67)
Age	-0. 0264	-0. 00331	-0. 0210	-0. 000994	-0. 00688	-0. 0131	-0. 00496	0. 0212 ***
	(-0. 97)	(-0. 16)	(-1. 03)	(-0. 05)	(-0. 37)	(-0. 80)	(-0. 46)	(3. 27)
Resourse	-0. 372	-0. 332	-0. 0210	-0. 410	0. 588 *	0. 406	0. 0761	0. 0446
	(-1. 27)	(-1. 38)	(-0. 07)	(-0. 89)	(1. 96)	(1. 16)	(0. 40)	(0. 40)
Industry	Yes	Yes	Yes	Yes	Yes	Yes	Yes	Yes
Adjusted R^2	0. 10	0. 14	0. 09	0. 06	0. 13	0. 11	0. 12	0. 11
F（p 值）	2. 49 (0. 0000)	4. 61 (0. 0000)	3. 64 (0. 0000)	2. 87 (0. 0000)	5. 01 (0. 0000)	4. 38 (0. 0044)	6. 84 (0. 0000)	19. 37 (0. 0000)
N	385	516	562	572	663	794	1084	4576

注：除 F 统计量栏之外，括号中的值均为经过 White 异方差稳健性修正的 T 值；***、** 和 * 分别表示在 1%、5% 和 10% 的统计水平上显著。

第一，政府压力是促成企业慈善捐赠最重要的力量。7 年的回归结果中，企业慈善捐赠均与政府压力正相关，表明政府压力越大企业捐赠得越多。应该说，这种发现较好地契合了当前中国体制化动员的捐赠现实。政府作为企业重要的利益相关者，其权力涉及各个方面。转型经济的背景下，在这种权力的“公私边界”还未有效厘清之时，为避免政府部门日后可能的刁难，企业积极响应政府之于慈善捐赠的要求有其现实必然性。

第二，员工压力也是促成企业慈善捐赠的重要力量。在员工压力较小或员工满足程度较高的时候，企业的捐赠量明显要增加。这表明企业员工在追求自身满足之后，亦对企业有从事社会公益行为的要求。间接上，这也验证了员工需要的层次理论，即首先是员工的基本的满足程度，其次才是能带给员工更高层次精神享受的企业公益行为。

第三，股东压力对企业慈善捐赠作用后期相对较稳定，即随着股东压力的减少企业慈善也会相应有所增加。前期（如 2002 年以及 2003 年）股东压力的作用并不明显，可能与“股东本位”有关联，即企业存在的目的就是为其股东谋取更大的利益。但随着对企业本质的深入认识，股东可能改变认识，在自己的满足程度较高，从而对企业的压力较小之时，促成了企业的慈善捐赠。

第四，除以上分年度来看对企业慈善捐赠有重要影响的三个利益相关者外，其他利益相关者压力对企业慈善捐赠的影响不一，从而没有表现出一种稳定作用机制①。这一方面可能与采取的计量方法有关，另一方面可能受特定年份的因素干扰所致。总之，利益相关者压力对企业慈善的影响仍需更严密的方法来验证。

二 固定效应模型回归结果及分析

本章通过面板数据检验利益相关者压力对企业慈善捐赠的作用。首先，判断使用固定效应还是随机效应。经 Hausman 检验，χ^2为 379. 39（p =

① 社会公众压力虽 7 年均与慈善捐赠负相关，但并不能因此确认社会公众压力对企业捐赠具有稳定的作用，除非已确证社会公众压力的平方项与慈善捐赠没有显著依赖关系。因为一旦确认了其二次项确实对捐赠有显著作用的话，就理论分析和解释而言，社会公众压力本身（一次项）与捐赠之间的关系其实并不特别重要。

0.0000)，表明应拒绝随机效应模型；接下来，比较固定效应模型与随机效应模型，其中F值为2.57，伴随概率（p值）为0.0000，表明样本存在明显的个体效应，拒绝混合效应模型。综合以上两步骤结果，接受固定效应模型（以下本章的计量经济模型结果经检验均是采用固定效应模型估计得到的）。其次，为克服异方差（$\chi^2 = 7.8e+59$，$p = 0.0000$）、序列相关（$F = 14.957$，$p = 0.0001$）以及可能存在的截面相关，本章对回归标准误采取了 Driscoll/Kraay（1998）调整，回归结果如表4－10所示①。

表4－10 利益相关者压力对慈善捐赠影响的固定效应回归结果

解释变量	被解释变量：企业慈善捐赠占营业总收入的比例		
	1	2	3
Constant	−23.27*** (−49.16)	−22.64*** (−63.11)	−23.07*** (−46.75)
Stockholder	0.208*** (3.83)		0.117** (2.34)
Employee	5.317*** (10.80)		3.740*** (7.93)
Creditor	−0.147 (−0.82)		−0.0486 (−0.27)
Sup_client	0.00500* (1.84)		0.00498* (1.83)
Government		6.567*** (20.84)	4.864*** (15.02)
Competitor		−0.0106 (−0.03)	−0.0977 (−0.24)
Customer		−1.283*** (−7.87)	−1.177*** (−6.31)
Public_2		0.101*** (6.61)	0.0925*** (5.55)
Public		−0.176** (−2.09)	−0.0955 (−1.36)
Age	1.215*** (71.92)	1.212*** (73.21)	1.193*** (94.52)
Resourse	0.109* (1.86)	0.00676 (0.13)	0.0657 (1.31)
Year	Yes	Yes	Yes
Industry	Yes	Yes	Yes
F（p值）	42.84 (0.0000)	15.25 (0.0000)	23.73 (0.0000)
R^2	0.1309	0.1258	0.1470
N	4576	4592	4576
Groups	1375	1376	1375

注：括号中的T值已经过 Driscoll/Kraay（1998）标准误修正；经检验主要变量的VIF值均小于2；***、** 和 * 分别表示在1%、5%和10%的统计水平上显著。

① 更精确地，在检验利益相关者压力对慈善捐赠影响时，回归方程应包括后文出现的诸如企业特征、公司治理以及市场环境等变量。本书尝试性地加入了这些变量，结果发现，单独加入这些变量时，并不改变发现的结论（不加入这些调节变量，意味着利益相关者压力对慈善捐赠的影响是一种平均效应）。

从回归结果可以看出：契约型利益相关者中股东、员工以及供应商—客户的压力，以及公众型利益相关者中政府与社会公众的压力均对企业慈善捐赠具有显著影响，其中社会公众与慈善捐赠之间呈“U”形曲线关系。债权人压力以及竞争者压力的回归系数的符号虽分别与假设相符，但不具统计上的显著性。例外的是，消费者压力反而不利于企业慈善捐赠。总体上，第一，面板回归结果进一步验证了截面回归中政府、员工以及股东压力对企业慈善捐赠的作用；第二，相比于截面回归分析，因考虑遗漏变量（混合回归并未考虑遗漏变量）以及使用了更多的信息量，面板数据的回归结果相对较理想，利益相关者压力对企业慈善捐赠的影响基本得到确证（8 个利益相关者其中 5 个得到确认）。

（一）契约型利益相关者压力与慈善捐赠

1. 股东压力与慈善捐赠

股东压力与慈善捐赠负相关（$\beta = 0.117$，$t = 2.34$，股东压力通过反向指标测量，故此处 β 系数为正，下同），表明整体而言随着股东压力愈来愈小，企业的捐赠量也会越来越多，这样的结果与 Useem（1988）以及 Buchholtz，Amason & Rutherford（1999）等发现的结论是一致的。进一步，这也表明，相异于古典企业社会责任的观点，企业并不只是股东的赚钱机器，一方面这可能与当前企业社会责任普遍重视有关；另一方面在于，与以前相比，现今企业的发展更多依赖于不同利益相关者之间的广泛合作以及由此而形成的互联网络（Clarkson，1991；Donaldson & Preston，1995；Berman & Wicks，1999），企业不仅需要敏锐的市场感知力，同时还应对诸如慈善等社会问题予以足够的重视。

当然，还可能的是，在股东基本利益满足之后从而股东压力减少时，股东会通过诸如慈善的社会责任投资（Brammer & Millington，2004），以“行善赚钱”（德鲁克，2006）的方式赚取更多利润，从而充分发挥慈善捐赠的战略性一面（Porter & Kramer，2006）。另外，本章发现的股东压力与慈善捐赠的关系，与 Schwartz（1968）以及 Navarro（1988）等考量每股收益对慈善捐赠影响的结果类似，间接上也就为分析企业收益与捐赠关系的研究提供了进一步的证据。

2. 员工压力与慈善捐赠

员工压力对企业慈善捐赠作用的假设得到验证（$\beta = 3.740$，$t =$

7.93）。这表明企业在考虑捐赠多少时，员工压力因素也有重要影响。作为企业最重要的人力资本，员工压力越小时对企业慈善捐赠有要求，体现了员工对进一步提升自我满足感的意愿。相反，在员工基本需要尚未满足之时，由此引起的员工压力就使得企业的捐赠量要明显减少。总之，在促成企业的捐赠量上，员工并不是企业沉默的利益相关者，而是积极地通过自身要求来影响企业的捐赠。

3. 债权人压力与慈善捐赠

债权人压力并未显著影响企业慈善捐赠，这与贾明与张喆（2010）以及山立威、甘犁和郑涛（2008）的发现相同，即资产负债率与企业慈善捐赠额并没有显著的负向依存关系。其可能的原因是，中国上市公司的负债更多是通过银行融资而形成，相对能对公司产生较大约束力的债券融资比较少。考虑到银行业垄断经营的情势，由于银行本身的预算软约束，加之中国上市公司对这种显性债务契约重视不足，难免出现债务对于企业慈善捐赠约束不力的现象。

对此的深入探讨，总结王满四（2006）的观点，造成我国公司债权治理功能弱化，主要有四个方面的原因：一是并未形成真正意义上的债权主体；二是债权人与债务人之间未能建立起真正的信用关系；三是破产退出机制与相机控制失灵；四是债权治理缺乏相应的制度性保护和主办银行制度。事实上，以中国上市公司为样本的经验研究，也发现公司债务并没有发挥良好的治理效应（邓莉、张宗益和李宏胜，2007）。

4. 供应商—客户压力与慈善捐赠

供应商—客户压力对企业慈善捐赠的影响同样与假设相符（β = 0.00498，t = 1.83）。企业面临的供应商—客户压力越小时，企业的捐赠亦会增加。这一方面反映了供应商—客户压力在促成企业慈善捐赠上的重要性；另一方面也同时预示，随着供应商—客户压力的减小，供应商—客户对企业有参与慈善捐赠行为的额外要求，其原因可能是，企业与供应商—客户的合作关系越紧密，为保证后续更好的合作，供应商—客户希望企业有更可靠的声誉，从而作为进一步深入合作的保证。

（二）公众型利益相关者压力与慈善捐赠

1. 政府压力与慈善捐赠

就政府压力对捐赠的作用来说，政府压力越大，企业捐赠也越多

（$\beta=4.864$，$t=15.02$）。这与张传良（2005）的调查有契合之处，在其调查的样本中，33.4%的企业认同政府的行政动员对企业慈善捐赠行为有重要影响。企业积极响应政府压力对捐赠的要求，表明企业比较重视与政府的关系。政府关系是企业与政府之间的沟通关系，任何企业都必须面对和接受政府的管理和约束，需要与政府不同职能部门打交道。在市场经济转轨过程中，我国政府虽然逐步放松对企业的管制，但干预的力量依然较大（张建君和张志学，2005）。维持好的政府关系不仅是企业生存的外部保障条件，同时也是企业发展的必要前提①，譬如：较少的行业进入壁垒、获得特定的政策性资源（罗党论和刘晓龙，2009）、优惠的税收要求（吴文锋等，2009）以及更多的财务困境补助（潘越等，2009）等。

与本章结果类似的是，贾明与张喆（2010）发现企业高管的政治关联促进了企业慈善捐赠。其实，企业高管之所以由其政治背景促成企业的捐赠行为，这很大程度上是应从"体制性压力"的无奈之举：为之，则维持了自身"体制人"的角色，为高管自身以及企业以后更好地与政府交往奠定基础；不为，则面临企业合法性削弱的可能。综合权衡，积极参与捐赠才是上策。这实际上就从另外一个侧面——与政府的关系的角度，体现了政府压力之于慈善捐赠的促进作用；与之不同，本章从企业"受政府关注"这个角度切入，同样得到类似结论。由此，这也就进一步确证了政府这个外部利益相关者对企业慈善捐赠的重要影响。

2. 竞争者压力与慈善捐赠

就竞争者来看，并没有证据表明其压力对企业慈善捐赠有明显的促进作用（$\beta=-0.0977$，$t=-0.24$），即企业并不会因为竞争越激烈而捐赠得越多。由此，战略性慈善以及社会责任战略虽备受学界推崇，但事实却是，我国上市公司并未将其作为一项竞争策略。对此，三个可能的解释是：第一，在我国转型经济背景下，企业慈善捐赠是近几年才出现并逐渐引起关注的新现象。慈善捐赠为企业广泛认可并成为其各种行为践行准则和自发要求的时间还不长，同时，企业慈善捐赠的定位并不是很明确，对

---

① 应说明的是，这里并不以第五章企业慈善捐赠的捐赠价值为论证前提，只是基于企业的立场，认为捐赠可能带来这些收益，从而形成慈善捐赠的事实。但实际上，捐赠是否真的能带来这些收益，则是另外一回事。

慈善捐赠的认识还停留在观望阶段（中国社会科学院，2009），以致能成立相应机构实现捐赠常态化的企业都还比较少，至于能以慈善作为突破点谋求竞争优势的企业则更是微渺。

第二，通过慈善捐赠行为来赢取竞争优势可能与我国传统文化理念不一致。在儒家传统文化中，早有“君子喻于义，小人喻于利”“君子言义不言利”的训语。通过慈善来赚钱，不仅有违慈善的本意要求，同时也与个人终极追求目标相抵触。这种理念影响到企业就是，企业家做决策时，并不会将慈善与竞争优势联系在一起。事实上，既有的调查也表明，目前我国企业的捐赠大多还停留在“回报社会、造福桑梓”的阶段（杨团和葛道顺，2003），以至带有强烈的宗亲、乡土意识。

第三，缺乏积极培育慈善竞争优势的外围条件。慈善竞争优势的形成，离不开市场对这种慈善捐赠行为认可与嘉奖。但遗憾的是，许多企业的慈善捐赠还存在诸多误解，以致其被视为“捐赠秀”抑或逃税行为。此外，这还可能与企业竞相使用“竞底策略”有关。所谓“竞底策略”是指，激烈的市场竞争中，企业以绝对低成本的方式获取竞争优势。其结果是，当其他要素成本无法再压低时，选择并压缩诸如慈善捐赠等具有弹性的社会责任支出，就成为现实的选择。

3. 消费者压力与慈善捐赠

就消费者而言，与本研究预期不同，消费者压力对企业慈善捐赠非但没有构成明显促进作用（$\beta = -1.177$，$t = -6.31$）；相反，其压力对企业慈善捐赠构成明显抑制性作用，即：与消费者直接接触的企业其捐赠反而越少。对此，依据中国特定的现实背景，本章从两个方面对此予以说明。

首先，从消费者自身来看。这一现象可能与当前消费者的道德观仍处于前惯例阶段有关。罗宾斯和库尔特（Robbins & Coulter，2004）认为，人的道德发展存在三个阶段：第一个阶段称为前惯例阶段，表现为个人只在与其自身相关的奖惩卷入时，才对正确或错误的概念作出反应；第二个阶段称为惯例阶段，表现为个人维护并遵从正确的道德价值观、受他人期望影响并形成相应行为；第三个阶段称为“原则阶段”，表现为个人做出明确的努力，摆脱其所属团体或社会权威，确定自己的道德原则。通常，个人达到的道德阶段越高，就越倾向于采取符合道德规范的行为。当前，消费者之所以处于前惯例阶段，其主要原因是，在我国转型市场经济阶段，利益原则泛化，“实利主义”频现，“一切向钱看”的拜金主义、极端个人主义倾向明显（刘扬，2002）。受其影响，消费者当然也不例外，在并不关乎自身利益的条件下，很难设想消费者会出于理性消费心理，独自为有责任感的企业投上自己的一票。特别是，相对于非直接接触消费者的企业，因频繁与消费者接触等各种可能原因，与消费者直接接触的企业可能更谙熟于消费者的这种心理，并认为，在当前社会环境下通过捐赠吸引有责任感的消费者，可能就根本没有必要，进而以其作为捐赠的指导原则；相反却是，非直接接触消费者的企业并不以消费者这种内在心理指引自己的捐赠行为。作为结果，非直接接触消费者的企业可能就要比直接接触消费者的企业捐得多。

其次，从企业自身来看。与消费者直接接触的企业捐赠得更少，可能与这些企业形成的卖方市场地位有关联。所谓卖方市场是指，买卖交易的时候，买方需求较大，以致卖方相对占据更有利的地位的一种市场态势。我国上市公司数量较少，平均而言，能上市的（且与消费者直接接触的）企业其质量一般较高且信誉较好，在竞争相对激烈的行业更是如此。相应，消费者对这些企业也会有更多的好感，以致对其产品产生依赖性，从而形成一种隐性卖方市场。在卖方市场中，消费者对于企业没有更多的选择余地，于是有更严格要求的责任消费也就很难嵌入到消费者的理念中并得以有效实施。此时企业掌握了更多的制控权，由此消费者压力对（直接接触消费者的）企业的作用也就明显弱化。而对那些非直接接触消费者的企业来说，虽消费者压力对其作用有限，但并不意味着消费者对这些企业没有影响。当消费者对与其直接接触的企业的压力小于与其对非直接的企业的压力时，即出现直接接触消费者的企业其捐赠要少于非直接接触消费者的企业。

此外，应指出的是，本章的发现与山立威、甘犁和郑涛（2008）的研究结论明显不同。他们基于汶川地震后企业慈善捐赠的数据发现，那些与消费者直接接触的企业其慈善捐赠量要比非直接接触消费者的企业要多。这一差异，其原因至少体现在以下两个方面：一是研究样本上的差异。他们的研究数据来自汶川地震这一非常态事件下的企业捐赠样本，而本章的检验则包括了2002—2008年上市公司常态与非常态下的捐赠数据。二是鉴于地震的破坏性以及资金需要的紧迫性，在能通过自己的力量影响企业慈善捐赠行为之时，消费者对于企业慈善捐赠的要求可能空前高涨且明显超过以往任何时候，以致那些与消费者直接接触的企业感受到的压力急剧增大，进而促成了企业较多的捐赠。

4. 社会公众压力与慈善捐赠

社会公众压力与企业慈善捐赠之间，经检验呈“U”形曲线关系($\beta = 0.0925$，$t = 5.55$)。这意味着，企业面临的社会公众压力在不同区间对企业慈善捐赠的作用有差异：压力越大，企业捐赠得越多；同样，压力小时，企业亦有较好的捐赠表现。企业在压力较小的时候，一般社会公众对其要求较低，但此时企业自身并不因此就放松对社会责任的要求。对此提供的进一步解释是，一般那些规模小的企业虽整体而言不为社会公众所注意，但就其所处之社区而言，为获得更好的认可度，并汲取合法性资源，相应捐赠也较多。此时，企业捐赠更多体现的是一种主动行为。相反，当企业社会压力较大时，企业响应社会公众压力的捐赠行为可能就更多含有迎合的成分。由此，企业对社会公众之于慈善要求的响应，既有主动的一面同时也有迎合的一面。

既往研究文献中（Boatsman & Gupta，1996；Galaskiewicz，1997；Adams & Hardwick，1998；Buchholtz，Amason & Rutherford，1999；陈宏辉和王鹏飞，2010），在考虑企业规模对捐赠影响时，一般也发现规模越大，企业捐赠得会越多，从利益相关者压力的角度来说，这强调了企业对社会公众响应的一面。就全面考虑规模的影响而言，这仍有待深入。本章发现，社会公众压力越小时，企业也会有较高的捐赠积极性。由此，这也为“规模与社会责任之间呈‘U’形关系”Udayasankar（2007）的推论，提供了实证证据。

三　小结

综合以上讨论，可得到三个结论：其一，利益相关者压力构成企业慈善捐赠的动力机制；其二，各利益相关者压力对企业慈善捐赠影响有所不同，即便同一类型的利益相关者内部其差异也较明显；其三，分析不同利益相关者压力对企业慈善捐赠的影响，结合中国特定现实背景能获得更好的解释。

另外，若就以上不同利益相关者对企业慈善捐赠的影响进行分类

(如表 4－11 所示)，股东、员工、供应商—客户、政府及社会公众("U"形曲线左半部）对企业慈善捐赠影响显著，相应是企业慈善捐赠行为上的积极的利益相关者，亦即：作为影响企业慈善捐赠不可或缺的群体，企业充分体现了他们的捐赠要求。债权人及竞争者并未对企业慈善捐赠构成明显的促进作用，从而构成了中性的利益相关者，亦即：这些利益相关者与企业关系密切，企业虽没有体现其捐赠之要求，但还不至于消极被动地受到企业影响以致企业的实际捐赠与其要求相违背，从另一个角度反映就是，这些利益相关者对自身的利益要求仍处于一种潜隐状态。消费者要求不但未在企业慈善捐赠上得到体现，相反却与理论上的预期要求相反，从而被动地受到企业影响，由此可视之为消极的利益相关者。

表 4－11　　基于对企业慈善捐赠影响的利益相关者分类

	积极的利益相关者	中性的利益相关者	消极的利益相关者
利益相关者	股东、员工、供应商—客户、政府以及社会公众	债权人、竞争者	消费者

资料来源：本研究整理。

四　稳健性检验

前文检验了不同利益相关者对企业慈善捐赠的影响，并最后区分了三种不同类型的利益相关者。但事实上，这些结论是否真确的还原了现实，仍需要进一步的检验，否则不同利益相关者压力对捐赠的作用仍存在质疑的可能。

就本章而言，面临两个重要问题，一是我们虽参考并借鉴了既有关于利益相关者压力的文献资料，但不同利益相关者压力，特别是契约型利益相关者压力的代理变量可能是内生的。这是因为，本章 8 个利益相关者压力的测量其中有 6 个使用的是财务指标，而这难免出现的可能是，由于某些财务指标一定程度受企业主控，同时慈善捐赠又是企业自身的一种社会行为，相应以财务指标为代理的利益相关者压力与慈善捐赠的关系可能受企业的某个共同因素支配（当然不排除能同时影响两者的外界环境因素），以致有可能我们发现两者之间的任何关系是一种假关系。虽然固定效应模型一定程度上已经消除了那些不随时间变化或随时间变化较小的共同因素的干扰，但对那些随时间变化的因素，我们仍然没有很好地处理，若由此刚好影响了结论的稳健性，则仍需要进一步寻求其他可能的方法。二是企业慈善捐赠与利益相关者压力之间有可能存在一种联动性。虽然我们分析了利益相关者压力对企业慈善捐赠的影响，但也有可能的是，企业会主动通过慈善捐赠来影响利益相关者的压力。若的确如此，由于未考虑到这一影响而建立的分析模型以及由此而得到的各种结论都有待进一步完善。

针对以上存在的问题，最好的办法当然是为被解释变量找到合适的工具变量。接下来，我们使用广义矩估计（GMM）的方法对前述实证予以进一步改进。GMM 是以工具变量来克服研究变量中可能存在的内生性与联动性问题，其对工具变量的选取以被解释变量的滞后项为参照。广义矩估计有两种形式，分别为差分 GMM 与系统 GMM。考虑到差分 GMM 的滞后项工具变量与差分项内生变量之间的相关性可能较小且易产生弱外生工具变量问题，本章使用了系统 GMM 模型进行估计。另外，GMM 估计包括一步 GMM 估计和两步 GMM 估计，本章采纳了一步 GMM 模型，原因是：两步估计的标准差存在向下偏倚，虽经过 Windmeijer（2005）调整后会减小，但其估计量的近似渐进分布不可靠（Bond，2002）。

具体回归时，在考虑不同利益相关者压力变量的外生性及内生性上，由于消费者压力（是否与消费者直接接触）与竞争者压力（赫芬达尔指数）独立于企业，因此将两者作为严格的外生变量，其他利益相关者压力变量等作为内生变量处理，回归结果如表 4－12 所示。

表 4－12　　利益相关者压力对慈善捐赠影响的 GMM 回归结果

被解释变量：企业慈善捐赠占营业总收入的比例					
变量	系数	Z 值	变量	系数	Z 值
Constant	－27.009***	－22.08	Competitor	－1.127	－0.46
Stockholder	0.311***	3.17	Customer	－0.0671	－1.33

续表

变量	系数	Z值	变量	系数	Z值
Employee	5.696 **	2.01	Public_2	0.0927 ***	10.51
Creditor	-1.0612	-0.82	Public	-0.416 *	-1.89
Sup_client	0.03125 *	1.76	Age	3.42 ***	32.33
Government	12.875 ***	14.35	Resourse	1.1235	1.28
Year	Yes		Industry	Yes	
χ^2（p值）	592.32（0.000）		Sargan test	0.093	
ABtest - AR（1）	0.000		ABtest - AR（2）	0.572	
N	4，576		Groups	1，375	

注：以上GMM估计通过stata11.0的xtabond2程序进行。其中，内生变量滞后期选择Lag（2，4）。萨甘（Sargan）检验、残差自相关检验给出的都是统计量伴随p值。经检验主要变量的VIF值均小于2；***、**、*分别表示在1%、5%和10%的水平上显著。

通常，萨甘统计量的伴随概率（p值）越大，工具变量越有效，本章萨甘检验（原假设为“工具变量整体外生”）的p值为0.093，其值虽较微弱，但若稍放宽拒绝域，仍不能拒绝工具变量整体有效性的假设，这表明采用的工具变量基本与各自随机扰动项不相关。残差自相关检验AR（1）和AR（2）伴随p值分别为0.000和0.572，这表明一阶差分方程的残差项不存在自相关，且我们设定的模型符合矩约束条件。基于表4-12的回归结果，可以判断，GMM回归呈现的结果与使用固定效应模型所得到的结果基本相同。GMM回归中，股东、员工、供应商—客户、政府以及社会公众仍对企业慈善捐赠具有显著影响，同样，债权人压力对企业慈善捐赠的作用依然不明显。略有区别的是，消费者在GMM回归结果中并不显著。总体上看，GMM的回归结果与前文固定效应回归模型有较高的一致性，前文各种解释是有效的。总之，本书结论由于变量的内生性及联动性而导致偏误的可能性较小，从而也就进一步增强了前文结论的稳健性。

此外，本章还尽可能多角度地进行了稳健性检验。具体来说，主要包括6个方面，分别是：第一，不同行业利益相关者各有差异，单就某个特定行业来说，即便相同的利益相关者对企业慈善捐赠的要求可能并不相同。本章虽有效控制了行业因素，但为深入考虑行业影响，进一步就利益相关者压力变量进行了分年度的行业均值调整，并重新检验了利益相关者压力对企业慈善捐赠的影响。

第二，整体而言，中国的经济发展水平并不均衡（世界银行，2007；樊纲等，2001，2003，2007），就契约型利益相关者来说，面对相同的利益满足程度，不同利益相关者表现出的态度可能截然有别，反映到捐赠上就是，通过利益相关者满足程度反映的利益相关者压力对企业慈善捐赠的作用并不一致。鉴于以上原因可能会对结论造成影响，以东部、中部以及西部三个地区为划界标准①，本章对利益相关者压力变量进行了地区均值调整，并对回归结果再次进行了验证。

第三，测度契约型利益相关者压力时，本章主要使用的是财务指标，其衡量很大程度上受会计制度变革的影响。因会计制度的变革，而导致的会计衡量的差异，在反映利益相关者压力时，严格意义上应排除其对不同利益相关者压力测度带来的影响。考虑到财政部于2006年已对会计准则进行过较大调整（2007年1月1日起实施），为此，本章单独以2002—2006年的样本进行回归分析，以进一步判断会计准则调整是否影响到了本章的回归结果。

第四，为进一步保证结论的稳健性，本章还从多角度测量了每个契约型利益相关者压力，并使用主成分分析法（PCA）得出其变量值，即：股东压力使用每股收益、净资产收益率与总资产报酬率进行代理，债权人压力使用速动比率、流动比率与资产负债率进行代理，供应商—客户压力使用资产周转率、应付账款周转率以及现金与应付账款比率进行代理。

第五，前文探讨的是利益相关者压力对相对捐赠量的影响，由于企业收入水平不一致，相对捐赠较大的公司可能另有其他意图，这种意图是否影响了我们前文的分析结论呢？为此，我们使用企业慈善捐赠的绝对量作为回归的因变量，再次进行了回归的稳健性检验。

第六，相对于西方发达国家和地区，中国慈善事业还处于蛮荒待垦的阶段。正因为2008年的汶川地震，慈善捐赠才开始成为广泛讨论的一个

① 东部地区包括的省级行政区共11个，分别是北京、天津、河北、辽宁、上海、江苏、浙江、福建、山东、广东和海南；中部地区有8个省级行政区，分别是山西、吉林、黑龙江、安徽、江西、河南、湖北、湖南；西部地区包括的省级行政区共12个，分别是四川、重庆、贵州、云南、西藏、陕西、甘肃、青海、宁夏、新疆、广西、内蒙古。

主题，并成为媒体、学界以及企业备受关注的焦点。由此引出的是，2008年企业慈善捐赠可能因汶川地震的影响与其他年份的捐赠有显著差别，故而明显构成一个异质性样本，从而影响了结论的可靠性。基于这种考虑，我们剔除了2008年的数据，重新检验了利益相关者压力对企业慈善捐赠的影响。

以上6个方面的回归结果如表4－13所示，总体来看，在能保持前文理论解释一致性的条件下，除极个别差异外，利益相关者压力对企业慈善捐赠的作用与前文结果较吻合，基本没有实质性差异，这也就进一步验实了前文结论的稳健性。

第五节　企业特征、利益相关者压力与慈善捐赠关系的回归结果

慈善捐赠作为企业一种行为，本书认为，这是企业响应利益相关者压力的结果。在不同情境特征下，企业响应外界要求的方式存在差别，当然也包括慈善捐赠。为验证这样的命题，针对不同企业特征，本章进一步从企业产权差异、资源差异以及生命周期差异三个层面，检验了利益相关者压力对企业慈善捐赠的影响。

一　产权特征差异

为检验不同产权特征下，企业响应利益相关者压力的差异，本章区分国有与民营两种不同类型的企业，并同时就国有企业进一步细分为央企与地方国企。

检验这种差异性时，首先就不同类型企业利益相关者压力变量进行描述性分析，其中国有企业与民营企业以及中央国企与地方国企的均值以及中位数的差异检验如表4－14和表4－15所示。国有企业与民营企业的利益相关者压力变量对比，其均值与中位数经T检验与Wilcoxon检验，结果呈现出的差异性较大，仅供应商—客户压力、竞争者压力以及政府压力、消费者压力得到相同的结果，前两者在两类不同企业中呈明显差异，而后两者则并没有表现明显不同，股东压力、员工压力、债权人压力以及社会公众（二次项）压力变量的检验结果则不完全一致。

表 4 – 13　　利益相关者压力与企业慈善捐赠关系的固定效应回归结果（稳健检验）

解释变量	变换类型					
	分年度行业调整	分地区调整	会计制度变革	替换变量（PCA）	捐赠绝对量	剔除 2008 年数据
Constant	−22.88***（−41.67）	−22.74***（−40.37）	−10.016***（−34.43）	−22.91***（−40.73）	−3.263***（−5.41）	−9.629***（−10.28）
Stockholder	0.0730*（1.67）	0.117**（2.32）	0.103***（2.72）	0.00390***（3.48）	0.248***（4.21）	0.0790（1.45）
Employee	3.599***（8.63）	3.693***（7.70）	3.601***（6.23）	3.564***（7.19）	−1.449***（−3.07）	3.465***（5.49）
Creditor	−0.147（−0.91）	−0.0735（−0.42）	0.367***（4.53）	−0.0219（−1.33）	−0.0477（−0.29）	0.218*（1.78）
Sup_client	0.00379（1.64）	0.00475*（1.73）	0.00928***（3.75）	0.00522*（1.95）	0.00849**（2.53）	0.0128***（6.97）
Government	4.530***（11.48）	4.820***（15.63）	3.120***（7.16）	5.153***（15.41）	2.845***（5.24）	5.469***（5.89）
Competitor	−0.264（−0.53）	−0.0939（−0.23）	0.316（0.23）	−0.231（−0.61）	−0.298（−0.73）	−0.759**（−2.10）
Customer	−1.268***（−7.32）	−1.172***（−6.23）	−0.954***（0.23）	−1.197***（−6.44）	−1.126***（−7.34）	−0.712***（−2.69）
Public_2	0.0938***（5.23）	0.0975***（5.55）	0.170***（3.92）	0.0982***（5.30）	0.104***（5.49）	0.132***（7.69）
Public	−0.0773（−1.42）	−0.106（−1.50）	0.0984（0.61）	−0.118*（−1.73）	0.666***（6.07）	0.0325（0.45）
Age	1.230***（99.03）	1.233***（108.69）	−0.677***（−22.98）	1.182***（102.36）	1.288***（116.45）	−0.778***（−9.67）
Resourse	0.0614（1.16）	0.0666（1.32）	0.118（1.11）	0.0864*（1.75）	−0.0555（−1.04）	−0.0187（−0.21）
Year	Yes	Yes	Yes	Yes	Yes	Yes
Industry	Yes	Yes	Yes	Yes	Yes	Yes
F（p 值）	36.34（0.0000）	22.58（0.0000）	35.47（0.0000）	14.37（0.0000）	18.41（0.0000）	17.91（0.0000）
R^2	0.1699	0.1725	0.0560	0.1727	0.2426	0.0617
N	4576	4576	2698	4569	4576	3492
Groups	1375	1375	990	1374	1375	1180

注：括号中的 T 值已经过 Driscoll/Kraay（1998）标准误修正；经检验主要变量的 VIF 值均小于 2；***、** 和 * 分别表示在 1%、5% 和 10% 的统计水平上显著。

表 4-14　国/民企利益相关者压力及控制变量的描述性统计

变量	均值			中位数		
	国有	民营	T 检验	国有	民营	Wilcoxon 检验
Stockholder	0. 169	0. 179	-0. 77	0. 130	0. 157	-1. 69*
Employee	0. 0880	0. 0850	1. 22	0. 0730	0. 0680	3. 26***
Creditor	0. 523	0. 540	-2. 02**	0. 519	0. 516	0. 92
Sup_client	9. 150	6. 227	5. 50***	4. 519	3. 529	9. 20***
Government	0. 0660	0. 0650	0. 69	0. 0530	0. 0530	0. 95
Competitor	0. 0750	0. 0570	5. 28***	0. 0430	0. 0370	5. 69***
Customer	0. 261	0. 242	1. 34	0	0	1. 34
Public_2	1. 027	0. 785	4. 64***	0. 360	0. 342	1. 13
Public	0. 330	-0. 223	18. 02***	0. 238	-0. 272	16. 76***

注：***、**和*分别表示在1%、5%和10%的统计水平上显著。

表 4-15　央企/地方国企利益相关者压力及控制变量的描述性统计

变量	均值			中位数		
	中央国企	地方国企	T 检验	中央国企	地方国企	Wilcoxon 检验
Stockholder	0. 184	0. 171	0. 43	0. 160	0. 130	-1. 76*
Employee	0. 0820	0. 0890	2. 44**	0. 0700	0. 0730	1. 85*
Creditor	0. 535	0. 518	-1. 80*	0. 527	0. 518	-1. 52
Sup_client	8. 710	9. 460	0. 97	4. 985	4. 532	-2. 97***
Government	0. 0560	0. 0690	4. 69***	0. 0460	0. 0550	5. 52***
Competitor	0. 0810	0. 0740	-1. 19	0. 0440	0. 0440	-1. 61
Customer	0. 227	0. 279	2. 69***	0	0	1. 58
Public_2	1. 764	0. 827	-12. 41***	0. 631	0. 317	-7. 16***
Public	0. 602	0. 278	-7. 80***	0. 408	0. 205	-5. 35***

注：***、**和*分别表示在1%、5%和10%的统计水平上显著。

就中央国企以及地方国企比较而言，其均值与中位数经过 T 检验与 Wilcoxon 检验，其结果也有一定差异，员工压力、政府压力、消费者压力、社会公众压力以及竞争者压力在两类不同企业中的差异性检验的结果相同，其中仅竞争者压力未检验出明显差异，其他利益相关者压力在两类不同企业均有显著性差异；股东压力、债权人压力以及供应商—客户压力检验的结果并不一致。

为进一步判断不同利益相关者压力对慈善捐赠影响，下面通过面板数据的固定效应回归模型进行检验，结果如表4－16所示。首先，在国有企业以及民营企业中，两者对契约型利益相关者压力的响应并无明显不同，对不同利益相关者响应的差异主要体现在公众型利益相关者中（主要包括消费者以及社会公众）。消费者压力对慈善捐赠的作用在国有企业体现得更加不明显，相反，社会公众压力对慈善捐赠的影响在国有企业体现得更加明显。就消费者压力而言，其作用对国有企业慈善捐赠影响不显著，这也许与国有企业的目标定位有关。通常，国有企业受到政府的管制与约束相对较多，在如何响应外界要求上，有着其自身的特定体制限制，对来自消费者的压力响应可能不如民营企业敏感。再者，表面上看，消费者与社会公众都是企业的外部利益相关者，其作用对两类企业的影响应不会有太大差别，但事实却是，在社会公众的压力对慈善捐赠的影响上，国有企业比民营企业更加敏感，这与国有企业对消费者压力的响应形成鲜明对照。这可能源于以下原因：在响应社会公众对企业慈善捐赠的要求上，基于企业形象的考虑以及对国有企业有履行公共责任的呼吁的回应，在慈善捐赠的计划上，国有企业有一定的统筹安排。

表4－16　不同产权性质的企业中利益相关者压力对慈善捐赠的影响

解释变量	被解释变量：企业慈善捐赠占营业总收入的比例					
	国企/民企		p值	中央/地方国企		p值
	国有	民营		中央国企	地方国企	
Stockholder	0.171*	0.0627*	[0.19]	0.0717*	0.302**	[0.16]
	(1.77)	(1.66)		(1.68)	(2.00)	
Employee	2.431***	5.657***	[0.25]	4.699*	3.848***	[0.41]
	(2.73)	(4.17)		(1.65)	(3.67)	
Creditor	0.0156	−0.0231	[0.65]	−1.053**	0.0903	[0.05]
	(0.06)	(−0.08)		(−2.39)	(0.23)	
Sup_client	0.00543*	0.00441*	[0.41]	−0.00650	0.0131***	[0.14]
	(1.67)	(1.87)		(−1.38)	(7.85)	

续表

<table>
<tr><th rowspan="3">解释变量</th><th colspan="6">被解释变量：企业慈善捐赠占营业总收入的比例</th></tr>
<tr><th colspan="2">国企/民企</th><th rowspan="2">p 值</th><th colspan="2">中央/地方国企</th><th rowspan="2">p 值</th></tr>
<tr><th>国有</th><th>民营</th><th>中央国企</th><th>地方国企</th></tr>
<tr><td rowspan="2">Government</td><td>4.687***</td><td>5.344***</td><td rowspan="2">[0.32]</td><td>4.339***</td><td>3.761***</td><td rowspan="2">[0.25]</td></tr>
<tr><td>(5.30)</td><td>(3.44)</td><td>(3.80)</td><td>(2.86)</td></tr>
<tr><td rowspan="2">Competitor</td><td>0.383</td><td>-3.748</td><td rowspan="2">[0.42]</td><td>0.875</td><td>0.467</td><td rowspan="2">[0.72]</td></tr>
<tr><td>(0.78)</td><td>(-1.55)</td><td>(1.39)</td><td>(0.88)</td></tr>
<tr><td rowspan="2">Customer</td><td>-1.499**</td><td>-0.502</td><td rowspan="2">[0.03]</td><td>-2.543***</td><td>-0.482</td><td rowspan="2">[0.08]</td></tr>
<tr><td>(-2.55)</td><td>(-1.42)</td><td>(-2.65)</td><td>(-1.42)</td></tr>
<tr><td rowspan="2">Public_2</td><td>0.0849***</td><td>0.0533*</td><td rowspan="2">[0.06]</td><td>0.0415**</td><td>0.0407**</td><td rowspan="2">[0.37]</td></tr>
<tr><td>(3.75)</td><td>(1.91)</td><td>(2.25)</td><td>(2.17)</td></tr>
<tr><td rowspan="2">Public</td><td>-0.0104</td><td>-0.122</td><td rowspan="2">[0.49]</td><td>0.338</td><td>0.0880</td><td rowspan="2">[0.55]</td></tr>
<tr><td>(-0.12)</td><td>(-0.85)</td><td>(1.52)</td><td>(0.64)</td></tr>
<tr><td>Age</td><td colspan="2">1.239***
(91.15)</td><td>1.108***
(25.56)</td><td colspan="2">1.056***
(43.96)</td><td>1.326***
(67.79)</td></tr>
<tr><td>Resourse</td><td colspan="2">-0.0737
(-1.09)</td><td>0.305***
(3.06)</td><td colspan="2">-0.253
(-0.80)</td><td>-0.106
(-1.27)</td></tr>
<tr><td>Constant</td><td colspan="2">-23.62**
(-28.52)</td><td>-18.03***
(-26.46)</td><td colspan="2">-21.13***
(-35.68)</td><td>-24.55***
(-30.56)</td></tr>
<tr><td>Year</td><td colspan="2">Yes</td><td>Yes</td><td colspan="2">Yes</td><td>Yes</td></tr>
<tr><td>Industry</td><td colspan="2">Yes</td><td>Yes</td><td colspan="2">Yes</td><td>Yes</td></tr>
<tr><td>F（p 值）</td><td colspan="2">25.29
(0.0000)</td><td>391.98
(0.0000)</td><td colspan="2">429.34
(0.0000)</td><td>71.02
(0.0000)</td></tr>
<tr><td>R^2</td><td colspan="2">0.1607</td><td>0.2094</td><td colspan="2">0.1495</td><td>0.1684</td></tr>
<tr><td>N</td><td colspan="2">3120</td><td>1300</td><td colspan="2">671</td><td>2297</td></tr>
<tr><td>Groups</td><td colspan="2">934</td><td>511</td><td colspan="2">246</td><td>714</td></tr>
</table>

注：圆括号中的 T 值已经过 Driscoll/Kraay（1998）标准误修正；经检验主要变量的 VIF 值均小于 2；***、** 和 * 分别表示在 1%、5% 和 10% 的统计水平上显著；中央国企与地方国企以及国有与民营不同样本之间利益相关者压力变量回归系数的差异，使用自助法（bootstrap）得到，其中方括号中的 p 值为通过 100 次抽样取得。

再者，就中央国企与地方国企比较而言，回归结果表明，两类国企在响应债权人以及消费者的压力要求上存在显著差异。其中，在响应债权人压力对慈善捐赠的要求上，中央国企要更加敏感。应该说，这与央企的特殊管理体制有其内在关系。中央国企直接接受国资委管理，特别是2005年爆发的国有企业改革大讨论以来，国企效益成为关注的焦点，国资委对国有企业也加强了管理，并出台一系列的财务政策，以完善对中央国企的财务监督，规范企业年度财务预算编制、报告、执行与监督工作（比如，2007年6月25日发布的《中央企业财务预算管理暂行办法》）。这就使得在面对债权人压力时，央企不得不做出积极的响应行为。在响应消费者的压力上，地方国企要比中央国企更明显，其中的原因也许是中央国企对慈善捐赠有更加严格的规定（比如，2009年国资委发布的《关于加强中央企业对外捐赠管理有关事项的通知》），并不因外在的消费者压力而改变，相应在响应消费者压力对慈善捐赠要求上也就更加不敏感。

总之，不论是国有企业与民营企业比较，还是中央国企与地方国企的比较，在响应不同利益相关者的要求上，不同产权类型的企业都有其内在不同的地方。这就验证了前文提出的假设3，即不同产权类型的企业在响应利益相关者压力对慈善捐赠的要求上有差异。

二　企业资源差异

企业资源越丰富，对利益相关者压力与慈善捐赠关系的影响并不相同。以企业资源为调节变量，本章对此进行了检验，回归结果如表4－17所示。

表4－17　　企业资源对利益相关者压力影响慈善捐赠的调节作用

解释变量	被解释变量：企业慈善捐赠占营业总收入的比例		
	1	2	3
Constant	－23.34*** （－47.40）	－22.56*** （－67.16）	－22.99*** （－44.81）
Stockholder	0.221*** （3.78）		0.116** （2.01）
Stockholder × Res	0.00546（0.43）		－0.00207* （－1.72）
Employee	5.644*** （12.33）		4.012*** （9.14）
Employee × Res	－0.0332*** （－8.95）		－0.0215*** （－3.03）
Creditor	－0.140（－0.82）		－0.0437（－0.27）

续表

解释变量	被解释变量：企业慈善捐赠占营业总收入的比例		
	1	2	3
Creditor × Res	-0.0185** (-2.45)		-0.0164*** (-3.18)
Sup_client	0.00622** (2.41)		0.00617** (2.45)
Sup_client × Res	-0.0427 ** (-1.99)		-0.0395** (-2.47)
Government		6.581*** (20.52)	4.851*** (16.33)
Government × Res		-0.0156 (-0.90)	-0.00656 (-0.35)
Competitor		-0.0475 (-0.11)	-0.160 (-0.37)
Competitor × Res		-0.0202** (2.10)	-0.0229*** (2.62)
Customer		-1.320*** (-8.23)	-1.224*** (-7.26)
Customer × Res		0.0960** (2.08)	0.0847** (2.02)
Public_2		0.104*** (6.98)	0.0944*** (5.97)
Public_2 × Res		-0.0144 (-0.97)	-0.000900 (-0.08)
Public		-0.163** (-1.97)	-0.0761 (-1.04)
Public × Res		-0.0119 (-0.64)	-0.0191 (-0.79)
Age	1.211*** (77.89)	1.210*** (65.40)	1.182*** (72.36)
Res	-0.0170 (-0.22)	0.158 (1.32)	0.0335 (0.29)
Year	Yes	Yes	Yes
Industry	Yes	Yes	Yes
F (p值)	43.50 (0.00)	14.08 (0.00)	17.45 (0.00)
R^2	0.1644	0.1701	0.1744
N	4576	4592	4576
Groups	1375	1376	1375

注：括号中的T值已经过Driscoll/Kraay (1998) 标准误修正；经检验主要变量的VIF值均小于2；***、**和*分别表示在1%、5%和10%的统计水平上显著。

回归结果表明，企业资源越丰富时，股东压力、员工压力、供应商—客户压力对企业慈善捐赠的作用越不明显，这就验证了假设4—1。不过，与假设不一致的是，债权人压力对慈善捐赠的作用在企业资源越丰富时，其影响并未减弱；相反，其影响反而增强。债权人压力越大（即资产负债率越高）时，债权人对企业慈善捐赠约束性反而没有债权人压力越小（即资产负债率越小）的时候大。其中原因可能是，通常资源较丰富的企业，发展较快、活力较强，较少依靠债权人的外在力量，相应与债权人（特别是银行）也就少有密切交往，而一旦这种企业中有债权人，鉴于监督的必要性，其对企业的压力的作用体现得就很明显，间接上也就提升了债权人压力对慈善捐赠的影响。

公众型利益相关者中，竞争者压力越大时，通过慈善捐赠寻求竞争优势是企业发展的可取路径。当然，这首先要保证企业具备足够的资源。事实上，回归结果也显示，企业资源越丰富，竞争力压力对慈善捐赠的作用也越明显。再者，就消费者而言，企业资源正向调节了消费者压力对企业资源的影响，这也就表明，充足的企业资源是消费者压力影响企业慈善捐赠的条件（回归系数为0.0847，在5%的统计水平上显著）。由此，就竞争者以及消费者而言，企业资源对公众型利益相关者影响慈善捐赠的调节效应即得到验证（假设4—2）。

三　生命周期差异

企业在不同的生命周期阶段，对利益相关者的压力的感知也会有所差异，体现在慈善捐赠就是，不同生命周期阶段，利益相关者对慈善捐赠的影响有差别。

实证检验时，本章首先就不同生命周期阶段主要利益相关者压力变量进行描述性分析，结果如表4－18所示。Wilcoxon检验结果表明，在不同生命周期阶段，利益相关者压力的差异较大。

回归检验的结果如表4－19所示。结果显示，在企业的不同生命周期阶段，对企业慈善捐赠影响存在差异的主要是股东压力以及员工压力。在三个不同阶段，股东压力对慈善捐赠的影响方向均一致，差异主要体现在强度上，其中成长期股东压力对慈善捐赠的影响最明显，次之为成熟期，而当企业处于衰退期的时候，股东压力对慈善捐赠并不构成显著影响。这表明企业在发展期对股东的要求最为关注，而在成熟期以及衰退期，股东对企业而言其重要性则要相对降低。类似地，员工压力对企业慈善捐赠的影响在成长期以及衰退期体现得更加明显。股东压力以及员工压力在不同阶段不同利益相关者压力对慈善捐赠的差异性表明，股东以及员工在企业中地位并不是一成不变的，企业会随着其发展阶段的差异，对不同利益相关者要求的满足予以差别化对待。由此，不同生命周期阶段利益相关者压力对慈善捐赠的作用有差异（假设5）即得以验证。

表4-18 不同生命周期下利益相关者压力及控制变量的描述性统计

	均值			中位数			Wilcoxon
	成长期	成熟期	衰退期	成长期	成熟期	衰退期	检验
Stockholder	0.240	0.195	-0.039	0.191	0.150	0.0150	431.629***
Employee	0.083	0.086	0.099	0.069	0.071	0.079	16.484***
Creditor	0.522	0.501	0.577	0.525	0.485	0.548	43.275***
Sup_client	7.899	9.334	6.978	4.261	4.578	3.032	111.844***
Government	0.065	0.068	0.061	0.054	0.055	0.047	16.755***
Competitor	0.0710	0.073	0.059	0.042	0.042	0.043	1.712
Customer	0.219	0.270	0.304	0	0	0	26.914***
Public_2	1.037	0.892	0.808	0.371	0.337	0.356	3.548
Public	0.274	0.172	-0.102	0.173	0.100	-0.132	67.575***

注：Bartlett同方差检验不成立，此时汇报的方差检验F值不可信，故未汇报；***、**和*分别表示在1%、5%和10%的统计水平上显著。

表4-19 不同生命周期阶段利益相关者压力与企业慈善捐赠的关系

解释变量	被解释变量：企业慈善捐赠占营业总收入的比例		
	生命周期阶段		
	成长期	成熟期	衰退期
Constant	-22.57***（-36.83）	-27.34***（-34.18）	-19.69***（-15.80）
Stockholder	0.352***（5.30）	0.108*（1.67）	0.116（0.79）
	[0.04]		
Employee	4.994***（5.73）	-0.571（-0.26）	4.898***（4.44）
	[0.09]		
Creditor	0.165（0.45）	0.566**（2.52）	-0.401（-0.91）
	[0.38]		
Sup_client	0.00209*（1.69）	0.0181***（3.66）	-0.0118***（-2.66）
	[0.27]		
Government	9.353***（4.12）	2.821**（1.98）	0.696（0.77）
	[0.61]		

续表

解释变量	被解释变量：企业慈善捐赠占营业总收入的比例		
	生命周期阶段		
	成长期	成熟期	衰退期
Competitor	-0.0587（-0.16）	-1.215***（-3.47）	4.346（1.30）
	[0.32]		
Customer	0.0423（0.09）	-5.419（-1.55）	-5.639***（-4.36）
	[0.15]		
Public_2	0.0629*（1.87）	0.141***（3.41）	0.160**（2.49）
	[0.26]		
Public	-0.0856（-0.69）	-0.173（-1.24）	0.277*（1.91）
	[0.55]		
Age	1.107***（27.47）	1.376***（42.81）	1.050***（10.50）
Resourse	-0.190（-1.45）	-0.825***（-3.96）	0.369*（1.80）
Year	Yes	Yes	Yes
Industry	Yes	Yes	Yes
F（p值）	299.62（0.0000）	134.17（0.0000）	130.22（0.0000）
R^2	0.1663	0.2299	0.1909
N	2135	1602	826
Groups	1048	866	491

注：括号中的T值已经过Driscoll/Kraay（1998）标准误修正；经检验主要变量的VIF值均小于2；***、**和*分别表示在1%、5%和10%的统计水平上显著。不同生命周期阶段利益相关者压力变量回归系数的差异，使用自助法（Bootstrap）得到，其中方括号中的p值为通过100次抽样取得。

第六节　公司治理、利益相关者压力与慈善捐赠关系的回归结果

为进一步检验企业对利益相关者压力的响应行为，以下从董事会治理水平及大股东控制两个方面实证不同利益相关者压力对慈善捐赠的影响。

一 董事会治理水平差异

良好的董事会治理水平有助于企业平衡或反映不同利益相关者的要求。以董事会治理水平为调节变量，本章检验了董事会治理水平对利益相关者压力影响慈善捐赠的调节作用，回归结果如表4－20所示。

表4－20 董事会治理对利益相关者压力影响企业慈善捐赠的调节作用

变量名	被解释变量：企业慈善捐赠占营业总收入的比例		
	1	2	3
Constant	－23.20*** （－47.49）	－22.56*** （－52.70）	－22.99*** （－43.34）
Stockholder	0.196*** （3.62）		0.121** （2.30）
Stockholder × CG	0.00718 （0.54）		0.000825 （0.13）
Employee	5.290*** （10.49）		3.680*** （8.06）
Employee × CG	－0.00956* （－1.69）		－0.0109** （－2.26）
Creditor	－0.173 （－1.02）		－0.0789 （－0.48）
Creditor × CG	－0.0556*** （－2.61）		－0.0847*** （－5.34）
Sup_client	0.00430* （1.67）		0.00405 （1.54）
Sup_client × CG	－0.0413* （－1.80）		－0.0478** （－2.06）
Government		6.502*** （24.41）	4.852*** （17.83）
Government × CG		－0.0181 （－0.65）	－0.0242 （－0.75）
Competitor		－0.0432 （－0.10）	－0.0528 （－0.12）
Competitor × CG		－0.0707*** （－3.27）	－0.0746*** （－3.86）
Customer		－1.295*** （－7.80）	－1.180*** （－6.35）
Customer × CG		－0.0397 （－1.10）	－0.0509 （－1.30）
Public_2		0.0943*** （6.67）	0.0894*** （5.82）
Public_2 × CG		0.0160* （1.76）	0.0234*** （2.74）
Public		－0.183** （－2.26）	－0.102 （－1.61）
Public × CG		－0.00106 （－0.06）	－0.00609 （－0.43）
CG	0.0150 （0.80）	0.0106 （0.67）	0.00935 （0.52）
Age	1.212*** （88.68）	1.208*** （70.27）	1.188*** （126.72）

续表

变量名	被解释变量：企业慈善捐赠占营业总收入的比例		
	1	2	3
Resourse	0.109* (1.81)	0.00407 (0.08)	0.0589 (1.11)
Year	Yes	Yes	Yes
Industry	Yes	Yes	Yes
F（p值）	39.20 (0.0000)	12.51 (0.0000)	11.62
R^2	0.1639	0.1704	0.1751
N	4569	4585	4569
Groups	1374	1375	1374

注：括号中的T值已经过Driscoll/Kraay（1998）标准误修正；经检验主要变量的VIF值均小于2；***、**和*分别表示在1%、5%和10%的统计水平上显著。

回归结果显示，对契约型利益相关者而言，董事会治理水平弱化了员工压力以及供应商—客户压力对慈善捐赠的影响，这与假设6—1是一致的。不过，与预期相反，董事会治理水平越高时，债权人压力对慈善捐赠的作用增强了，而并不是减弱了。这也许有内在的历史原因，长期以来预算软约束是中国企业发展的痼疾（王满四，2006），特别是债权人在企业的发展决策没有起到应有的作用。一旦债权人借助良好的董事会能够发挥其影响时，债权人也许会考虑企业的历史遗留债务，从而加强了债权人的利益要求，进而强化了对企业慈善捐赠的约束性。

再者，就公众型利益相关者来说，良好的董事会水平也意味着，企业在发展的过程中能够博采众长，听取各方有益意见。这当中就包括积极响应竞争者的策略，竞争越激烈，通过慈善捐赠赢取竞争优势的建议就会更有可能成为企业的对策，从而间接意义上彰显了竞争者压力对企业慈善捐赠的影响。同时，社会公众作为企业合法性的授予者之一，对企业的生存环境也有重要影响，周全社会公众对慈善捐赠的要求就是为企业构设有利的经营环境。在董事会治理水平越高时，企业对社会公众这种影响的客观分析与认识就会更加深刻，从而也就更有可能做出积极响应行为，这就部分验证了假设6—2。

二 大股东代理成本差异

大股东控制是公司治理的现实①。大股东控制时，给企业带来的问题是，在企业的决策上，大股东以其自身的意志以及自身的利益为导向挟持于企业，忽略其他利益相关者，特别是企业内部的契约型利益相关者。不过，对外部的公众型利益相关者而言却不同，由于企业利益一定程度上系于外部利益相关者对企业的支持，且其本身并不能对公众型利益相关者施以某种影响，因此企业满足其要求是企业与公众型利益相关者双赢选择，特别是，有大股东控制时，大股东可以凭借自身对企业的控制享有企业的大部分收益，所以满足公众型利益相关者的要求以获取其支持，就更是大股东控制下的企业决策。为此，本章以大股东代理成本为调节变量检验了这种关系，结果如表 4－21 所示。

表 4－21 大股东代理成本对利益相关者压力影响企业慈善捐赠的调节作用

变量名	被解释变量：企业慈善捐赠占营业总收入的比例		
	1	2	3
Constant	－23.25 *** （－46.55）	－22.59 *** （－60.26）	－23.02 *** （－42.85）
Stockholder	0.233 *** （4.46）		0.149 *** （2.88）
Stockholder × SA	－0.00659 （－0.38）		0.00794 （0.42）
Employee	5.849 *** （12.13）		4.307 *** （9.08）
Employee × SA	－0.0605 ** （－2.34）		－0.0740 ** （－2.13）
Creditor	－0.217 （－1.10）		－0.127 （－0.59）
Creditor × SA	0.0230 （1.28）		0.0246 * （1.96）
Sup_client	0.00451 * （1.70）		0.00478 * （1.88）
Sup_client × SA	－0.0554 *** （－3.42）		－0.0432 ** （－2.01）
Government		6.389 *** （17.89）	4.770 *** （14.45）
Government × SA		0.104 *** （2.91）	0.0953 * （1.92）
Competitor		0.0618 （0.17）	0.0160 （0.04）
Competitor × SA		0.0301 （1.39）	0.0546 （1.03）

① 此处进行回归分析，股东收益已按照企业大股东与企业中小股东的比例扣减了大股东的收益。

续表

变量名	被解释变量：企业慈善捐赠占营业总收入的比例		
	1	2	3
Customer		-1.320*** (-7.58)	-1.164*** (-5.54)
Customer × SA		0.0813 (0.83)	0.144* (1.80)
Public_2		0.0952*** (6.23)	0.0973*** (5.91)
Public_2 × SA		-0.00349 (-0.15)	-0.00604 (-0.21)
Public		-0.182** (-2.32)	-0.108* (-1.76)
Public × SA		-0.00213 (-0.04)	-0.0159 (-0.35)
SA	-0.0488 (-0.12)	0.395*** (3.80)	0.0618 (0.20)
Age	1.213*** (99.63)	1.215*** (68.92)	1.189*** (145.81)
Resourse	0.103* (1.81)	0.0347 (0.60)	0.0511 (1.04)
Year	Yes	Yes	Yes
Industry	Yes	Yes	Yes
F（p 值）	11.62 (0.0000)	16.73 (0.0000)	14.73 (0.0000)
R^2	0.1644	0.1720	0.1748
N	4576	4592	4576
Groups	1375	1376	1375

注：括号中的 T 值已经过 Driscoll/Kraay（1998）标准误修正；经检验主要变量的 VIF 值均小于 2；***、** 和 * 分别表示在 1%、5% 和 10% 的统计水平上显著。

从回归结果来看，就契约型利益相关者而言，大股东控制显著弱化了员工压力、债权人压力以及供应商—客户压力对企业慈善捐赠的影响，具体结果表现在，大股东代理成本与员工压力、债权人压力以及供应商—客户压力构成的交叉项回归系数分别为 -0.0740、-0.0740 与 -0.0432，且都在 5% 的统计水平上具有显著性，这验证了假设 7—1。

就公众型利益相关者而言，大股东控制显著强化了政府压力以及消费者压力对慈善捐赠的影响，具体结果为，大股东代理成本与政府压力、竞争者压力以及消费者压力构成的交叉项回归系数分别为 0.0953 与 0.144，且都在 10% 的统计水平上具有显著性，这就验证了假设 7—2。总之，在大股东治理背景下，就特定利益相关者而言，前文提出的利益相关者压力对慈善捐赠的影响得以部分验证。

第七节　市场化水平、利益相关者压力与慈善捐赠关系的回归结果

不同的市场化背景下，企业的运营理念也各不相同。市场化水平越高，各项经营要素配置效率相对较高，资源的流动性较强。拥有不同资源的利益相关者如果未能实现自身的利益要求，要么“用脚投票”（譬如契约型利益相关者），要么对企业质疑其合法性（譬如政府、社会公众以及消费者），或者是，如果企业未能响应其他竞争对手的挑战，同样亦会被其竞争者打败。为维持长久生存，在这样的环境下，不同企业的危机感都较强。在面对利益相关者压力时，一般而言企业都会积极予以响应，以取得利益相关者的支持或者胜过竞争对手。

为检验以上分析，本章以企业所在地区的市场化得分为条件变量，实证了利益相关者压力对慈善捐赠的影响，具体回归结果如表4－22所示。

表4－22　　市场化水平对利益相关者影响企业慈善捐赠的调节作用

变量名	被解释变量：企业慈善捐赠占营业总收入的比例		
	1	2	3
Constant	－8.923*** （－9.08）	－8.992*** （－8.57）	－8.842*** （－8.54）
Stockholder	0.202*** （4.11）		0.0587* （1.72）
Stockholder × Mkt	0.0495** （2.28）		0.0356* （1.76）
Employee	5.179*** （6.85）		3.778*** （5.50）
Employee × Mkt	0.0264 （0.56）		－0.000520 （－0.01）
Creditor	0.208 （1.50）		0.274* （1.85）
Creditor × Mkt	0.137** （2.18）		－0.115 （－1.48）
Sup_client	0.0124*** （9.42）		0.0125*** （9.03）
Sup_client × Mkt	0.0225* （1.66）		0.0369* （1.87）
Government		6.834*** （9.40）	5.175*** （5.86）
Government × Mkt		0.0915*** （3.95）	0.0995*** （2.82）
Competitor		0.00396 （0.01）	－0.0731 （－0.19）

续表

变量名	被解释变量：企业慈善捐赠占营业总收入的比例		
	1	2	3
Competitor × Mkt		0.0635（1.16）	0.0689（1.63）
Customer		-0.818***（-2.86）	-0.737***（-2.75）
Customer × Mkt		0.274*（1.95）	0.267*（1.94）
Public_2		0.155***（5.06）	0.116***（3.69）
Public_2 × Mkt		0.00968（0.52）	0.000286（0.01）
Public		-0.0688（-0.78）	0.0535（0.89）
Public × Mkt		-0.0720***（-3.18）	-0.0441*（-1.91）
Mkt	0.0320（0.24）	0.0112（0.09）	-0.00251（-0.02）
Age	-0.0363（-0.51）	-0.0318（-0.43）	-0.0404（-0.54）
Resourse	0.0375（0.40）	-0.0988（-1.12）	-0.0172（-0.19）
Year	Yes	Yes	Yes
Industry	Yes	Yes	Yes
F（p值）	35.64（0.0000）	25.85（0.0000）	29.84（0.0000）
R^2	0.0509	0.0622	0.0658
N	3492	3505	3492
Groups	1180	1181	1180

注：括号中的T值已经过Driscoll/Kraay（1998）标准误修正；经检验主要变量的VIF值均小于2；***、**和*分别表示在1%、5%和10%的统计水平上显著。

从回归的结果可以看出，在契约型利益相关者中，股东压力以及供应商—客户压力与市场化程度交叉项的系数分别为0.0356与0.0369，并均在10%的统计水平上显著，即市场化得分越高，股东压力以及供应商—客户压力对企业慈善捐赠的约束性增强了。同样，在公众型利益相关者中，政府压力以及消费者压力与市场化程度交叉项的系数分别为0.0995与0.267，并均在10%的统计水平上显著，即市场化得分越高，政府压力以及消费者压力对企业慈善捐赠的约束性增强了。

需说明的是，市场化水平高与政府压力对慈善捐赠的约束性增强了并不矛盾，因为如何响应政府压力是企业的行为，并不是政府的行为（虽然市场化水平高弱化了政府对企业的影响）。在中国情境下，当政府仍是企业的主要利益相关者时，企业积极响应政府的要求应该说是一种积极的能动表现。事实上，在日常的企业经营中就不乏诸如中国企业经营的“两只眼”理论，即“一只眼盯市场，另一只眼盯政府”。

综合以上发现，可以认为，在分析不同利益相关者对慈善捐赠影响时，实际上还需要关注企业运行的市场背景，这对股东、供应商—客户以及政府、消费者更是如此，从而部分验证了假设8。

第八节　本章小结

本章检验了第四章提出的慈善捐赠的形成机制的假设。在检验利益相关者对企业慈善捐赠影响中，不同利益相关者压力对慈善捐赠的作用大部分得到验证，并且一系列的稳健性检验结果均表明，不同利益相关者压力对企业慈善捐赠的作用均较明显。这就意味着，利益相关者压力构成了企业慈善捐赠的动力机制，以利益相关者压力分析企业慈善捐赠形成机制具有现实意义。针对不同利益相关者压力对慈善捐赠的差异化影响，本章还从积极的利益相关者、中性的利益相关者以及消极的利益相关者的角度，对影响慈善捐赠的不同利益相关者进行了归类。

此外，本章还进一步做了深入检验。具体而言，鉴于企业对利益相关者压力响应的差异性，在不同的企业特征、公司治理水平以及市场化背景下，检验利益相关者压力对慈善捐赠价值的不同影响，从而力图通过这样的发现做到：其一，多角度检验模型，以验实慈善捐赠形成机制模型的解释力；其二，从不同角度判断利益相关者压力对慈善捐赠的影响，以提供更多的经验发现。同样，总体来看，不同企业特征、公司治理水平以及市场化背景下，利益相关者压力对慈善捐赠价值影响的大部分假设针对特定利益相关者都得到了验证。这也就进一步确证了本书提出的模型现实意义。由此，可做出如下判断，为更好地分析利益相关者压力对企业慈善捐赠的影响，结合特定的情境条件是必要的。为更简洁的呈现本章的研究结果，表4－23还对前文的结论进行了总结。

表 4－23　　不同条件下利益相关者压力对企业慈善捐赠量的影响的结果

类别		股东	员工	债权人	供应商—客户	政府	竞争者	消费者	社会公众
全样本		★	★	○	★	★	○	☆	★
中央/地方	中央国企	★	★	★	○	★	○	☆	★
	地方国企	★	★	○	★	★	○	○	★
国有/民营	国有企业	★	★	○	★	★	○	☆	★
	民营企业	★	★	○	★	★	○	○	★
生命周期	成长期	★	★	○	★	★	○	○	★
	成熟期	★	○	☆	★	★	★	○	★
	衰退期	○	★	○	☆	○	○	☆	★
调节作用									
调节变量	企业资源	√	√	×	√	—	√	√	—
	董事会治理	—	√	×	√	—	√	—	√
	大股东代理成本	—	√	√	√	√	—	√	—
	市场化指数	√	—	—	√	√	—	√	—

注：“★”表示检验结果验证了假设，“○”表示检验结果未验证假设，“☆”表示检验结果与假设方向相反；社会公众压力一列验证的假设意为“社会公众压力与企业慈善捐赠呈‘U’形关系”，其他则为“契约型利益相关者压力越大，企业慈善捐赠越少，公众型利益相关者压力越大，企业慈善捐赠越多”；表中阴影部分表示相同利益相关者的压力对不同类型的企业慈善捐赠的影响有显著差异；“√”与“×”分别表示调节变量作用显著且与假设一致和不一致，“—”表示调节变量没有调节作用。

第五章

企业慈善捐赠的价值机理:实证结果

第一节　数据来源与样本选择

一　数据来源

与“研究利益相关者压力对企业慈善捐赠的影响”相同，本章以上市公司样本实证慈善捐赠的价值，使用的数据均来源于上市公司的年报。数据采集时，主要参照了国泰安（CSMAR）、色诺芬（CCER）以及锐思（RESSET）三个数据库。其中上市公司的股价数据，部分是根据巨潮资讯网（http://www.cninfo.com.cn）、上市公司资讯网（http://www.cnlist.com）以及金融界（http://www.jrj.com.cn）三个网站公布的数据整理而来。对相同变量不同数据库有差异的数据，本章进一步参照并对比了不同数据库的计算与归类方法，依据同类研究中大多采纳的方法，最终确定数据来源。

二　样本选择

本章以2002—2008年中国沪深A股上市公司为初始研究样本。在样本的选择上，使用了以下筛选方法，具体包括：其一，剔除金融行业的上市公司；其二，剔除ST类和PT类上市公司；其三，剔除慈善捐赠钩稽关系明显有错的上市公司；其四，剔除利益相关者代理变量严重缺失以及数据异常（如总资产为负）的上市公司。

以上样本筛选方法与第四章样本处理方法相同，除此外，本章还对样本做了进一步的限制。

第一，剔除了当年上市的公司样本，这有两方面的原因：一是上市当年的数据并不能完全反映上市之后的投资和经营活动，其中还包含了上市之前的经营活动和投资行为以及经营成果（曹强，陈汉文和胡南薇，2008）；二是避免新股发行（我国上市公司发行当年，一般业绩表现都特别好）产生的 IPO 效应（王亚平，吴联生和白云霞，2005）。

第二，剔除了 TQ 值异常的样本（上下 1% 分位点）。

第二节　变量与模型设定

一　变量定义

（一）企业价值

本章用 TQ（Tobin's Q）作为企业价值的代理指标①。实证研究大多使用 TQ 值测度公司价值（Demsetz & Lehn，1985；McConell & Servaes，1995；Barclay & Holderness，1989），其理论基础为：公司股票的市场价值是公司未来现金流量的折现值，TQ 值越大代表公司未来的业绩会越好，意味着投资者预期公司将迅速成长，因而更愿意向该公司投资。TQ 值是前瞻性（Forward-Looking）的财务指标，反映了公司的未来价值和公司的成长性。计算 TQ 值所需要的数据来源于市场指标，不易被公司控制人进行盈余管理，而且用 TQ 作度量指标时不必按照公司的风险程度进行调整（Lang & Stulz，1994）。

在研究中国上市公司价值时，TQ 值也被认为是公司价值的重要评估指标（Bai，Qiao & Lu et al.，2004）。由于 TQ 值是公司市值与重置价值之比，国外学者研究中有时也采用总资产的账面价值替代重置成本（LLSV，2002；Lins，2003）。鉴于中国上市公司重置价值的数据很难得到，通常采用上市公司年末总资产来代替（张祥建和徐晋，2005）。此外，在计算 TQ 值时，考虑到中国上市公司有相当数量的非流通股份，需对其做进一步调整。一般来说，非流通股份的定价目前主要有两种方法，第一种方法是采用每股净资产来定价，由于非流通股份的价值没有完全市场化的数据，实证中采用每股净资产作为非流通股份转让价格的度量指标（徐晓东和陈小悦，2003；蒲自立和刘芍佳，2004；夏立军和方铁强，

---

① 对企业价值的论述参考了毛世平（2008）。

2005；王华和黄之骏，2006）。

第二种方法按照流通股份的折价来度量非流通股份价格。实证中，通常把流通 A 股交易价格的 20%—30% 作为相应的非流通股份的转让价格。Bai，Qiao & Lu et al.（2004）、宋敏、张俊喜和李春涛（2004）、白重恩、刘俏和陆洲等（2005）、韩亮亮、李凯和宋力（2006）等均使用过该定价方法。

本章以每股净资产以及流通股份折价的 20% 与 30% 为基准，分别测算了非流通股份的价值，类似的处理有韩亮亮、李凯和宋力（2006）等。具体而言，企业价值分别通过以下方法计算：

$$TQ^{APS} = \frac{P * Circulation + APS * UnCirculation + Liabilities}{Assets}$$

$$TQ^{70} = \frac{P * Circulation + P * (1 - 20\%) * UnCirculation + Liabilities}{Assets}$$

$$TQ^{80} = \frac{P * Circulation + P * (1 - 30\%) * UnCirculation + Liabilities}{Assets}$$

其中，P 为每只股票年末收盘价，APS 表示每股净资产，$Circulation$ 和 $UnCirculation$ 分别为每年年末流通股与非流通股股数，$Liabilities$ 表示年末债务账面价值，$Assets$ 表示年末资产账面价值。

（二）利益相关者压力

利益相关者压力的变量主要包括两个类别，分别是契约型利益相关者压力以及公众型利益相关者压力，其中利益相关者包括股东、员工、债权人、供应商—客户、政府、竞争者、消费者及社会公众共 8 种类型。这 8 个利益相关者压力的代理变量与上一章相同，在此不再赘述。

（三）企业特征、公司治理以及市场化水平

慈善捐赠对企业的价值作用，前文分别从企业特征、公司治理以及市场化水平三个方面单独进行了假设分析，并认为受其影响慈善捐赠的价值有差异。同样，沿袭前一章对这三个变量的界定，本章代理变量的使用与前文保持一致。

（四）其他变量

为更好地测算慈善捐赠对企业价值的影响，依据前人的研究，本章最大限度地控制了可能会给企业价值带来影响的其他相关变量。具体而言，在分析企业社会责任或者慈善捐赠对企业价值的影响时，经查阅，目前文献中主要控制了以下变量。

成长机会（使用销售增长率衡量，Growth_opportunity）。衡量公司的成长性，通常使用资本性支出与销售额的比例、研发费用与销售额的比例以及折旧费用与销售额的比率等（毛世平，2008）。鉴于资本性支出费用、研发费用在数据收集上的难度，许多学者使用主营业务增长率、总资产增长率等衡量公司的成长性，一般增长越快的公司会有更高的溢价，相应其价值也就越大（LLSV，2002）。

企业风险（β）。如 Orlitzky&Benjamin（2001）所言，在衡量企业社会责任经济绩效时，财务风险是重要的控制变量，实际上这也为 Waddock & Graves（1997）所验实。相应，本章也对企业风险进行了控制，并使用公司的β值（来源于色诺芬数据库）作为企业风险的代理变量，这与 Surroca，Tribo & Waddock（2010）的处理方法是相同的。

企业年龄（Age）。成立时间相对较长的上市公司无论在获取信息，还是资源整合上都更有经验，这会通过企业的内部经营过程去影响企业的价值。此外，按照证券法的规定，公司在上市之前要符合一定的标准，比如连续三年盈利，上市的早晚说明了公司符合要求的时限不一样。公司上市具有一定的广告效应，能够提高公司及其产品知名度，因此上市年龄也会影响公司价值（周开国和李涛，2006）。所以，本章将企业年龄作为控制变量。企业年龄是企业存在的时间（Davis & Harveston，2000），企业年龄使用当年年份减去企业成立年份所得的结果作为其代理变量。

另外，本章还控制了公司所在行业和年份因素的影响，这两个变量的定义与上一章相同，宏观经济状况可能影响公司的业绩（Joh，2003），市场环境与上市公司表现的年度差异普遍存在，为控制不同年份经济政策和宏观经济形势的变化对公司价值的影响，以及变量在不同年份间存在的整体性差异，本章以 2002 年为参照基准，在模型中对余下的 6 年分别设置了 6 个虚拟变量。行业属性可能会影响公司的价值，属于同一行业的公司其价值具有相关性，不同行业的公司价值有较大差异。为此，本章进一步对行业因素进行了控制，类似做法有李正（2006）、潘福祥（2004）以及夏立军和方铁强（2005）等。行业的具体分类标准参照中国证监会颁布的《上市公司行业分类指引》，其中制造业按两级分类，其他行业按照一级分类。

最后，需说明的是，在查阅的文献中，“资产负债率”与“企业规模”通常也作为控制变量。由于利益相关者压力的代理变量包含了资产负债率及企业规模，因此本章没有与通常文献那样将其作为控制变量，而是从利益相关者压力这个角度以之为（调节）主变量，并就其对企业价值的影响进行解释。事实上，这也是本章进一步挖掘既有发现变量的深层意义从而进一步讨论其对企业价值影响的体现。

二 模型设定

依据前文假设，建立如下的回归模型检验利益相关者压力对企业慈善捐赠影响企业价值的调节作用。

$$TQ = a_0 + phi\_ratioa_1 + Xa_2 + X * phi\_ratioa_3 + a_4\lambda + Control\_Variablea_5 + e$$

其中，TQ 是企业价值，phi_ratio 为企业的慈善捐赠量，X 为由利益相关者压力构成的 8 × 1 的行向量矩阵，Control_Variable 为由控制变量构成的行向量，λ、a_0 与 e 分别为逆米尔斯比（见样本选择性偏差介绍）、截距及残差项。

为检验不同情境下（企业资源、董事会治理水平、大股东代理成本以及市场化水平），利益相关者压力对慈善捐赠价值的调节性影响，建立如下的回归方程。

$$TQ = a_0 + phi\_ratioa_1 + Xa_2 + Za_3 + Z * Xa_4 + X * phi\_ratioa_5 + a_4\lambda + phi\_ratioa * Za_6 + X * phi\_ratioa_3 * Za_7 + Control\_Variablea_5 + e$$

其中，Z 为调节变量，即企业的资源、董事会治理水平、大股东代理成本以及市场化进程，其他变量同上。

不同产权特征以及企业生命周期下，利益相关者压力对企业慈善捐赠价值的调节性影响，采取分组回归的方法并辅之以相关检验，判断产权特征以及生命周期的调节性影响是否存在。

第三节　估计方法

一　面板数据模型及回归中三大基本问题的处理

对于企业慈善捐赠价值的实证分析，与上一章相同，本章基于中国上市公司样本数据，使用面板数据模型进行实证检验。在进行面板模型估计时，参照第五章对面板数据处理步骤，选定固定效应模型或随机效应模型。

为保证回归结果有效性，回归之前应对变量之间可能存在的共线性、异方差以及相关性问题（序列相关以及截面相关）进行必要的处理和修正。共线性是本章要特别关注的，因为在回归方程的右边，（不同）利益相关者压力变量与企业慈善捐赠经过第四章发现，某些利益相关者压力变量对企业慈善捐赠有一定的解释力，如果这种解释力（R^2）较高的话，就可能产生共线性问题。为此，回归之前本章通过方差膨胀因子（VIF）判断是否存在共线性问题，如果存在共线性问题，则对变量进行中心化处理。对异方差以及相关性问题，与第四章相同，在保证不存在非纯异方差以及非纯序列相关的前提下，主要是通过 Driscoll & Kraay（1998）修正标准误以保证统计量（t 值）判断标准的可靠性。

二　样本选择性偏差与内生性的处理

（一）样本选择性偏差

如第四章所强调的，在企业慈善捐赠的研究中，面临的一个重要问题是如何解决样本选择性偏差问题。本章也不例外，如果单以那些有过捐赠的企业为分析对象，其结果只是表明捐赠企业与慈善捐赠对企业价值的影响，而并不揭示企业的捐赠到底对企业价值有什么作用。与第四章不同的是，本章使用 Heckman 两阶段模型的方法，即通过构造逆米尔斯比率（Inverse Mills Ration）的选择项对不可观测的选择性进行控制，解决样本的选择性偏差问题，这与 Wang，Choi & Li（2008）等使用的方法相同。

为得到逆米尔斯比率，以企业是否参与慈善捐赠作为第一阶段估计的被解释变量，使用第四章中的利益相关者压力变量以及其他控制变量为解释变量，进行 Probit 回归，得到企业参与慈善捐赠的概率[①]。从 Probit 估计式中得到逆米尔斯比率 λ，作为接下来慈善捐赠对企业价值回归中的修正参数。λ 由以下式获得：

$$\lambda = \frac{\varnothing(z_i\gamma/\sigma_0)}{\Phi(z_i\gamma/\sigma_0)}$$

其中，z_i 与 γ 分别是解释变量和待估参数，$\varnothing(\cdot)$表示标准正态分布的密度函数，$\Phi(\cdot)$为相应的累积分布函数。之后，利用面板数据分析慈善捐赠对企业价值的影响时，使用 λ 作为方程估计的一个额外的变量，以纠正样本选择性偏误。如果该变量的系数是显著的，则表明存在样本选择性偏差，通过 Heckman 两阶段法来处理是适宜、有效的。

（二）内生性问题

变量之间的内生性依然是困扰计量有效性的一个障碍。一般而言，内生性主要有如下原因：(1)遗漏变量（Omitted variables），(2)测量误差（Measurement error），(3)因变量与自变量互为因果（Simultaneous Causality 或 Simultaneity）。

在参阅企业价值影响因素的文献的基础上，本章控制了一系列变量，确保不会因遗漏变量问题而产生计量偏误。因为少一个控制变量，带来的问题是，其估计系数既有偏且不满足一致性的要求；相反，多一个控制变量时，系数的估计量仍是无偏的，且满足一致性要求，只不过不满足有效性的要求而已，而这一定程度上可以通过大样本予以克服。所以，在样本足够的情况下，从结论的稳健性角度而言，为确保结论的可靠性，宁可多一个也不能少一个控制变量，事实上，这也正是我们选取控制变量的出发点。从测量误差上来讲，本章数据主要源自上市公司公开披露的年报，为保证研究结论的准确性，文后我们从多角度地对数据进行了交叉验证。

自变量与因变量互为因果，是本章最需探讨的内生性问题，即企业慈善捐赠或企业慈善捐赠与利益相关者压力的乘积项以及企业价值一定程度上互为对方的原因。对此，在研究设计与模型已经固定的情况下，从技术

---

① 上一章利益相关者压力与企业是否捐赠的检验效果不明显（主要是调节作用不显著）与这里使用该计量方程得到 λ 并不矛盾，因为这里得到的 λ 是针对整个方程，并且求出 λ 的目的是得到企业参与慈善捐赠的概率。

上来讲，通常使用联立方程或者合适的工具变量加以处理和完善。就本章而言，这两种方法都有一定的局限性：一是因为很难为不同的利益相关者压力变量与慈善捐赠的乘积项找到合适的工具变量，尽管我们尝试性地使用了广义矩估计法（GMM）；二是因为本章涉及的利益相关者压力变量较多，建立可行且有意义的联立方程难度较大，鉴于此，本章对企业价值变量滞后一期，以解决可能存在的内生性问题，事实上，这也是通常解决内生性问题较为常见的办法（Fields，1979；薄仙慧和吴联生，2009）。

第四节　利益相关者压力、慈善捐赠与企业价值关系的回归结果

一　描述性统计及相关分析

（一）变量描述性分析

对模型中主要变量进行描述性统计的结果如表 5 - 1 所示。就结果变量托宾 Q 来看，样本公司 TQ^{APS}、TQ^{70} 以及 TQ^{80} 的均值分别为 1.438、1.498 与 1.426，中位数分别为 1.209、1.192 与 1.139，标准差分别为 0.689、0.934 与 0.883，最小值分别为 0.771、0.682 与 0.643，25% 和 75% 分位数分别为 1.050、0.976、0.937 和 1.560、1.664、1.574，最大值分别为 5.421、7.358 与 7.022。描述性统计分析表明样本公司的不同测量水平的 TQ 值以及其他变量不存在极端异常值，满足计量经济模型分析的要求。

表 5 - 1　　慈善捐赠对企业价值影响的主要变量的描述性统计

Variable	Std Dev	Mean	Min	P25	P50	P75	Max
TQ^{APS}	0.689	1.438	0.771	1.050	1.209	1.560	5.421
TQ^{70}	0.934	1.498	0.682	0.976	1.192	1.664	7.358
TQ^{80}	0.883	1.426	0.643	0.937	1.139	1.574	7.022
Stockholder	0.366	0.162	-1.420	0.0200	0.130	0.310	1.420
Employee	0.0610	0.0840	0.00900	0.0440	0.0690	0.106	0.488
Creditor	0.254	0.531	0.0770	0.399	0.523	0.635	2.821
Sup_client	16.66	8.404	0.117	2.250	4.106	7.599	141.9

续表

Variable	Std Dev	Mean	Min	P25	P50	P75	Max
Government	0. 0590	0. 0640	-0. 0670	0. 0280	0. 0530	0. 0880	0. 325
Competitor	0. 0990	0. 0650	0. 0150	0. 0300	0. 0420	0. 0670	0. 838
Customer	0. 440	0. 262	0	0	0	1	1
Public	0. 904	0. 147	-2. 347	-0. 463	0. 0880	0. 710	3. 065
Age	4. 121	10. 93	3	8	10	14	28
Phi_ratio	1. 837	-9. 221	-14. 18	-10. 331	-9. 078	-7. 983	-4. 951
β	0. 298	1. 108	-4. 096	0. 941	1. 120	1. 283	4. 875
Growth_oppor	0. 0890	0. 0640	0	0. 0210	0. 0400	0. 0750	2. 733

注：关键变量均经过1%的winsorsize处理（后文回归结果均进行了相同处理）；其中，企业规模出现负值的原因是：为消除因规模带来的异方差，首先对规模进行了对数化处理，其次，在回归中由于添加了平方项，为降低共线性，对取对数之后的规模变量进行了标准化处理。

契约型利益相关者压力中，供应商—客户压力变量的最小值仅为0. 117，最大值高达141. 9，标准差为16. 66，说明不同企业供应商—客户压力参差不齐，差别很大，由于供应商—客户压力的代理变量是企业的存货周转率，这种差异其实也反映了不同企业经营能力差距明显。股东压力的代理变量调整后的每股收益（盈余）其均值为0. 162，最大值与最小值分别为-1. 42和1. 42，标准差为0. 366，总体上看，数据呈现左偏态势。同样，员工压力以及债权人压力的代理变量其数据也均呈现一定左偏，其均值分别为0. 0840与0. 531，最大值与最小值分别为0. 488、2. 821与0. 0840、0. 531。

公众型利益相关者压力变量中，政府压力的最小值为-0. 067，而最大值为0. 325，压力为负值主要是由于本章选取企业“支付的各项税费-税费返还”作为代理变量引起的，该值为负意味着，企业收到的税费返还要大于其支付的各项税费。竞争者压力的代理变量为赫芬达尔指数，其最小值是0. 015，均值为0. 065，该值越小意味着竞争越激烈，所以整体而言，本章研究样本的上市公司其竞争相对较激烈。由于通过“企业是否与消费者直接接触”进行代理，消费者压力变量的均值为0. 262，表明约有26. 2%的上市公司是本章界定的与消费者直接接触的企业。社会公众的代理变量为企业规模，为降低进一步回归中二次项的共线性，本章对其对数化和标准化处理，其均值为 0.147，最小值与最大值分别为 -2.347 和 3.065，标准差达 0.904，这表明不同企业规模相差较大。另外，描述性统计的结果还表明，上市公司的平均年龄、风险以及增长机会的平均值分别为 10.93、1.108 与 0.0640，最大值以及最小值为 28、4.875、2.733 与 3、-4.096、0，中位数分别为 10、1.120 与 0.0400。

（二）变量相关性分析

回归分析之前，本章对回归方程中主要变量进行了 Pearson 和 Spearman 相关系数分析。之所以同时做出这两个系数，其目的是，通过两个系数的对比，综合判断变量之间可能存在的关系。这在变量的分布不严格满足正态分布的条件下，更是如此。事实上，描述性统计中，本章解释变量其数据大多有偏，所以通过 Pearson 和 Spearman 相关系数判断不同变量之间的关系有其必要，具体结果如表 5-2 所示。从主要回归变量的相关系数的结果中，可以形成如下判断：

第一，企业慈善捐赠和不同利益相关者压力的乘积项与企业价值（托宾 Q）之间的相关关系差异性较大。这表现在两个方面：其一，乘积项与托宾 Q 之间的 Pearson 和 Spearman 相关系数的符号有差异；其二，乘积项本身与托宾 Q 之间相关系数的符号与理论预期有差异。

第二，主要控制变量与企业价值之间均呈现较显著的依存关系。这表明就分析企业慈善捐赠价值对企业价值的影响而言，本章选择的控制变量是合适的。

第三，主要变量的相关系数绝对值均小于 0.3。就这一点来说，本书回归模型中，不同变量共线性程度较小。

二 回归结果及分析

本书通过收集的面板数据，建立回归模型检验慈善捐赠对企业价值的作用。

首先，利用 Hausman 检验来确定计量经济模型中涉及的非观测因素是固定效应还是随机效应，在固定效应模型和随机效应模型间做出选择，然后再确定合适的模型。经过 Hausman 检验，统计量 χ^2 值为 102.07，相伴概率为 0.0000，表明 Hausman 检验结果拒绝随机效应模型（原假设）。选择固定效应模型与混合效应模型时，其中 F 值为 2.65，伴随概率 p 为

表 5－2　慈善捐赠对企业价值影响的主要研究变量的相关系数

变量	1	2	3	4	5	6	7	8	9	10	11	12	13
1. TQ^{APS}		0. 893	0. 882	−0. 00100	−0. 0430	−0. 0100	−0. 0360	0. 0160	0. 00600	0. 0440	0. 0740	0. 0290	−0. 0160
		(0. 000)	(0. 000)	(0. 978)	(0. 025)	(0. 617)	(0. 058)	(0. 392)	(0. 775)	(0. 021)	(0. 000)	(0. 137)	(0. 345)
2. TQ^{70}	0. 945		0. 996	0. 0290	−0. 0640	−0. 0340	−0. 0210	0. 0340	0. 0100	0. 0490	0. 0710	0. 0150	−0. 0570
	(0. 000)		(0. 000)	(0. 129)	(0. 001)	(0. 075)	(0. 278)	(0. 081)	(0. 616)	(0. 010)	(0. 000)	(0. 440)	(0. 000)
3. TQ^{80}	0. 945	0. 999		0. 0320	−0. 0610	−0. 0390	−0. 0180	0. 0350	0. 00800	0. 0480	0. 0670	0. 0110	−0. 0630
	(0. 000)	(0. 000)		(0. 096)	(0. 001)	(0. 041)	(0. 358)	(0. 071)	(0. 665)	(0. 012)	(0. 001)	(0. 557)	(0. 000)
4. Stockholder ×	0. 00500	0. 0120	0. 0150		−0. 159	−0. 221	0. 133	0. 168	0. 0220	0. 0380	0. 131	0. 288	−0. 0980
Phi_ratio	(0. 788)	(0. 542)	(0. 441)		(0. 000)	(0. 000)	(0. 000)	(0. 000)	(0. 260)	(0. 049)	(0. 000)	(0. 000)	(0. 000)
5. Employee ×	0. 0220	0. 0180	0. 0180	−0. 228		−0. 168	0. 110	0. 345	0. 198	−0. 228	−0. 291	−0. 262	−0. 00300
Phi_ratio	(0. 253)	(0. 338)	(0. 337)	(0. 000)		(0. 000)	(0. 000)	(0. 000)	(0. 000)	(0. 000)	(0. 000)	(0. 000)	(0. 883)
6. Creditor ×	0. 111	0. 126	0. 125	−0. 334	0. 101		0. 00700	−0. 175	0. 0180	−0. 0250	−0. 0600	0. 223	0. 0210
Phi_ratio	(0. 000)	(0. 000)	(0. 000)	(0. 000)	(0. 000)		(0. 704)	(0. 000)	(0. 342)	(0. 188)	(0. 002)	(0. 000)	(0. 277)
7. Sup_client ×	0. 00200	0. 00300	0. 00500	0. 0730	−0. 0190	−0. 0600		0. 0630	0. 370	−0. 191	−0. 434	0. 00500	−0. 0470
Phi_ratio	(0. 906)	(0. 874)	(0. 803)	(0. 000)	(0. 335)	(0. 002)		(0. 001)	(0. 000)	(0. 000)	(0. 000)	(0. 782)	(0. 015)
8. Government ×	0. 0250	0. 0280	0. 0280	0. 131	0. 261	−0. 140	−0. 0260		0. 154	−0. 0750	−0. 136	−0. 0280	−0. 0250
Phi_ratio	(0. 191)	(0. 146)	(0. 146)	(0. 000)	(0. 000)	(0. 000)	(0. 175)		(0. 000)	(0. 000)	(0. 000)	(0. 144)	(0. 202)
9. Competitor ×	0. 0370	0. 0320	0. 0310	0. 0910	0. 117	−0. 0280	0. 0230	0. 124		−0. 296	−0. 392	0. 0470	−0. 0470
Phi_ratio	(0. 056)	(0. 100)	(0. 109)	(0. 000)	(0. 000)	(0. 150)	(0. 236)	(0. 000)		(0. 000)	(0. 000)	(0. 015)	(0. 014)

续表

变量	1	2	3	4	5	6	7	8	9	10	11	12	13
10. Customer ×	0.0350	0.0430	0.0430	0.0510	-0.116	-0.0470	0.00900	0.0920	-0.0860		0.475	0.118	0.0410
Phi_ratio	(0.067)	(0.027)	(0.024)	(0.008)	(0.000)	(0.015)	(0.631)	(0.000)	(0.000)		(0.000)	(0.000)	(0.031)
11. Public_2 ×	0.0950	0.0960	0.0950	0.120	-0.0430	0.180	0.0620	0.0290	0.0140	0.309		0.249	0.0230
Phi_ratio	(0.000)	(0.000)	(0.000)	(0.000)	(0.024)	(0.000)	(0.001)	(0.132)	(0.476)	(0.000)		(0.000)	(0.224)
12. Public ×	-0.00800	-0.0200	-0.0210	0.273	-0.252	-0.00200	-0.00800	-0.0400	0.0550	0.104	0.424		-0.00200
Phi_ratio	(0.663)	(0.304)	(0.265)	(0.000)	(0.000)	(0.663)	(0.924)	(0.695)	(0.035)	(0.004)	(0.000)		(0.931)
13. Stockholder	0.0110	-0.0300	-0.0340	-0.104	-0.0250	-0.0140	-0.00400	-0.0370	0.0110	0.0280	-0.0240	0.00600	
	(0.518)	(0.072)	(0.038)	(0.000)	(0.192)	(0.461)	(0.816)	(0.057)	(0.567)	(0.147)	(0.215)	(0.756)	
14. Employee	0.118	0.130	0.125	-0.00100	0.0700	0.106	0.0370	-0.0450	-0.00900	0.0850	0.117	0.0140	-0.149
	(0.000)	(0.000)	(0.000)	(0.955)	(0.000)	(0.000)	(0.057)	(0.018)	(0.636)	(0.000)	(0.000)	(0.479)	(0.000)
15. Creditor	0.119	0.210	0.224	-0.0200	0.118	0.178	-0.00500	0.0140	-0.0250	0.00600	0.0710	-0.121	-0.289
	(0.000)	(0.000)	(0.000)	(0.308)	(0.000)	(0.000)	(0.804)	(0.475)	(0.199)	(0.758)	(0.000)	(0.000)	(0.000)
16. Sup_client	-0.0170	-0.0110	-0.0170	-0.00800	0.0450	-0.00400	-0.138	0.0180	0	-0.00500	-0.0360	0.0210	0.0820
	(0.308)	(0.494)	(0.307)	(0.662)	(0.019)	(0.822)	(0.000)	(0.363)	(0.993)	(0.791)	(0.064)	(0.282)	(0.000)
17. Government	0.0850	0.0560	0.0490	-0.0100	-0.0660	0.00500	0.00800	0.0480	0.0180	0.128	0.0860	0.0320	0.182
	(0.000)	(0.001)	(0.003)	(0.621)	(0.001)	(0.782)	(0.667)	(0.012)	(0.360)	(0.000)	(0.000)	(0.092)	(0.000)
18. Competitor	0.0140	0.0100	0.00600	0.0140	-0.0120	-0.0190	-0.00100	0.0130	0.101	0.00800	0.00700	0.00400	0.137
	(0.406)	(0.564)	(0.709)	(0.451)	(0.521)	(0.325)	(0.952)	(0.507)	(0.000)	(0.662)	(0.721)	(0.821)	(0.000)

续表

变量	1	2	3	4	5	6	7	8	9	10	11	12	13
19. Customer	0. 0230	0. 0300	0. 0280	0. 0200	-0. 0100	0. 0160	0. 0130	0. 0200	-0. 0120	-0. 0950	0. 0410	0. 0430	-0. 0260
	(0. 159)	(0. 073)	(0. 087)	(0. 307)	(0. 617)	(0. 409)	(0. 510)	(0. 298)	(0. 541)	(0. 000)	(0. 031)	(0. 026)	(0. 119)
20. Public_2	0. 0160	0. 0690	0. 0670	-0. 0440	0. 0150	0. 0760	-0. 0190	-0. 0360	-0. 0150	0. 0400	0. 0140	-0. 107	0. 136
	(0. 317)	(0. 000)	(0. 000)	(0. 023)	(0. 445)	(0. 000)	(0. 326)	(0. 062)	(0. 450)	(0. 039)	(0. 454)	(0. 000)	(0. 000)
21. Public	-0. 275	-0. 259	-0. 251	-0. 0130	-0. 0120	-0. 0990	0. 0310	-0. 0140	-0. 00400	-0. 0150	-0. 156	-0. 0810	0. 323
	(0. 000)	(0. 000)	(0. 000)	(0. 483)	(0. 539)	(0. 000)	(0. 110)	(0. 453)	(0. 817)	(0. 430)	(0. 000)	(0. 000)	(0. 000)
22. Phi_ratio	0. 0690	0. 0630	0. 0620	0. 107	-0. 134	-0. 0100	-0. 0170	-0. 0450	-0. 0320	0. 520	0. 537	0. 197	0. 0320
	(0. 000)	(0. 001)	(0. 001)	(0. 000)	(0. 000)	(0. 599)	(0. 376)	(0. 020)	(0. 091)	(0. 000)	(0. 000)	(0. 000)	(0. 098)
23. Age	0. 106	0. 140	0. 156	0. 0720	0. 00800	0. 0350	-0. 0100	0. 0420	-0. 0110	-0. 0100	-0. 0130	0. 0200	-0. 0980
	(0. 000)	(0. 000)	(0. 000)	(0. 000)	(0. 686)	(0. 065)	(0. 617)	(0. 029)	(0. 574)	(0. 609)	(0. 502)	(0. 300)	(0. 000)
24. λ	-0. 0580	-0. 104	-0. 0870	-0. 0160	0. 0150	-0. 0470	-0. 00800	0. 0140	-0. 0120	-0. 0360	-0. 0700	-0. 0290	0. 313
	(0. 000)	(0. 000)	(0. 000)	(0. 413)	(0. 431)	(0. 014)	(0. 679)	(0. 463)	(0. 517)	(0. 059)	(0. 000)	(0. 133)	(0. 000)
25. β	-0. 105	-0. 113	-0. 106	0. 0270	-0. 00200	-0. 00900	-0. 0140	0. 00900	-0. 00900	-0. 00900	-0. 00400	-0. 00800	-0. 0950
	(0. 000)	(0. 000)	(0. 000)	(0. 171)	(0. 914)	(0. 631)	(0. 476)	(0. 653)	(0. 626)	(0. 639)	(0. 850)	(0. 680)	(0. 000)
26. Growth_oppor	0. 0810	0. 104	0. 103	0. 00400	-0. 0540	0. 00100	-0. 0240	-0. 00400	-0. 0310	0. 0240	0. 0570	0. 0440	-0. 103
	(0. 000)	(0. 000)	(0. 000)	(0. 855)	(0. 005)	(0. 955)	(0. 215)	(0. 839)	(0. 108)	(0. 209)	(0. 003)	(0. 023)	(0. 000)
14. Employee		-0. 205	-0. 225	0. 320	-0. 00600	-0. 0880	-0. 00500	-0. 257	0. 190	-0. 0260	-0. 165	-0. 00800	0. 192
		(0. 000)	(0. 000)	(0. 000)	(0. 736)	(0. 000)	(0. 782)	(0. 000)	(0. 000)	(0. 113)	(0. 000)	(0. 639)	(0. 000)

续表

变量	1	2	3	4	5	6	7	8	9	10	11	12	13
15. Creditor	0. 0220		-0. 0480	-0. 209	-0. 0290	0. 0310	0. 0500	0. 217	-0. 0780	0. 183	0. 0590	0. 0470	-0. 0720
	(0. 189)		(0. 003)	(0. 000)	(0. 073)	(0. 057)	(0. 003)	(0. 000)	(0. 000)	(0. 000)	(0. 000)	(0. 005)	(0. 000)
16. Sup_client	0. 0170	-0. 0760		-0. 145	0. 156	-0. 0330	0. 0710	0. 145	-0. 153	-0. 0130	0. 0890	-0. 121	-0. 288
	(0. 300)	(0. 000)		(0. 000)	(0. 000)	(0. 048)	(0. 000)	(0. 000)	(0. 000)	(0. 416)	(0. 000)	(0. 000)	(0. 000)
17. Government	0. 250	-0. 170	0. 0610		0. 0950	0. 0370	0. 0830	0. 0260	0. 231	-0. 0530	-0. 0230	-0. 0920	0. 108
	(0. 000)	(0. 000)	(0. 000)		(0. 000)	(0. 023)	(0. 000)	(0. 118)	(0. 000)	(0. 001)	(0. 155)	(0. 000)	(0. 000)
18. Competitor	0. 121	-0. 0500	0. 0620	0. 148		0. 0210	0. 0360	0. 143	0	-0. 0390	0. 0510	-0. 0330	-0. 135
	(0. 000)	(0. 003)	(0. 000)	(0. 000)		(0. 201)	(0. 027)	(0. 000)	(0. 987)	(0. 018)	(0. 002)	(0. 044)	(0. 000)
19. Customer	-0. 0320	0. 0380	-0. 0120	0. 0710	-0. 0920		0. 0520	0. 0440	0. 0310	0. 0850	0. 0570	-0. 0270	0. 190
	(0. 051)	(0. 021)	(0. 469)	(0. 000)	(0. 000)		(0. 001)	(0. 008)	(0. 107)	(0. 000)	(0. 000)	(0. 103)	(0. 000)
20. Public_2	0. 0300	0. 154	0. 0470	0. 0890	0. 0970	0. 0350		0. 214	0. 0170	0. 0740	0. 0650	-0. 0980	-0. 0150
	(0. 064)	(0. 000)	(0. 004)	(0. 000)	(0. 000)	(0. 031)		(0. 000)	(0. 363)	(0. 000)	(0. 000)	(0. 000)	(0. 371)
21. Public	-0. 256	0. 00300	0. 0510	0. 0360	0. 120	0. 0400	0. 412		-0. 0920	0. 0350	0. 458	-0. 0400	-0. 178
	(0. 000)	(0. 874)	(0. 002)	(0. 028)	(0. 000)	(0. 015)	(0. 000)		(0. 000)	(0. 032)	(0. 000)	(0. 016)	(0. 000)
22. Phi_ratio	0. 178	-0. 0210	-0. 0340	0. 218	0. 0340	0. 0340	0. 0360	-0. 0900		-0. 0220	-0. 0490	-0. 0240	0. 121
	(0. 000)	(0. 271)	(0. 076)	(0. 000)	(0. 079)	(0. 081)	(0. 061)	(0. 000)		(0. 253)	(0. 011)	(0. 214)	(0. 000)
23. Age	0. 00900	0. 184	0. 0140	-0. 0530	-0. 0950	0. 0760	0. 0630	0. 00600	-0. 0260		0. 192	0. 0560	-0. 0340
	(0. 567)	(0. 000)	(0. 387)	(0. 001)	(0. 000)	(0. 000)	(0. 000)	(0. 703)	(0. 180)		(0. 000)	(0. 000)	(0. 031)

续表

变量	1	2	3	4	5	6	7	8	9	10	11	12	13
24. λ	-0.175	-0.0600	-0.0700	-0.0170	0.0490	0.0550	0.0750	0.470	-0.0630	0.158		-0.0410	-0.0500
	(0.000)	(0.000)	(0.000)	(0.293)	(0.003)	(0.001)	(0.000)	(0.000)	(0.001)	(0.000)		(0.010)	(0.001)
25. β	-0.0360	-0.00700	-0.0940	-0.121	-0.0460	-0.0240	-0.115	-0.0380	-0.0140	0.0480	-0.0330		-0.0270
	(0.028)	(0.660)	(0.000)	(0.000)	(0.005)	(0.144)	(0.000)	(0.022)	(0.466)	(0.002)	(0.039)		(0.095)
26. Growth_oppor	0.164	0.00800	-0.131	0.197	-0.0480	0.0730	-0.00400	-0.143	0.108	-0.0320	-0.0380	-0.0430	
	(0.000)	(0.634)	(0.000)	(0.000)	(0.003)	(0.000)	(0.788)	(0.000)	(0.000)	(0.047)	(0.018)	(0.007)	
14. Employee	0.105	0.102	0.0920	0.0290	-0.135	0.0150	0.00200	-0.111	-0.0610	0.0730	0.156	0.0330	-0.169
	(0.000)	(0.000)	(0.000)	(0.128)	(0.000)	(0.446)	(0.922)	(0.000)	(0.001)	(0.000)	(0.000)	(0.087)	(0.000)
15. Creditor	-0.0430	0.0590	0.0930	0.0180	0.0370	-0.137	0.0580	0.0430	0.0330	-0.0310	-0.0800	-0.0780	-0.234
	(0.009)	(0.000)	(0.000)	(0.354)	(0.056)	(0.000)	(0.002)	(0.024)	(0.085)	(0.104)	(0.000)	(0.000)	(0.000)
16. Sup_client	-0.0830	-0.0660	-0.0700	-0.0260	0.126	0.0440	0.0110	0.0650	0.0560	-0.0610	-0.126	-0.0180	0.202
	(0.000)	(0.000)	(0.000)	(0.182)	(0.000)	(0.021)	(0.573)	(0.001)	(0.004)	(0.001)	(0.000)	(0.342)	(0.000)
17. Government	0.0640	0.0130	0.00200	-0.0120	-0.129	0.0170	-0.0900	-0.0790	-0.108	0.0910	0.170	0.0490	0.238
	(0.000)	(0.416)	(0.900)	(0.517)	(0.000)	(0.370)	(0.000)	(0.000)	(0.000)	(0.000)	(0.000)	(0.010)	(0.000)
18. Competitor	-0.0160	-0.0420	-0.0430	-0.0500	0.0650	0.00300	-0.0310	0.0130	-0.0820	-0.0260	-0.0240	-0.0360	0.0860
	(0.345)	(0.011)	(0.009)	(0.009)	(0.001)	(0.875)	(0.111)	(0.494)	(0.000)	(0.180)	(0.214)	(0.058)	(0.000)
19. Customer	0.00900	0.0140	0.0130	0.0340	-0.0160	0.0110	-0.0170	-0.00300	-0.0170	-0.0290	0.0440	0.0410	-0.0270
	(0.578)	(0.397)	(0.422)	(0.073)	(0.399)	(0.568)	(0.371)	(0.868)	(0.368)	(0.134)	(0.021)	(0.033)	(0.098)

续表

变量	1	2	3	4	5	6	7	8	9	10	11	12	13
20. Public_2	0. 00100	0. 0570	0. 0560	-0. 0250	-0. 0170	-0. 0120	-0. 0150	-0. 0510	-0. 0510	0. 0400	-0. 0650	-0. 109	0. 0970
	(0. 968)	(0. 001)	(0. 001)	(0. 199)	(0. 379)	(0. 534)	(0. 426)	(0. 008)	(0. 008)	(0. 039)	(0. 001)	(0. 000)	(0. 000)
21. Public	-0. 331	-0. 261	-0. 241	-0. 0170	0. 0270	-0. 0430	0. 0460	0. 0190	0. 00800	-0. 0220	-0. 133	-0. 0950	0. 344
	(0. 000)	(0. 000)	(0. 000)	(0. 378)	(0. 154)	(0. 027)	(0. 016)	(0. 333)	(0. 660)	(0. 262)	(0. 000)	(0. 000)	(0. 000)
22. Phi_ratio	0. 0760	0. 0640	0. 0600	0. 0700	-0. 315	-0. 0950	-0. 535	-0. 190	-0. 471	0. 472	0. 862	0. 151	0. 0410
	(0. 000)	(0. 001)	(0. 002)	(0. 000)	(0. 000)	(0. 000)	(0. 000)	(0. 000)	(0. 000)	(0. 000)	(0. 000)	(0. 000)	(0. 033)
23. Age	0. 0700	0. 164	0. 194	0. 0720	-0. 0150	0	-0. 0120	0. 0520	0. 00800	-0. 0120	-0. 0230	0. 0370	-0. 161
	(0. 000)	(0. 000)	(0. 000)	(0. 000)	(0. 443)	(1. 000)	(0. 537)	(0. 007)	(0. 684)	(0. 546)	(0. 228)	(0. 055)	(0. 000)
24. λ	-0. 0550	-0. 0540	-0. 0240	-0. 0110	0. 00500	-0. 0330	-0. 00800	0. 0380	0. 0110	-0. 0250	-0. 0670	-0. 0180	0. 316
	(0. 000)	(0. 001)	(0. 137)	(0. 562)	(0. 778)	(0. 084)	(0. 694)	(0. 047)	(0. 552)	(0. 187)	(0. 000)	(0. 352)	(0. 000)
25. β	-0. 0580	-0. 0560	-0. 0480	0. 0130	-0. 0240	0. 00200	0. 0300	-0. 00800	0. 0120	-0. 0230	-0. 0180	-0. 0130	-0. 157
	(0. 000)	(0. 000)	(0. 002)	(0. 496)	(0. 209)	(0. 932)	(0. 120)	(0. 686)	(0. 529)	(0. 225)	(0. 346)	(0. 511)	(0. 000)
26. Growth_oppor	0. 0790	0. 0790	0. 0780	0. 0140	-0. 0680	0. 0340	-0. 0510	-0. 0550	-0. 0920	0. 0120	0. 118	0. 0450	-0. 130
	(0. 000)	(0. 000)	(0. 000)	(0. 481)	(0. 000)	(0. 077)	(0. 008)	(0. 005)	(0. 000)	(0. 531)	(0. 000)	(0. 020)	(0. 000)

注：有空格的表中，其上三角为 Spearman 相关系数，下三角为 Pearson 相关系数；没有空格的表中，相关系数名称已在其中注明。括号内为 p 值，双尾检验。N =4041。

0.0000，表明样本存在明显的个体效应，拒绝混合效应模型。因此，应建立固定效应模型（采取相同方法，以下为本章计量模型结果。经判断，均为采用固定效应模型）。

其次，为克服异方差（Modified Wald test 检验是否存在截面异方差，xttest3 命令完成，其中 $\chi^2 = 7.8e+59$，p = 0.0000）、序列相关（Wooldridge test 检验是否存在序列相关，xtserial 命令完成，其中 F = 21.635，p = 0.0000）以及潜在的截面相关，本书对回归系数标准误运用 Driscoll/Kraay（1998）（通过 stata11.0 中的 xtscc 命令完成）调整。

分析慈善捐赠价值以及利益相关者压力对慈善捐赠价值调节作用时，本书直接将利益相关者压力变量与慈善捐赠构成的乘积项一起放入回归方程，具体回归结果如表 5－3 所示。其中，回归方程中主要变量的 VIF 值如表 5－4 所示，由于不同变量的 VIF 值均小于 2，因此回归结果不会因共线性问题而受到干扰①。

表 5－3　利益相关者压力对企业慈善捐赠价值调节效应的回归结果

解释变量	被解释变量：企业价值（托宾 Q）		
	TQ^{APS}	TQ^{70}	TQ^{80}
Constant	10.88*** (172.80)	13.75*** (166.43)	12.81*** (145.01)
Stockholder × Phi_ratio	0.0140*** (2.98)	0.0152 (1.61)	0.0150* (1.65)
Employee × Phi_ratio	0.0305*** (5.45)	0.0318*** (4.05)	0.0312*** (4.22)
Creditor × Phi_ratio	0.0466*** (9.56)	0.0232** (2.31)	0.0210* (1.94)
Sup_client × Phi_ratio	0.0204*** (2.68)	0.0258*** (2.68)	0.0247*** (2.87)
Government × Phi_ratio	-0.0338*** (-2.98)	-0.0466*** (-3.03)	-0.0456*** (-3.07)

① 文后不同回归方程均已考虑到共线性问题带来的干扰。对于不同变量交叉项可能带来的共线性问题，本章对主要解释变量进行了标准化，以降低共线性问题对回归结果的干扰。经检验，不同回归方程的主要解释变量的 VIF 均小于 10，故后文不再列示 VIF 值。事实上，由于解释变量已经滞后一期，加之利益相关者压力变量使用的是当期数据，一定程度上这也降低了共线性问题。另外，更精确地，在检验利益相关者压力对慈善捐赠价值的调节作用时，回归方程应包含后文提及的诸如企业特征、公司治理以及市场环境等调节变量，因为这些变量既然已经影响到了利益相关者对企业价值的评价，也就会影响到企业价值。本书也尝试性加入了这些变量，结果发现，并不改变发现的结论。其实，不加入这些调节变量，也有合理的地方，因为不加入，意味着利益相关者压力与慈善捐赠交互项对企业价值的作用只是一种平均效果。

续表

解释变量	被解释变量：企业价值（托宾 Q）		
	TQ^{APS}	TQ^{70}	TQ^{80}
Competitor × Phi_ratio	0.0162 * （1.95）	0.0192 * （1.85）	0.0177 * （1.87）
Customer × Phi_ratio	-0.0292 ** （-2.20）	-0.0542 *** （-3.09）	-0.0518 *** （-3.20）
Public_2 × Phi_ratio	0.00583 （1.30）	0.00232 （0.65）	0.00159 （0.41）
Public × Phi_ratio	0.00434 （0.73）	0.0124 （1.60）	0.0144 ** （1.99）
Stockholder	0.109 *** （3.44）	0.113 *** （2.67）	0.103 *** （2.61）
Employee	0.206 （0.90）	0.486 （1.48）	0.430 （1.41）
Creditor	-0.00872 （-0.08）	-0.00994 （-0.06）	0.00232 （0.01）
Sup_client	-0.000616 （-1.53）	-0.000797 （-1.34）	-0.000785 （-1.44）
Government	0.725 *** （7.97）	0.672 *** （4.76）	0.692 *** （5.18）
Competitor	0.588 ** （2.21）	0.722 ** （2.23）	0.651 ** （2.14）
Customer	-0.0187 （-0.72）	-0.101 *** （-2.60）	-0.0869 ** （-2.40）
Public_2	-0.00772 （-0.62）	-0.0160 （-1.06）	-0.0220 （-1.59）
Public	-0.142 *** （-8.49）	-0.164 *** （-6.85）	-0.138 *** （-6.40）
Phi_ratio	0.00215 （1.04）	0.00195 （0.60）	0.00205 （0.71）
Age	-0.663 *** （-92.87）	-0.843 *** （-56.76）	-0.783 *** （-58.13）
λ	-0.693 *** （-12.50）	-1.012 *** （-10.41）	-0.934 *** （-10.48）
β	-0.120 * （-1.95）	-0.193 ** （-2.09）	-0.178 ** （-2.09）
Growth_opportunity	0.0867 （1.00）	-0.0391 （-0.29）	0.0208 （0.17）
Year	Yes	Yes	Yes
Industry	Yes	Yes	Yes
F（p 值）	4.66 （0.0000）	11.64 （0.0000）	11.60 （0.0000）
R^2	0.5566	0.5627	0.5642
N	2635	2635	2635
Groups	921	921	921

注：括号中的 T 值已经过 Driscoll/Kraay（1998）标准误修正；***、** 和 * 分别表示在 1%、5% 和 10% 的统计水平上显著。

表5-4 利益相关者压力调节慈善捐赠价值的回归方程中主要变量的VIF值

变量名	VIF	变量名	VIF
Stockholder × Phi_ratio	1.27	Stockholder	1.39
Employee × Phi_ratio	1.27	Employee	1.26
Creditor × Phi_ratio	1.20	Creditor	1.23
Sup_client × Phi_ratio	1.03	Sup_client	1.05
Government × Phi_ratio	1.20	Government	1.26
Competitor × Phi_ratio	1.07	Competitor	1.12
Customer × Phi_ratio	1.47	Customer	1.07
Public_2 × Phi_ratio	1.81	Public_2	1.40
Public × Phi_ratio	1.47	Public	1.95
Phi_ratio	1.96	λ	1.50
Age	1.10	β	1.05
Growth_opportunity		1.04	

资料来源：本书整理。

从回归结果中可以看出：慈善捐赠对企业价值的影响虽与预期的方向相同，但均不显著，再者，不论被解释变量使用 TQ^{APS}、TQ^{70} 还是 TQ^{80}，利益相关者压力对慈善捐赠价值的调节作用均得到较好的体现。就契约型利益相关者而言，股东压力、员工压力、供应商—客户压力与慈善捐赠的交互项均显著提升了企业价值（股东压力的影响稍弱），即在利益相关者压力越小时，企业慈善捐赠的价值越明显。同样，就公众型利益相关者来说，政府压力、竞争者压力、消费者压力与慈善捐赠的交互项均显著抑制了企业价值，即在利益相关者压力越大时，企业慈善捐赠的价值越不明显，应该说，这样的结果较好地验证了前文所提出的假设。例外的是，社会公众的压力无论是其一次项还是二次项与慈善捐赠的交互项都没有影响企业慈善捐赠的价值，这表明，社会公众压力对慈善捐赠价值影响的假设并没有得到支持；债权人压力与慈善捐赠的交互项对慈善捐赠价值的影响与预期刚好相反，这意味着债权人压力越大，慈善捐赠的价值越明显。总体来看，除债权人压力以及社会公众压力之外，在慈善捐赠的价值上，利益相关者压力应与慈善捐赠相匹配的假设，均得到了经验支持。此外，回归结果还显示，逆米尔斯比（λ）显著为负，这表明控制样本的选择性偏差很有必要。以下主要分析不同利益相关者压力对慈善捐赠价值的调节作用。

（一）契约型利益相关者压力与慈善捐赠价值

1. 股东压力与慈善捐赠价值

股东压力与慈善捐赠的乘积项与企业价值显著正相关（股东压力通过反向指标测度），表明随着股东压力愈来愈大，企业的慈善价值也会越来越小，从而验证了假设10—1。

股东是企业重要的利益相关者，企业的经营一定程度上就是股东意志的体现。如果企业的捐赠行为不与股东的要求相契合，在自己的利益满足程度较低时，股东就会认为企业的捐赠行为侵害了自身的权益。一方面股东会通过各种可能的途径表达自己的意见；另一方面，为维护其利益，特别是中小股东会在股票市场"用脚投票"——抛售公司股票，而大量股票在市场上出售，不仅改变市场上股票的供求关系，引起股价下跌，还会使得管理层的形象和声誉受损（杜莹和刘立国，2002；Fan & Wong，2002）；大股东则不然，如果对企业捐赠行为不满意，则会直接"用手投票"参与公司重大决策并进而否决捐赠方案（孙铮，姜秀华和任强，2001），进一步由于经营理念的不一致，就会激化企业内部各种潜在的矛盾。相反，如果企业的捐赠行为契合股东的预期，间接上也会提升股东的满意度，作为结果，股东可能就会追加投资，由此增加了企业持续发展的资金支持。

所以，企业的捐赠行为应尽可能与股东要求保持一致，这不仅有利于取得股东的支持，同时也有助于企业捐赠发挥其潜在的价值。这对企业的启示是，企业的慈善捐赠应与股东的满足程度（即本章的股东压力）相一致，否则企业捐赠不仅不能取得应有的效果，还会恶化企业与股东（投资者）之间的关系。为更直观反映股东压力对企业慈善捐赠价值的调节性作用，本书通过图形的方式简单描绘了股东压力不同时，企业价值随慈善捐赠水平的变化趋势，具体如图5－1所示。从图中也可看出，股东压力对慈善捐赠的价值有明显的调节作用。

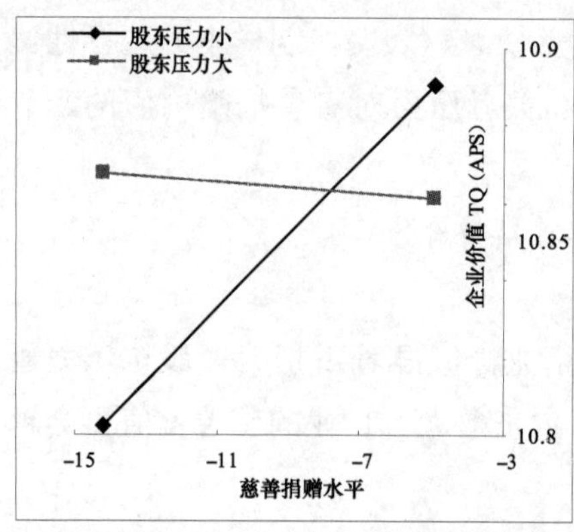

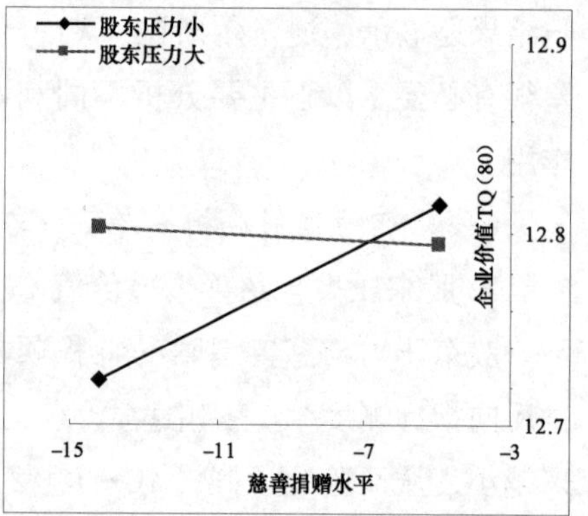

图5－1　股东压力对慈善捐赠价值的调节作用

2. 员工压力与慈善捐赠价值

不论使用TQ^{APS}、TQ^{70}还是TQ^{80}为被解释变量，员工压力与慈善捐赠的乘积项均与企业价值呈现显著的正相关关系，表明员工压力越小，企业慈善捐赠的价值越明显，即验证了假设10—2。这说明，为发挥慈善捐赠的价值，企业捐赠应与员工的压力相匹配，企业的捐赠在员工面临的压力越大时其效果越差，而不是相反。同样，为直观反映员工压力对企业慈善捐赠价值的调节性作用，图5－2也显示，员工压力较大时，慈善捐赠提升企业价值的作用减弱。

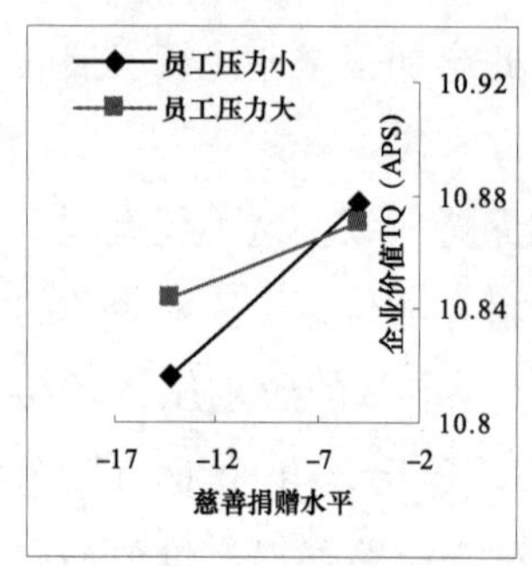

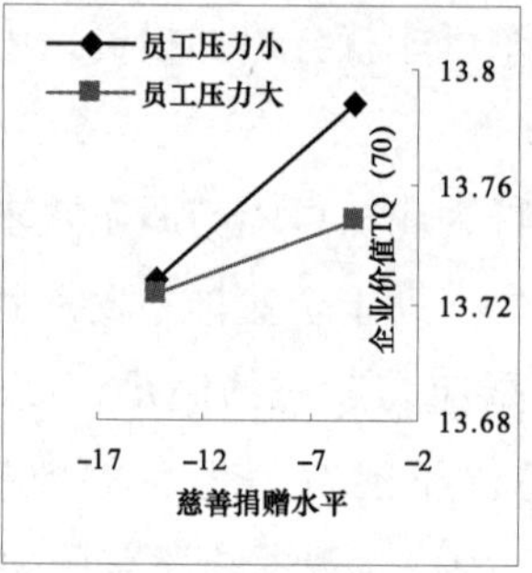

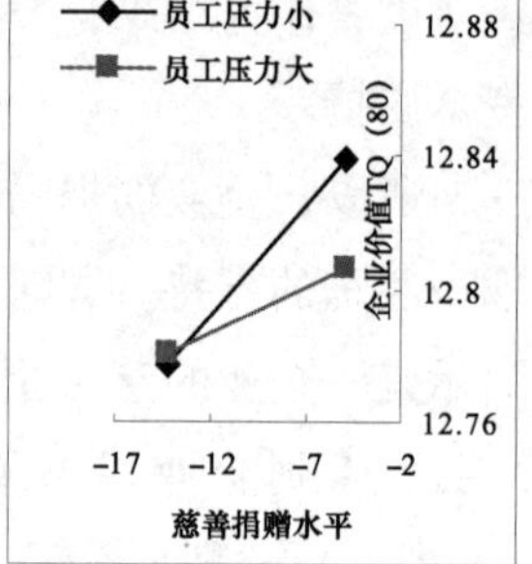

图5－2　员工压力对慈善捐赠价值的调节作用

3. 债权人压力与慈善捐赠价值

与预期不一致的是，债权人的压力与慈善捐赠的交互项对企业价值显著正相关，这表明，债权人压力并没有对企业慈善捐赠的价值构成明显的约束性，相反却是，企业面临债权人的压力越大，慈善捐赠越能提升企业价值，亦即：慈善捐赠与债权人的压力越不匹配，越能发挥其经济效果。对此，本章从以下两个方面予以解释。

第一，作为债权人主体的银行机构缺乏人格化的产权代表，以致通过“资产负债率”反映的债权人对企业的压力有名无实。理论上讲，企业债务融资应当使银行借款、商业信用、债券等保持适当的融资比例，以实现企业价值的最大化。但是，目前从我国上市公司总体上看，以银行借款为主的间接融资在债务融资中占有绝对比例（童盼，2005；肖坤，2008）。而在银行业经营仍是国有垄断的情况下，极易造成主体银行对企业监督缺位的可能。因为传统上，国家是国有商业银行的唯一所有者，政府代表国家行使对银行的所有权和控制权。由于没有对政府行使所有权的方式、内容、界限进行有效规范和制约，长期以来国有商业银行与其他国有企业一样，存在着产权边界模糊、产权界定不清、产权约束弱化以及预算软约束等现象，并直接导致了所有权与经营权不分、监督约束机制弱化的治理状况（金雪军和张学勇，2005）。特别是，在国家几乎承担无限责任的情况下，银行无倒闭之虞，经营过程中风险意识淡化也就在所难免（丁忠明，2007）。

第二，高债务融资传递的高公司质量信号渗透至企业慈善捐赠行为，以致强化了企业慈善捐赠的价值。债务融资的信号模型源于 Ross（1977）的研究。Ross 认为，企业经营者了解企业未来的收益和投资风险，而外部人却不了解，在此情形下外部人只能根据经营者输出的信息间接地评价企业的价值。企业的资产负债结构或者债务比例是一种把内部信息传递给市场的信号，负债比率上升，表明企业经营者对未来有较高的期望（Ross，1977），所以负债比例下降是一个消极的信号，而其上升则是一个积极的信号。基于这种理论假设，企业与债权人交往时，越高的债务比例意味着债权人越认可公司的质量以及其可能潜在的成长机会，并由此获得了债权人更大的支持，相应企业的经营行为受到来自债权人的干预就越少，进而使得企业的慈善捐赠在其负债率越高时，受到来自债权人抵制或否决的可能性就越小，以致企业捐赠能发挥更好的效果。

4. 供应商—客户压力与慈善捐赠价值

回归结果中，供应商—客户压力对企业慈善捐赠的价值有显著影响，

在分别以 TQ^{APS}、TQ^{70} 及 TQ^{80} 为被解释变量时，供应商—客户压力与企业慈善捐赠乘积项的回归系数分别 0.0204（t = 2.68）、0.0258（t = 2.68）与 0.0247（t = 2.87），系数符号与预期相一致，从而验证了假设 10—4（如图 5－3 所示）。在传统的企业间竞争演化为供应链与供应链（或产业链与产业链）竞争之时，供应商—客户的作用日益凸显，从本章的实证来看，供应商—客户压力对企业慈善捐赠的价值同样有着重要影响，这表明为提升企业慈善捐赠的价值，加强供应商—客户的关系管理并提升其满足程度，从而减弱供应商—客户的压力十分必要。

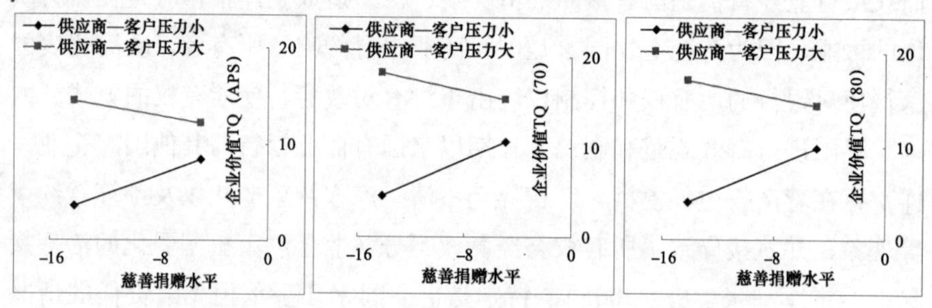

图 5－3 供应商—客户压力对慈善捐赠价值的调节作用

（三）公众型利益相关者压力与慈善捐赠价值

1. 政府压力与慈善捐赠价值

如本书假设推演，政府压力越大，慈善捐赠价值越不明显。在以三种不同 TQ 为被解释变量的回归方程中，慈善捐赠和企业价值的乘积项与企业价值均在 1% 水平上显著负相关。这表明，企业的慈善捐赠要发挥更大的价值，同样应与政府的压力相匹配（具体调节作用如图 5－4 所示）。特别是，在当前我国慈善捐赠还处于体制化动员阶段之时，由于政府部门仍然是各种善款的募集主体，如果企业的捐赠不能响应政府的要求，极可能招致不同政府部门的麻烦，从而降低慈善捐赠的价值。“政府压力与慈善捐赠交互项显著负向影响企业价值”的发现，有三个方面的启示。

第一，一定程度上廓清了企业慈善捐赠战略以及政府公益摊派的界限。在分析企业慈善捐赠战略时，现有文献对政府这个利益相关者的分析不够充分；同样，在分析政府对企业的公益摊派行为时，企业慈善捐赠的战略性一面也没有得到很好的体现。而实际上，政府作为企业的利益相关

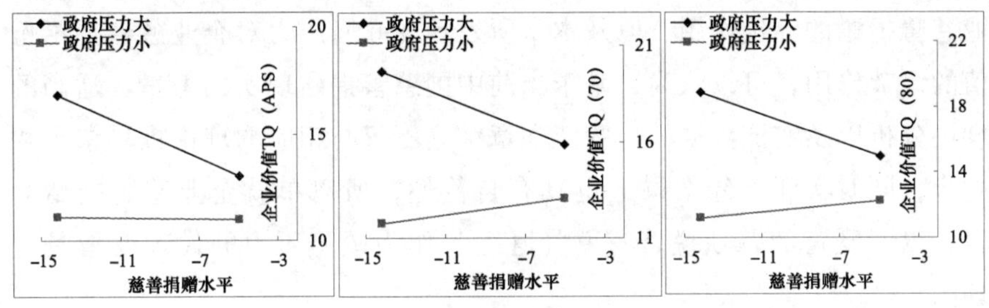

图5-4　政府压力对慈善捐赠价值的调节作用

者，其作用尤不能忽视，在我国转型经济背景更是如此。为什么出于精心设计的捐赠战略其效果寥寥，再者，为什么同样的背景下有的企业其捐赠成效卓然？应该说，从不同企业受到政府压力的不同可以得到部分解释。一方面若企业的捐赠规划没有考虑到政府部门对捐赠的潜在要求，执行中因政府的干预其效果就会严重折扣；另一方面如果企业能通过各种可能的途径把握政府对捐赠的预期，企业就越能超越政府的要求，从而实现捐赠的价值。所以，以政府压力对企业捐赠价值的调节作用来看，捐赠战略与公益摊派不必然是两个截然分立的问题，关键在于，企业在捐赠中如何对政府进行定位：如果企业被动顺应政府对于捐赠的要求，那么慈善捐赠可能就会被视之为一种来自政府的公益摊派，以致会损害企业的绩效；相反，如果企业超越于政府对捐赠的要求，企业的捐赠就是一种社会战略，从而成为一种提升企业绩效的有效手段。

第二，验实了政府是企业慈善捐赠行为核心利益相关者的重要命题。严格来说，政府作为企业的利益相关者，对企业的捐赠行为更多只应充当倡导者和规范者角色（钟宏武，2007），而并不是捐赠市场上的裁判员。若政府对于企业的捐赠有各种潜在的裁审权以致决定慈善捐赠效果，就会导致各种可能的权力寻租现象。这不仅耗费了企业的资源，同时也不利于企业慈善事业的整体发展。但遗憾的是，本章的实证结果表明，在我国，政府部门不仅是企业慈善捐赠的推动者，同时对企业慈善捐赠的效果有着重要影响。

第三，进一步检验了使用“支付的各项税费—税费返还”作为政府压力代理变量的合理性。如何衡量政府对企业的压力，特别是企业因慈善捐赠受到政府压力是一个比较棘手的问题。结合上一章政府压力对企业慈善捐赠的促进作用，以及本章所发现的政府压力对企业慈善捐赠价值的调节作用，可以认为，基于当前中国慈善捐赠现实的考量、适当的理论分析以及实证数据的检验，本章结论不仅与相应的理论推导结果相吻合，同时实证检验结果上也具有自洽性，所以单就企业慈善捐赠而言，以“支付的各项税费—税费返还”作为政府压力的代理变量是合理的。

目前，国内以上市公司财务年报为基础的企业社会责任研究，很多则以“支付的各项税费—税费返还”作为政府满足程度的标识，应该说有一定的局限性。若该变量代理政府满足程度高的话，就很难解释，在政府满足程度与企业慈善捐赠显著正相关的同时，为什么政府满足程度越高的企业其慈善捐赠的价值反而越差，抑或反之，为什么政府满足程度越低的企业其慈善捐赠的效果会越好。显然，这不可以用企业慈善捐赠是“逼捐”的逻辑来解释，因为“支付的各项税费—税费返还”很大程度上是基于企业的实际经营并依据有关会计税法以及相关规章制度计算出来，很难说存在胁迫的成分。所以，“支付的各项税费—税费返还”更适宜于从政府压力的角度进行解释。使用“支付的各项税费—税费返还”作为政府满足程度的标志，缺漏之处在于模糊了政府作为企业的公众型利益相关者与其他契约型利益相关者的区别。

实际上，政府之所以是企业的利益相关者，并不在于与企业形成一种交易，从而使自身的利益达到最大化（尽管法制不完全的条件下可能会出现这样的情况），而主要在于政府部门构成企业外部监管环境，从而对企业有影响力，这与契约型利益相关者基于预期与企业合作、创造剩余价值并共同分享有本质性的区别。当然，使用“支付的各项税费—税费返还”作为政府压力的代理变量仍有待更进一步的理论审视与实证检验，但至少就本书而言，已经获得较好的理论支持与实证检验。

2. 竞争者压力与慈善捐赠价值

竞争者压力与慈善捐赠的交互项在10%的水平上对企业价值显著正向影响（T值分别为1.95、1.85与1.87），表明竞争越不激烈，企业慈善捐赠的价值越明显。或换言之，随着竞争者压力增大，慈善捐赠提升企业价值的作用减弱，这即验证了假设11—2，具体调节作用如图5－5所示。

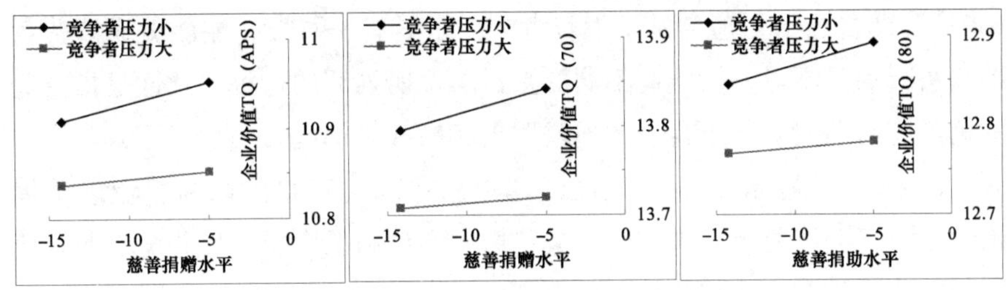

图 5-5　竞争者压力对慈善捐赠价值的调节作用

慈善捐赠作为企业的一种竞争方式，与其他竞争策略有共性的地方，即随着行业竞争强度的加强，其边际收益会出现递减的现象。进一步，这也表明企业的竞争其实体现于多个方面，一旦企业的慈善捐赠能带来积极的价值，其竞争对手就可能会跟进，以致销蚀了慈善捐赠的租金。

3. 消费者压力与慈善捐赠价值

在三个回归方程的结果中，消费者压力与慈善捐赠的乘积项均在 1% 的水平与企业价值显著负相关，表明消费者压力越大（即与消费者直接接触的企业）越限制了慈善捐赠对企业价值的作用，从而验证了假设 11—3，调节作用如图 5-6 所示。

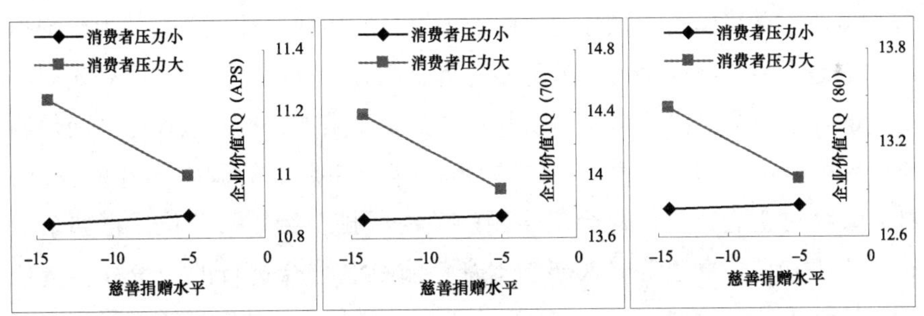

图 5-6　消费者压力对慈善捐赠价值的调节作用

企业慈善捐赠价值受到消费者压力的影响，意味着在消费者责任消费意识整体提升的情况下，企业应通过履行必要的社会责任，譬如慈善捐赠，来满足消费者对企业捐赠的要求，从而促成消费者购买行为或者提升消费者忠诚度，以提升企业价值。本章的发现与 Brown & Dacin（1997）、Sen & Bhattacharya（2001）等的结果有类似的地方，即企业的社会责任

（本章为慈善捐赠）应与基于消费者的要求具有一致性，才能促成消费者的购买行为。不过，与他们不同的是，本章所强调的这种一致性是指企业的捐赠应与消费者基于自身的捐赠要求相一致。

此外，应提及的是，山立威、甘犁和郑涛（2008）认为企业慈善捐赠动机源于经济要求，事实上，从我们的实证结果来看，那些与消费者接触的企业（消费者可以施之影响从而企业受到压力较大的企业）并没有因为捐赠提升企业的价值，即消费者并没有给予企业期求的结果。另外，本书的发现与 Lev，Petrovits & Radhakrishnan（2010）的实证结果有一定差异，他们发现，那些生产消费品的企业其捐赠会更易提升消费者的满意度并进而提升企业的销额。对此，我们认为，Lev，Petrovits & Radhakrishnan（2010）可能未考虑到这一点，即：在消费者对企业履行社会责任有预期时，越被预期到的捐赠其效果越差，而越超出预期要求的捐赠其效果越好，而这一定程度上实际上正是本书的（隐含的）理论分析出发点。

4. 社会公众压力与慈善捐赠价值

社会公众压力与慈善捐赠的乘积项不论是其二次项还是一次项，与企业价值 TQ 均没有显著的依存关系，即假设 11—4 没有得到实证支持。这可以分三方面来解释：

第一，在我国企业社会责任尚处于发展起步期，社会公众认为慈善捐赠并不是当前企业社会责任最重要的组成部分，以致其是否与以企业规模衡量的社会公众压力严格相匹配并不要紧。事实上，这一点业已为两份调查研究所揭示，如金碚和李钢（2006）基于 986 份的调查问卷就发现，社会公众对企业公益性社会捐赠额的关注度排至倒数第三位，再如余逊达，陈旭东和朱卓瑶等（2006）对浙江省社会公众进行的一份社会责任调查的结果甚至表明，社会公众对企业社会责任构成中的慈善责任认同度为最低（认同度均值为 3. 4）。

第二，社会公众可能缺乏有效的手段制衡那些慈善捐赠表现差的企业。这主要有两个原因：一是我国企业社会责任是在企业自身发展与社会要求之间不完全兼容，且较难从社会内部产生出推动企业社会责任发展的强大因素，加之欧美等国社会责任起步以后产生外部刺激的条件下逐步实现的（黎友焕，2004），其发展更多具有应激性的特点。在这个过程中，社会公众还仍缺乏与企业进行有效交涉并对话的经验，甚至缺乏必要的组织。二是作为推动企业社会责任发展的非政府组织在我国发展滞后。对于企业社会责任的推动与实施，各种非政府组织的作用不可小觑。非政府组织作为社会公众的代表，不仅有效地克服了企业社会责任推动中公众个体“搭便车”的难题，同时，还增强了公众群体的组织力量和对企业的抗衡力量（姚克利，2005；潘军，2010）。全球范围内企业社会责任运动的兴起，包括国际劳工组织、人权组织和环保组织等在内的许多非政府组织，开展了一系列的社会活动，并颁布了大量的承诺、宣言、标准以及准则，引导社会舆论，对企业形成了强大的社会压力，应该说，这对有效推动企业社会责任的变革发挥了无可替代的作用。反观我国非政府组织发展，虽取得长足的发展，但是整体发展水平相对滞后（迟福林，2003），在企业社会责任的实施中尚未发挥其应有的作用（周林彬和何朝丹，2008）。

第三，随着规模增大，企业自身的环境塑造能力虽增强，并能在一定程度上摆脱社会公众的影响，但这种能力并没有明显提升企业慈善捐赠的价值，其原因可能在于，我国企业社会慈善捐赠尚处于起步发展阶段，对如何更好地通过捐赠谋取企业价值增值仍在探索中。在我国转型经济背景下，企业慈善捐赠是近几年才出现并逐渐为企业所广泛关注的新现象。当前，企业对慈善捐赠的定位并不是很明确（中国社科院，2009），对如何通过慈善捐赠获取战略上的优势才刚刚起步，所以，即便企业环境塑造能力增强，慈善捐赠价值仍有待实践的检验和理论上的深化（钟宏武，2007）。

三　小结

综合以上讨论，可以得出：第一，不同利益相关者压力对企业慈善捐赠价值的影响各有差异，不过总体上，如假设所推演的，利益相关者压力越大，慈善捐赠的价值越不明显。

第二，本章没有发现债权人压力及社会公众压力与慈善捐赠的匹配性对企业价值有影响，对此结合中国特有的现实情境进行了可能的解释，但这并不表明债权人以及社会公众对企业慈善捐赠价值没有影响，其背后是否又受特定因素作用，这还须进一步的探讨，同样，既已验证的假设在新的条件下是否会再次得到检验也宜拓展。

与上一章类似，从结果上看，若就以上不同利益相关者对企业慈善捐赠价值的影响进行分类（如表 5 - 5 所示），股东、员工、供应商—客户、政府、竞争者以及消费者与企业慈善捐赠交互作用对企业价值的作用显著，企业慈善捐赠的价值受其调节（约束），相应就是决定企业慈善捐赠价值的积极的利益相关者。社会公众并未对企业慈善捐赠构成明显的约束性，从而构成了中性的利益相关者，亦即：这些利益相关者与企业关系密切，虽不影响捐赠的价值，但捐赠价值的实现并不以其利益的损失为代价，或者换一个角度看就是，这些利益相关者对企业慈善捐赠价值的影响仍处于一种潜隐状态。债权人对企业慈善捐赠价值的影响，与研究预期相反，结果表现为，企业慈善捐赠价值的实现并不以其债务的安全性为前提，即：对决定企业慈善捐赠价值而言，债权人是企业不相关的利益人，由此可视之为消极的利益相关者。

表 5－5　　基于对慈善捐赠价值影响的利益相关者分类

	积极的利益相关者	中性的利益相关者	消极的利益相关者
利益相关者	股东、员工、供应商—客户、政府、竞争者以及消费者	社会公众	债权人

资料来源：本研究整理。

四　稳健性检验

为进一步保证前文回归结果的可靠性，本章执行了多种稳健性检验。具体而言，包括以下 7 种情况：

第一，不同行业面对的利益相关者并不相同，为进一步控制行业因素对利益相关者压力的影响，本章对利益相关者压力变量进行了分年度的行业均值调整，并重新检验了不同利益相关者压力对企业慈善捐赠价值的调节性作用。

第二，总体上我国的经济发展水平并不均衡，对契约型利益相关者而言，面对相同的利益满足程度，不同利益相关者表现出的态度可能截然有别，反映到慈善捐赠的价值上就是，不同契约型利益相关者满足程度对慈善捐赠价值的调节性作用可能并不一致。为此，以东部、中部以及西部三个地区为划界标准，本章对利益相关者压力变量进行了地区均值调整，并就利益相关者压力对慈善捐赠价值的影响的回归结果再次进行了验证。

第三，为进一步保证本章结论的稳健性，本章还多角度测量了利益相关者压力变量，并重新检验利益相关者压力对慈善捐赠价值的作用。譬如，股东压力使用每股收益、净资产收益率与总资产报酬率进行代理，债权人压力使用流动比率与资产负债率进行代理，供应商—客户压力使用资产周转率、应付账款周转率以及现金与应付账款比率进行代理，并通过主成分分析法（PCA）得出具体的利益相关者压力数值。

第四，前文在分析利益相关者压力对企业慈善捐赠价值的调节作用时，捐赠使用的相对捐赠规模，在绝对捐赠水平下，利益相关者压力对企业捐赠价值是否有同样影响呢？为此，本章还使用捐赠绝对量进行了回归稳健性检验。

第五，需特别注意的是，本章因变量 TQ 在计算时使用到了企业总资产即企业规模变量，与之同时，本章社会公众压力的代理变量同时又是企业规模，这种代理变量的交错使用，是否影响到了社会公众压力对企业慈善捐赠价值的调节作用，并随之也改变其他利益相关者压力对慈善捐赠价值的调节性影响呢？考虑到这种情况，本章对社会公众压力（即企业规模）分别使用营业总收入以及员工人数（企业的营业收入越多，越引起社会的关注，同时，企业的员工人数越多以及社会的影响力也越大）进行代理，重新检验了利益相关者压力对企业慈善捐赠价值的影响。

第六，为更全面地反映企业市场价值，本章对被解释变量——企业价值还使用了市场增加值以及市净率来作代理，并就以上利益相关者压力对企业慈善捐赠价值的调节作用做了相应的稳健性检验。

第七，当前中国慈善事业还处于起步发展阶段，肇始于 2008 年的汶川地震，慈善捐赠才开始成为一个广泛讨论并备受关注的主题。由此，以 2008 年为分界，不同利益相关者压力对企业慈善捐赠价值的影响是否会发生显著变化呢？基于这种思考，在剔除 2008 年样本的基础上，本章进一步检验了利益相关者压力、慈善捐赠与企业价值的关系。

以上 7 个方面回归结果如表 5 - 6 所示，总体来看，在保持前文理论解释一致性的条件下，除极个别差异，利益相关者压力对企业慈善捐赠价值的调节作用与前文的结果较吻合，并没有实质性差异，这也就进一步验实了前文结论的稳健性。

表 5 - 6　利益相关者压力对企业慈善捐赠价值调节效应的稳健性回归结果

解释变量	分年度行业调整			分地区调整		
	TQ^{APS}	TQ^{70}	TQ^{80}	TQ^{APS}	TQ^{70}	TQ^{80}
Constant	11.06*** (72.11)	13.96*** (72.00)	13.00*** (69.06)	11.01*** (75.33)	13.86*** (73.51)	12.92*** (69.95)
Stockholder × Phi_ratio	0.0242*** (4.07)	0.0238** (2.19)	0.0221** (2.13)	0.0167*** (3.19)	0.0159 (1.49)	0.0152 (1.47)
Employee × Phi_ratio	0.0180*** (4.23)	0.0193*** (3.62)	0.0180*** (3.57)	0.0288*** (5.54)	0.0282*** (3.86)	0.0275*** (4.03)
Creditor × Phi_ratio	0.0342*** (3.52)	0.00689 (0.76)	0.00421 (0.45)	0.0334*** (4.53)	0.00372 (0.57)	0.00167 (0.25)
Sup_client × Phi_ratio	0.00423* (1.72)	0.00470 (0.60)	0.00461* (1.66)	0.0180*** (2.74)	0.0226*** (2.78)	0.0215*** (2.92)
Government × Phi_ratio	−0.0272** (−2.53)	−0.0384*** (−2.67)	−0.0379*** (−2.71)	−0.0283*** (−2.85)	−0.0391*** (−2.80)	−0.0385*** (−2.86)
Competitor × Phi_ratio	0.0154** (1.98)	0.0184* (1.95)	0.0172** (1.99)	0.0140** (2.01)	0.0165 (1.43)	0.0154 (1.44)
Customer × Phi_ratio	−0.0345** (−2.32)	−0.0563*** (−2.86)	−0.0542*** (−3.01)	−0.0197* (−1.89)	−0.0407*** (−2.94)	−0.0390*** (−3.12)
Public_2 × Phi_ratio	0.00236 (0.44)	−0.000808 (−0.18)	−0.00169 (−0.37)	0.00129 (0.34)	−0.00370 (−0.81)	−0.00441 (−0.90)
Public × Phi_ratio	0.000358 (0.06)	0.00187 (0.23)	0.00450 (0.58)	0.00328 (0.49)	0.0112 (1.26)	0.0137 (1.64)
Stockholder	0.0969*** (3.18)	0.105*** (2.61)	0.0955** (2.57)	0.0928*** (2.78)	0.0938** (2.03)	0.0845* (1.96)
Employee	0.123 (0.54)	0.384 (1.23)	0.333 (1.13)	0.111 (0.45)	0.351 (1.04)	0.304 (0.97)
Creditor	0.0140 (0.15)	0.0462 (0.32)	0.0542 (0.38)	−0.0522 (−0.50)	−0.0588 (−0.34)	−0.0432 (−0.26)
Sup_client	−0.000794** (−2.20)	−0.00115** (−2.16)	−0.00106** (−2.22)	−0.000937* (−1.96)	−0.00124* (−1.84)	−0.00121* (−1.94)
Government	0.845*** (5.92)	0.882*** (4.22)	0.883*** (4.33)	0.760*** (6.91)	0.759*** (3.97)	0.771*** (4.24)
Competitor	0.541** (2.19)	0.692** (2.22)	0.629** (2.15)	0.461** (2.23)	0.498* (1.86)	0.431* (1.73)

续表

解释变量	分年度行业调整			分地区调整		
	TQ^{APS}	TQ^{70}	TQ^{80}	TQ^{APS}	TQ^{70}	TQ^{80}
Customer	0.00849（0.25）	-0.0762**（-1.96）	-0.0607（-1.45）	-0.0344（-0.95）	-0.109**（-2.50）	-0.0971**（-2.36）
Public_2	0.00208（0.22）	-0.00662（-0.56）	-0.0122（-1.12）	-0.0106（-1.00）	-0.0183（-1.55）	-0.0239**（-2.19）
Public	-0.140***（-8.30）	-0.167***（-8.02）	-0.141***（-7.52）	-0.136***（-7.78）	-0.159***（-5.89）	-0.134***（-5.46）
Phi_ratio	0.00334（1.25）	0.000772（0.23）	0.000640（0.21）	0.00394（1.55）	0.00133（0.34）	0.000952（0.27）
Age	-0.674***（-57.59）	-0.854***（-43.39）	-0.794***（-43.06）	-0.677***（-46.80）	-0.862***（-38.25）	-0.801***（-37.50）
λ	-0.681***（-10.43）	-1.020***（-10.20）	-0.940***（-10.10）	-0.653***（-9.41）	-0.967***（-9.36）	-0.894***（-9.26）
β	-0.125**（-2.07）	-0.201**（-2.24）	-0.186**（-2.24）	-0.113*（-1.87）	-0.186**（-2.06）	-0.172**（-2.07）
Growth_opportunity	0.0925（1.02）	-0.0398（-0.31）	0.0196（0.17）	0.163（1.38）	0.0762（0.51）	0.132（0.94）
Year	Yes	Yes	Yes	Yes	Yes	Yes
Industry	Yes	Yes	Yes	Yes	Yes	Yes
F（p值）	4.97（0.0000）	22.97（0.0000）	15.02（0.0000）	154.40（0.0000）	136.81（0.0000）	615.54（0.0000）
R^2	0.5545	0.5615	0.5629	0.5532	0.5597	0.5611
N	2635	2635	2635	2635	2635	2635
Groups	921	921	921	921	921	921

注：括号中的T值已经过Driscoll/Kraay（1998）标准误修正；经检验主要变量的VIF值均小于2；***、**和*分别表示在1%、5%和10%的统计水平上显著。

续表

解释变量	利益相关者压力变量变换			捐赠绝对量（解释变量为捐赠的对数，Phi_ln，乘积项做相应改变）		
	TQ^{APS}	TQ^{70}	TQ^{80}	TQ^{APS}	TQ^{70}	TQ^{80}
Constant	10.83*** (62.75)	13.69*** (59.73)	12.77*** (57.54)	10.92*** (180.49)	13.87*** (144.16)	12.92*** (133.15)
Stockholder × Phi_ratio	0.0149 (1.76*)	-0.00254 (-0.18)	-0.00208 (-0.16)	0.0136*** (3.16)	0.0174** (1.97)	0.0173** (2.07)
Employee × Phi_ratio	0.0259*** (4.65)	0.0280*** (4.58)	0.0272*** (4.69)	0.00293 (0.29)	-0.00794 (-0.67)	-0.00365 (-0.32)
Creditor × Phi_ratio	0.00205 (0.15)	0.00220 (0.13)	0.000487 (0.03)	0.0443*** (8.26)	0.0113 (0.90)	0.00861 (0.68)
Sup_client × Phi_ratio	0.0173*** (3.17)	0.0249*** (3.44)	0.0245*** (3.76)	0.0215** (2.04)	0.0231* (1.83)	0.0219* (1.88)
Government × Phi_ratio	-0.0366*** (-2.83)	-0.0471*** (-2.80)	-0.0456*** (-2.83)	-0.0305*** (-2.64)	-0.0380** (-2.23)	-0.0388** (-2.34)
Competitor × Phi_ratio	0.0174** (2.22)	0.0203** (1.98)	0.0187** (2.00)	0.0217** (2.21)	0.0279** (2.19)	0.0258** (2.23)
Customer × Phi_ratio	-0.0309*** (-2.59)	-0.0557*** (-3.64)	-0.0536*** (-3.79)	-0.0246* (-1.66)	-0.0464** (-2.41)	-0.0436** (-2.47)
Public_2 × Phi_ratio	0.00661 (1.15)	0.00389 (0.78)	0.00321 (0.61)	-0.00410*** (-2.82)	-0.00769*** (-2.70)	-0.00811*** (-2.89)
Public × Phi_ratio	0.0141*** (4.16)	0.0198*** (4.12)	0.0211*** (4.51)	0.00474 (0.73)	0.0124* (1.93)	0.0148** (2.38)
Stockholder	-0.0711*** (-3.27)	-0.0965*** (-5.02)	-0.0970*** (-5.37)	0.105*** (3.02)	0.103** (2.17)	0.0939** (2.10)
Employee	-0.133 (-0.58)	0.122 (0.35)	0.0838 (0.26)	0.112 (0.66)	0.168 (0.74)	0.148 (0.70)
Creditor	0.0345*** (2.75)	0.0545** (2.52)	0.0499** (2.29)	-0.00205 (-0.02)	-0.0228 (-0.12)	-0.0106 (-0.06)
Sup_client	-0.000778** (-2.19)	-0.00109** (-2.08)	-0.00105** (-2.17)	-0.000568 (-1.29)	-0.000694 (-1.07)	-0.000677 (-1.14)
Government	0.914*** (7.41)	0.816*** (6.03)	0.823*** (6.33)	0.575*** (8.79)	0.463*** (5.83)	0.491*** (6.71)
Competitor	0.582** (2.16)	0.724** (2.25)	0.655** (2.15)	0.586** (2.34)	0.728** (2.36)	0.659** (2.27)

续表

解释变量	利益相关者压力变量变换			捐赠绝对量（解释变量为捐赠的对数，Phi_ln，乘积项做相应改变）		
	TQ^{APS}	TQ^{70}	TQ^{80}	TQ^{APS}	TQ^{70}	TQ^{80}
Customer	-0.0251 (-1.16)	-0.104** (-2.57)	-0.0878** (-2.25)	-0.0250 (-0.86)	-0.103** (-2.43)	-0.0873** (-2.21)
Public_2	-0.0113 (-0.91)	-0.0221 (-1.39)	-0.0279* (-1.93)	-0.0143 (-0.79)	-0.0219 (-1.02)	-0.0281 (-1.41)
Public	-0.127*** (-6.43)	-0.141*** (-4.60)	-0.114*** (-4.37)	-0.143*** (-8.35)	-0.162*** (-7.40)	-0.135*** (-6.92)
Phi_ratio	-0.000247 (-0.09)	0.000409 (0.11)	0.000621 (0.18)	0.00299 (1.10)	0.000874 (0.19)	0.000965 (0.24)
Age	-0.659*** (-49.79)	-0.838*** (-36.88)	-0.779*** (-36.98)	-0.669*** (-111.04)	-0.853*** (-56.32)	-0.793*** (-58.65)
λ	-0.677*** (-8.93)	-1.000*** (-8.44)	-0.922*** (-8.37)	-0.664*** (-13.53)	-0.963*** (-9.81)	-0.886*** (-10.10)
β	-0.116* (-1.96)	-0.189** (-2.09)	-0.175** (-2.10)	-0.118* (-1.91)	-0.191** (-2.06)	-0.176** (-2.06)
Growth_opportunity	0.0896 (1.01)	-0.0448 (-0.30)	0.0116 (0.09)	0.0479 (0.55)	-0.0686 (-0.54)	-0.00713 (-0.06)
Year	Yes	Yes	Yes	Yes	Yes	Yes
Industry	Yes	Yes	Yes	Yes	Yes	Yes
F（p 值）	2.48 (0.0000)	7.71 (0.0000)	6.35 (0.0000)	10.47 (0.0000)	10.23 (0.0000)	10.54 (0.0000)
R^2	0.5542	0.5623	0.5639	0.5560	0.5622	0.5637
N	2635	2635	2635	2635	2635	2635
Groups	921	921	921	921	921	921

注：括号中的 T 值已经过 Driscoll/Kraay（1998）标准误修正；经检验主要变量的 VIF 值均小于 2；***、** 和 * 分别表示在 1%、5% 和 10% 的统计水平上显著。

续表

解释变量	替换企业规模变量（营业收入）			企业规模变量替换（员工人数）		
	TQ^{APS}	TQ^{70}	TQ^{80}	TQ^{APS}	TQ^{70}	TQ^{80}
Constant	12.75(43.65)	11.69(43.77)	14.53(43.05)	13.12(47.11)	14.57(46.39)	13.31(46.23)
Stockholder × Phi_ratio	0.0152*** (3.06)	0.0157** (2.17)	0.0149** (2.17)	0.0162*** (3.09)	0.0200*** (2.60)	0.0196*** (2.65)
Employee × Phi_ratio	0.0286*** (4.40)	0.0299*** (3.71)	0.0297*** (3.90)	0.0291*** (5.38)	0.0304*** (4.22)	0.0295*** (4.29)
Creditor × Phi_ratio	0.0457*** (8.05)	0.0231*** (2.92)	0.0203** (2.35)	0.0526*** (7.81)	0.0322*** (3.36)	0.0298*** (2.88)
Sup_client × Phi_ratio	0.0209*** (3.14)	0.0269*** (3.32)	0.0254*** (3.53)	0.0217*** (3.19)	0.0278*** (3.14)	0.0269*** (3.41)
Government × Phi_ratio	−0.0331*** (−2.89)	−0.0455*** (−2.94)	−0.0442*** (−2.96)	−0.0335*** (−2.73)	−0.0450*** (−2.76)	−0.0443*** (−2.81)
Competitor × Phi_ratio	0.0155* (1.85)	0.0185* (1.78)	0.0171* (1.80)	0.0161* (1.78)	0.0189* (1.69)	0.0178* (1.71)
Customer × Phi_ratio	−0.0352*** (−2.66)	−0.0613*** (−3.48)	−0.0584*** (−3.67)	−0.0315*** (−2.61)	−0.0563*** (−3.52)	−0.0528*** (−3.67)
Public_2 × Phi_ratio	0.0200*** (3.80)	0.0199*** (2.96)	0.0195*** (3.00)	0.00343 (0.96)	0.00317 (0.76)	0.00382 (0.91)
Public × Phi_ratio	−0.0151** (−2.39)	−0.0104 (−1.43)	−0.00861 (−1.25)	0.00482 (0.90)	−0.000291 (−0.09)	0.00118 (0.31)
Stockholder	0.0932*** (2.87)	0.0976** (2.23)	0.0917** (2.27)	0.0796** (2.47)	0.0774* (1.83)	0.0721* (1.85)
Employee	0.418 (1.64)	0.633* (1.83)	0.615* (1.88)	0.432* (1.77)	0.773** (2.19)	0.697** (2.14)
Creditor	−0.132 (−1.26)	−0.144 (−0.78)	−0.112 (−0.64)	−0.155 (−1.58)	−0.185 (−1.07)	−0.149 (−0.89)
Sup_client	−0.000349 (−0.85)	−0.000383 (−0.61)	−0.000387 (−0.68)	−0.000437 (−0.94)	−0.000523 (−0.78)	−0.000515 (−0.83)
Government	0.686*** (7.06)	0.590*** (3.25)	0.621*** (3.64)	0.695*** (7.52)	0.633*** (3.50)	0.654*** (3.93)
Competitor	0.587** (2.28)	0.720** (2.29)	0.647** (2.19)	0.592** (2.25)	0.720** (2.28)	0.648** (2.17)

续表

解释变量	替换企业规模变量（营业收入）			企业规模变量替换（员工人数）		
	TQ^{APS}	TQ^{70}	TQ^{80}	TQ^{APS}	TQ^{70}	TQ^{80}
Customer	-0.0179(-0.67)	-0.0982***(-2.67)	-0.0845***(-2.64)	-0.0286(-0.94)	-0.112**(-2.43)	-0.0983**(-2.41)
Public_2	-0.0182（-0.72）	-0.0485（-1.25）	-0.0388（-1.08）	-0.00198（-0.28）	-0.00479（-0.61）	-0.00487（-0.65）
Public	-0.0296***（-2.95）	-0.0290*（-1.94）	-0.0341**（-2.46）	0.247***（16.98）	0.275***（14.05）	0.234***（13.65）
Phi_ratio	-0.000917（-0.29）	-0.00231（-0.52）	-0.00227（-0.59）	-0.128***（-19.06）	-0.145***（-15.47）	-0.124***（-14.44）
Age	0.167***（20.29）	0.203***（12.00）	0.190***（12.71）	0.0770***（13.08）	0.102***（11.10）	0.103***（11.62）
λ	-0.765***（-8.60）	-1.057***（-7.70）	-0.969***（-7.63）	-0.703***（-11.63）	-1.003***（-10.53）	-0.901***（-10.07）
β	-0.134**（-2.19）	-0.209**（-2.29）	-0.193**（-2.29）	-0.134**（-2.18）	-0.212**（-2.32）	-0.195**（-2.32）
Growth_opportunity	0.143（1.30）	0.0150（0.09）	0.0741（0.49）	0.0813（0.77）	-0.0383（-0.24）	0.0227（0.16）
Year	Yes	Yes	Yes	Yes	Yes	Yes
Industry	Yes	Yes	Yes	Yes	Yes	Yes
F（p 值）	3.39（0.0000）	4.31（0.0000）	3.70（0.0000）	10.57（0.0000）	13.57（0.0000）	12.75（0.0000）
R^2	0.5548	0.5608	0.5627	0.5534	0.5598	0.5615
N	2635	2635	2635	2635	2635	2635
Groups	921	921	921	921	921	921

注：括号中的 T 值已经过 Driscoll/Kraay（1998）标准误修正；经检验主要变量的 VIF 值均小于 2；***、** 和 * 分别表示在 1%、5% 和 10% 的统计水平上显著。

续表

解释变量	被解释变量替换		剔除2008年数据		
	市场增加值	市净率	TQ^{APS}	TQ^{70}	TQ^{80}
Constant	26.48 *** (1837.02)	19.83 *** (69.29)	-4.915 *** (-42.18)	-6.622 *** (-62.64)	-6.300 *** (-62.30)
Stockholder × Phi_ratio	0.00151 ** (2.21)	0.0176 (1.59)	0.0113 * (1.67)	0.0134 (0.79)	0.0136 * (1.70)
Employee × Phi_ratio	0.00117 *** (4.28)	0.0400 *** (3.45)	0.0262 ** (2.46)	0.0305 ** (2.44)	0.0297 ** (2.49)
Creditor × Phi_ratio	0.000146 (0.75)	-0.000808 (-0.02)	0.0440 *** (5.70)	0.0120 (1.05)	0.00945 (0.80)
Sup_client × Phi_ratio	0.000488 (1.31)	0.0275 ** (2.01)	0.0216 (1.24)	0.0299 * (1.77)	0.0274 (1.35)
Government × Phi_ratio	-0.00101 * (-1.84)	-0.0481 ** (-2.29)	-0.0432 * (-1.92)	-0.0585 * (-1.93)	-0.0570 * (-1.96)
Competitor × Phi_ratio	0.000540 (0.86)	0.0224 * (1.66)	0.0135 *** (2.80)	0.0183 ** (2.20)	0.0164 ** (2.29)
Customer × Phi_ratio	-0.000547 * (-1.84)	-0.0458 * (-1.80)	-0.0498 (-1.41)	-0.0831 * (-1.82)	-0.0814 * (-1.86)
Public_2 × Phi_ratio	0.000421 (0.85)	-0.0124 (-1.15)	0.0261 *** (2.76)	0.0157 *** (2.73)	0.0142 (1.64)
Public × Phi_ratio	-3.27e-05 (-0.15)	0.0158 ** (2.51)	0.00914 (1.26)	0.0194 ** (2.04)	0.0213 ** (2.18)
Stockholder	0.00138 (1.08)	0.207 *** (3.02)	0.195 *** (2.61)	0.225 ** (2.30)	0.207 ** (2.24)
Employee	-0.0286 *** (-3.81)	0.725 (1.44)	0.674 ** (2.52)	1.155 *** (3.00)	1.040 *** (2.84)
Creditor	-0.00629 *** (-3.32)	-0.637 *** (-2.83)	-0.127 (-0.66)	-0.155 (-0.57)	-0.141 (-0.54)
Sup_client	-7.85e-05 *** (-3.01)	-0.00164 * (-1.68)	0.000149 (0.26)	0.000471 (0.71)	0.000332 (0.51)
Government	0.0407 *** (10.30)	0.590 *** (2.73)	0.847 ** (2.25)	0.672 (1.26)	0.720 (1.45)
Competitor	0.0205 *** (2.65)	1.159 *** (2.66)	0.103 * (1.83)	0.0938 (1.59)	0.0760 (1.19)

续表

解释变量	被解释变量替换		剔除 2008 年数据		
	市场增加值	市净率	TQ^{APS}	TQ^{70}	TQ^{80}
Customer	0.000839(0.62)	-0.136*(-1.76)	-0.0379(-0.76)	-0.143***(-2.89)	-0.127**(-2.57)
Public_2	-0.00420*(-1.86)	0.0195(0.83)	-0.0115(-0.63)	-0.0174(-1.41)	-0.0250*(-1.88)
Public	-0.00169**(-2.25)	-0.335***(-6.04)	-0.170***(-6.59)	-0.216***(-4.71)	-0.183***(-4.67)
Phi_ratio	0.000203(1.58)	-0.00198(-0.47)	-0.000243(-0.10)	-0.00119(-0.29)	-0.000392(-0.10)
Age	-0.0206***(-14.52)	-1.257***(-32.24)	0.610***(52.42)	0.802***(74.71)	0.761***(70.91)
λ	-0.00753(-1.09)	-1.618***(-8.16)	-0.764***(-5.36)	-1.092***(-8.84)	-1.018***(-7.95)
β	-0.00390**(-2.25)	-0.312**(-2.19)	-0.0503(-0.94)	-0.104(-1.30)	-0.0965(-1.32)
Growth_opportunity	0.00110(0.38)	-0.740***(-3.08)	0.202*(1.77)	0.0775(1.09)	0.120*(1.70)
Year	Yes	Yes	Yes	Yes	Yes
Industry	Yes	Yes	Yes	Yes	Yes
F（p 值）	79.29(0.0000)	12.18(0.0000)	13.50(0.0000)	29.00(0.0000)	28.63(0.0000)
R^2	0.4087	0.5480	0.5931	0.5876	0.5940
N	2635	2635	1993	1993	1993
Groups	921	921	758	758	758

注：括号中的 T 值已经过 Driscoll/Kraay（1998）标准误修正；经检验主要变量的 VIF 值均小于 2；***、** 和 * 分别表示在 1%、5% 和 10% 的统计水平上显著。

第五节　利益相关者压力、慈善捐赠与企业价值关系的回归结果：企业特征

以下分别检验不同企业特征下的利益相关者压力对企业慈善捐赠的影响，检验的过程中，出于简化篇幅结构的考虑，对不同企业特征下的检验结果没有列示进一步的稳健性检验结果。

一　产权特征差异

为检验不同产权特征下的利益相关者压力对企业慈善捐赠价值的调节作用是否有不同，首先本章检验了国有企业与民营企业中不同类型的利益相关者压力变量与企业慈善捐赠构成的交叉项其均值与中位数是否存在显著差异，结果如表5-7所示。不难发现，中位数的检验结果显示不同产权特征下的交叉项变量差异较显著，相反，均值检验结果显示这种差异并不十分明显，仅股东压力、竞争者压力、消费者压力及社会公众压力（二次项）与慈善捐赠构成交叉项呈现明显不同。

表5-7　不同产权企业利益相关压力与慈善捐赠交互项的描述性统计

变量	均值			中位数		
	国有	民营	T检验	国有	民营	Wilcoxon 检验
Stockholder × Phi_ratio	-0.0150	0.0680	-2.30**	-0.00100	0.0200	-3.26***
Employee × Phi_ratio	0.159	0.106	1.34	0.0470	0.0100	3.72***
Creditor × Phi_ratio	-0.0230	0.0180	-0.93	-0.00600	-0.0110	1.59
Sup_client × Phi_ratio	-0.0140	-0.0340	0.61	0.00700	-0.0260	3.90***
Government × Phi_ratio	0.216	0.181	0.81	0.0720	0.0280	2.61***
Competitor × Phi_ratio	0.0590	-0.0260	2.65***	0.0120	-0.0130	4.71***
Customer × Phi_ratio	-0.0520	0.0380	-4.09***	0	0	-3.65***
Public_2 × Phi_ratio	-0.174	0.187	-5.73***	-0.00900	0.00700	-7.24***
Public × Phi_ratio	-0.129	-0.0720	-1.53	-0.0290	0.00500	-2.49**

注：***、**和*分别表示在1%、5%和10%的统计水平上显著，表中数据已经过标准化处理。

其次，为进一步探索不同产权特征下，利益相关者压力对慈善捐赠价值的差异性调节作用，本章以 TQ^{APS} 为被解释变量通过面板数据固定效应对这种关系进行了检验，回归结果如表 5-8 所示。

表 5-8　不同产权企业利益相关者压力对慈善捐赠价值调节作用的回归结果

解释变量	被解释变量：TQ^{APS}	
	国有	民营
Constant	10.68*** (95.38)	12.71*** (18.59)
Stockholder × Phi_ratio	0.00892*** (2.74)	0.0396** (2.36)
	[0.75]	
Employee × Phi_ratio	0.0238*** (2.91)	0.00782 (0.20)
	[0.05]	
Creditor × Phi_ratio	0.0333** (2.19)	0.0784*** (5.90)
	[0.36]	
Sup_client × Phi_ratio	0.0260*** (3.17)	-0.00108 (-0.09)
	[0.01]	
Government × Phi_ratio	-0.0325*** (-3.11)	-0.0281*** (-5.33)
	[0.56]	
Competitor × Phi_ratio	0.0182** (2.01)	0.0827*** (2.71)
	[0.09]	
Customer × Phi_ratio	-0.0367*** (-2.63)	-0.0278** (-2.10)
	[0.43]	
Public_2 × Phi_ratio	0.0142 (1.55)	0.0515*** (3.45)
	[0.02]	
Public × Phi_ratio	0.0174 (1.30)	-0.0448 (-1.01)
	[0.86]	
Stockholder	0.0419 (0.87)	0.0688 (1.47)
Employee	-0.725* (-1.71)	2.505* (1.93)
Creditor	-0.0239 (-0.18)	-0.596* (-1.66)
Sup_client	-0.000630 (-1.42)	0.00385 (1.42)
Government	1.188*** (5.32)	-1.077* (-1.78)
Competitor	0.601** (2.13)	1.249** (2.20)
Customer	0.0408 (0.73)	-0.132* (-1.78)

续表

解释变量	被解释变量：TQ^{APS}	
	国有	民营
Public_2	-0.00290（-0.29）	0.0609（1.44）
Public	-0.0796*（-1.94）	-0.0622（-0.97）
Phi_ratio	-0.0123***（-3.31）	0.0320***（11.46）
Age	-0.613***（-25.60）	-0.857***（-12.63）
λ	-0.784***（-6.14）	-0.208（-0.98）
β	-0.203**（-2.35）	-0.104*（-1.85）
Growth_opportunity	-0.466*（-1.69）	0.790**（2.02）
Year	Yes	Yes
Industry	Yes	Yes
F（p值）	16.67（0.0000）	53.85（0.0000）
R^2	0.5554	0.6170
N	1886	680
Groups	662	293

注：圆括号中的T值已经过Driscoll/Kraay（1998）标准误修正；为比较不同产权企业解释变量的系数的差异性，方括号中的值为使用自助法（Bootstrap）通过100次抽样得到的经验p值；***、**和*分别表示在1%、5%和10%的统计水平上显著。

从回归结果中，可以看出，国有企业与民营企业的利益相关者压力对企业慈善捐赠价值存在差异。具体来说，对契约型利益相关者而言，在国有企业，员工、供应商—客户压力对慈善捐赠价值调节性更明显（差异检验的p值分别为0.05与0.01）；而对公众型利益相关者而言，民营企业中，竞争者以及社会公众压力与慈善捐赠价值的调节作用更明显（差异检验的p值分别为0.09和0.02，以TQ^{70}与TQ^{80}得到以上两种类似回归结果，并没有改变结论）。

两相比较，对慈善捐赠价值的影响而言，国有企业契约型利益相关者压力更明显，而民营企业公众型利益相关者的压力更明显。一定程度上，这就验证了"不同产权构成的企业中利益相关者压力对慈善捐赠价值的调节作用有差异"（假设12）。

以上国有企业与民营企业中，利益相关者对慈善捐赠价值影响的差异，可进一步解读为，相对而言，国有企业更加关注契约型利益相关者，而民营企业则更加关注于公众型利益相关者，由此，两类不同的利益相关者对慈善捐赠效果的影响就有所差异。这实际上也正是两种不同企业现实的写照。

一方面，国有企业有相对更成熟的制度化管理机制，员工以及供应商—客户等契约型利益相关者就会更加受重视，对企业的影响就会更明显，利益相关者压力机制就会得到凸显，以致企业的慈善捐赠与其要求不相匹配时，这些利益相关者可能就会通过自身的影响更加积极地干预企业的发展，最终影响了企业价值。同时，国有企业其主要所有者是国家或者政府，鉴于资本人格化机制的缺失及其自身特有的地位和影响，公众型利益相关者的影响势必弱化，以致即便企业慈善捐赠与公众型利益相关者要求不相匹配，国有企业都有可能将公众型利益相关者的干预屏蔽掉。

另一方面，国内民营企业发展相对较晚，各个方面机制建设都还不完善，经济人动机驱使民营企业更加关注于利润，而相对忽视自身的各种制度规范，以致契约型利益相关者对企业的影响较小甚至并不存在，这表现为，很多时候，民营企业规范朝令夕改，作为结果，诸如员工以及供应商—客户的契约型利益相关者对企业也就不会有什么奢望。其结果即，慈善捐赠与利益相关者的要求不匹配时，利益相关者对企业价值的影响较小。与对待契约型利益相关者差异的是，民营企业要取得发展，只有依靠市场自己觅食生存，这就决定了公众型利益相关者对民营企业的重要意义。特别是，竞争者以及社会公众这两个利益相关者。关注于竞争者，对民营企业而言，在于维持更好行业生存机会；关注于社会公众，在于维持更好的社会合法性，取得社会公众的舆论支持。由此，在影响慈善捐赠价值上，竞争者以及社会公众对民营企业慈善捐赠的影响也就明显超过其对国有企业的影响。

二　企业资源差异

利益相关者压力对慈善捐赠价值的调节作用在企业资源不同时，其影响并不相同。为此，本章以企业资源为调节变量，检验了其对不同利益相关者压力与慈善捐赠价值之间的作用，具体结果如表 5 -9 所示。

表5-9 不同资源企业利益相关者压力对慈善捐赠价值调节作用的回归结果

解释变量	被解释变量：企业价值（托宾Q）		
	TQ^{APS}	TQ^{70}	TQ^{80}
Constant	11.01*** (192.15)	13.89*** (180.11)	12.95*** (146.05)
Stockholder × Res × Phi_ratio	-0.0562** (-2.40)	-0.0638** (-2.35)	-0.0610** (-2.30)
Stockholder × Phi_ratio	0.00915* (1.68)	0.00957 (0.83)	0.00940 (0.86)
Employee × Res × Phi_ratio	0.0248*** (2.96)	0.0311*** (2.84)	0.0316*** (3.07)
Employee × Phi_ratio	0.0260*** (4.44)	0.0286*** (3.60)	0.0275*** (3.52)
Creditor × Res × Phi_ratio	-0.0137* (-1.95)	-0.00257 (-0.22)	-0.00196 (-0.18)
Creditor × Phi_ratio	0.0394*** (6.51)	0.0157* (1.92)	0.0134 (1.03)
Sup_client × Res × Phi_ratio	-0.000218* (-1.74)	-0.0128* (-1.95)	0.00939 (1.57)
Sup_client × Phi_ratio	0.0151*** (2.58)	0.0216*** (2.63)	0.0203*** (2.80)
Government × Res × Phi_ratio	-0.000729 (-0.36)	-0.00383** (-2.00)	-0.00294** (-2.32)
Government × Phi_ratio	-0.0338*** (-2.68)	-0.0477*** (-2.71)	-0.0467*** (-2.76)
Competitor × Res × Phi_ratio	0.0173* (1.75)	0.0199* (1.81)	0.0159 (0.91)
Competitor × Phi_ratio	0.0217* (1.90)	0.0257* (1.76)	0.0236* (1.74)
Customer × Res × Phi_ratio	0.0205 (1.56)	-0.0122* (1.66)	-0.0136** (-2.02)
Customer × Phi_ratio	-0.0310** (-2.19)	-0.0568*** (-3.09)	-0.0542*** (-3.24)
Public_2 × Res × Phi_ratio	0.0235*** (3.37)	0.0286** (2.52)	0.0265** (2.45)
Public_2 × Phi_ratio	0.00273 (0.51)	-0.00229 (-0.41)	-0.00248 (-0.42)
Public × Res × Phi_ratio	-0.00327 (-0.78)	0.00163 (0.25)	-0.000898 (-0.13)
Public × Phi_ratio	0.00880*** (2.76)	0.0200*** (4.10)	0.0214*** (4.34)
Res	-0.131*** (-3.04)	-0.167*** (-2.73)	-0.156*** (-2.73)
Phi_ratio	0.00502 (1.57)	0.00556 (1.23)	0.00535 (1.37)
Stockholder	0.102*** (4.48)	0.108*** (3.65)	0.0978*** (3.45)
Employee	0.0263 (0.13)	0.350 (1.13)	0.302 (1.06)
Creditor	-0.0221 (-0.21)	-0.00814 (-0.05)	0.000779 (0.00)
Sup_client	-0.000332 (-0.68)	-0.000515 (-0.73)	-0.000471 (-0.72)
Government	0.759*** (6.48)	0.660*** (7.44)	0.682*** (7.49)
Competitor	0.533** (2.07)	0.662** (2.13)	0.591** (2.04)
Customer	-0.0610 (-1.08)	-0.132* (-1.82)	-0.121* (-1.81)
Public_2	-0.0163 (-1.54)	-0.0234** (-1.97)	-0.0293*** (-2.62)
Public	-0.139*** (-7.66)	-0.167*** (-6.25)	-0.140*** (-5.78)

续表

解释变量	被解释变量：企业价值（托宾 Q）		
	TQ^{APS}	TQ^{70}	TQ^{80}
Stockholder × Res	-0.0670*** （-5.53）	-0.0809*** （-4.82）	-0.0761*** （-4.87）
Employee × Res	-0.0928*** （-4.20）	-0.101*** （-4.63）	-0.0972*** （-4.50）
Creditor × Res	-0.0718*** （-10.24）	-0.0900*** （-7.70）	-0.0882*** （-8.57）
Sup_client × Res	-0.00890** （-2.28）	-0.0150*** （-2.85）	-0.0126** （-2.55）
Government × Res	0.00955（1.56）	0.0118（1.22）	0.00818（0.84）
Competitor × Res	0.0159* （1.72）	0.0182* （1.69）	0.0171* （1.66）
Customer × Res	-0.0147** （-2.50）	-0.0120（-1.42）	-0.0124* （-1.91）
Public_2 × Res	0.00276（0.22）	0.0132（0.82）	0.0114（0.68）
Public × Res	0.0104* （1.73）	0.00897（0.88）	0.00849（0.85）
Phi_ratio × Res	-0.0205** （-2.29）	-0.0202（-1.45）	-0.0172（-1.30）
Age	-0.668*** （-86.45）	-0.850*** （-57.46）	-0.790*** （-61.25）
λ	-0.698*** （-11.82）	-1.013*** （-10.57）	-0.935*** （-10.82）
β	-0.122** （-2.07）	-0.197** （-2.20）	-0.182** （-2.21）
Growth_opportunity	0.0891（0.61）	-0.0570（-0.26）	0.00501（0.02）
Year	Yes	Yes	Yes
Industry	Yes	Yes	Yes
F（p 值）	11.59（0.0000）	13.56（0.0000）	12.83（0.0000）
R^2	0.5680	0.5717	0.5734
N	2635	2635	2635
Groups	921	921	921

注：括号中 T 值经 Driscoll/Kraay（1998）标准误修正；***、** 和 * 分别表示在 1%、5% 和 10% 的统计水平上显著。

从回归结果来看，契约型利益相关者中，无论是使用 TQ^{APS}、TQ^{70} 还是 TQ^{80} 作为被解释变量，企业资源均显著调节了股东压力对慈善捐赠价值的影响，类似地，以 TQ^{APS} 与 TQ^{70} 为被解释变量，企业资源也显著调节了供应商—客户压力对慈善捐赠价值的影响，并且其方向均为负。这就表明，在企业资源越丰富的情况下，股东压力以及供应商—客户压力对企业慈善捐赠价值的作用会弱化。对于员工压力而言，在企业价值的三个不同的回归方程中，若企业资源越丰富，利益相关者压力对慈善捐赠的作用越显著，不过其方向相反，即企业资源越丰富，员工压力对企业慈善捐赠价值的作用越明显。这与前文的提出的假设相反。此外，由回归结果还可得知，不同资源条件下，债权人压力与慈善捐赠之间的关系并无显著的规律性。由此，企业资源削弱了契约型利益相关者压力对企业慈善捐赠价值的约束性，这即部分验证了假设 13—1（即减弱了契约型利益相关者对慈善捐赠价值的负向调节作用）。

对股东以及供应商—客户而言，企业资源削弱其对慈善捐赠的约束性，而对员工而言，企业资源则增强了这种关系，其主要原因可能是，股东及供应商—客户与员工在分享企业的收益上存在差异，即企业员工（回归时已经扣除高管）从企业得到的回报主要是诸如工资等固定性的收益，相反，股东及供应商—客户的收益与企业的发展紧密相关，与企业的收益“共荣共损”。进一步，在资源越丰富的情况下，这就导致股东及供应商—客户与员工对企业慈善捐赠的不同评价。对股东以及供应商—客户而言，即便慈善捐赠与其对企业的要求（即利益相关者压力下的慈善捐赠）不相匹配，但鉴于企业丰富资源的潜在保障，这种压力对慈善捐赠的价值也就要小得多；与之不同，企业员工只是享受固定性收益，企业的资源的丰富程度与自身利益并不紧密关联，相应，在企业慈善捐赠与其要求不相匹配时，员工压力对企业慈善捐赠价值的负向调节作用仍很明显。

对公众型利益相关者而言，整体来看，在企业资源越丰富时，政府、消费者以及竞争者压力对企业慈善捐赠的负向调节作用一定程度上得以增强（在企业价值的三个回归方程中，并不是全部得到显著性验证），这即验证了假设 13—2。此外，须关注的是，企业资源越丰富时，社会公众压力对慈善捐赠的“U”形调节作用显著。这意味着，社会公众压力对慈善捐赠价值的调节作用受企业资源的情境约束。在资源越丰富且规模较大时，社会公众压力对企业慈善捐赠价值的约束性增强。

三　生命周期差异

企业慈善捐赠与利益相关者压力的匹配性，在企业不同生命周期阶段，从理论上而言，是有差异的，相应就会影响不同利益相关者对企业的评价。本章进一步检验了在企业的成长期、成熟期以及衰退期，利益相关者压力对慈善捐赠的调节作用是否有所不同。不同阶段，利益相关者压力与慈善捐赠构成的交叉项的描述性统计结果如表 5 – 10 所示。从中位数的检验结果来看，不同利益相关者与慈善捐赠构成的交叉项在不同阶段差异并不明显，进一步的回归结果如表 5 – 11 所示。

表 5 – 10　不同生命周期下利益相关者压力及控制变量的描述性统计

变量	均值			中位数			差异检验
	成长期	成熟期	衰退期	成长期	成熟期	衰退期	
Stockholder × Phi_ratio	– 0. 0110	0. 00200	0. 0800	0. 00100	0. 00300	0. 0170	3. 99
Employee × Phi_ratio	0. 143	0. 150	0. 134	0. 0430	0. 0370	0. 0380	0. 21
Creditor × Phi_ratio	0. 0270	– 0. 0440	– 0. 053	– 0. 00100	– 0. 0140	– 0. 0080	5. 13 *
Sup_client × Phi_ratio	– 0. 0260	– 0. 006	– 0. 052	– 0. 00200	0	0. 00800	1. 77
Government × Phi_ratio	0. 150	0. 221	0. 290	0. 0350	0. 0650	0. 0920	6. 45 **
Competitor × Phi_ratio	0. 0100	0. 0600	0. 0510	0	0. 0100	0. 0210	7. 05 **
Customer × Phi_ratio	– 0. 0210	– 0. 0360	– 0. 034	0	0	0	0. 60
Public_2 × Phi_ratio	– 0. 107	– 0. 0880	– 0. 068	– 0. 00100	– 0. 0040	– 0. 004	0. 32
Public × Phi_ratio	– 0. 133	– 0. 105	– 0. 058	– 0. 0180	– 0. 0290	– 0. 0120	1. 65

注：Bartlett 同方差检验不成立，此时汇报的方差检验 F 值不可信，故未汇报，此处差异检验为 Wilcoxon 检验；*** 、** 和 * 分别表示在 1% 、5% 和 10% 的统计水平上显著；表中数据已经过标准化处理。

表 5 – 11　不同周期企业利益相关者压力对慈善捐赠价值调节作用的回归结果

解释变量	被解释变量：TQ^{APS}		
	成长期	成熟期	衰退期
Constant	9. 941 *** （32. 15）	13. 41 *** （30. 21）	10. 17 *** （19. 27）
Stockholder × Phi_ratio	– 0. 00961 （ – 0. 74）	0. 0272 *** （2. 97）	– 0. 112 *** （ – 3. 08）
	[0. 02]		
Employee × Phi_ratio	– 0. 0275 （ – 1. 41）	0. 0290 （1. 43）	0. 0370 *** （3. 78）
	[0. 08]		
Creditor × Phi_ratio	– 0. 0325 * （ – 1. 75）	0. 0650 * （1. 89）	0. 0201 （0. 98）
	[0. 21]		
Sup_client × Phi_ratio	– 0. 000882 （ – 0. 05）	3. 21e – 05 *** （4. 56）	0. 0185 （1. 28）
	[0. 10]		

续表

解释变量	被解释变量：TQ^{APS}		
	成长期	成熟期	衰退期
Government × Phi_ratio	0.0340*** (3.83)	-0.0630*** (-7.60)	-0.0303 (-1.40)
		[0.14]	
Competitor × Phi_ratio	0.0115** (2.00)	0.0140 (1.51)	0.0993* (1.75)
		[0.06]	
Customer × Phi_ratio	-0.000273 (-0.01)	-0.0212* (-1.74)	-0.0320 (-0.72)
		[0.17]	
Public_2 × Phi_ratio	-0.00373 (-0.39)	0.0559*** (3.89)	0.0320 (1.04)
		[0.45]	
Public × Phi_ratio	0.00878 (1.54)	-0.00319 (-0.18)	-0.0313*** (-3.02)
		[0.09]	
Stockholder	0.157*** (4.87)	0.323*** (9.14)	0.163*** (7.26)
Employee	-1.110*** (-6.03)	-0.0561 (-0.05)	1.734*** (3.40)
Creditor	-0.255** (-2.39)	0.257 (1.43)	1.101*** (3.35)
Sup_client	-0.00165* (-1.80)	0.00203* (1.92)	-0.00142 (-1.00)
Government	-0.337 (-1.43)	-0.300 (-1.33)	0.604 (0.78)
Competitor	0.453*** (2.96)	1.497*** (4.20)	-0.390 (-0.21)
Customer	0 (.)	-0.103 (-1.01)	0.185*** (4.36)
Public_2	0.00874 (1.15)	-0.0168 (-0.60)	-0.0100 (-0.30)
Public	-0.182*** (-5.64)	-0.0830*** (-2.80)	-0.548*** (-3.07)
Phi_ratio	0.00499 (1.53)	-0.00426 (-0.52)	-0.0290*** (-3.19)
Age	-0.590*** (-17.29)	-0.862*** (-17.04)	-0.718*** (-10.67)
λ	-0.641*** (-3.09)	-1.034*** (-6.43)	0.443 (1.61)
β	-0.118*** (-2.71)	-0.245*** (-2.84)	0.0582** (2.12)
Growth_opportunity	-1.280*** (-3.94)	0.338*** (3.24)	0.243 (1.04)
Year	Yes	Yes	Yes
Industry	Yes	Yes	Yes
F（p值）	158.13	218.46	182.95
R^2	0.5706	0.6411	0.6925
N	1156	969	507
Groups	627	560	331

注：括号中的T值已经过Driscoll/Kraay（1998）标准误修正；为比较不同生命周期阶段解释变量的系数的差异性，方括号中的值为使用自助法（Bootstrap）通过100次抽样得到的经验p值；***、**和*分别表示在1%、5%和10%的统计水平上显著。

从回归结果中可以发现，契约型利益相关者中股东压力、员工压力与供应商—客户压力以及公众型利益相关者中竞争者压力与社会公众压力，在不同的生命周期阶段，对企业慈善捐赠价值的调节作用存在明显的差异性。这验证了前文“不同生命周期阶段利益相关者压力对慈善捐赠价值的调节作用有差异”的假设（假设14）。

在企业的不同生命周期阶段，一方面不同利益相关者对企业的要求不一样；另一方面企业目标定位也有所差异，利益相关者对企业的慈善捐赠行为的态度就会表现出明显差异，慈善捐赠是否与利益相关者要求相匹配的要求也就会随着企业的生命周期改变而有变化，最终表现的结果就是，利益相关者压力对慈善捐赠价值的调节作用呈现一定的周期性特点。

第六节　利益相关者压力、慈善捐赠与企业价值关系的回归结果：公司治理

公司治理是利益相关者构建的利益对话与协商机制。公司治理机制不同，利益相关者要求的实现方式也就不同。在相异的公司治理机制下，企业行为受到利益相关者的评价会因利益相关者要求的实现程度表现出较大的差异。以下从公司的董事会治理水平以及大股东控制两个角度，检验利益相关者压力对慈善捐赠价值调节作用。

一　董事会治理水平差异

在不同的董事会治理水平下，利益相关者压力对慈善捐赠价值影响的回归结果如表5－12所示。从回归的结果中可以发现，对契约型利益相关者而言，在三个不同的企业价值回归方程中，不同利益相关者压力变量对慈善捐赠价值的负向调节作用都不同程度地弱化了，即董事会治理水平弱化了契约型利益相关者对慈善捐赠价值的约束性。

具体而言，就股东压力来看，在以 TQ^{APS} 以及 TQ^{70} 为被解释变量时，董事会治理水平负向调节了股东压力对慈善捐赠价值的作用；就员工压力来看，在以 TQ^{APS}、TQ^{70} 以及 TQ^{80} 为被解释变量的回归方程中，董事会治理水平也负向调节了其对慈善捐赠的影响；就债权人以及供应商—客户压力来看，只有分别以 TQ^{APS} 与 TQ^{80} 为被解释变量的回归方程中，债权人以

及供应商—客户压力对慈善捐赠价值的作用得以弱化，不过，在其他另两个回归方程中仍表现出弱化的倾向，虽然不具有显著的统计依存性。总体

表5-12　不同治理水平下利益相关者压力对慈善捐赠价值调节作用

解释变量	被解释变量：企业价值（托宾Q）		
	TQ^{APS}	TQ^{70}	TQ^{80}
Constant	10.81 *** (118.14)	13.68 *** (103.21)	12.75 *** (96.38)
Stockholder × CG × Phi_ratio	-0.00349 ** (-2.17)	-0.00494 ** (-2.24)	0.00486 (0.81)
Stockholder × Phi_ratio	0.0110 ** (2.07)	0.00723 * (1.95)	0.00771 (0.95)
Employee × CG × Phi_ratio	-0.0234 *** (-3.08)	-0.0306 *** (-3.01)	-0.0278 *** (-2.86)
Employee × Phi_ratio	0.0344 *** (4.95)	0.0362 *** (4.35)	0.0353 *** (4.47)
Creditor × CG × Phi_ratio	-0.0194 ** (-2.41)	-0.0122 (-1.59)	-0.0126 (-1.59)
Creditor × Phi_ratio	0.0498 *** (8.69)	0.0230 * (1.80)	0.0214 (1.59)
Sup_client × CG × Phi_ratio	-0.00288 (-0.33)	-0.00201 (-1.88)	-0.00319 *** (-2.72)
Sup_client × Phi_ratio	0.0196 ** (2.29)	0.0298 ** (2.29)	0.0285 ** (2.47)
Government × CG × Phi_ratio	0.00512 (1.62)	-0.00274 * (-1.66)	-0.00262 ** (-1.99)
Government × Phi_ratio	-0.0308 *** (-3.15)	-0.0407 *** (-3.64)	-0.0403 *** (-3.64)
Competitor × CG × Phi_ratio	0.00204 * (1.83)	0.000344 ** (2.05)	0.000809 (0.12)
Competitor × Phi_ratio	0.0188 *** (2.72)	0.0224 *** (2.61)	0.0207 *** (2.67)
Customer × CG × Phi_ratio	-0.00325 * (-1.66)	-0.00684 * (-1.92)	-0.00594 * (-1.85)
Customer × Phi_ratio	-0.0301 ** (-2.01)	-0.0599 *** (-2.78)	-0.0569 *** (-2.87)
Public_2 × CG × Phi_ratio	0.000607 (0.17)	0.00553 * (1.94)	0.00408 * (1.71)
Public_2 × Phi_ratio	0.00623 (1.44)	-0.00339 (-0.74)	-0.00373 (-0.77)
Public × CG × Phi_ratio	-0.00779 (-1.25)	-0.00961 (-1.00)	-0.00601 (-0.73)
Public × Phi_ratio	0.00209 (0.40)	0.00872 (1.23)	0.0108 (1.56)
CG	-0.00570 (-1.00)	-0.0137 (-1.31)	-0.0162 * (-1.76)
Phi_ratio	0.00270 (1.02)	0.00509 (0.98)	0.00503 (1.14)
Stockholder	0.101 *** (3.54)	0.104 *** (2.80)	0.0949 *** (2.75)
Employee	0.182 (0.80)	0.477 (1.47)	0.425 (1.40)
Creditor	0.00612 (0.07)	0.0212 (0.14)	0.0293 (0.20)
Sup_client	-0.000386 (-0.77)	-0.000303 (-0.43)	-0.000334 (-0.49)
Government	0.720 *** (7.09)	0.617 *** (5.81)	0.642 *** (6.44)
Competitor	0.620 ** (2.27)	0.773 ** (2.23)	0.695 ** (2.15)

续表

解释变量	被解释变量：企业价值（托宾 Q）		
	TQ^{APS}	TQ^{70}	TQ^{80}
Customer	-0.0116(-0.87)	-0.0917***(-2.99)	-0.0811***(-2.99)
Public_2	-0.000612 (-0.04)	-0.00881 (-0.48)	-0.0152 (-0.91)
Public	-0.126*** (-6.69)	-0.145*** (-5.31)	-0.119*** (-4.89)
Stockholder × CG	0.00127 (0.34)	-0.000734 (-0.20)	-0.000502 (-0.13)
Employee × CG	-0.0390*** (-3.49)	-0.0624*** (-5.46)	-0.0556*** (-5.31)
Creditor × CG	-0.0493** (-2.52)	-0.0724*** (-2.72)	-0.0677*** (-2.63)
Sup_client × CG	-0.00142 (-0.24)	-0.0130 (-1.07)	-0.0127 (-1.16)
Government × CG	0.0329*** (2.65)	0.0595*** (4.03)	0.0531*** (3.89)
Competitor × CG	0.0220** (1.97)	0.0325** (2.04)	0.0315** (2.13)
Customer × CG	0.0408** (2.48)	0.0629*** (3.27)	0.0622*** (3.30)
Public_2 × CG	0.0125*** (3.94)	0.0153*** (2.93)	0.0145*** (3.02)
Public × CG	-0.0568*** (-4.11)	-0.0703*** (-3.29)	-0.0661*** (-3.32)
CG × Phi_ratio	0.0113** (2.44)	0.0125*** (3.10)	0.0101** (2.42)
Age	-0.659*** (-64.22)	-0.838*** (-42.06)	-0.779*** (-43.66)
λ	-0.720*** (-10.44)	-1.056*** (-8.62)	-0.973*** (-8.77)
β	-0.118** (-2.06)	-0.192** (-2.23)	-0.177** (-2.23)
Growth_opportunity	0.0918 (1.31)	-0.0310 (-0.31)	0.0303 (0.35)
Year	Yes	Yes	Yes
Industry	Yes	Yes	Yes
F（p 值）	2.55 (0.0000)	4.99 (0.0000)	7.00 (0.0000)
R^2	0.5656	0.5746	0.5755
N	2634	2634	2634
Groups	921	921	921

注：括号中的 T 值已经过 Driscoll/Kraay（1998）标准误修正；***、** 和 * 分别表示在 1%、5% 和 10% 的统计水平上显著。

来看，随着公司治理水平提高，契约型利益相关者压力对慈善捐赠价值的负向调节作用减弱，换句话说，在良好的公司治理水平下，不同利益相关者即便企业慈善捐赠没有体现其利益要求，鉴于良好公司治理机制的影响，不同利益相关者也不会对慈善捐赠给予负面的评价。由此，公司治理机制与契约型利益相关者压力对慈善捐赠的影响上就具有替代性。相对而言，这在股东、员工以及供应商—客户体现的较明显，即假设 15—1 即得以部分验证。

对公众型利益相关者而言，从结果中可以发现，整体上，公司治理水平越高时，利益相关者压力对企业慈善捐赠的约束性提升了。分别来看，公司治理水平越高，当解释变量为 TQ^{70} 以及 TQ^{80} 时，政府压力对慈善捐赠价值的负向调节作用增强；竞争者压力在解释变量为 TQ^{APS} 以及 TQ^{70} 时，其负向调节作用增强；消费者压力在企业价值的三个不同回归方程中对慈善捐赠价值的影响均体现出显著的增强作用。被解释变量为 TQ^{70} 以及 TQ^{80}，在公司治理水平越高时，社会公众压力对慈善捐赠的“U”形调节作用越显著，即公司治理水平越高社会公众压力对慈善捐赠价值的调节作用先减弱后增强。这表明，在公司治理水平越高且规模较大时，社会公众压力对企业慈善捐赠价值的约束性越强。以上结果，基本验证了前文提出的假设 15—2，即董事会治理水平越高，如果企业的慈善捐赠并没有体现公众型利益相关者的要求，此时公众型利益相关者会给予更负面的评价，从而越发降低了慈善捐赠的价值。

二 大股东代理成本差异

大股东控制是当前公司治理的现实。在大股东控制下，不同利益相关者压力对慈善捐赠价值的调节作用是否会有差异，为此，本章以大股东代理成本为调节变量，检验了利益相关者压力对慈善捐赠的影响，回归结果如表 5 - 13 所示（此处进行回归分析，企业的股东收益已按照企业大股东与企业中小股东的比例扣减了大股东的收益）。

回归结果中，就契约型利益相关者来看，股东压力以及员工压力在企业价值三个回归结果中，其对慈善捐赠价值的负向调节作用均弱化了；同时，供应商—客户压力在被解释变量为 TQ^{APS} 以及 TQ^{80} 时，其对慈善捐赠价值的负向调节作用也弱化了；对债权人压力则不确定，仅当被解释变量为 TQ^{APS} 时，债权人压力对慈善捐赠价值的作用才呈现略微的增强作用。由此，总体上看，在大股东代理成本越高时，契约型利益相关者压力对慈善捐赠价值的负向调节作用削弱了，亦即就股东压力、员工压力以及供应商—客户压力而言，验证了前文提出的假设 16—1。

表5－13　不同代理成本下利益相关者压力对慈善捐赠价值调节作用

解释变量	被解释变量：企业价值（托宾Q）		
	TQ^{APS}	TQ^{70}	TQ^{80}
Constant	11.02***（203.00）	13.96***（269.83）	13.00***（269.33）
Stockholder×SA×Phi_ratio	－0.00208***（－3.32）	－0.00125***（－2.97）	－0.00185***（－4.01）
Stockholder×Phi_ratio	0.00394***（2.59）	0.0100**（1.97）	0.0104**（2.22）
Employee×SA×Phi_ratio	－0.0301***（－2.71）	－0.0340**（－2.43）	－0.0317**（－2.42）
Employee×Phi_ratio	0.0302***（5.52）	0.0347***（6.65）	0.0336***（6.61）
Creditor×SA×Phi_ratio	0.0390***（2.69）	0.0124（0.73）	0.0118（0.71）
Creditor×Phi_ratio	0.0181（1.59）	0.0333***（2.73）	0.0324***（2.70）
Sup_client×SA×Phi_ratio	－0.00422*（－1.67）	－0.0148（－0.32）	－0.0141*（－1.88）
Sup_client×Phi_ratio	0.0140***（2.94）	0.0178***（3.82）	0.0175（1.57）
Government×SA×Phi_ratio	－0.0132**（－2.23）	－0.00847（－1.60）	－0.0121**（－1.99）
Government×Phi_ratio	－0.0303***（－2.97）	－0.0427***（－2.99）	－0.0409***（－3.08）
Competitor×SA×Phi_ratio	0.00770***（3.71）	0.000281***（3.87）	0.00134***（4.61）
Competitor×Phi_ratio	0.0211***（3.37）	0.0261（1.36）	0.0242***（2.94）
Customer×SA×Phi_ratio	－0.0336**（－2.56）	－0.0333*（－1.81）	－0.0289（－1.52）
Customer×Phi_ratio	－0.0322**（－2.29）	－0.0494**（－2.56）	－0.0473***（－2.63）
Public_2×SA×Phi_ratio	－0.00208**（－2.31）	0.0142***（3.12）	0.0146***（3.47）
Public_2×Phi_ratio	－0.00137（－0.28）	0.00568（1.17）	0.00572（1.18）
Public×SA×Phi_ratio	0.00230（0.14）	0.00909（0.37）	0.0118（0.49）
Public×Phi_ratio	0.0177**（2.28）	0.0113（1.22）	0.0129（1.52）
SA	0.000881（0.01）	0.229（1.08）	0.187（0.94）
Phi_ratio	0.00209（1.17）	0.00283（1.03）	0.00283（1.22）
Stockholder	0.101**（2.51）	0.110**（1.97）	0.101*（1.88）
Employee	0.139（0.62）	0.208（0.67）	0.210（0.70）
Creditor	－0.0861（－0.83）	－0.0827（－0.49）	－0.0660（－0.41）
Sup_client	0.000740（1.08）	0.000863（1.21）	0.000801（1.17）
Government	0.345***（4.37）	0.316***（6.77）	0.332***（7.95）
Competitor	0.524**（2.38）	0.610**（2.43）	0.547**（2.29）
Customer	0.0441（1.26）	－0.0153（－0.38）	－0.0117（－0.31）
Public_2	－0.00312（－0.27）	－0.00972（－0.96）	－0.0150（－1.61）
Public	－0.131***（－7.34）	－0.172***（－8.52）	－0.144***（－7.03）

续表

解释变量	被解释变量：企业价值（托宾 Q）		
	TQ^{APS}	TQ^{70}	TQ^{80}
Stockholder × SA	-0.0294 *** (-4.49)	-0.0389 *** (-4.91)	-0.0391 *** (-4.91)
Employee × SA	0.0539 *** (5.22)	0.0695 *** (7.84)	0.0630 *** (6.98)
Creditor × SA	-0.0232 *** (-3.69)	-0.0252 *** (-3.46)	-0.0264 *** (-3.93)
Sup_client × SA	0.0539 *** (2.94)	0.0674 *** (3.96)	0.0666 *** (3.87)
Government × SA	-0.0932 ** (-2.25)	-0.112 ** (-2.23)	-0.108 ** (-2.25)
Competitor × SA	-0.0404 *** (-2.90)	-0.0606 *** (-2.92)	-0.0565 *** (-3.03)
Customer × SA	-0.0531 ** (-2.23)	-0.0819 * (-1.72)	-0.0773 * (-1.74)
Public_2 × SA	0.0570 ** (2.51)	0.0583 ** (2.05)	0.0603 ** (2.22)
Public × SA	0.00791 (0.81)	-0.00764 (-0.47)	-0.00464 (-0.31)
Phi_ratio × SA	0.00319 (0.47)	0.00600 (0.57)	0.00600 (0.63)
Age	-0.674 *** (-76.43)	-0.860 *** (-51.98)	-0.797 *** (-55.99)
λ	-0.633 *** (-10.22)	-0.916 *** (-9.18)	-0.853 *** (-9.49)
β	-0.119 ** (-2.00)	-0.196 ** (-2.15)	-0.182 ** (-2.17)
Growth_opportunity	0.194 *** (3.80)	-0.0391 (-0.39)	0.0236 (0.28)
Year	Yes	Yes	Yes
Industry	Yes	Yes	Yes
F（p 值）	1.78 (0.0002)	3.64 (0.0000)	3.11 (0.0000)
R^2	0.5652	0.5698	0.5715
N	2635	2635	2635
Groups	921	921	921

注：括号中的 T 值已经过 Driscoll/Kraay（1998）标准误修正；***、** 和 * 分别表示在 1%、5% 和 10% 的统计水平上显著。

当大股东代理成本越高时，对公众型利益相关者而言，政府压力在被解释变量为 TQ^{APS} 以及 TQ^{80} 时，对慈善捐赠价值的负面调节作用增强了；竞争者压力以及消费者压力在企业价值的三个不同回归方程中对慈善捐赠价值的影响均体现出显著的增强作用；社会公众压力对慈善捐赠价值的调节作用没有呈现明显的规律性。由此，总结以上结果，可以发现，公众型利益相关者在大股东代理成本越高时，其对慈善捐赠价值的负向调节作用越强，这对竞争者压力、消费者压力以及政府压力体现的相对要明显，从而部分验证了前文提出的假设16—2。

第七节 利益相关者压力、慈善捐赠与企业价值关系的回归结果:市场化水平

如果前文提出的慈善捐赠的价值效应分析合理的，可以推定，在不同的市场化环境下，利益相关者基于自身对企业慈善捐赠的要求，对企业慈善捐赠的评价，也会有所不同，考虑到市场化水平越高，利益相关者维护自身要求的意识提高以及相应的途径也有所增加，相应的结论就是，在高水平的市场化环境下，利益相关者压力对企业慈善捐赠的约束性会提升(即利益相关者压力对慈善捐赠价值效应的调节作用会增强)。为此，本章以企业所在地的市场化程度得分为调节变量，检验了以上的关系，回归结果如表5-14所示。

表5-14 不同市场环境下利益相关者压力对慈善捐赠价值调节作用

解释变量	被解释变量：企业价值（托宾Q）		
	TQ^{APS}	TQ^{70}	TQ^{80}
Constant	-9.204*** (-45.23)	-12.00*** (-52.41)	-11.48*** (-51.70)
Stockholder × MT × Phi_ratio	0.0246*** (4.97)	0.0246*** (2.96)	0.0254*** (3.10)
Stockholder × Phi_ratio	0.0120* (1.77)	0.0227** (2.20)	0.0214** (2.19)
Employee × MT × Phi_ratio	0.0181** (2.35)	0.0308*** (3.94)	0.0309*** (4.18)
Employee × Phi_ratio	0.0350*** (2.72)	0.0481*** (3.31)	0.0469*** (3.33)
Creditor × MT × Phi_ratio	0.0163* (1.67)	-0.0188** (-1.97)	-0.0198** (-2.29)
Creditor × Phi_ratio	0.0418*** (3.38)	0.0321* (1.78)	0.0300* (1.67)
Sup_client × MT × Phi_ratio	0.0790** (2.34)	0.0876** (2.42)	0.0893** (2.42)
Sup_client × Phi_ratio	0.0575* (1.92)	0.0684 (1.59)	0.0673** (2.01)
Government × MT × Phi_ratio	-0.0285*** (-4.41)	-0.0347*** (-5.40)	-0.0321*** (-5.42)
Government × Phi_ratio	-0.0392** (-2.29)	-0.0535** (-2.19)	-0.0525** (-2.23)
Competitor × MT × Phi_ratio	0.0250*** (2.67)	0.0140* (1.69)	0.0149* (1.78)
Competitor × Phi_ratio	0.0196*** (3.05)	0.0152*** (2.75)	0.0140*** (2.65)
Customer × MT × Phi_ratio	-0.0135*** (-3.28)	-0.0228** (-2.28)	-0.0216** (-2.38)
Customer × Phi_ratio	-0.0504 (-1.61)	-0.0758* (-1.78)	-0.0748* (-1.82)

续表

解释变量	被解释变量：企业价值（托宾Q）		
	TQ^{APS}	TQ^{70}	TQ^{80}
Public_2 × MT × Phi_ratio	0.0117（1.56）	-0.00256（-0.15）	-0.00229（-0.14）
Public_2 × Phi_ratio	0.0199 **（2.31）	0.0202（1.32）	0.0177（1.26）
Public × MT × Phi_ratio	-0.0271 **（-1.99）	-0.0263（-1.46）	-0.0243（-1.41）
Public × Phi_ratio	-0.00489（-1.01）	0.00523（0.42）	0.00757（0.60）
MT	0（.）	0（0.89）	0.0368（.）
Phi_ratio	0.00650（1.41）	0.00413（0.70）	0.00534（0.96）
Stockholder	0.171 **（2.45）	0.204 **（1.98）	0.188 *（1.93）
Employee	0.691 **（2.26）	1.052 **（2.57）	0.946 **（2.46）
Creditor	-0.221（-1.42）	-0.205（-1.17）	-0.181（-1.10）
Sup_client	0.00105 *（1.81）	0.00153 **（2.02）	0.00136 *（1.96）
Government	0.769 **（2.33）	0.627（1.48）	0.677 *（1.68）
Competitor	0.152（1.05）	0.107（0.67）	0.0963（0.60）
Customer	-0.0728（-1.14）	-0.198 ***（-2.79）	-0.177 ***（-2.59）
Public_2	0.0866 ***（3.33）	0.109 ***（2.75）	0.0977 ***（2.63）
Public	-0.163 ***（-4.65）	-0.208 ***（-3.59）	-0.178 ***（-3.42）
Stockholder × MT	0.00468（0.60）	-0.0167（-0.88）	-0.0146（-0.84）
Employee × MT	0.000217（0.02）	-0.00233（-0.16）	0.00236（0.18）
Creditor × MT	-0.0641 **（-2.38）	-0.187 ***（-4.70）	-0.183 ***（-4.95）
Sup_client × MT	-0.00479（-0.42）	-0.0158（-1.37）	-0.0195 *（-1.74）
Government × MT	0.0115 **（2.34）	0.0348 ***（3.49）	0.0294 ***（3.19）
Competitor × MT	0.0180（1.52）	0.00156（0.11）	0.00331（0.26）
Customer × MT	0.195 ***（22.35）	0.251 ***（10.05）	0.232 ***（10.87）
Public_2 × MT	-0.134 ***（-2.92）	-0.137 **（-2.23）	-0.125 **（-2.20）
Public × MT	-0.0311 ***（-3.74）	-0.0326 ***（-3.13）	-0.0358 ***（-3.58）
Phi_ratio × MT	0.0248 ***（3.59）	0.0328 ***（3.10）	0.0315 ***（3.14）
Age	0.949 ***（215.98）	1.202 ***（270.08）	1.137 ***（254.11）
λ	-0.614 ***（-7.11）	-0.938 ***（-16.55）	-0.868 ***（-14.88）
β	-0.0520（-0.92）	-0.108（-1.27）	-0.101（-1.30）
Growth_opportunity	0.248（1.62）	0.147（1.57）	0.199 **（2.11）
Year	Yes	Yes	Yes

续表

解释变量	被解释变量：企业价值（托宾 Q）		
	TQ^{APS}	TQ^{70}	TQ^{80}
Industry	Yes	Yes	Yes
F（p 值）	2.55（0.0000）	2.96（0.0000）	2.50（0.0000）
R^2	0.6102	0.6053	0.6121
N	1993	1993	1993
Groups	758	758	758

注：括号中的 T 值已经过 Driscoll/Kraay（1998）标准误修正；*** 、** 和 * 分别表示在 1%、5% 和 10% 的统计水平上显著。

从回归的结果中，可发现如下结论：在市场化水平越高时，股东压力、员工压力、供应商—客户压力、政府压力、竞争者压力以及消费者压力对慈善捐赠价值的负向调节作用均明显得到了强化，债权人压力以及社会公众压力的结论则不明显。由此，市场化程度越高，利益相关者压力对慈善捐赠价值的约束性也就越明显。这与前文所提出的假设 17 是吻合的。

不过，令人费解的是，在市场化水平越高时，政府压力对慈善捐赠价值的负向调节作用会增强，因为在市场化水平越高时，政府能直接对企业施加号令的可能就越少，即市场化水平越高，政府压力应会减弱，从而弱化了政府压力对慈善捐赠匹配性要求。与以上推论并不相同，检验结果并不支持以上的结论。对此的解释可能有以下几个原因：其一，企业是慈善捐赠的主体，在政府需要捐赠时，由于缺少捐赠的来源，更多是政府依靠行政力量来驱使，虽然市场化程度提高有助于降低政府对企业的直接影响，但是政府可以通过借助各种途径，将企业慈善捐赠外化为公共需要，以而给企业制造外在的舆论压力，亦即政府借力其他方式，通过间接途径发挥了其对慈善捐赠的影响，以致最终仍然显著强化其对企业慈善捐赠的价值的约束性；其二，相比于中国政府对企业的强大影响力，市场化程度虽然一定程度上弱化了政府对企业的影响，但并未从根本上扭转政府对企业的要求，即在市场化程度还有待提升的情况下，政府压力对企业慈善捐赠的影响依然较大，并影响了慈善捐赠的价值。

第八节　本章小结

本章从实证上检验了第三章提出的慈善捐赠价值机理的假设。在检验利益相关者对企业慈善捐赠价值的调节作用中，不同利益相关者压力对慈善捐赠价值的负向调节作用大部分得到验证，并且一系列的稳健性检验结果均表明，不同利益相关者压力对企业慈善捐赠价值的调节作用均较明显。在此基础上，发现的结果，本章进一步推进了对企业慈善捐赠价值的理解。此外，依托研究发现的结论，从管理的角度，针对不同利益相关者压力对慈善捐赠价值的差异化影响，本章还对利益相关者进行了归类，以便为企业更好地针对特定利益相关者制定慈善捐赠策略提供参照。

其后，本章进一步检验前文提出的关于慈善捐赠价值创造机理模型的合理性。具体而言，在不同的企业特征、公司治理水平以及市场化背景下，检验利益相关者压力对慈善捐赠价值的不同影响。总体来看，在不同企业特征、公司治理水平以及市场化背景下，利益相关者压力对慈善捐赠价值影响，就特定利益相关者而言，大部分假设得到了验证，从而进一步推进了对慈善捐赠价值的认识与理解。

第 六 章

研究结论、启示及展望

本章对全文进行总结，具体结构安排如下：第一部分对本论文主要研究发现进行总结；第二部分研究启示主要从理论进展及经验启示两个方面展开；第三部分对本书研究的局限性加以分析，并指出将来需要进一步研究的问题。

第一节　研究结论

慈善捐赠是一种普遍的企业行为，但理论界对其研究和关注尚且不足，在国内这更是一个学术上的真空（钟宏武，2007）。本书抓住慈善捐赠是怎样形成的以及其对企业价值的影响两个核心问题，通过构建适当的模型，较为全面地分析了慈善捐赠的形成机制及其价值机理，同时运用中国上市公司的慈善捐赠的面板数据检验了本书提出的模型。

一　企业慈善捐赠形成机制的研究结论

对慈善捐赠形成机制，本书发现的结论主要归纳为以下四点：

第一，利益相关者压力构成企业慈善捐赠的动力。分别而言，契约型利益相关者中股东、员工以及供应商—客户的压力（压力越大时，企业慈善捐赠越少），以及公众型利益相关者中政府（压力越大时，企业慈善捐赠越多）与社会公众的压力对企业慈善捐赠均有显著影响，其中社会公众与捐赠之间呈“U”形曲线关系。总体上，以上不同发现，验证了本书提出的关于利益相关者压力对慈善捐赠影响的假设。此外，本书还发现，消费者压力对企业慈善捐赠的影响与假设相反，即与消费者直接接触的企业捐得越少。

第二，不同产权特征的企业中，利益相关者压力对慈善捐赠的作用有差异。具体体现在：(1)国有企业与民营企业相比较，社会公众压力对国有企业的作用更明显；消费者压力对国有企业慈善捐赠影响不明显，即越是与消费者直接接触的国有企业，其慈善捐赠越少。(2)中央国企与地方国企相比较，债权人对中央国企慈善捐赠的约束性更明显（债权人压力越大，企业捐赠的就越少)；越是与消费者直接接触的中央国企，其捐赠越少。(3)企业资源越丰富时，契约型利益相关者中股东压力、员工压力与供应商—客户压力对慈善捐赠的约束性越低（即契约型利益相关者压力对企业慈善捐赠的负向影响减弱了)，公众型利益相关者中竞争者压力以及消费者压力提升了企业慈善捐赠（即利益相关者压力越大，企业捐赠得越多)。另外，与假设相反的是，企业资源越丰富时，债权人压力对慈善捐赠的负向影响越强。(4)就不同生命周期的企业而言，股东压力以及员工压力对慈善捐赠的影响呈现明显差异。

第三，就公司治理机制而言，发现以下结论：(1)董事会治理水平弱化了员工压力以及供应商—客户压力对慈善捐赠的负向影响，同时提升了竞争者以及社会公众（“U”形）对慈善捐赠的正向影响，这两个发现与假设是相符的。此外，董事会水平越高时，债权人压力对慈善捐赠的负向影响增强了，这与假设并不一致。(2)考虑大股东代理成本影响时，员工压力、债权人压力以及供应商—客户压力对企业慈善捐赠的负向影响降低了，同时政府压力以及竞争者压力对慈善捐赠的正向影响增强了，这些发现较好地验证了本书提出的假设。

第四，市场化水平越高，股东、供应商—客户以及政府、消费者对企业慈善捐赠的影响越强。

二　企业慈善捐赠价值机理的研究结论

对慈善捐赠价值效应，本书发现的结论主要归纳为以下四点：

第一，企业慈善捐赠价值体现的是一种关系性价值，这种关系性价值由慈善捐赠与利益相关者压力的匹配性来决定。具体而言，企业慈善捐赠与股东压力、员工压力、供应商—客户压力、政府压力、竞争者压力以及消费者压力相匹配时，才能发挥其价值效应。

第二，不同特征的企业中，慈善捐赠关系性价值决定机制有差异。(1)相比于民营企业，在慈善捐赠的价值效应上，国有企业的慈善捐赠与员工压力、供应商—客户压力的匹配性要求更明显；相比于国有企业，民营企业的慈善捐赠与竞争者压力以及社会公众压力（U形）的匹配性要求更明显。(2)在慈善捐赠的价值效应上，企业资源弱化了慈善捐赠与股东压力以及供应商—客户压力（部分①）的匹配性要求，同时，强化了慈善捐赠与政府压力（部分）、竞争者压力（部分）以及消费者压力（部分）的匹配性要求，这些发现与假设是一致的。不过，与假设不同的是，企业资源强化了慈善捐赠与员工压力以及债权人压力（部分）的匹配性要求。(3)就不同生命周期的企业来看，在慈善捐赠的价值效应上，慈善捐赠与股东压力、员工压力、供应商—客户压力以及竞争者压力的匹配性要求有明显差异。

第三，就公司治理机制而言，发现以下结论：(1)在慈善捐赠的价值效应上，董事会治理水平弱化了慈善捐赠与股东压力（部分）、员工压力以及供应商—客户压力（部分）的匹配性要求；董事会治理水平强化了慈善捐赠与政府压力（部分）、竞争者压力以及消费者压力的匹配性要求。与假设不同的是，董事会治理水平强化了慈善捐赠与债权人压力的匹配性要求。(2)在慈善捐赠的价值效应上，大股东代理成本弱化了慈善捐赠与股东压力、员工压力、债权人压力以及供应商—客户压力（部分）的匹配性要求。大股东代理成本强化了慈善捐赠与政府压力（部分）、竞争者压力以及消费者压力（部分）的匹配性要求。

第四，市场化水平越高，除债权人以及社会公众外，在慈善捐赠的价值效应上，慈善捐赠与不同利益相关者压力的匹配性要求越强。

第二节　研究启示

一　理论进展

纵观全文研究，结合理论分析以及发现的经验证据，本书的理论进展主要体现在以下四个方面，分别是：

---

① “部分”意指并不是企业价值的三个回归方程都验证了假设，下同。

第一，以利益相关者压力为内在联结机制，构建了一体化的研究企业慈善捐赠的形成机制及其价值的分析框架。本书在研究企业慈善捐赠行为时，并不是单一地从利益相关者或者企业的角度进行分析，而是考虑到了利益相关者与企业之间的内在关联性。具体而言，在分析慈善捐赠的形成时，以利益相关者的压力为条件，接着分析了企业对这种压力的响应；在分析慈善捐赠价值时，以企业既有的慈善捐赠行为为出发点，接着分析了利益相关者对这种捐赠行为的评价。由此，慈善捐赠行为及其价值其实就是在企业与利益相关者之间的交互过程中实现的。实际上，这将相当于在慈善捐赠的“有为”与“无为”之间取得了一种平衡，即慈善捐赠的形成及其价值既不是企业自身设计的结果，同时，也不是环境驱动的产物，而是主体间互动的结果。在凸显主体关系研究的今天，本书构建的研究思路也许更贴近现实，从而有助于更好地分析慈善捐赠行为的内在特质。此外，在企业慈善捐赠的形成以及价值研究之间的裂隙仍待弥合之际，本书提供的分析思路应是一个有益的探索。

第二，丰富并完善了企业慈善捐赠形成机制的研究。长期以来，由于缺乏有力的理论支撑和足够的实证检验，企业社会责任往往被人误解为一种高尚美妙的道德说教。尽管大多企业都支持赞同企业社会责任，甚至将其当成荣誉和时髦的话题，但很少将其当成行动指南（杨春方，2009）。而造成这种状况的根本原因在于，对企业社会责任问题大都从社会应然的角度去分析，而并不是从企业驱动机制和自身的决策过程去探索，导致理论与实践严重脱节，无法为企业的社会责任实践提供有效的指导。基于以上的缺陷，且响应 Wood（1991）的建议，即：“在组织与环境的约束下分析企业是如何做出决策的”是企业社会责任行为研究的突围之道，本书综合并借鉴企业社会责任的不同理论解释，聚焦于不同理论解释所指向的利益相关者主体且以其为分析出发点，结合企业社会响应理论，分析了不同情境下内外驱动力量作用下企业的具体响应行为，从而阐明了企业慈善捐赠行为形成机制。本书还特别地通过实证检验了以上的理论分析，进而一定程度地达到了解析企业慈善捐赠行为黑箱的目的。

第三，厘定并廓清了企业慈善捐赠的价值机理。“没有理论，就不会有公司社会责任”（Rowley & Berman，2000）。缺乏理论不仅无法澄清公司社会责任的真正涵义，同时也无法厘清企业社会责任绩效的真正内涵

(Wood & Jones, 1995)。为把握慈善捐赠的价值，本书提出并实证了慈善捐赠关系性价值的理论命题，并认为这种关系性价值是利益相关者互惠行为的结果，利益相关者的互惠行为取决于利益相关者对企业慈善捐赠的评价。其中，企业慈善捐赠与利益相关者压力是否匹配，构成利益相关者评价的触发点。若两者匹配，利益相关者对企业慈善捐赠做出积极性评价，获取慈善捐赠的关系性价值，进而提升企业价值。本书为更好地认识慈善捐赠的价值效应补充了理论基础，另外，也为进一步深化认识慈善捐赠的价值效应的差异性提供了不同的观察视角，从而达到了丰富慈善捐赠价值效应的研究目的。

第四，较系统地提出了利益相关者的实证研究假设且对其进行相应检验，这对扭转利益相关者研究从“规范”走向“实证”有重要参考价值。既往利益相关者的研究，一方面许多研究仍停留在理论阐释的层面（郑海东，2007；李善民，毛雅娟和赵晶晶，2008）；另一方面即使有实证方面的检验，更多只是简单的相关分析，更重要的是，没有凸显利益相关者在企业慈善捐赠研究中的应有作用，以致出现这样的情况，即：利益相关者是慈善捐赠价值理论分析中的关注者，但实证时却是研究上的局外人，这显然离偏离了“利益相关者”其利益与企业密切的真正内涵。其实，利益相关者是怎样影响企业慈善捐赠及其价值的，不同利益相关者对企业慈善捐赠的价值影响的差异又如何，等等，对这些问题的实证检验不仅有助于深入理解企业慈善捐赠的形成及其价值机理，同时亦有助于厘清不同利益相关者的差异化作用。为此，本书以利益相关者为外在条件，结合企业特征、公司治理水平以及市场化水平的差异，较全面地分析了利益相关者在企业慈善捐赠形成及其价值中扮演的角色。特别地，本书在检验利益相关者影响的时候，并不是简单地将不同利益相关者放在一起进行无差异的分析，而是依据既有文献分类，深入挖掘不同利益相关者内在共性特质并从有利于实证检验的角度，区分了契约型以及公众型两类不同的利益相关者类型，结合不同的情境特征，分析并验证了利益相关者对慈善捐赠及其价值的差异化作用，并在一定程度地达到了“为企业实施利益相关者的分类管理提供经验依据”的目的。

二 经验启示

（一）企业慈善捐赠形成机制的启示

就慈善捐赠的形成而言，本书认为，从进一步提升企业的慈善捐赠而言，应着力于以下几方面的对策：

第一，加强宣传，积极营造慈善文化氛围，提升企业对公众型利益相关者要求的响应性，其中主要包括响应政府以及社会公众对慈善捐赠的要求。当前，国内还缺乏良好的慈善文化氛围，慈善意识还较淡漠。当然这有一定的历史原因，如："文化大革命"对传统文化的批判严重败坏了中华民族乐善好施、扶弱济贫的传统美德；新中国成立以来极"左"思潮下慈善事业被看成是"宗教行为和资本主义的伪善"，慈善捐赠者被嘲笑挖苦，国家税收政策对企业捐赠的优惠和激励的力度不够，有关慈善事业的法律法规缺失等，这些都是内在原因。在这样的背景下，一方面，要加大慈善捐赠宣传力度；另一方面，企业也要转变理念，积极响应公众型利益相关者对企业慈善捐赠的要求。这不仅是新形势下企业发展的内在要求，同时也是一个有良好社会责任感的企业的应有之为。

第二，积极务实，增强实力，提升企业对契约型利益相关者要求的响应性，其中主要包括响应股东、员工以及供应商—客户对慈善捐赠的要求。企业的慈善捐赠首先应以契约型利益相关者的基本利益满足为条件。企业在捐赠的时候，应该考虑到契约型利益相关者满足程度，不能一味地社会跟风，企业慈善捐赠不应是一种应急之为，同样企业慈善捐赠也不应是一种公关行为，而应在综合分析契约型利益相关者要求的基础上，参与社会捐赠。

第三，在积极响应利益相关者对慈善捐赠的要求时，应依据企业自身特定现实背景，同时考虑市场环境特征，对企业慈善捐赠工作的指导不能"一刀切"，而应有针对性地把握特定情势，从而充分发挥政策因势利导的效果。

（二）企业慈善捐赠价值机理的启示

就慈善捐赠的价值来看，本书认为，为进一步提升企业慈善捐赠的效果，应着力于以下几方面的对策：

第一，摆正企业慈善捐赠的姿态。就慈善捐赠而言，经理人着力考虑的并不是企业能否参与慈善捐赠的问题，而是，企业在参与慈善捐赠时应深究其慈善捐赠是否与不同利益相关者满足程度相匹配。此外，对于那些希冀通过社会责任创造独特战略优势的企业而言，本书提供的警示是，“罗马不是一日建成的”，慈善捐赠若能创造企业价值，首先还在于提升利益相关者满足程度。当然，这同样还要结合特定情境特征做进一步深入细致的分析。在我国慈善捐赠尚处于起步发展阶段之时，这对避免企业慈善捐赠的盲目性，进而提升慈善捐赠工作的针对性与有效性有十分重要的意义。

第二，设置专职社会责任管理部门，提高社会问题管理意识，纠正或积极引导利益相关者对企业慈善捐赠行为的评价。为提升利益相关者对企业慈善捐赠的评价效果，企业可考虑设置专门的社会责任管理机构。事实上，专门的社会责任管理部门处理利益相关者对企业的要求，日益成为国外企业核心价值观和战略中不可分割的重要组成部分。设置这种部门并不是为了简单应对负面事件，同样也不是企业在面临重大危机事件的一种应急反应，相反却是企业常态化运营中一项管理举措。设置专职的社会责任管理部门可以有两个好处：其一，保证有效的沟通机制；其二，使得社会责任工作可以融入日常管理工作。具体实施时，可以考虑：其一，对部门以及员工进行考核时增加社会责任要求；其二，为保证企业社会责任的有效执行，在组织的结构层次中，可把总体社会责任的要求分解并从上到下贯穿到各个层次。

第三，发布企业社会责任报告，以达到通过社会责任报告与利益相关者保持有效沟通的目的，同时，提升利益相关者对企业慈善捐赠行为进行积极评价可能性。企业社会责任报告通常以传统媒体以及网络为载体，是企业向社会的一种责任表态和承诺。编制社会责任报告目的在于通过社会责任报告的纽带作用，密切联系企业利益相关者，加深诸如监管机构、新闻媒体、非政府组织等不同的利益相关者对企业的认识。企业社会责任报告，为企业与利益相关者之间建立密切的关系开辟了一个新渠道，创建了一种有效的沟通交流机制和平台，因为一方面这可以坦承企业在利益相关者关系处理上的流程、得失，从而取得利益相关者的理解；另一方面也可以此为参照，进一步改善利益相关者关系，从而取得利益相关者关系的新突破。这就避免了因沟通和交流不充分以及与利益相关方互不信任而带来的各种猜忌和由此引致的潜在冲突。

第四，构建适宜的公司治理结构，平衡并最大化利益相关者的要求，提高利益相关者对企业的满意度。如何有效保证不同利益相关者的要求成功实现，需要合理的公司治理机构保证，因为企业面临的利益相关者众多，很难做到完全兼顾，但是可以通过良好的治理机构整体保证利益相关者要求的最大化。这就需要治理结构必须根据企业的实际经营状况和不同利益相关者本身的特性进行不断地调整。对此，企业需要经常评估利益相关者利益要求的实现情况，并恰当处理失衡危机。具体而言，在企业的日常经营管理中应建立起利益相关者纳入机制，同时，在正式的公司治理架构中要强化弱势利益相关者的保护机制（陈宏辉，2005）。

第五，提升组织学习能力，积极响应利益相关者对慈善捐赠的要求，提高利益相关者对企业慈善捐赠的评价效果。组织学习对企业适应社群环境，加快组织知识创新，提高企业绩效起着重要作用。企业与利益相关者的有机关联与互动，需要企业在不断的探索之中，加强与利益相关者的交流与沟通，其本身就是一个学习的过程。企业慈善捐赠源于利益相关者对企业的期望。响应这种期望的能力是对企业社会责任技能、意愿以及素养的综合检验。企业只有更好地把握并有效利用这种知识，才能以此为依据更好地满足利益相关者的需要，从而更高标准地履行慈善捐赠要求，甚至超越这种要求。为提高这种响应能力，企业需要强化慈善要求的识别，其中包括两种必需的学习技能。一种是利用性的学习技能，意指企业以既往标准、结果和经验为指导，应对并适应慈善要求，它以精练、执行、效率为特点；另一种是探索性的学习技能，意指企业前摄性的预见并担负相应慈善责任，从而比要求做得更好，它以发现、试验、创新为特点。总之，企业慈善响应能力的提升是利用性学习技能以及探索性学习技能综合作用的结果。

（三）其他启示

第一，就慈善捐赠的形成及其价值总体来看，识别影响企业慈善捐赠价值的关键利益相关者，有针对性地实施分类管理尤有必要。不同利益相关者对企业慈善捐赠行为的影响各不相同，本书将前文影响利益相关者行为及其价值的不同利益相关者进行了汇总，如表 6－1 所示。

表 6 - 1　影响企业慈善捐赠行为及其价值的不同利益相关者分类

类目		利益相关者与慈善捐赠行为		
		积极	中性	消极
利益相关者与慈善捐赠价值	积极	股东、员工、供应商—客户、政府	竞争者	消费者
	中性	社会公众	—	—
	消极	—	债权人	—

资料来源：本书整理。

从表中可以发现，其中股东、员工、供应商—客户以及政府均构成企业慈善捐赠行为及其价值的积极利益相关者，相应，企业对这些利益相关者就应重点关注。因为满足了这些利益相关者的要求，企业慈善捐赠的关系性价值就会更明显。同样，竞争者与消费者虽然并没有显著影响企业的慈善捐赠，但也构成了慈善捐赠价值的影响者，因此，企业也需要格外重视。再者，社会公众虽是捐赠行为的积极利益相关者但却不影响慈善捐赠的关系性价值，这并不意味着纯粹从利益的角度看企业可以忽略社会公众对慈善捐赠行为的影响，相反企业应是在适当满足其要求的情况下，可一定程度地减少捐赠之后的沟通成本。最后，债权人构成企业慈善捐赠行为的消极型利益相关者以及慈善捐赠价值的消极型利益相关者，此时企业可适当减少对其关注。

第二，积极反思政府在企业慈善捐赠中扮演的角色。从本书的研究结果中可以看出，政府压力在慈善捐赠的形成以及慈善捐赠的价值中均扮演了核心利益相关者的角色。对这种作用，可从两方面来看：其一，如果说当前我国慈善捐赠的氛围还不够浓厚，需要政府积极引导，那么此时政府作为慈善捐赠的积极推手并在慈善捐赠价值中均扮演重要角色，无可厚非，毕竟在起步发展阶段，为让慈善捐赠事业稳步快速发展，实现强制式制度变迁，需要借助一定的外力条件，而事实上政府权力部门正好也是这样角色的最佳代理人。其二，如果说慈善捐赠的发展达到了一定发展阶段，政府部门在慈善捐赠的形成及其价值中若仍充当重要角色的话，则难免出现“政府既是运动员同时又是裁判员”的尴尬情形。而这极有可能导致出现的情况是，企业为了讨好政府，通过慈善捐赠的间接手段进行寻租，从而破坏了市场经济的健康发展。同样，还可能的是，如果企业因为未满足政府的捐赠要求，其绩效就可能会变差，最终慈善捐赠就可能演化成“逼捐”或“公益摊派”。我国慈善捐赠到底发展到哪一步，政府才让其走上诱致性制度变迁之路，这需要审时度势，把握好其中的度。

总之，随着慈善事业的发展，应当坚决避免的是，政府不能完全垄断慈善事业的特权，应有理有节将其放手于民间，从而真正做到促进慈善事业的稳健发展。

第三节　研究局限与展望

尽管本研究取得了一定的理论进展，主要研究结论也具有一定价值，但纵观全文，仍存在一定不足，为此，将来研究可做进一步的深入探索。

一　研究局限

从理论上来看，本书不能排除实证研究的固有缺陷。尽管我们的实证检验是建立在必要的理论分析之上，但由于研究结论可能是多种因素交互作用而形成的结果，而我们又无法有效控制这些因素的干扰。因此，本书的研究结论是否真正反映了或者在多大程度上反映了利益相关者对企业慈善捐赠及其价值作用的真相，这依然是一个有待将来进一步深入探究的问题。

不过，考虑到实证研究是一个知识积累和知识整合的过程，以及抱有错误的研究并非完全是没有价值的这一信念（辛清泉，2009），我们承认并接受这些研究局限，并着力在后续研究中加以改进。

另外，从实证研究本身来看，如何度量相关的变量是研究中所面临的一个难题。虽然本书对不同的变量的选取借鉴了以前的丰富成果且均做了较详实的说明，特别是对利益相关者压力变量进行了较充分的理论解释以及必要的交叉检验（如政府压力），但我们认为，关于利益相关者压力的测量还远非完善，这尤需今后研究对此进行深入的研究，并运用于实证研究中进行探索与检验。

二　研究展望

企业慈善捐赠是一个非常复杂的现象，其本身还是一个较年轻的研究领域，要对其有一个全局性的把握并非易事。通过近两年的研究工作，我们认为，本书的研究已从一个相对独特的视角厘清了企业慈善捐赠行为及其价值的些许问题。不过，这些研究仍只是起点，未来研究依然任重道远。从研究的方法与研究问题两个方面来看，至少还有以下一些内容有待深化。

从需要改进的研究方法上来看，本书认为，将来的研究可就以下两方面主体做深入分析与实证：其一，进一步采取问卷研究的方式检验本书提出的思路框架。不同的研究方法设计各有千秋，本书虽通过 2002 年至 2008 年中国上市公司的面板慈善捐赠数据一定程度验证了提出的模型，但这样的结论是否与问卷研究的结论有内在一致性，仍待将来研究做出积极地响应。其二，进一步改进利益相关者压力变量的测量，多角度、多层次反映利益相关者压力的内在特质，从而为更准确地反映利益相关者压力对慈善捐赠及其价值的作用机制奠定基础。

从需要进一步研究的问题上来看，本书认为，将来的研究可就以下几方面做深入分析与实证。

第一，进一步开展慈善捐赠及其价值的中介效应研究。比方说，利益相关者压力是企业慈善捐赠的外界条件，对企业慈善捐赠的作用，其是否通过公司治理水平、企业的战略取向影响企业慈善捐赠；再者，慈善捐赠在影响企业价值的时候，本书是将利益相关者压力作为调节变量，还有可能的是，慈善捐赠对企业价值的影响是通过利益相关者的压力发生作用的，即此时利益相关者压力充当的是中介变量。

第二，进一步分析其他调节变量对企业慈善捐赠形成及其价值的影响。本书在探讨利益相关者压力对企业慈善捐赠影响的时候，关于企业对利益相关者压力的响应性差异，只是从企业特征、公司治理以及市场化环境的某一方面进行了分析与实证，将来的研究可进一步就以上三个方面的特征进行深入研究，以发现更多的经验规律，譬如高层管理团队特征、激励特征、企业政治关联以及企业的利益相关者导向等都是较好的研究切入点；同样，在探讨慈善捐赠对企业价值影响的时候，关于利益相关者压力对企业慈善捐赠评价的情境差异性，仍只是从企业特征、公司治理以及市场化环境的某一方面进行了分析与实证，将来的研究依然可进一步就以上三个方面的特征进行深入的实证探讨，从而就企业慈善捐赠的价值机理发现更多的经验证据。

第三，进一步扩展利益相关者群体以分析企业慈善捐赠的形成及其价值。对利益相关者分类，本书是从契约型以及公众型利益相关者的角度进行划分，深入的研究可考虑其他的更细致的分类方法，并依据一定理论基础，探讨利益相关者在企业慈善捐赠及其价值中所发挥的影响。

第四，进一步精细化利益相关者压力视角的慈善捐赠行为研究。具体而言，本书的研究虽涉及了一些变量，但诸如企业年龄、所处行业、企业地理特征以及企业慈善捐赠方式、捐赠领域等变量要么作为控制变量处理而没有主要讨论，要么通过固定效应消除了，事实上，以这些特定变量为背景，利益相关者对企业慈善捐赠影响的效果可能并不相同，以此为研究，极有可能发现更全面、更有指导性的经验证据，从而有利于指导企业慈善捐赠实践，这无疑是值得进一步探索和深化的。

第五，进一步研究利益相关者之间的交互作用对企业慈善捐赠及其价值的影响。企业是不同利益相关者之间达成的契约的联结体，作为理性的经济人，利益相关者之所以参与契约，在于这一选择能使其获取比其他选择更多的包括经济以及各种潜在社会利益。在追求自身利益的过程中，不同利益相关者其利益的实现既可能相互促进，同样也可能相互制约。由此，在表达其对企业参与慈善捐赠要求的同时，某些利益相关者对企业慈善捐赠的压力也许只能借其他利益相关者的力量才能得到体现；同样，还可能的是，在互动竞争中，某些利益相关者对企业慈善捐赠的压力可能因其他利益相关者的干扰而减弱甚至消释。将来的研究可以以此为指导，检验不同利益相关者之间的这种复杂作用机制对企业慈善捐赠及其价值的影响，从而做出更有效且符合实际的研究。

第六，进一步拓宽企业的社会责任行为研究。本书分析的主题是企业的慈善捐赠行为，将来的研究可以以本书的分析思路和框架为借鉴，进一步探讨其他企业社会责任行为，比方说企业发布社会责任报告行为、企业的环境行为、企业违规行为以及企业的信息化行为等等，一方面确验利益相关者影响的重要性，另一方面也是利用新的视角进行研究的一种尝试。事实上，在利益相关者的分析思路越来越重要的时候，进行这样的研究应该说尤有必要。

总之，在企业慈善捐赠行为及其价值正成为研究热点之时，我们相信，在不久的将来会涌现出更多有关此方面的理论与实证研究。本书只是起抛砖引玉的作用，我们期待着更有趣、更激动人心的研究对企业慈善捐赠的形成机制及其价值机理做进一步的补充、深化和完善。

参考文献

[1] Ackerman, R. W. & Bauer, R. A. Corporate social responsiveness: the modern dilemma. Reston, Virginia: Reston Publishing Company, 1976.

[2] Ackerman, R. W. How companies respond to social demands. Harvard Business Review, 1973, 51 (4), 88 -98.

[3] Adams, M. & Hardwick, P. An analysis of corporate donations: united kingdom evidence. Journal of Management Studies, 1998, 35 (5), 641 - 654.

[4] Agle, B. R., Mitchell, R. K. & Sonnenfeld, J. A. Who matters to CEOS? An investigation of stakeholder attributes and salience, corporate performance, and CEO values. Academy of Management Journal, 1999, 42 (5), 507 -525.

[5] Aguilera, R. V., Rupp, D. E. & Williams, C. A. et al. Putting the S back in corporate social responsibility: A multilevel theory of social change in organizations. Academy of Management Review, 2007, 32 (3), 836 -863.

[6] Alexander, D. Globalization of disaster: trends, problems and dilemmas. Journal of International Affairs. 2006, 59 (2), 1 -23.

[7] Alperson, M. Corporate giving strategies that add business value. New York: The Conference Board, 1995.

[8] Amato, L. H. & Amato, C. H. The effects of firm size and industry on corporate giving. Journal of Business Ethics, 2007, 72 (3), 229 -241.

[9] Amit, R. & Schoemaker, P. J. H. Strategic assets and organizational

rent. Strategic Management Journal, 1993, 14 (1), 33 –46.

[10] Angelidis, J. P. & Ibrahim, N. A. Social demand and corporate supply: a corporate social responsibility model. Review of Business, 1993, 15 (1), 7 –10.

[11] Argandona, A. & Hoivik, H. W. Corporate social responsibility: one size does not fit all collecting evidence from Europe. Journal of Business Ethics, 2009, 89 (3), 221 –234.

[12] Argenti, P. A., Howell, R. A. & Beck, K. A. The strategic communication imperative. MIT Sloan Management Review, 2005, 46 (3), 83 – 89.

[13] Arulampalam, W. & Stoneham, P. An investigation into the givings by large corporate donors to U. K. charities: 1979 – 1986. Applied Economics, 1995, 27 (10), 935 –945.

[14] Ashforth, B. E., & Gibbs, D. W. The double edge of organizational legitimation. Organization Science, 1990, 1 (2), 177 –194.

[15] Atkinson, L. & Galaskiewicz, J. Stock ownership and company contributions to charity. Administrative Sciences Quarterly, 1988, 33 (1), 82 –100.

[16] Auger, P., Burke, P. & Devinney, T. M. et al. What will consumers pay for social product features. Journal of Business Ethics, 2003, 42 (3), 281 –304.

[17] Aupperle, K. E., Carroll, A. B. & Hatfield, J. D. An empirical examination of the relationship between corporate social responsibility and profitability. Academy of Management Journal, 1985, 28 (2), 446 –463.

[18] Badaracco, C. H. Public opinion and corporate expression: In search of the common good. Public Relations Quarterly, 1996, 41 (3), 14 –19.

[19] Bai, C. E, Qiao, L. & Lu J. et al. Corporate governance and market valuation in China. Journal of Comparative Economics, 2004, 32 (4), 599 –616.

[20] Bakan, J. The corporation: the pathological pursuit of profit and power. New York: Free Press, 2004.

[21] Balabanis, G. , Phillips, H. C. & Lyall, J. Corporate social responsibility and economic performance in the top british companies: are they linked? . European Business Review, 1998, 98 (1), 25 –44.

[22] Barclay, M. J. & Holderness, C. G. Private benefits from control of public corporations. Journal of Financial Economics, 1989, 25 (2), 371 –395.

[23] Barney, J. B. Firm resourse and sustained competitive advantage. Journal of Management, 1991, 17 (1), 99 –120.

[24] Baron, D. P. A positive theory of moral management, social pressure, and corporate social performance. Journal of Economics & Management Strategy, 2009, 18 (1), 7 –43.

[25] Baron, D. P. Integrated Strategy, trade policy and global competition. California Management Review, 1997, 39 (2), 145 –169.

[26] Baron, D. P. Integrated strategy: market and non-market components. California Management Review, 1995, 37 (2), 47 –65.

[27] Barringer, B. R. & Harrison, J. S. Walking a tightrope: creating value through interorganizational relationships. Journal of Management, 2000, 26 (3), 367 –403.

[28] Bartkus, B. , Morris, S. & Seifert, B. Governance and corporate philanthropy. Business & Society, 2002, 41 (3), 319 –344.

[29] Berman, S. , Wicks, A. & Kotha, S. et al. Does stakeholder orientation matter? the relationship between stakeholder management models and firm financial performance. Academy of Management Journal, 1999, 42 (5), 488 –506.

[30] Berrone, P. , Surroca, J. & Tribo, J. A. Corporate ethical identity as a determinant of firm performance: a test of the mediating role of stakeholder satisfaction. Journal of Business Ethics, 2007, 76 (1), 35 –53.

[31] Beurden, P. & Gossling, T. The worth of values a literature review on the relation between corporate social and financial performance. Journal of Business Ethics, 2008, 82 (2), 407 –424.

[32] Bhattacharya, C. B. , Korschun, D. & Sen S. Strengthening stakeholder

company relationships through mutually beneficial corporate social responsibility Initiatives. Journal of Business Ethics, 2009, 85 (2), 257 - 272.

[33] Bin, O. & Edwards, B. Social capital and business giving to charity following a natural disaster: an empirical assessment. Journal of Social Economics, 2009, 38 (4), 601 - 607.

[34] Boatsman, J. R. & Gupta, S. Taxes and corporate charity: empirical evidence from micro-level panel data. National Tax Journal, 1996, 49 (2), 193 - 213.

[35] Bond, S. Dynamicpanel data models: a guide to micro data methods and practice. Portuguese Economic Journal, 1 (2), 141 - 162.

[36] Bondy, K. , Matten, D. & Moon, J. The Adoption of voluntary codes of conduct in MNCs: a three-country comparative study. Business and Society Review, 2004, 109 (4), 449 - 477.

[37] Bondy, K. , Matten, D. & Moon, J. Multinational corporation codes of conduct: governance tools for corporate social responsibility? Corporate Governance: An International Review, 2008, 16 (4), 294 - 311.

[38] Bosse, D. A. , Phillips, R. A. & Harrison, J. S. Stakeholders, reciprocity, and firm performance. Strategic Management Journal, 2009, 30 (4), 447 - 456.

[39] Bowen, F. E. Does size matter? organisational slack and visibility as alternative explanations for environmental responsiveness. Doctoral dissertation, University of Bath, 2000.

[40] Brammer, S. & Millington, A. Does it pay to be different? An analysis of the relationship between corporate social and financial performance. Strategic Management Journal, 2008, 29 (12), 1325 - 1343.

[41] Brammer, S. , Millington, A. & Pavelin, S. Is philanthropy strategic? an analysis of the management of charitable giving in large UK companies. Business Ethics: European Review, 2006, 15 (3), 234 - 245.

[42] Brammer, S. & Millington, A. Corporate reputation and philanthropy: an empirical analysis. Journal of Business Ethics, 2005, 61 (1), 29 -

44.

[43] Brammer, S. & Millington, A. Firm size, organizational visibility and corporate philanthropy: an empirical analysis. Business Ethics: a European Review, 2006, 15 (1), 6-18.

[44] Brammer, S. & Pavelin, S. Building a good reputation. European Management Journal, 2004, 22 (6), 704-713.

[45] Brammer, S. & Millington, A. The development of corporate charitable contributions in the UK: a stakeholder analysis. Journal of Management Studies, 2004, 41 (8), 1411-1434.

[46] Bronn, P. S. & Vrioni, A. B. Corporate social responsibility and cause-related marketing: an overview. International Journal of Advertising, 2001, 20 (2), 207-222.

[47] Brown, T. J. & Dacin, P. A. The company and the product: corporate associations and consumer product responses. Journal of Marketing, 1997, 61 (1), 64-81.

[48] Brown, A. D. & Starkey, K. Organizational identity and learning: a psychodynamic perspective. Academy of Management Review, 2000, 25 (1), 102-120.

[49] Brown, W. O., Helland, E. & Smith, J. K. Corporate philanthropic practices. Journal of Corporate Finance, 2006, 12 (5), 855-877.

[50] Bruch, H. & Walter, F. The keys to rethinking corporate philanthropy. Sloan Management Review, 2005, 47 (1), 49-55.

[51] Buchholtz, A. K., Amason A. C. & Rutherford M. A. Beyond resources: the mediating effects of top management discretion and values on corporate philanthropy. Business & Society, 1999, 38 (2), 167-187.

[52] Buchholz, R. A. & Rosenthal, S. B. Stakeholder theory and public policy: how governments matter. Journal of Business Ethics, 2004, 51 (2), 143-153.

[53] Burlingame, D. F. & Frishkoff, P. A. How does firm size affect corporate philanthropy? In D. F. Burlingame, D. R. Young, New York: Harper, 1996, 86-104.

[54] Burt, R. Corporate philanthropy as a cooptive relation. Social Forces, 1983, 62 (2): 419-449.

[55] Buysse, K. & Verbeke, A. Proactive environmental strategies: a stakeholder management perspective. Strategic Management Journal, 2003, 24 (5), 453-470.

[56] Byrd, J. & Hickman, K. Do outside directors monitor managers? evidence from tender offer bids. Journal of Financial Economics, 1992, 32 (2), 195-214.

[57] Campbell, D., Moore, G. & Metzger M. Corporate philanthropy in the U. K. 1985-2000: some empirical findings. Journal of Business Ethics, 2002, 39 (1/2), 29-41.

[58] Campbell, J. L. Why Would Corporations behave in socially responsible ways? an institutional theory of corporate social responsibility. Academy of Management Review, 2007, 32 (3), 946-967.

[59] Campbell, L., Gulas, C. S. & Gruca, T. S. Corporate giving behaviour and decision maker social consciousness. Journal of Business Ethics, 1999, 19 (4), 375-383.

[60] Card, D., Hallock, K. F. & Moretti, E. The geography of giving: the effect of corporate headquarters on local charities. Journal of Public Economics, 2009, 94 (3/4), 222-234.

[61] Carrigan, M. & Attalla, A. The myth of the ethical consumer do ethics matter in purchase behavior. Journal of Consumer Marketing, 2001, 18 (7), 560-577.

[62] Carroll, A. B. A three dimensional conceptual model of corporate performance, Academy of Management Review, 1979, 4 (4), 497-505.

[63] Carroll, A. B. The four faces of corporate citizenship. Business & Society Review, 1998, 100 (1), 1-7.

[64] Carroll, A. B. The pyramid of corporate social responsibility: toward the moral management of organizational stakeholders. Business Horizons, 1991, 34 (4), 39-48.

[65] Carroll, A. B. & Buchholtz, A. K. Business and society: ethics and stakeholder management. Cincinnati: South-Western College Publishing, 2000.

[66] Carroll, A. B. Corporate social performance measurement: A commentary on methods for evaluating an elusive construct. Research in Corporate Social Performance and Policy, 1991, 12 (42), 385 - 401.

[67] Carroll, R. & Joulfaian, D. Taxes and corporate giving to charity. Public Finance Review, 2005, 33 (3), 300 - 317.

[68] Castro, R. G., Arino, M. A. & Canela, M. A. Does social performance really lead to financial performance? accounting for endogeneity. Journal of Business Ethics, 2010, 92 (1), 107 - 126.

[69] Chakravarthy, B. S. Measuring strategic performance. Strategic Management Journal, 1986, 7 (5), 437 - 458.

[70] Charkham, J. Corporate governance: lessons from abroad. European Business Journal, 1992, 4 (2), 8 - 16.

[71] Chatterjee, S. & Wernerfelt, B. The link between resources and type of diversification: theory and evidence. Strategic Management Journal, 1991, 12 (1), 33 - 48.

[72] Chen, J. C., Patten, D. M. & Roberts, R. W. Corporate charitable contributions: a corporate social performance or legitimacy strategy? Journal of Business Ethics, 2003, 82 (1), 131 - 144.

[73] Chih, H. & Chen, T. On the determinants of corporate social responsibility: international evidence on the financial industry. Journal of Business Ethics, 2009, 93 (1), 115 - 135.

[74] Chiu, S. & Sharfman, M. Legitimacy, visibility, and the antecedents of corporate social performance: an investigation of the instrumental perspective. Journal of Management, 2009, 20 (10), 1 - 20.

[75] Choi, J. & Wang, H. Stakeholder relations and the persistence of corporate financial performance. Strategic Management Journal, 2009, 30 (8), 895 - 907.

[76] Choi, J. & Wang, H. The promise of a managerial values approach to

corporate philanthropy. Journal of Business Ethics, 2007, 75 (4), 345 - 359.

[77] Clarkson, M. B. E. Arisk based model of stakeholder theory. Proceedings of the 2nd Toronto Conference on Stakeholder Theory, Toronto: The Center for Corporate Social Performance & Ethics, University of Toronto, 1994.

[78] Clarkson, M. B. E. Defining, evaluating, and managing corporate social performance: a stakeholder management model. In J. E. Post (Ed.), Research in corporate social performance and policy: 331 - 358. Greenwich, CT: JAI Press, 1991.

[79] Clarkson, M. B. E. A Stakeholder framework for analyzing and evaluating corporate social performance. Academy of Management Review, 1995, 20 (1), 92 - 117.

[80] Clotfelter, C. T. Fdderal tax policy and charitable giving. Chicago: University of Chicago Press, 1985.

[81] Coffey, B. S. & Fryxell, G. E. Institutional ownership of stock and dimensions of corporate social performance: An empirical examination. Journal of Business Ethics, 1991, 10 (6), 437 - 444.

[82] Coffey, B. S. & Wang, J. Board diversity and managerial control as predictors of corporate social performance. Journal of Business Ethics, 1998, 17 (14), 1595 - 1603.

[83] Conference Board, Corporate ethics practices Survey. http://www.bentley.edu/cbe/research/surveys/30.cfm, 2005 - 09 - 06.

[84] Coombs, J. E. & Gilley, K. M. Stakeholder management as a predictor of CEO compensation: main effects and interactions with financial performance. Strategic Management Journal, 2005, 26 (9), 827 - 840.

[85] Cotter, J., Shivdasani, A. & Zenner, M. Do independent directors enhance target shareholder wealth during tender offers? Journal of Financial Economics, 1997, 43 (2), 195 - 218.

[86] Cowton, C. J. Corporate philanthropy in the U. K. Journal of Business Ethics, 1987, 6 (7), 553 - 558.

[87] Cox, P., Brammer, S. & Millington, A. Pension funds and corporate

social performance an empirical analysis. Business & Society, 2008, 47 (2), 213 – 241.

[88] Crampton, W. & Patten, D. Social responsiveness, profitability and catastrophic events: evidence on the corporate philanthropic response to 9/11. Journal of Business Ethics, 2007, 81 (4), 863 – 873.

[89] Cronqvist, H. & Nilsson, M. Agency costs of controlling minority shareholders. Journal of Financial and Quantitative Analysis, 2003, 38 (4), 695 – 719.

[90] Darnall, N., Seol, I. & Sarkis, J. Perceived stakeholder influences and organizations' use of environmental audits. Accounting, Organizations and Society, 2009, 34 (2), 170 – 187.

[91] Davis, K. Frederick, W. C. & Blomstrom, R. L. Business and Society. Concepts and Policy Issues. New York: McGraw-Hill, 1988.

[92] Davis, K. & Blomstrom, R. L. Business, society and environment: social power and social response, New York: McGraw-Hill, 1971.

[93] Davis, P. S. & Harveston, P. D. Internationalization and organizational growth: the impact of internet usage and technology involvement among entrepreneur-led family businesses. Family Business Review, 2000, 13 (2), 107 – 120.

[94] Day, K. M. & Devlin, R. A. Do government expenditures crowd out corporate contributions? Public Finance Review, 2004, 32 (4), 404 – 425.

[95] Dean, D. H. Consumer perception of corporate donations: effects of company reputation for social responsibility and type of donation. Journal of Advertising, 2003, 32 (4), 91 – 102.

[96] Deckop, J. R., Merriman, K. K. & Gupta, S. The effects of CEO pay structure on corporate social performance. Journal of Management, 2006, 32 (3), 329 – 342.

[97] Deephouse, D. L. Does isomorphism legitimate? Academy of Management Journal, 1996, 39 (4), 1024 – 1039.

[98] Demsetz, H. & Lehn, K. The structure of corporate ownership: cause

and consequences. Journal of Political Economy, 1985, 93 (6), 1155 - 1177.

[99] Dennis, B. S., Buchholtz, A. K. & Butts, M. M. The nature of giving a theory of planned behavior examination of corporate philanthropy. Business & Society, 2009, 48 (3), 360 - 384.

[100] Dickinson, V. Cash flow patterns as a proxy for firm life cycle. http://ssrn.com/abstract = 755804, 2007 - 09 - 01.

[101] Dierkes, M. & Coppock, R. Europe Tries the corporate social report. Business and Society Review, 1978, 16 (1), 21 - 24.

[102] DiMaggio, P. J. & Powell, W. W. The iron cage revisited: institutional isomorphism and collective rationality in organizational fields. American Sociological Review, 1983, 48 (2), 147 - 160.

[103] Donaldson, T. & Preston, L. E. The stakeholder theory of the corporation: concept, evidence, and implications. Academy of Management Review, 1995, 20 (1), 65 - 91.

[104] Donaldson, T. & Dunfee, T. W. Integrative social contracts theory: a communitarian conception of economic ethics. Economics and Philosophy, 1995, 11 (1), 85 - 112.

[105] Donaldson, T. & Dunfee, T. W. Toward a unified conception of business ethics: integrative social contracts theory. Academy of Management Review, 1994, 19 (2), 252 - 284.

[106] Donaldson, T. & Werhane, P. H. Ethical issues in business: a philosophical approach. New Jersey: Prentice Hall, 1999.

[107] Dowling, J. & Pfeffer, J. Organizational legitimacy: social values and organizational behavior. Pacific Sociological Review, 1975, 18 (1), 122 - 136.

[108] Driscoll, J. C. & Kraay, A. C. Consistent covariance matrix estimation with spatially dependent panel data. Review of Economics and Statistics, 1998, 80 (4), 549 - 560.

[109] Droge, C., Jayaram, J. & Vickery, S. K. The effects of internal versus external integration practices on time-based performance and overall

firm performance. Journal of Operations Management, 2004, 22 (6), 557 -573.

[110] Drucker, P. F. The coming of the new organization. Harvard Business Review, 1988, 66 (1/2), 43 -45.

[111] Du, S., Bhattacharya, C. B. & Sen, S. Reaping relational rewards from corporate social responsibility: the role of competitive positioning. International Journal of Research in Marketing, 2007, 24 (3), 224 -241.

[112] Duan, N., Manning, W. G. & Morris, J. C. et al. Comparison of alternative models for the demand for medical care. Journal of Business & Economic Statistics, 1983, 1 (2), 115 -126.

[113] Dunfee, T. W. Do firms with unique competencies for rescuing victims of human catastrophes have special obligations? corporate responsibility and the AIDS Catastrophe in Sub-Saharan Africa. Business Ethics Quarterly, 2006, 16 (2), 185 -210.

[114] Elsbach, K. D. Managing organizational legitimacy in the California cattle industry: the construction and effectiveness of verbal accounts. Administrative Science Quarterly, 1994, 39 (1), 57 -88.

[115] Epstein, E. M. The corporate social policy process: beyond business ethics, corporate social responsibility, and corporate social responsiveness. California Management Review, 1987, 29 (3), 99 -114.

[116] Ermann, M. D. The operative goals of corporate philanthropy: contributions to the public broadcasting service. Social Problems, 1978, 25 (5), 505 -514.

[117] Erusalimsky, A., Gray, R. & Spence, C. Towards a more systematic study of stand alone corporate social and environmental reporting: an exploratory pilot study of UK reporting. Social and Environmental Accounting Journal, 2006, 26 (1), 12 -19.

[118] Faccio, M. & Lang, L. H. P. The ultimate ownership of western European corporations. Journal of Financial Economics, 2002, 65 (3), 365 -396.

[119] Fan, J. P. H. & Wong, T. J. Corporate ownership structure and the informativeness of accounting earnings in East Asia. Journal of Accounting and Economics, 2002, 33 (3), 401 – 425.

[120] Fehr, E. & Gachter, S. Fairness and retaliation: the economics of reciprocity. Journal of Economic Perspectives, 2000, 14 (3), 159 – 181.

[121] Fields, G. S. Place to place migration: some new evidence. Review of Economics and Statistics, 1979, 61 (1), 21 – 32.

[122] Fishbein, M. & Ajzen, I. Belief, attitude, intention, and behavior: An introduction to theory and research reading. MA: Addison-Wesley, 1975.

[123] Fisman, R., Heal, G. & Nair, V. A model of corporate philanthropy. http://knowledge. wharton. upenn. edu/papers/1331. pdf, 2006 – 12 – 25.

[124] Fombrun, C. J., Gardberg, N. A. & Barnett, M. L. Opportunity platforms and safety nets: corporate reputation and reputational risk. Business & Society Review, 2000, 105 (1), 85 – 106.

[125] Formbrun, C. & Shanley, M. What's in a name? reputation building and corporate strategy. Academy of Management Journal, 1990, 33 (2), 233 – 258.

[126] Frederick, W. C., Davis, K. & Post, J. E. Business and Society (6th ed). New York: McGraw-Hill, 1988.

[127] Frederick, D. S. & Ginter, J. L. Corporate social responsiveness: management attitudes and economic performance. California Management Review, 1977, 19 (3), 30 – 39.

[128] Frederick, W. C. From CSR1 to CSR2. Business & Society, 1994, 33 (2), 150 – 166.

[129] Freeman, R. E. Divergent stakeholder theory. Academy of Management Review, 1999, 24 (2), 233 – 236.

[130] Freeman, R. E. Strategic management: a stakeholder approach. Boston: Pitman, 1984.

[131] Friedman, M. Capitalism and freedom. Chicago: University of Chicago Press, 1962.

[132] Friedman, M. The social responsibility of business is to increase its profits. New York Times Magazine, 1970, 33 (9), 123 – 126.

[133] Frooman, J. Stakeholder influence strategies. Academy of Management Review, 1999, 24 (2), 191 – 205.

[134] Fry, L. W., Keim, G. D. & Meiners R. E. Corporate contributions: altruistic or for profit? Academy of Management Journal, 1982, 25 (1), 94 – 106.

[135] Galaskiewicz, J. Social organization of an urban grants economy: A study of business philanthropy and nonprofit organizations. Orlando, Fla: Academic Press, 1985.

[136] Galaskiewicz, J. & Burt, R. S. Interorganizational contagion in corporate philanthropy. Administrative Science Quarterly, 1991, 36 (1), 89 – 105.

[137] Galaskiewicz, J. Anurban grants economy revisited: corporate charitable contributions in the twin cities, 1979 – 1981, 1987 – 1989. Administrative Science Quarterly, 1997, 42 (3), 445 – 471.

[138] Gan, A. The impact of public scrutiny on corporate philanthropy. Journal of Business Ethics, 2006, 69 (3), 217 – 236.

[139] Gardberg, N. A. Corporate citizenship: creating intangible assets across institutional environments. Academy of Management Review, 2006, 31 (2), 329 – 346.

[140] Gardner, J. W. How to prevent organizational dry rot. Harper's Magazine, 1965, 231 (1385), 20 – 26.

[141] Gardner, T. M. Interfirm competition for human resources: evidence from the software industry, Academy of Management Journal, 2005, 48 (2), 237 – 256.

[142] Garriga, E. & Mele, D. Corporate social responsibility: mapping the territory. Journal of Business Ethics, 2004, 53 (1/2), 51 – 71.

[143] Genest, C. M. Cultures, organizations and philanthropy. Corporate Com-

munications: An International Journal, 2005, 10 (4), 315 -327.

[144] Gibson, K. The moral basis of stakeholder theory. Journal of Business Ethics, 2000, 26 (3), 245 -257.

[145] Gillis, T. & Spring, N. Doing good is good for business. Communication World, 2001, 18 (6), 23 -27.

[146] Gjolberg, M. The origin of corporate social responsibility: global forces or national legacies? Socio Economic Review, 2009, 7 (4), 605 - 637.

[147] Godfrey, P. C., Merrill, C. B. & Hansen, J. M. The relationship between corporate social responsibility and shareholder value: an empirical test of the risk management hypothesis. Strategic Management Journal, 2009, 30 (4), 425 -445.

[148] Godfrey, P. C. The relationship between corporate philanthropy and shareholder wealth: a risk management perspective. Academy Management Review, 2005, 30 (4), 777 -798.

[149] Goldman, S. L. & Nagel, R. N. Management, technology and agility: the emergence of a new ear in manufacturing. International Journal of Technology Management, 1993, 8 (1/2), 18 -38.

[150] Gond, J. & Crane, A. Corporate social performance disoriented saving the lost paradigm? Business & Society, 2008, 49 (4), 677 -703.

[151] Granovetter, M. Economic action and social structure: the problem of embeddedness. American Journal of Sociology, 1985, 91 (3), 481 - 510.

[152] Graves, S. B. & Waddock, S. A. Institutional owners and corporate social performance. Academy of Management Journal, 1994, 37 (4), 1034 -1046.

[153] Griffin, J. J. Corporate restructurings: Ripple effects on corporate philanthropy. Jounal of Public Affairs, 2004, 4 (1), 27 -43.

[154] Griffin, J. J. & Mahon, J. F. The corporate social performance and corporate financial performance debate: Twenty-five years of incomparable research. Business & Society, 1997, 36 (1), 5 -31.

[155] Gronhaug, K. & Fredriksen, T. Concentration Ratios, Strategy and Performance: the Case of the Norwegian Telecommunications. Managerial and Decision Economics, 1988, 19 (4), 257 -263.

[156] Groves, T., Hong, Y. & McMillan, J. et al. Autonomy and incentives in Chinese States Enterprises. Quaterly Journal of Economics, 1994, 109 (1), 183 - 211.

[157] Haley, U. C. V. Corporate contributions as managerial masques: reframing corporate contributions as strategies to influence society. Journal of Management Studies, 1991, 28 (5), 485 -509.

[158] Handelman, J. M. & Arnold, S. A. The role of marketing actions with a social dimension: appeals to the institutional environment. Journal of Marketing, 1999, 63 (3), 33 -48.

[159] Hansen, M. H., Hoskisson, R. E. & Barney, J. B. Competitive advantage in alliance governance: resolving the opportunism minimization-gain maximization paradox. Managerial and Decision Economics, 2008, 29 (2/3), 191 -208.

[160] Harrison, J. S. & Freeman, R. E. Stakeholders, social responsibility, and performance: empirical evidence and theoretical perspectives. Academy of Management Journal, 1999, 42 (5), 479 -485.

[161] Harrison, J. S., Bosse, D. A. & Phillips, R. A. managing for stakeholders, stakeholder utility functions, and competitive advantage. Strategic Management Journal, 2010, 31 (1), 58 -74.

[162] Hart, S. L. & Sharma, S. Engaging fringe stakeholders for competitive imagination. Academy of Management Executive, 2004, 18 (1), 7 -18.

[163] Hawken, P., Lovins, A. & Lovins, L. H. Natural capitalism: creating the next industrial revolution. Boston: Little, Brown and Company, 1999.

[164] Hayek, F. The corporation in a democratic society: in whose interest ought it and will it be run. New York: McGraw-Hill, 1960.

[165] Hayibor, S. Understanding stakeholder action: equity and expectancy

considerrations. Doctoral dissertation, University of Pittsburgh, 2005.

[166] He, W. Charity begins at home: multinational corporations' philanthropy in a host country and its impact on market entry. Doctoral dissertation, Boston College, 2004.

[167] Hemingway, C. A. & Maclagan, P. W. Managers' personal values as drivers of corporate social responsibility. Journal of Business Ethics, 2004, 50 (1), 33-44.

[168] Henderson, D. Misguidedvirtue: false notions of corporate social responsibility. London: Institute of Economic Affairs, 2002.

[169] Hermalin, B. E. & Weisbach, M. S. The determinants of board composition. Journal of Economics, 1988, 19 (4), 589-606.

[170] Hess, D., Rogovsky, N. & Dunfee, T. W. The next wave of corporate community involvement: corporate social initiatives. California Management Review, 2002, 44 (2), 110-125.

[171] Hill, C. W. & Jones, T. M. Stakeholder agency theory. Journal of Management Studies, 1992, 29 (2), 131-154.

[172] Hsiao, C. Benefits and limitations of panal data. Econometric Reviews, 1985, 4 (1), 121-174.

[173] Huang, C. & Kung, F. Drivers of environmental disclosure and stakeholder expectation: evidence from Taiwan. Journal of Business Ethics, 2010, 96 (3), 435-451.

[174] Hunt, A. Strategic philanthropy. Across the Board, 1986, 23 (7/8), 23-30.

[175] Husted, B. W. A contingency theory of corporate social performance. Business & Society, 2000, 39 (1), 24-48.

[176] Husted, B. W. Risk Management, real options, and corporate social responsibility. Journal of Business Ethics, 2005, 60 (2), 175-183.

[177] Ibrahim, N. A. & Angetidis, J. The corporate social responsiveness orientation of board members: are there differences between inside and outside directors? Journal of Business Ethics, 1995, 14 (5), 405-410.

[178] Institute for Business Ethics. An ethics policy and programme: what are they for? http: // www. ibe. org. uk/codes_1. htm, 2008 - 03 - 11.

[179] Iturriaga, F. J. & Foronda O. L. Corporate social responsibility and large shareholders: an analysis of European firms. http: //ssrn. com/abstract = 1408192, 2009 - 05 - 21.

[180] Jackson, G. & Apostolakou, A. Corporate social responsibility in western europe: an institutional mirror or substitute? Journal of Business Ethics, 2009, 94 (3), 371 - 394.

[181] Jacoby, N. A. Corporate power and social responsibility. New York: Macmillan, 1973.

[182] Jawahar, I. M. & McLaughlin, G. L. Toward a descriptive stakeholder theory: an organizational life cycle approach. Academy of Management Review, 2001, 26 (3), 397 - 414.

[183] Joh, S. W. Corporate governance and firm profitability: evidence from Korea before the economic crisis. Journal of Financial Economics, 2003, 68 (2), 287 - 322.

[184] Johnson, H. L. Business in contemporary society: framework and issues. Belmont, CA: Wadsworth Pub. Co. , 1971.

[185] Johnson, O. E. Corporate philanthropy: an analysis of corporate contributions. Journal of Business, 1966, 39 (4), 489 - 504.

[186] Jones, J. C. H. & Laudadio, L. Market Structure and corporate charitable donations: some canadian evidence for 1976 and 1981. Applied Economics, 1991, 23 (7), 1237 - 1243.

[187] Kassinis, G. & Vafeas, N. Stakeholder pressures and environmental performance. Academy of Management Journal, 2006, 49 (1), 145 - 159.

[188] Kelly, K. S. Effective fund-raising management. Mahwah, NJ: Lawrence Erlbaum Associates, 1998.

[189] Kobeissi, N. & Damanpour, F. Corporate responsiveness to community stakeholders effects of contextual and organizational characteristics. Business & Society, 2009, 48 (3), 326 - 359.

[190] Koehn, D. & Ueng, J. Is philanthropy being used by corporate wrong doers to buy good will? Journal of Management and Governance, 2009, 14 (1), 1 – 16.

[191] Korten, D. C. When corporations rule the world. West Hartford and San Francisco: Kumarian Press and Berrett-Koehler, 1995.

[192] Laan, G. V., Ees, H. V. & Witteloostuijn, A. V. Corporate social and financial performance: an extended stakeholder theory, and empirical test with accounting measures. Journal of Business Ethics, 2008, 79 (3), 299 – 310.

[193] Lang, L. H. P. & Stulz, R. M. Tobin's Q, corporate diversification, and firm performance. Journal of Political Economy, 1994, 102 (6), 1248 – 1280.

[194] Laplume, A. O., Sonpar, K. & Litz, R. A. Stakeholder theory: reviewing a theory that moves us. Journal of Management, 2008, 34 (6), 1152 – 1189.

[195] Leclair, M. S. & Gordon, K. Corporate support for artistic and cultural activies: what determines the distribution of corporate giving. Journal of Cultural Economics, 2000, 24 (3), 225 – 241.

[196] Leeper, K. A. Public relations ethics and communitarianism: a preliminary investigation. Public Relations Review, 1996, 22 (2), 163 – 179.

[197] Leppan, T. A., Metcalf, L. & Benn, S. Leadership styles and CSR practice: an examination of sensemaking, institutional drivers and CSR leadership. Journal of Business Ethics, 2009, 93 (2), 189 – 213.

[198] Lev, B., Petrovits, C. & Radhakrishnan, S. Is doing good for you? how corporate charitable contributions enhance revenue growth. Strategic Management Journal, 2010, 31 (2), 182 – 200.

[199] Levitt, T. The dangers of social responsibility. Harvard Business Review, 1958, 36 (5), 41 – 50.

[200] Levy, F. K. & Shatto, G. M. The evalution of corporate contributions. Public Choice, 1978, 33 (1), 19 – 28.

[201] Lewin, D. & Sabater, J. M. Corporate philanthropy and business performance. Bloomington: Indiana University Press, 1996.

[202] Li, W. & Zhang, R. Corporate social responsibility, ownership structure, and political interference: evidence from China. Journal of Business Ethics, 2010, 96 (4), 631 –645.

[203] Lins, K. V. Equity ownership and firm value in emerging markets. Journal of Financial and Quantitative Analysis, 2003, 38 (1), 159 –184.

[204] LLSV. Corporate ownership around the world. Journal of Finance, 1999, 54 (2), 471 –517.

[205] LLSV. Investor protection and corporate valuation. Journal of Finance, 2002, 57 (3), 1147 –1170.

[206] Lo, S. A Performance evaluation for sustainable business: a profitability and marketability framework. Corporate Social Responsibility and Environmental Management, 2010, 17 (6), 311 –319.

[207] Lockett, A., Moon, J. & Visser, W. Corporate social responsibility in management research: focus, nature, salience and sources of infiuence. Journal of Management Studies, 2006, 43 (1), 115 –135.

[208] Logsdon, J., Reiner, M. & Burke, L. Corporate philanthropy: strategic responses to the firm's stakeholders. Nonprofit and Voluntary Sector Quarterly, 1990, 19 (2), 93 –190.

[209] Lombardo, B. Corporate philanthropy: gift or business transaction? Nonprofit Management and Leadership, 1995, 5 (3), 291 –301.

[210] Luna, J. M., Ayerbe, C. G. & Torres, P. R. Why do patterns of environmental response differ? a stakeholders' pressure approach. Strategic Management Journal, 2008, 29 (11), 1225 –1240.

[211] Ma, D. & Parish, W. L. Tocquevillian moments: charitable contributions by Chinese private entrepreneurs. Social Forces. 2006, 85 (2), 943 –964.

[212] Maccoby, M. Successful leaders employ strategic intelligence. Research Technology Management, 2001, 44 (3), 58 –60.

[213] Mackey, A. , Mackey, T. B. & Barney, J. B. Corporate social responsibility and firm performance: investor preferences and corporate strategies. Academy of Management Review, 2007, 32 (3), 817 - 835.

[214] Maddox, K. E. Corporate philanthropy. Doctoral dissertation, Vanderbilt University, 1981.

[215] Mahoney, L. S. & Thorn, L. An examination of the structure of executive compensation and corporate social responsibility: a canadian investigation. Journal of Business Ethics, 2006, 69 (2), 149 - 162.

[216] Maignan, I. & Ferrell, O. C. Corporate social responsibility and marketing: An integrative framework. Journal of the Academy of Marketing Science, 2004, 32 (1), 3 - 19.

[217] Maignan, I. , Ferrell, O. C. , & Hult, G. T. M. Corporate citizenship: cultural antecedents and business benefits. Journal of the Academy of Marketing Science, 1999, 27 (4), 455 - 469.

[218] Margolis, J. D. & Walsh, J. B. Misery loves companies: rethinking social initiatives by business. Administrative Science Quarterly, 2003, 48 (2), 268 - 305.

[219] Marin, L. & Ruiz, S. I need you too! corporate identity attractiveness for consumers and the role of social responsibility. Journal of Business Ethics, 2007, 71 (3), 245 - 260.

[220] Marquis, C. , Glynn, M. A. & Davis, G. F. Community isomorphism and corporate social action. Academy of Management Review, 2007, 32 (3), 925 - 945.

[221] Marx, J. D. Corporate philanthropy: what is the strategy? Nonprofit and Voluntary Sector Quarterly, 1999, 28 (2), 185 - 198.

[222] Matten, D. , Crane, A. & Chapple, W. Behind the mask: revealing the true face of corporate citizenship. Journal of Business Ethics, 2003, 45 (1), 109 - 120.

[223] Matten, D. & Moon, J. , Implict and explicit CSR: a conceptual framework for a comparative understanding of corporate social responsibility. Academy of Management Review, 2008, 33 (2): 404 - 424.

[224] McConnell, J. J. & Servaes, H. Equity ownership and the two faces of debt. Journal of Financial Economics, 1995, 39 (1), 131 - 157.

[225] McElory, K. M. & Siegfried, J. J. The effect of firm size on corporate philanthropy. Quarterly Review of Economics and Business, 1985, 25 (2), 18 - 26.

[226] McGuire, J. B., Sundgren, A. & Schneeweis, T. Corporate social responsibility and firm financial performance. Academy of Management Journal, 1988, 31 (4), 854 - 872.

[227] McGuire, J., Dow, S. & Argheyd, K. CEO Incentives and corporate social performance. Journal of Business Ethics, 2003, 45 (4), 341 - 359.

[228] McKinsey. The state of corporate philanthropy: a McKinsey global survey. The McKinsey Quarterly, 2008, (2), 1 - 10.

[229] McWilliams, A. & Siegel, D. Corporate social responsibility: a theory of firm perspective. Academy of Management Review, 2001, 26 (1), 117 - 127.

[230] McWilliams, A. & Siegel, D. Corporate social responsibility and financial performance correlation or misspecification. Strategic Management Journal, 2000, 21 (5), 603 - 609.

[231] Meijer, M. M., Frank, G. A. & Bakker, D. et al. Corporate giving in the Netherlands 1995 - 2003: exploring the amounts involved and the motivations for donating. International Journal Nonprofit and Voluntary Sector Marketing, 2006, 11 (1), 13 - 28.

[232] Mele, D., Debeljuh, P. & Arruda, C. Corporate ethical policies in large corporations in Argentina, Brazil and Spain. http://www.iese.edu/research/pdfs/DI - 0509 - E.pdf, 2003 - 11 - 26.

[233] Mello, R. B., Marcon, R. & Alberton, A. Drivers of discretionary firm donation in Brazil. Brazilian Administration Review, 2008, 5 (4), 275 - 288.

[234] Mescon, T. S. & Tilson, D. J. Corporate philanthropy: a strategic approach to the bottom line. California Management Review, 1987, 29

(2), 49 - 61.

[235] Meyer, J. W. & Rowan, B. Institutionalized organizations: formal structure as myth and ceremony. American Journal of Sociology, 1977, 83 (2), 340 -363.

[236] Meznar, M. B. & Nigh, D. Buffer or bridge? environmental and organizational determinants of public affairs activities in American firms. Academy of Management Journal, 1995, 38 (4), 975 -996.

[237] Miles, R. Coffin Nails and Corporate strategies. Englewood Cliffs, NJ: Prentice-Hall, 1982.

[238] Miller, J. The ongoing legitimacy project: corporate philanthropy as protective strategy. European Management Review, 2008, 5 (3), 151 -164.

[239] Mitchell, A. & Wood, D. Toward a theory of stakeholder identification and salience: defining the principle of who and what really counts. Academy of management Review, 1997, 22 (4), 853 -886.

[240] Mohr, L. A. & Webb, D. J. The effects of corporate social responsibility and price on consumer responses. Journal of Consumer Affairs, 2005, 39 (1), 121 -147.

[241] Mohr, L. A., Webb, D. J. & Harris, K. E. Do consumers expect companies to be socially responsible? the impact of corporate social responsibility on buying behavior. Journal of Consumer Affairs, 2001, 35 (1), 45 -72.

[242] Moir, L. & Taffler, R. Does corporate philanthropy exist? business giving to the arts in the UK. Journal of Business Ethics, 2004, 54 (2), 149 -161.

[243] Moore, G. & Robson, A. The U. K. supermarket industry: an analysis of corporate social and financial performance. Business Ethics: A European Review, 2002, 11 (1), 25 -39.

[244] Muller, A. & Whiteman, G. Exploring the geography of corporate philanthropic disaster response: a study of fortune global 500 firms. Journal of Business Ethics, 2008, 84 (4), 589 -603.

[245] Nasi, J. What is stakeholder thinking? A snapshot of a social theory of the firm. Helsinki: LSR-Julkaisut Oy, 1995, 19 – 32.

[246] Navarro, P. Why do corporations give to charity? Journal of Business, 1988, 61 (1), 65 – 94.

[247] Neiheisel, S. R. Corporate Strategy and the politics of goodwill: a political analysis of corporate philanthropy in America. New York: Peter Lang Publishing Inc, 1994.

[248] Neubaum, D. O. & Zahra, S. A. Institutional ownership and corporate social performance: the moderating effects of investment horizon, activism, and coordination. Journal of Management, 2006, 32 (1), 108 – 131.

[249] Nutt, P. Expanding the search for alternatives during strategic decision making. Academy of Management Executive, 2004, 18 (4), 13 – 28.

[250] Oliver, C. Strategic Responses to institutional processes. Academy of Management Review, 1991, 16 (1), 145 – 179.

[251] Orlitzky, M. & Benjamin, J. D. Corporate social performance and firm risk: a meta-analytic review. Business & Society, 2001, 40 (4), 369 – 396.

[252] Orlitzky, M., Schmidt, F. L. & Rynes, S. L. Corporatesocial and financial performance: a meta-analysis. Organization Studies, 2003, 24 (3), 403 – 441.

[253] Padgett, R. C. & Galan, J. I. The effect of R&D intensity on corporate social responsibility. Journal of Business Ethics, 2010, 93 (3), 407 – 418.

[254] Parsons, T. Structure and process in modern societies. Glencoe, IL: Free Press, 1960.

[255] Peloza, J. & Papania, L. The missing link between corporate social responsibility and financial performance: stakeholder salience and identifi cation. Corporate Reputation Review, 2008, 11 (2), 169 – 181.

[256] Peloza, J. The challenge of measuring financial impacts from investments in corporate social performance. Journal of Management, 2009,

35 (6), 1518 - 1541.

[257] Peloza, J. Using Corporate social responsibility as insurance for financial performance. California Management Review, 2006, 48 (2), 52 - 72.

[258] Perrow, C. Organizational analysis: A sociological view. Belmont, CA: Wordsworth, 1970.

[259] Petroshius, S. M., Crocker, K. E. & West, J. S. et al. Strategies for improving corporate philanthropy toward health care providers. Journal of Health Care Marketing, 1993, 13 (4), 10 - 19.

[260] Pfeffer, J. Organizations and organization theory. Marshfield, MA: Pitman, 1982.

[261] Pfeffer, J. & Salancik, G. R. The external control of organization: a resource dependence perspective. New York: Harper and Row, 1978.

[262] Pfeffer, J. The human equation: building profits by putting people first. Boston, MA: Harvard Business School Press, 1998.

[263] Phillips, R. Stakeholder theory and organizational ethics. San Francisco: Berrett-Koehler Publishers, 2003.

[264] Poaps, H. P. & Rees, K. Stakeholder forces of socially responsible supply chain management orientation. Journal of Business Ethics, 2010, 92 (2), 305 - 322.

[265] Porter, M. E. & Kramer, M. R. The link between competitive advantage and corporate social responsibility. Harvard Business Review, 2006, 84 (12), 78 - 92.

[266] Porter, M. E. & Kramer, M. R. The competitive advantage of corporate philanthropy. Harvard Business Review, 2002, 80 (12), 56 - 69.

[267] Post, J. E. & Mellis, M. Corporate responsiveness and organizational learning. California Management Review, 1978, 20 (3), 57 - 63.

[268] Preston, L. E. & O'Bannon, D. P. The corporate social financial performance relationship: A typology and analysis. Business & Society, 1997, 36 (4), 419 - 429.

[269] Ptacek, J. J. & Salazar, G. Enlightened self-interest: selling business

on the benefits of cause-related marketing. NonProfit World, 1997, 15 (4), 9 - 15.

[270] Rindova, V. P. , Williamson, I. O. & Petkova, A. P. et al. Being good or being known: an empirical examination of the dimensions, antecedents, and consequences of organizational reputation. Academy of Management Journal, 2005, 48 (6), 1033 - 1049.

[271] Roberts, R. W. Determinants of corporate social responsibility disclosure: an application of stakeholder theory. Accounting, Organizations and Society, 1992, 17 (6), 595 - 612.

[272] Robertson, D. C. Corporate social responsibility and different stages of economic development: Singapore, Turkey, and Ethiopia. Journal of Business Ethics, 88 (4), 617 - 633.

[273] Rodgers, W. & Gago, S. Stakeholder influence on corporate strategies over time. Journal of Business Ethics, 2004, 52 (4), 349 - 363.

[274] Ross, A. The Determination of financial structure: the incentive signaling approach. Bell Journal of Economics, 1977, 18 (1), 23 - 40.

[275] Rousseau, D. M. , Manning, J. & Denyer, D. Evidence in management and organizational science: assembling the field's full weight of scientific knowledge through synthesis. Academy of Management Annals, 2008, 2 (1), 475 - 515.

[276] Rowley, T. J. , Moving beyond dyadic ties: a network theory of stakeholder influences. Academy of Management Review, 1997, 22 (4), 887 - 910.

[277] Rowley, T. & Berman, S. A brand new brand of corporate social performance. Business & Society, 2000, 39 (4), 397 - 418.

[278] Rubin, A. Political views and corporate decision making: the case of corporate social responsibility. Financial Review, 2008, 43 (3), 337 - 360.

[279] Ruf, B. M. , Muralidhar, K. & Brown, R. M. et al. An empirical investigation of the relationship between change in corporate social performance and financial performance: a stakeholder theory perspec-

tive. Journal of Business Ethics, 2001, 32 (2), 143 –156.

[280] Ruigrok, W. , Peck, S. I. & Keller, H. Board characteristics and involvement in strategic decision making: evidence from Swiss companies. Journal of Management Studies, 2006, 43 (5), 1201 –1206.

[281] Sacconi, L. The social contract of the firm: economics, ethics and organisation. Berlin: Springer, 2000.

[282] Sagawa, S. & Segal, E. Common interest, common good: creating value through business and social sector partnerships. Cambridge (MA): Harvard Business School Press, 2000.

[283] Saiia, D. H. , Carroll, A. B. & Buchholtz, A. K. Philanthropy as strategy. Business & Society, 2003, 42 (2), 169 –201.

[284] Saiia, D. H. Philanthropy and corporate citizenship: strategic philanthropy is good corporate citizenship. Journal of Corporate Citizenship, 2002, 1 (2), 57 –74.

[285] Saint, D. K. The firm as a nexus of relationships: toward a new story of corporate purpose. Doctoral dissertation, Benedictine University, 2005.

[286] Salmones, M. M. G. , Crespo, A. H. & Bosque, I. R. Influence of corporate social responsibility on loyalty and valuation of services. Journal of Business Ethics, 2005, 61 (4), 369 –385.

[287] Sanchez, C. M. Motives for corporate philanthropy in El Salvador: altruism and political legitimacy. Journal of Business Ethics, 2000, 27 (4), 363 –375.

[288] Sarkis, J. , Gonzalez-Torre, P. & Adenso-Diaz, B. Stakeholder pressure and the adoption of environmental practices: the mediating effect of training. Journal of Operations Management, 2010, 28 (2), 163 –176.

[289] Savage, G. T. , Nix, T. W. , Whitehead, C. J. et al. Strategies for assessing and managing organizational stakeholders. Academy of Management Executive, 1991, 5 (2), 61 –75.

[290] Scholtens, B. Finance as a driver of corporate social responsibility. Journal of Business Ethics, 2006, 68 (1), 19 –33.

[291] Schuler, D. A. & Cording, M. A corporate social performance corporate

financial performance behavioral model for consumers. Academy of Management Review, 2006, 31 (3), 540 - 558.

[292] Schwartz, M. S. & Carroll, A. B. Corporate social responsibility: a three domain approach. Business Ethics Quarterly, 2003, 13 (4), 503 - 530.

[293] Schwartz, R. A. Corporate philanthropic contributions. Journal of Finance, 1968, 23 (3), 479 - 497.

[294] Scott, W. R. Institutions and organizations. Thousand Oaks: Sage Publications, 1995.

[295] Seifert, B., Morris, S. A. & Bartkus, B. R. Having, giving, and getting: slack resources, corporate philanthropy, and firm financial performance. Business & Society, 2004, 43 (2), 135 - 161.

[296] Seifert, B., Morris, S. A. & Bartkus, B. R. Comparing big givers and small givers: financial correlates of corporate philanthropy. Journal of Business Ethics, 2003, 45 (3), 195 - 211.

[297] Sen, S. & Bhattacharya, C. B. Does doing good always lead to doing better? consumer reactions to corporate social responsibility. Journal of Marketing Research, 2001, 38 (2), 225 - 243.

[298] Sharfman, M. Changing institutional rules: the evolution of corporate philanthropy, 1883 - 1953. Business & Society, 1994, 33 (3), 236 - 269.

[299] Sharma, S. & Henriques, I. Stakeholder influences on sustainability practices in the Canadian forest products industry. Strategic Management Journal, 2005, 26 (2), 159 - 180.

[300] Shaw, B. & Post, F. R. A moral basis for corporate philanthropy. Journal of Business Ethics, 1993, 12 (10), 745 - 751.

[301] Shleifer, A. & Vishny, R. A survey of corporate governance. Journal of Finance, 1997, 52 (2), 737 - 783.

[302] Shleifer, A. & Vishny, R. Large shareholders and corporate control. Journal of Political Economy, 1986, 94 (3), 461 - 488.

[303] Sims, G. C. Rethinking the political power of america business: the

role of corporate social responsibility. Doctoral dissertation, Stanford University, 2003.

[304] Slater, D. J. & Fowler, H. R. CEO international assignment experience and corporate social performance. Journal of Business Ethics, 2008, 89 (3), 473-489.

[305] Smith, G. & Stodghill, R. Are good causes good marketing? Business Week, 1994, 21 (3), 64-66.

[306] Smith, C. The new corporate philanthropy. Harvard Business Review, 1994, 72 (3), 105-116.

[307] Smith, N. C. Corporate social responsibility: whether or how? California Management Review, 2003, 45 (4), 52-76.

[308] Spitzeck, H. & Hansen, E. G. Stakeholder governance: how stakeholders infiuence corporate decision making. Corporate Governance, 2010, 10 (4), 378-391.

[309] Stendardi, E. J. Corporate philanthropy: the redefinition of enlightened self-interest. The Social Science Journal, 1992, 29 (1), 21-30.

[310] Su, J. & He, J. Does giving lead to getting? evidence from chinese private enterprises. Journal of Business Ethics, 2009, 93 (1), 73-90.

[311] Suchman, M. C. Managing legitimacy: strategic and institutional approaches. Academy of Management Review, 1995, 20 (3), 571-610.

[312] Surroca, J., Tribo, J. A. & Waddock, S. Corporate responsibility and financial performance: the role of intangible resources. Strategic Management Journal, 2010, 31 (5), 463-490.

[313] Surroca, J. & Tribo, J. A. Managerial entrenchment and corporate social performance. Journal of Business Finance & Accounting, 2008, 35 (5), 748-789.

[314] Svitkova, K. Essays on philanthropy. Doctoral dissertation, Charles University, 2007.

[315] Swanson, D. L. Addressing a theoretical problem by reorienting the corporate social performance model. Academy of Management Review,

1995, 20 (1), 43 - 64.

[316] Thatcher, M. Communication about responsibility still needs to be strategic. Strategic Communication Management, 2003, 8 (1), 2 - 3.

[317] The Foundation Center. Corporate philanthropy continues to decline. http://foundationcenter.org/pnd/news/story.jhtml?id=28700025, 2003 - 03 - 18.

[318] Thomas, A. S. & Simerly, R. L. The chief executive officer and corporate social performance: an interdisciplinary examination. Journal of Business Ethics, 1994, 13 (12), 959 - 968.

[319] Tian Z., Hafsi T., Wei W. Institutional determinism and political strategies: an empirical investigation. Business & Society, 2009, 48 (3), 284 - 325.

[320] Tian, Z. & Deng X. The determinants of corporate political strategy in Chinese transition. Journal of Public Affairs, 2007, 7 (4), 341 - 356.

[321] Tokarski, K. Give and thou shall receive. Public Relations Quarterly, 1999, 44 (2), 34 - 40.

[322] Trost, S. C. An examination of charitable contributions. Doctoral dissertation, University of Virginia, 2006.

[323] Trosten, B. A., Cooperrider, D. & Zhexembayeva, N. et al. Business as an agent of world benefit: a worldwide action research project using appreciative inquiry. OD Practitioner, 2003, 35 (3), 4 - 9.

[324] Trotman, K. & Bradley, G. Associations between social responsibility disclosure and characteristics of companies. Accounting, Organizations and Society, 1981, 6 (4), 355 - 362.

[325] Turban, D. B. & Greening, D. W. Corporate social performance and organizational attractiveness to prospective employees. Academy of Management Journal, 1997, 40 (3), 658 - 672.

[326] Udayasankar, K. Corporate social responsibility and firm size. Journal of Business Ethics, 2007, 83 (2), 167 - 175.

[327] Ullman, A. Data in search of a theory: a critical examination of the re-

lationship among social performance, social disclosure and economic performance of U. S. firms. Academy of Management Review, 1985, 10 (3), 540 – 557.

[328] Useem, M. The inner circle: large corporations and the rise of business political activity in the US and UK. Oxford: Oxford University Press, 1984.

[329] Useem, M. Market and institutional factors in corporate contributions. California Management Review, 1988, 30 (2), 77 – 88.

[330] Vafeas, N. Board meeting frequency and firm performance. Journal of Financial Economics, 1999, 53 (1), 113 – 142.

[331] Valor, C. Why do managers give? applying pro-social behaviour theory to understand firm giving. International Review on Public and Nonprofit Marketing, 2006, 3 (1), 17 – 28.

[332] Vance, S. Aresocially responsible firms good investment risks? Management Review, 1975, 64 (8), 18 – 24.

[333] Vitaliano, D. & Siegel, D. An empirical analysis of the strategic use of corporate social responsibility. Journal of Economics & Management Strategy, 2007, 16 (3), 773 – 792.

[334] Waddock, S. A. Parallel universes: companies, academics, and the progress of corporate citizenship. Business and Society Review, 2004, 109 (1), 5 – 42.

[335] Waddock, S. A. & Graves, S. B. The corporate social performance financial performance link. Strategic Management Journal, 1997, 18 (4), 303 – 319.

[336] Walley, N. & Whitehead, B. It's not easy being green. Harvard Business Review, 1994, 72 (3), 46 – 52.

[337] Wang, H., Choi, J. & Li, J. Too little or too much? untangling the relationship between corporate philanthropy and firm financial performance. Organization Science, 2008, 19 (1), 143 – 159.

[338] Wang, J. & Coffey, B. S. Board composition and corporate philanthropy. Journal of Business Ethics, 1992, 11 (10), 771 – 778.

[339] Wartick, S. L. & Cochran P. L. The evolution of the corporate social performance model. Academy of Management Review, 1985, 10 (4), 758 – 769.

[340] Watts, R. L. & Zimmerman, J. L. Positive accounting theory. Englewood Cliffs. NJ: Prentice-Hall, 1986.

[341] Webb, D. J. & Mohr, L. A. A typology of consumer responses to cause-related marketing: from skeptics to socially concerned. Journal of Public Policy & Marketing, 1998, 17 (2), 226 – 238.

[342] Webb, N. J. Corporate Profits and social responsibility: "subsidization" of corporate income under charitable giving tax laws. Journal of Economics and Business, 1996, 48 (4), 401 – 421.

[343] Webley, S. & LeJeune, M. Corporate use of codes of ethics: 2004 survey. http: // www. ibe. org. uk/ExecSumm. pdf, 2005 – 09 – 06.

[344] Weiser, J. & Zadek, S. Conversations with disbelievers: persuading companies to address social challenges. New York: Ford Foundation, 2000.

[345] Werbel, J. D. & Carter, S. M. The CEO's influence on corporate foundation giving. Journal of Business Ethics, 2002, 40 (1), 47 – 60.

[346] Werbel, J. D. & Wortman, M. S. Strategic philanthropy: responding to negative portrayals of corporate social responsibility. Corporate Reputation Review, 2000, 3 (2), 124 – 136.

[347] Wheeler, D. & Sillanpaa, M. Including the stakeholder: the business case. Long Range Planning, 1998, 31 (2), 201 – 210.

[348] White, B. & Montgomery, B. R. Corporate codes of conduct. California Management Review, 1980, 23 (2), 80 – 87.

[349] Williams, R. J. & Barrett, J. D. Corporate philanthropy, criminal activity, and firm reputation: is there a link? Journal of Business Ethics, 2000, 26 (4), 341 – 350.

[350] Williams, R. J. Women on corporate boards of directors and their influence on corporate philanthropy. Journal of Business Ethics, 2003, 42 (1), 1 – 10.

[351] Williamson, O. E. The economics of discretionary behavior: managerial objectives in a theory of the firm. Englewood Cliffs. NJ: Prentice-Hall, 1964.

[352] Windmeijer, F. Afinite sample correction for the variance of linear efficient two-step GMM estimators. Journal of Econometrics, 2005, 126 (1), 25 -51.

[353] Windsor, D. Corporate social responsibility: a theory of the firm perspective: some comments. Academy of Management Review, 2001, 26 (4), 502 -504.

[354] Wokutch, R. E. & Spencer, B. A. Corporatesaints and sinners: the effects of philanthropic and illegal activity on organizational performance. California Management Review, 1987, 29 (2), 62 -77.

[355] Wood, D. J. & Jones, R. E. Stakeholder mismatching: a theoretical problem in empirical research on corporate social performance. The International Journal of Organizational Analysis, 1995, 3 (3), 229 -267.

[356] Wood, D. J. Business and society. Glenview IL: Scott Foresman, 1990.

[357] Wood, D. J. Corporate social performance revisited. Academy of Management Review, 1991, 16 (4), 691 -718.

[358] Xia, J., Wang, J. & Wang, Y. et al. Stakeholder pressures and the global diffusion of the ISO 14001 initiative: a resource dependence perspective. International Journal of Sustainable Society, 2008, 1 (1), 5 -28.

[359] Young, D. & Burlingame, D. Paradigm lost: research toward a new understanding of corporate philanthropy. IN: Indiana University Press, 1996.

[360] Zanden, N. E. TNC Motives for signing international framework agreements: a continuous bargaining model of stakeholder pressure. Journal of Business Ethics, 2008, 84 (4), 529 -547.

[361] Zhang, R., Rezaee, Z. & Zhu, J. Corporate philanthropic disaster re-

sponse and ownership type: evidence from Chinese firms' response to the Sichuan earthquake. Journal of Business Ethics, 2010, 91 (1), 51 –63.

[362] [美] 贝克尔:《人类行为的经济分析》,上海三联书店、上海人民出版社 1995 年版。

[363] [美] 戴伊、雷布斯坦因:《动态竞争战略》,上海交通大学出版社 2003 年版。

[364] [美] 德鲁克:《管理:任务、责任、实践(使命篇)》,机械工业出版社 2006 年版。

[365] [美] 恩德勒:《经济伦理学大辞典》,人民出版社 2001 年版。

[366] [美] 科特勒:《企业的社会责任:为你们的企业和公益事业谋取最大利益》,机械工业出版社 2005 年版。

[367] [美] 罗宾斯、库尔特:《管理学》,中国人民大学出版社 2004 年版。

[368] [美] 马斯洛:《马斯洛论管理》,机械工业出版社 2007 年版。

[369] [美] 蒙克斯、米诺:《公司治理》,中国财政经济出版社 2004 年版。

[370] [美] 纳尔逊、温特:《经济变迁的演化理论》,商务印书馆 1997 年版。

[371] [美] 施图德蒙德:《应用计量经济学》,机械工业出版社 2007 年版。

[372] [美] 泰罗:《科学管理原理》,中国社会科学出版社 1984 年版。

[373] [美] 希特、霍斯克森和爱尔兰:《战略管理:赢得竞争优势(原书第 2 版)》,机械工业出版社 2010 年版。

[374] [英] 汉迪:《超越确立性:组织变革有观念》,华夏出版社 2000 年版。

[375] [英] 斯密:《国民财富的性质与原理》,中国社会科学出版社 2007 年版。

[376] 白重恩、刘俏、陆洲等:《中国上市公司治理结构的实证研究》,《经济研究》2005 年第 2 期,第 81—91 页。

[377] 毕文芬、秦启文:《基于社会交换理论视角分析企业的公益慈善事

业》，《无锡商业职业技术学院学报》2009 年第 3 期，第 35—36 页。

[378] 薄仙慧、吴联生：《国有控股与机构投资者的治理效应：盈余管理视角》，《经济研究》2009 年第 2 期，第 81—91 页。

[379] 财政部：《会计（注册会计师全国统一考试教材）》，中国财政经济出版社 2010 年版。

[380] 蔡立东：《公司人格否认制度的衡平性》，《吉林师范大学学报》（人文社会科学版）2004 年第 1 期，第 26—31 页。

[381] 蔡立东：《公司本质论纲：公司法理论体系逻辑起点解读》，《法制与社会发展》2004 年第 1 期，第 55—70 页。

[382] 蔡宁、李建升、李巍：《企业社会责任：机制构建及其作用分析》，《浙江大学学报》（人文社会科学版）2008 年第 4 期，第 128—135 页。

[383] 蔡宁、沈奇泰松、吴结兵：《经济理性、社会契约与制度规范：企业慈善动机问题研究综述与扩展》，《浙江大学学报》（人文社科版）2009 年第 2 期，第 65—72 页。

[384] 蔡勤禹、江宏春、叶立国：《慈善捐赠机制述论》，《苏州科技学院学报》（社会科学版）2009 年第 1 期，第 32—37 页。

[385] 曹凤岐、杨军：《上市公司董事会治理研究：九论社会主义条件下的股份制度》，《北京大学学报》（哲学社会科学版）2004 年第 3 期，第 5—21 页。

[386] 曹洪彬：《我国捐赠的公共经济学分析》，博士学位论文，厦门大学，2006 年。

[387] 曹强、陈汉文、胡南薇：《事务所特征、行为与审计生产效率》，《南开管理评论》2008 年第 2 期，第 84—91 页。

[388] 曹裕、陈晓红、万光羽：《控制权、现金流权与公司价值：基于企业生命周期的视角》，《中国管理科学》2010 年第 3 期，第 185—192 页。

[389] 曹裕、陈晓红、王傅强：《我国企业不同生命周期阶段竞争力演化模式实证研究》，《统计研究》2009 年第 1 期，第 87—94 页。

[390] 曹裕、万光羽：《关注企业生命周期》，经济科学出版社 2010

年版。
[391] 陈成文、谭娟:《税收政策与慈善事业:美国经验及其启示》,《湖南师范大学学报》(社会科学版)2007 年第 6 期,第 77—82 页。
[392] 陈宏辉、贾生华:《企业利益相关者的利益协调与公司治理的平衡原理》,《中国工业经济》2005 年第 8 期,第 114—121 页。
[393] 陈宏辉、贾生华:《企业利益相关者三维分类的实证分析》,《经济研究》2004 年第 3 期,第 80—90 页。
[394] 陈宏辉、贾生华:《企业社会责任观的演进与发展:基于综合性社会契约的理解》,《中国工业经济》2003 年第 12 期,第 85—92 页。
[395] 陈宏辉、王鹏飞:《企业慈善捐赠行为影响因素的实证分析——以广东省民营企业为例》,《当代经济管理》2010 年第 8 期,第 17—24 页。
[396] 陈佳贵:《中国企业社会责任研究报告》,社会科学文献出版社 2009 年版。
[397] 陈小洪:《我国企业的技术创新:现状、机制和政策》,《中国软科学》2007 年第 5 期,第 22—23 页。
[398] 陈晓红、关健、徐兵:《高新技术企业公司治理结构的建立和完善》,《中南工业大学学报》(社会科学版)2001 年第 7 卷第 3 期,第 195—200 页。
[399] 陈昕、滕悦、沈乐平:《企业成长视角的利益相关者利益要求差异研究》,《商业经济与管理》2009 年第 11 期,第 41—47 页。
[400] 陈志武:《改革开放的下一步是发展契约经济》,格致出版社、上海人民出版社 2007 年版。
[401] 程华:《政府科技投入与企业 R&D 实证研究与政策选择》,科学出版社 2009 年版。
[402] 迟福林:《中国的市场化改革进程与非政府组织发展》,《杭州师范学院学报》(社会科学版)2003 年第 9 期,第 1—4 页。
[403] 邓汉慧、张子刚:《企业核心利益相关者共同治理模式》,《科研管理》2006 年第 1 期,第 85—90 页。
[404] 邓汉慧:《企业核心利益相关者利益要求与利益取向研究》,博士学位论文,华中科技大学,2005 年。

[405] 邓莉、张宗益、李宏胜：《银行债权的公司治理效应研究——来自中国上市公司的经验证据》，《金融研究》2007 年第 1 期，第 61—69 页。

[406] 丁忠明：《论中国国有商业银行公司治理的特殊性》，《产业经济研究》2007 年第 1 期，第 51—55 页。

[407] 杜兴强、杜颖洁：《公益性捐赠、会计业绩与市场绩效：基于汶川大地震的经验证据》，《当代财经》2010 年第 2 期，第 113—122 页。

[408] 杜兴强、郭剑花、雷宇：《政治联系方式与民营企业捐赠：度量方法与经验证据》，《财贸研究》2010 年第 1 期，第 89—99 页。

[409] 杜兴强、雷宇：《企业利益相关者的利益关系：冲突还是融合》，《山西财经大学学报》2009 年第 6 期，第 59—65 页。

[410] 杜莹、刘立国：《股权结构与公司治理效率：中国上市公司的实证分析》，《管理世界》2002 年第 11 期，第 124—133 页。

[411] 樊纲、王小鲁：《中国市场化指数——各地区市场化相对进程 2000 年度报告》，经济科学出版社 2001 年版。

[412] 樊纲、王小鲁：《中国市场化指数——各地区市场化相对进程 2001 年度报告》，经济科学出版社 2003 年版。

[413] 樊纲、王小鲁、张立文等：《中国各地区市场化相对进程报告》，《经济研究》2003 年第 3 期，第 58—61 页。

[414] 樊纲、王小鲁、朱恒鹏：《中国市场化指数——各地区市场化相对进程 2006 年度报告》，经济科学出版社 2007 年版。

[415] 樊纲、王小鲁、朱恒鹏：《中国市场化指数——各地区市场化相对进程 2009 年度报告》，经济科学出版社 2010 年版。

[416] 樊建锋、田志龙：《中国企业公益行为特征研究：基于中国家电企业的案例研究》，《工业工程与管理》2010 年第 4 期，第 75—80 页。

[417] 方靖怡：《企业慈善捐赠的影响因素与财务绩效研究》，硕士学位论文，南京理工大学，2010 年。

[418] 方军雄：《政府干预、所有权性质与企业并购》，《管理世界》2008 年第 9 期，第 118—123 页。

[419] 冯天丽:《转型期私营企业的组织合法性战略研究》,博士学位论文,电子科技大学,2009 年。

[420] 高功敬、高鉴国:《中国慈善捐赠机制的发展趋势分析》,《社会科学》2009 年第 12 期,第 52—63 页。

[421] 高尚全:《高尚全文存》,中国经济出版社 2001 年版。

[422] 郭红玲:《基于消费者需求的企业社会责任供给与财务绩效的关联性研究》,博士学位论文,西南交通大学,2006 年。

[423] 郭健:《社会捐赠及其税收激励研究》,博士学位论文,山东大学,2008 年。

[424] 郭金林:《论契约视角的消费者治理与公司社会责任重构》,《消费经济》2007 年第 5 期,第 77—83 页。

[425] 韩亮亮、李凯、宋力:《高管持股与企业价值——基于利益趋同效应与壕沟防守效应的经验研究》,《南开管理评论》2006 年第 4 期,第 35—41 页。

[426] 胡浩:《基于改善竞争环境的跨国公司捐赠行为研究》,《管理评论》2003 年第 10 期,第 15—18 页。

[427] 胡继灵、范体军、杨丽伟:《企业社会责任差距模型及其应用研究》,《工业技术经济》2009 年第 11 期,第 19—20 页。

[428] 胡奕明、唐松莲:《独立董事与上市公司盈余信息质量》,《管理世界》2008 年第 9 期,第 149—160 页。

[429] 胡玉明:《论设立中公司的法律地位》,《当代法学》2000 年第 4 期,第 53—57 页。

[430] 黄敏学、李小玲、朱华伟:《企业被“逼捐”现象的剖析:是大众“无理”还是企业“无良”》,《管理世界》2008 年第 10 期,第 115—126 页。

[431] 黄群慧:《管理腐败新特征与国有企业改革新阶段》,《中国工业经济》2006 年第 11 期,第 52—59 页。

[432] 纪建悦、李坤:《项目干系人影响项目型企业经营绩效的研究——基于中国房地产上市公司的经验数据》,《科研管理》2010 年第 5 期,第 192—200 页。

[433] 纪建悦、刘艳青、袁治:《利益相关者满足与企业财务绩效的相关

性研究——基于我国家电上市公司面板数据的实证研究》，《财经科学》2010 年第 9 期，第 71—78 页。

[434] 贾明、张喆：《高管的政治关联影响公司慈善捐赠行为吗?》，《管理世界》2010 年第 7 期，第 99—113 页。

[435] 贾生华、陈宏辉：《利益相关者的界定方法述评》，《外国经济与管理》2002 年第 5 期，第 13—18 页。

[436] 江若尘：《企业利益相关者问题的实证研究》，《中国工业经济》2006 年第 10 期，第 67—74 页。

[437] 江伟、沈艺峰：《大股东控制、资产替代与债权人保护》，《财经研究》2005 年第 12 期，第 95—106 页。

[438] 江希和：《浅析企业慈善捐赠行为理论》，《商场现代化》2007 年第 5 期，第 261—263 页。

[439] 江希和：《我国企业慈善捐赠行为实践轨迹与现状分析》，《生产力研究》2008 年第 7 期，第 9—10 页。

[440] 姜付秀、刘志彪：《行业特征、资本结构与产品市场竞争》，《管理世界》2005 年第 10 期，第 70—81 页。

[441] 姜国华、岳衡：《大股东占用上市公司资金与上市公司股票回报率关系的研究》，《管理世界》2005 年第 9 期，第 119—126 页。

[442] 金碚、李刚：《企业社会责任公众调查初步报告》，《经济管理》2006 年第 3 期，第 13—16 页。

[443] 金立印：《消费者企业认同感对产品评价及行为意向的影响》，《南开管理评论》2006 年第 9 期，第 16—21 页。

[444] 金雪军、张学勇：《银行监管与中国上市公司代理成本研究》，《金融研究》2005 年第 10 期，第 110—119 页。

[445] 经济合作与发展组织：《国有企业公司治理对 OECD 成员国的调查》，中国财政经济出版社 2008 年版。

[446] 敬嵩、雷良海：《基于利益相关者理论的企业定量管理模式研究》，《管理评论》2006 年第 11 期，第 54—58 页。

[447] 敬嵩、雷良海：《利益相关者参与公司管理的进化博弈分析》，《管理科学学报》2006 年第 6 期，第 82—86 页。

[448] 黎友焕：《SA8000 与中国企业社会责任建设》，中国经济出版社

2004 年版。

[449] 李芳民：《民间慈善团体的合法性问题》，《青海社会科学》2009 年第 1 期，第 160—164 页。

[450] 李纪明：《资源观视角下企业社会责任与企业绩效研究》，博士学位论文，浙江工商大学，2009 年。

[451] 李兰：《控股人类型对上市公司慈善捐款行为的影响：基于玉树地震捐款的统计分析》，《商业经济》2010 年第 8 期，第 81—82 页。

[452] 李领臣：《公司慈善捐赠的利益平衡》，《法学》2007 年第 4 期，第 89—96 页。

[453] 李茂生、苑德军：《关于我国民营经济发展中的金融支持问题》，《财贸经济》2000 年第 1 期，第 41—45 页。

[454] 李善民、毛雅娟和赵晶晶：《利益相关者理论的新进展》，《经济理论与经济管理》2008 年第 12 期，第 32—36 页。

[455] 李四海：《制度环境、政治关系与企业捐赠》，《中国会计评论》2010 年第 2 期，第 161—177 页。

[456] 李维安、唐跃军：《公司治理评价、治理指数与公司业绩——来自 2003 年中国上市公司的证据》，《中国工业经济》2006 年第 4 期，第 98—107 页。

[457] 李言：《走向实证研究：环境、过程和结果》，《中国会计评论》2003 年第 1 期，第 24—28 页。

[458] 李烨、李传昭、罗婉议：《战略创新、业务转型与民营企业持续成长——格兰仕集团的成长历程及其启示》，《管理世界》2005 年第 6 期，第 126—135 页。

[459] 李正：《企业社会责任与企业价值的相关性研究——来自沪市上市公司的经验证据》，《中国工业经济》2006 年第 2 期，第 77—83 页。

[460] 厉以宁：《股份制与市场经济》，北京大学出版社 1994 年版。

[461] 梁建、陈爽英、盖庆恩：《民营企业的政治参与、公司治理与慈善捐赠》，《管理世界》2010 年第 7 期，第 109—118 页。

[462] 林广华：《和谐社会建设需要慈善事业健康发展》，《中国发展观察》2007 年第 9 期，第 22—25 页。

[463] 林军:《企业社会责任的制度经济学思考》,《甘肃省经济管理干部学院学报》2008 年第 4 期,第 57—59 页。

[464] 林泽炎:《转型中国企业人力资源管理》,《中国人力资源发展报告》,中国劳动社会保障出版社 2004 年版。

[465] 刘宝:《基于竞争优势的企业社会战略研究》,《中国科技论坛》2008 年第 6 期,第 41—45 页。

[466] 刘博研、韩立岩:《公司治理、不确定性与流动性管理》,《世界经济》2010 年第 2 期,第 141—160 页。

[467] 刘长喜:《利益相关者、社会契约与企业社会责任》,博士学位论文,复旦大学,2005 年。

[468] 刘道远:《关联交易本质论反思及其重塑》,《政法论坛》2007 年第 6 期,第 102—110 页。

[469] 刘俊:《用交易费用理论解释企业社会责任》,《内蒙古科技与经济》2004 年第 14 期,第 75—77 页。

[470] 刘俊海:《论全球金融危机背景下的公司社会责任的正当性与可操作性》,《社会科学》2010 年第 2 期,第 70—79 页。

[471] 刘利:《利益相关者利益要求实现方式的实证研究》,《西安财经学院学报》2009 年第 2 期,第 78—86 页。

[472] 刘扬:《转型时期的社会心态与价值观调节》,《江西社会科学》2002 年第 6 期,第 143—146 页。

[473] 卢汉龙:《企业捐赠调查报告》,华夏出版社 2002 年版。

[474] 卢现祥、朱巧玲:《转型期我国市场化进程的多视角分析》,《财贸经济》2006 年第 10 期,第 69—76 页。

[475] 罗党论、刘晓龙:《政治关系、进入壁垒与企业绩效》,《管理世界》2009 年第 5 期,第 97—106 页。

[476] 罗党论、唐清泉:《市场环境与控股股东“掏空”行为研究——来自中国上市公司的经验证据》,《会计研究》2007 年第 4 期,第 69—74 页。

[477] 马曙光、黄志忠、薛云奎:《股权分置、资金侵占与上市公司现金股利政策》,《会计研究》2005 年第 9 期,第 44—50 页。

[478] 毛世平:《金字塔控制结构的影响因素及其经济后果》,经济科学

出版社 2008 年版。

[479] 米捷:《从责任分散效应的角度审视企业社会责任缺失》,《中国商界》2009 年第 9 期,第 241—242 页。

[480] 南振光、郭登科:《论法人人格否认制度》,《法学研究》1997 年第 2 期,第 84—95 页。

[481] 宁向东:《公司治理理论》,中国发展出版社 2008 年版。

[482] 潘福祥:《公司治理与企业价值的实证研究》,《中国工业经济》2004 年第 4 期,第 107—112 页。

[483] 潘军:《社会政策转型中议程设置的内在动力学分析》,《马克思主义与现实》2010 年第 5 期,第 122—125 页。

[484] 潘越、戴亦一、李财喜:《政治关联与财务困境公司的政府补助》,《南开管理评论》2009 年第 5 期,第 6—17 页。

[485] 蒲自立、刘芍佳:《公司控制中的董事会领导结构和公司绩效》,《管理世界》2004 年第 9 期,第 117—130 页。

[486] 冉茂盛、钟海燕、文守逊等:《大股东控制影响上市公司投资效率的路径研究》,《中国管理科学》2010 年第 4 卷第 4 期,第 165—172 页。

[487] 山立威、甘犁、郑涛:《公司捐款与经济动机:汶川地震后中国上市公司捐款的实证研究》,《经济研究》2008 年第 11 期,第 51—61 页。

[488] 沈洪涛、沈艺峰:《公司社会责任思想起源与演变》,上海人民出版社 2007 年版。

[489] 沈艺峰、肖珉、黄娟娟:《中小投资者法律保护与公司权益资本成本》,《经济研究》2005 年第 6 期,第 115—124 页。

[490] 石磊:《企业灾难捐赠的决策模型与效果评估研究》,博士学位论文,中国科学技术大学,2010 年。

[491] 史金平、王双:《企业社会责任的交易费用理论分析》,《管理研究》2005 年第 12 期,第 5—6 页。

[492] 史正保:《我国捐赠税收制度研究》,《兰州大学学报》(社会科学版)2009 年第 3 期,第 83—90 页。

[493] 世界银行:《政府治理、投资环境与和谐社会:中国 120 个城市竞

争力的提高》，中国财经经济出版社 2007 年版。
[494] 佀方方：《企业慈善捐赠与企业特征关系研究》，硕士学位论文，北京交通大学，2010 年。
[495] 宋敏、张俊喜、李春涛：《股权结构的陷阱》，《南开管理评论》2004 年第 7 卷第 1 期，第 9—23 页。
[496] 苏琦：《论家族企业的经营哲学》，《中大管理研究》2007 年第 3 期，第 82—94 页。
[497] 孙铮、姜秀华、任强：《治理结构与公司业绩的相关性研究》，《财经研究》2001 年第 27 卷第 4 期，第 3—11 页。
[498] 唐更华、许卓云：《波特战略性企业慈善捐赠行为理论与启示》，《南方经济》2004 年第 8 期，第 47—49 页。
[499] 田利华、陈晓东：《企业策略性捐赠行为研究：慈善投入的视角》，《中央财经大学学报》2007 年第 2 期，第 59—63 页。
[500] 田雪莹：《企业捐赠非营利组织的行为及竞争优势：基于社会资本的视角》，博士学位论文，浙江大学，2008 年。
[501] 田志龙、高海涛：《中国企业的非市场战略：追求合法性》，《软科学》2005 年第 6 期，第 57—59 页。
[502] 田志龙、高勇强和卫武：《中国企业政治策略与行为研究》，《管理世界》2003 年第 12 期，第 98—106 页。
[503] 田志龙、贺远琼、高海涛：《中国企业非市场策略与行为研究对海尔、中国宝洁、新希望的案例研究》，《中国工业经济》2005 年第 9 期，第 83—90 页。
[504] 童盼：《负债期限结构与企业投资规模——来自中国 A 股上市公司的经验研究》，《经济科学》2005 年第 5 期，第 93—101 页。
[505] 万俊人：《义利之间：现代经济伦理十一讲》，团结出版社 2003 年版。
[506] 王保进：《多变量分析：统计软件与数据分析》，北京大学出版社 2007 年版。
[507] 王华、黄之骏：《经营者股权激励、董事会组成与企业价值：基于内生性视角的经验分析》，《管理世界》2006 年第 9 期，第 101—116 页。

[508] 王琳芝:《从韦伯的社会行动理论看我国企业慈善捐赠行为》,《理论与观察》2009 年第 2 期,第 95—96 页。
[509] 王满四:《负债融资的公司治理效应及其机制研究》,中国社会科学出版社 2006 年版。
[510] 王新春、张静:《企业社会责任能够创造价值吗:基于交易费用的视角》,《沿海企业与科技》2009 年第 2 期,第 97—99 页。
[511] 王亚平、吴联生、白云霞:《中国上市公司盈余管理的频率与幅度》,《经济研究》2005 年第 12 期,第 102—112 页。
[512] 王一鸣:《抓住并用好“十二五”重要战略机遇期》,《宏观经济管理》2010 年第 12 期,第 6—8 页。
[513] 魏学强、云霄、于洋:《公司治理结构与企业捐赠——基于 2008 年度中国 A 股上市公司数据的实证研究》,《中南财经政法大学研究生学报》2010 年第 4 期,第 52—58 页。
[514] 温素彬、方苑:《企业社会责任与财务绩效关系的实证研究:利益相关者视角的面板数据分析》,《中国工业经济》2008 年第 10 期,第 151—160 页。
[515] 文芳:《研发投资影响因素及其经济后果:基于中国资本市场的理论与实证研究》,经济科学出版社 2009 年版。
[516] 吴玲、陈维政:《企业对利益相关者实施分类管理的定量模式研究》,《中国工业经济》2003 年第 6 期,第 70—76 页。
[517] 吴玲:《中国企业利益相关者管理策略实证研究》,博士学位论文,四川大学,2006 年。
[518] 吴文锋、吴冲锋、芮萌:《中国上市公司高管的政府背景与税收优惠》,《管理世界》2009 年第 3 期,第 134—142 页。
[519] 夏立军、方轶强:《政府控制、治理环境与公司价值:来自中国证券市场的经验证据》,《经济研究》2005 年第 5 期,第 40—51 页。
[520] 向荣:《上市公司独立董事独立性的界定与公司治理结构的关系》,《南开管理评论》2002 年第 6 期,第 43—46 页。
[521] 肖坤:《中国上市公司资本结构与财务治理效应研究》,中国财政经济出版社 2008 年版。
[522] 肖强、罗公利:《企业公益捐赠的影响因素研究:以青岛市企业为

例》，《青岛科技大学学报》（社会科学版）2009 年第 2 期，第 63—67 页。

[523] 谢德仁：《国有企业负债率悖论：提出与解读》，《经济研究》1999 年第 9 期，第 72—79 页。

[524] 谢永珍：《董事会约束与企业信用实证研究》，《南开管理评论》2004 年第 7 期，第 74—77 页。

[525] 辛杰：《企业社会责任研究：一个新的理论框架与实证分析》，经济科学出版社 2010 年版。

[526] 辛清泉、谭伟强：《市场化改革、企业业绩与国有企业经理薪酬》，《经济研究》2009 年第 11 期，第 68—81 页。

[527] 辛清泉：《政府控制、资本投资与治理》，经济科学出版社 2009 年版。

[528] 熊选国、牛克乾：《试论单位犯罪的主体结构——“新复合主体论”之提倡》，《法学研究》2003 年第 4 期，第 90—97 页。

[529] 徐莉萍、辛宇和陈工孟：《股权集中度和股权制衡及其对公司经营绩效的影响》，《经济研究》2006 年第 1 期，第 91—100 页。

[530] 徐晓东、陈小悦：《第一大股东对公司治理、企业业绩的影响分析》，《经济研究》2003 年第 2 期，第 64—74 页。

[531] 许捷：《我国非营利组织税收制度分析与建议》，《税务研究》2007 年第 6 期，第 24—27 页。

[532] 许婷：《企业慈善捐赠影响因素实证研究》，硕士学位论文，南京农业大学，2009 页。

[533] 许婷：《上市公司慈善捐赠影响因素实证研究：以 2006 年上市公司慈善排行榜为例》，《市场周刊》2008 年第 12 期，第 89—90 页。

[534] 许正良、刘娜：《企业社会责任弹簧模型及其作用机理研究》，《中国工业经济》2009 年第 11 期，第 121—130 页。

[535] 薛从彬、青宇波：《企业社会责任：交易费用理论》，《世界标准化与质量管理》2005 年第 1 期，第 31—33 页。

[536] 薛求知：《同一企业在不同国家的 CSR 有地域差异》，http://finance.sina.com.cn/hy/20091224/17167151253.shtml，2009-12-24。

[537] 薛跃、韩之俊、温素彬：《上市公司财务比率正态分布特性的实证

分析》,《管理工程学报》2005 年第 2 期，第 143—145 页。

[538] 阎达五、杨有红:《内部控制框架的构建》,《会计研究》2001 年第 2 期，第 9—15 页。

[539] 杨春方:《我国企业社会责任驱动机制研究》，博士学位论文，华中科技大学，2009 年。

[540] 杨瑞龙:《论国有经济中的多级委托代理关系》,《管理世界》1997 年第 1 期，第 106—115 页。

[541] 杨团、葛道顺:《公司与社会公益（Ⅱ)》，社会科学文献出版社 2003 年版。

[542] 杨团、葛道顺:《中国慈善发展报告》，社会科学文献出版社 2009 年版。

[543] 姚克利：《公共行政学热点问题研究》，辽宁大学出版社 2005 年版。

[544] 姚洋、支兆华:《政府角色定位与企业改制的成败》,《经济研究》2000 年第 1 期，第 3—10 页。

[545] 易开刚:《企业社会责任管理新理念：从社会责任到社会资本》,《经济理论与经济管理》2007 年第 11 期，第 71—75 页。

[546] 余逊达、陈旭东、朱卓瑶等:《公众视野中的企业社会责任》,《浙江社会科学》2006 年第 5 期，第 47—56 页。

[547] 曾庆生、陈信元:《国家控股、超额雇员与劳动力成本》,《经济研究》2006 年第 5 期，第 74—86 页。

[548] 张传良:《中外企业慈善捐赠状况对比调查》,《中国企业家》2005 年第 17 期，第 29—30 页。

[549] 张仁寿:《民营企业需要再创新》,《中国农村经济》2000 年第 8 期，第 9—14 页。

[550] 张瑞萍:《公司权力的扩张与约束：法律视角的考察》，社会科学文献出版社 2003 年版。

[551] 张祥建、徐晋:《股权再融资与大股东控制的“隧道效应”：对上市公司股权再融资偏好的再解释》,《管理世界》2005 年第 11 期，第 127—151 页。

[552] 张旭、宋超、孙亚玲:《企业社会责任与竞争力关系的实证分析》,

《科研管理》2010 年第 5 期，第 149—157 页。

[553] 张韵君：《一种战略性选择：企业慈善社会责任》，《当代经济管理》2010 年第 2 期，第 41—45 页。

[554] 赵宇龙：《会计盈余披露的信息含量——来自上海股市的经验证据》，《经济研究》1998 年第 7 期，第 41—49 页。

[555] 郑海东：《企业社会责任行为表现：测量维度、影响因素及对企业绩效的影响》，博士学位论文，浙江大学，2007 年。

[556] 郑红亮：《公司治理理论与中国国有企业改革》，《经济研究》1998 年第 10 期，第 20—27 页。

[557] 中国社会科学院：《中国企业社会责任发展指数报告》，经济管理出版社 2009 年版。

[558] 钟碧忠：《企业慈善动因探讨：一个利益相关者的视角》，《泉州师范学院学报》2009 年第 3 期，第 103—105 页。

[559] 钟宏武：《慈善捐赠与企业绩效》，经济管理出版社 2007 年版。

[560] 周开国、李涛：《国有股权、预算软约束与公司价值：基于分量回归方法的经验分析》，《世界经济》2006 年第 5 期，第 84—96 页。

[561] 周林彬、何朝丹：《试论“超越法律”的企业社会责任》，《现代法学》2008 年第 2 期，第 37—45 页。

[562] 周秋光、曾桂林：《中国慈善简史》，人民出版社 2006 年版。

[563] 周雪光：《组织社会学十讲》，社会科学文献出版社 2003 年版。

[564] 周祖城：《企业伦理学》，清华大学出版社 2009 年版。

[565] 朱迎春：《我国企业慈善捐赠税收政策激励效应：基于 2007 年度我国 A 股上市公司数据的实证研究》，《当代财经》2010 年第 1 期，第 37—42 页。